BAEDEKER

N
NEW YORK

» Die Stadt packt Dich im Innersten, macht Dich besoffen vor Exkstase; Du wirst wieder jung und voller Pracht und fühlst Dich unsterblich. «

Walt Whitman

baedeker.com

⭐⭐ TOP 20

Die Top-Sehenswürdigkeiten von New York

⭐⭐ FIFTH AVENUE
Bummeln Sie wie Holly Golightly alias Audrey Hepburn an den Schaufenstern von Tiffany und anderen Weltmarken vorbei. **S. 114**

⭐⭐ AMERICAN MUSEUM OF NATURAL HISTORY
Hier wird die Entstehung des Universums erzählt. **S. 50**

⭐⭐ BROOKLYN BRIDGE
Der Methusalem aus Stein und Stahl ist ein Wahrzeichen New Yorks. **S. 72**

⭐⭐ BROOKLYN
Brooklyn ist mehr als nur ein Stadtteil – er steht für das Neueste und Coolste in Mode, Kunst und Musik. **S. 64**

⭐⭐ CENTRAL PARK
Bürgergarten und grüne Oase im Wolkenkratzermeer **S. 80**

⭐⭐ EMPIRE STATE BUILDING
Der Art-déco-Wolkenkratzer ist das berühmteste Gebäude der Stadt und der Ausblick von ihm überwältigend. **S. 108**

⭐⭐ FRICK COLLECTION
Eine der prächtigsten privaten Kunstsammlungen der Welt **S. 128**

⭐⭐ GRAND CENTRAL TERMINAL
Ein Palast im Beaux-Arts-Stil nicht nur für die Pendler **S. 130**

★★ CHRYSLER BUILDING
Eine architektonische Hymne an das Automobil **S. 133**

★★ GUGGENHEIM MUSEUM
Eine Spirale für die Kunst – der eigenwillige Bau spielt die erste Geige. **S. 140**

★★ HIGH LINE PARK
Ein Park auf Stelzen mitten in der Stadt **S. 152**

★★ MANHATTAN
Die berühmteste Insel der Welt und das Zentrum von New York City **S. 162**

★★ METROPOLITAN MUSEUM OF ART
Museum der Superlative mit Schätzen aus aller Welt und aus allen Epochen **S. 168**

★★ MUSEUM OF MODERN ART
Die beeindruckendste Sammlung moderner Kunst, ein Skulpturengarten und schicke Museums-Shops **S. 177**

★★ ROCKEFELLER CENTER
Das Ensemble von Wolkenkratzern ist eine Stadt in der Stadt. **S. 198**

★★ STATUE OF LIBERTY
Die eiserne Lady hat Millionen Einwanderer willkommen geheißen. **S. 209**

★★ TIMES SQUARE
Wo sich Broadway und Seventh Avenue kreuzen, schlägt das Herz der Stadt. **S. 214**

★★ UNITED NATIONS HEADQUARTERS
Ein Haus für den Weltfrieden **S. 220**

★★ WHITNEY MUSEUM
Ein neues Museum für die amerikanische Kunst **S. 224**

★★ 9/11 MEMORIAL & ONE WORLD TRADE CENTER
Kühne Wolkenkratzer und ein Denkmal für die Opfer von 9/11 **S. 226**

INHALT
INHALTSVERZEICHNIS

■ DAS IST NEW YORK

10	Die schlaflose Stadt
14	Griff nach den Wolken
18	Welthauptstadt der modernen Kunst
22	New York Subway
26	Planet Brooklyn

■ TOUREN

33	Midtown: Wo das Herz schlägt
35	Downtown: Wo alles begann
37	Von West nach Ost – mit der Seilbahn
39	Chinatown und die Lower East Side
41	Chelsea: Stadtteil im Aufwind
43	Mit der U-Bahn durch New York
45	Ausflüge

LEGENDE

Baedeker Wissen
● Textspecial, Infografik & 3D

Baedeker-Sterneziele
★★ Top-Sehenswürdigkeiten
★ Herausragende Sehenswürdigkeiten

INHALT
INHALTSVERZEICHNIS

■ SEHENSWERTES VON A BIS Z

50	★★ American Museum of Natural History
53	★ Battery Park
54	★ Battery Park City
57	Bowery
58	★ Broadway
59	Bronx
64	★★ Brooklyn
72	★★ Brooklyn Bridge
74	● Methusalem aus Stein und Stahl
76	Brücken in New York
78	★ Cathedral of St. John the Divine
80	★★ Central Park
84	Chelsea
88	★ Chinatown
91	★ City Hall & Civic Center
95	★ The Cloisters
97	★ Columbus Circle
99	East Village
103	★ Ellis Island
104	● Einwanderung
108	★★ Empire State Building
110	● Gipfelstürmer
114	★★ Fifth Avenue
118	★ Financial District
124	Flatiron District & Union Square
128	★★ Frick Collection
130	★★ Grand Central Terminal
134	● Meisterwerk des Art déco: Chrysler Building
136	★ Greenwich Village
140	★★ Guggenheim Museum
142	★ Harlem
146	● Harlem Nightlife
152	★★ High Line Park
155	Jewish Museum
156	★ Lincoln Center for the Performing Arts
160	Lower East Side

INHALT
INHALTSVERZEICHNIS

162 ★★ Manhattan
164 ● Manhattans Untergrund
168 ★★ Metropolitan Museum of Art · Met
176 ★ Morgan Library and Museum
177 ★★ Museum of Modern Art · MoMA
183 ★ Neue Galerie
184 New York Public Library
186 ★ Park Avenue
190 Queens
192 ● Schmelztiegel der Nationen
198 ★★ Rockefeller Center
203 ★ SoHo
204 ★ South Street Seaport
207 Staten Island
209 ★★ Statue of Liberty
212 ● Groß, aber nicht die Größte
214 ★★ Times Square
219 Tribeca
220 ★★ United Nations
222 ● Die Vereinten Nationen
224 ★★ Whitney Museum of American Art
226 mm 9/11 Memorial & One World Trade Center

■ HINTERGRUND

232 Die Stadt und ihre Menschen
236 ● New York auf einen Blick
238 Geschichte
246 Stadtentwicklung und Architektur
248 ● On The Waterfront
256 Kulturstadt New York
258 ● Filmstadt New York
265 Interessante Menschen

■ ERLEBEN UND GENIESSEN

276 Ausgehen
287 Essen und Trinken
290 ● Typische Gerichte
300 ● Besser als im Wilden Westen
305 Feiern · New York aktiv
310 ● New Yorks berühmteste Parade
316 Mit Kindern in New York
320 Museen
330 Shoppen
342 Stadtbesichtigung
345 Übernachten

PREISKATEGORIEN

Restaurants
Preiskategorien
für ein Hauptgericht
€€€€ über 30 $
€€€ bis 30 $
€€ bis 20 $
€ bis 10 $

Hotels
Preiskategorien
für ein Doppelzimmer
€€€€ über 350 $
€€€ 250 bis 350 $
€€ 180 bis 250 $
€ bis 180 $

INHALT
INHALTSVERZEICHNIS

■ PRAKTISCHE INFORMATIONEN

- **354** Kurz & bündig
- **354** Anreise · Reiseplanung
- **358** Auskunft
- **359** Etikette
- **362** Geld
- **363** Gesundheit
- **364** Lesetipps
- **366** Maßeinheiten
- **367** Medien
- **367** Post und Telekommunikation
- **369** Preise und Vergünstigungen
- **369** Reisezeit
- **370** Sprache
- **371** Verkehr
- **374** ● Subway: Lebensader New Yorks

■ ANHANG

- **380** Register
- **393** Bildnachweis
- **394** Verzeichnis der Karten und Grafiken
- **395** Impressum

MAGISCHE MOMENTE

- **66** Eis mit Aussicht
- **125** Lunch in einem klassischen Diner
- **138** Junge Barden
- **143** Sommer in Harlem
- **163** Sommerabend im Riverside Park
- **181** MoMA-Garten
- **218** Jimmy's Bar
- **234** Manhattanhenge
- **277** Marie's Crisis Cafe
- **309** J'ouvert

ÜBERRASCHENDES

- **60** **6 x Durchatmen**
  Entspannen, wohlfühlen, runterkommen
- **90** **6 x Typisch**
  Dafür fährt man nach New York
- **144** **6 x Erstaunliches**
  Hätten Sie das gewusst?
- **159** **6 x Gute Laune**
  Das hebt die Stimmung!
- **185** **6 x Einfach unbezahlbar**
  Erlebnisse, die für kein Geld zu bekommen sind!
- **215** **6 x Unterschätzt**
  Genau hinsehen, nicht daran vorbeigehen, einfach probieren!

D
DAS IST...

New York

Die großen Themen
rund um den Big Apple.
Lassen Sie sich inspirieren!

New York hat ein großes Herz für schräge Vögel.
Einer der schrillsten ist der »Nakerd Cowboy«. ▶

**DAS IST...
NEW YORK**

DIE SCHLAF-LOSE STADT

Es ist eine etwas verwirrende Erfahrung, spät in der Nacht aus der U-Bahn zu steigen und auf den Times Square zu treten. Viele Millionen Watt für Neonbeleuchtung und digitaler Berieselung tauchen den Platz in ein Licht wie in der grellsten Mittagssonne.

Nachts um 12 am Times Square ▶

DAS IST...
NEW YORK

DAS rund um die Uhr flimmernde und glitzernde Herz der Stadt ist die beste Metapher für New York, das laut Frank Sinatra niemals schläft. Denn in New York ist rund um die Uhr immer noch etwas los – sei es bei einer Jazz-Jam im Greenwich Village, die bis in die Morgenstunden geht, oder in den Nachtklubs von Brooklyn, wo das Leben erst nach Mitternacht beginnt, oder einfach nur in der Eckkneipe, in der die Gäste zu Musik aus der Jukebox schwofen.

> **Heute ist Downtown das Zentrum des Nachtlebens**

Im New York des 21. Jh.s geht es nachts vor allem in Downtown Manhattan und in Brooklyn rund. Vor 100 Jahren war jedoch der Times Square noch das Zentrum der Nachtunterhaltung. Damals verhieß die großzügige Verwendung des gänzlich neuartigen Neons das aufregendste Nachtleben der Welt. Dahinter verbargen sich Dutzende von Theatern und Nachtklubs, Jazz-Spelunken und Cabarets. Heute ist der Times Square etwas zahmer und familienfreundlicher geworden. Doch **die 40 Häuser des Theaterbezirks** entlang des Broadway, etwa zwischen 40. und 53. Straße, die **den Broadway** ausmachen, halten noch immer, was die Funkeln verspricht. Der Besuch eines Broadway-Theaters oder -Musicals ist noch immer eines der klassischen New-York-Erlebnisse.

Die klassischen Broadway-Theater – ein Label, das man sich übrigens nach streng formalen Kriterien verdienen muss – bieten Abend für Abend das Beste an Bühnen-Entertainment, was die USA zu bieten haben. Das reicht von Musical-Dauerbrennern wie dem »König der Löwen« und aktuellen Hits wie dem Erfolgs-Musiktheater »Hamilton« bis zu durchaus ernsten Theaterstücken wie Arthur Millers Stück »The Price«, bei denen man dann auch schon einmal Hollywood-Stars wie John Turturro oder John Goodmann auf der Bühne zu sehen bekommt.

So wie »Broadway« ein offizielles Label ist, das sich ein Theater mit Saalgröße, Umsatz und Lohnhöhe verdienen muss, ist auch die Bezeichnung **»Off-Broadway«** eine nach formalen Kriterien verliehene Kategorie. Dahinter verbergen sich in New York gewöhnlich Theaterbühnen, die außerhalb des Kernbezirks um den Times Square liegen, und/oder auch experimentelleres Theater und Avantgarde-Inszenierungen.

Die berühmtesten Off-Broadway-Adressen sind wahrscheinlich das »Papp's Public Theater« am Astor Place, Greenwich Village, und das »St. Ann's Warehouse« in Brooklyn (▶ S. 286). Hier finden Shakespeare-Inszenierungen mit Al Pacino oder Eugene-O'Neill-Interpretationen der berühmten Avantgarde-Truppe Wooster Group mit Willem Dafoe statt, hier tritt auch die Wahl-New Yorkerin und Diva Ute Lemper mit ihren Chanson-Abenden auf.

Natürlich endet das Angebot an erstklassiger Abendunterhaltung in New York nicht mit der Bühnenkunst. Wenn Sie sich ins Nachtleben stürzen wollen, sind die Möglichkeiten unbegrenzt: Sie können eine intime Jazz-Jam erleben, einen Martini in einer Piano-Bar schlürfen, mit jungen Hipstern von Brooklyn der neuesten Indie-Band in der Music Hall of Williamsburg zuhören oder ein Dinner zu einer vor Erotik dampfenden Revue-Show im 1920er-Jahre-Stil im Duane Park an der Bowery genießen. Sicher – all das zu erleben, wäre zu viel für einen Urlaub. Aber wenigstens einmal sollten Sie die New Yorker Nacht zum Tag werden lassen.

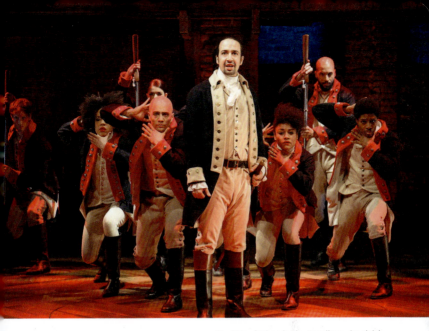

Lin-Manuel Miranda als »Hamilton« im gleichnamigen, vielfach ausgezeichneten Musical, für das er nicht nur die Texte, sondern auch die Musik geschrieben hat (▶S. 268).

Im »Smalls« sind die Zuhörer ganz nah bei dem Pianisten und Sänger Johnny O'Neal.

HAUTNAH

Hautnah und mit Leidenschaft vorgetragener Live-Jazz, so wie er sein soll, erleben Sie etwa noch im »Smalls« im Greenwich Village. In dem kleinen Club drängt sich das Publikum dicht an die Bühne. Zu den Shows, die meist erst gegen 22 Uhr beginnen, treffen sich einige der besten Jazzer der Stadt und improvisieren, bis ihnen die Ideen und die Energie ausgehen. Das kann auch schon einmal bis in die Morgenstunden dauern und kostet trotzdem nur den einmaligen Eintritt von 20 Dollar (183 West 10th St., www.smallslive.com).

DAS IST...
NEW YORK

GRIFF NACH DEN WOLKEN

Sicher, es gibt auch in anderen Städten beeindruckende Skylines – in Chicago, Hongkong, Dubai oder Tokyo. Doch das Ensemble der New Yorker Hochbauten, 6000 an der Zahl, bleibt eines der Wunder dieser Welt, eine einmalige Komposition an Baustilen aus beinahe 150 Jahren Stahlskelett-Bau, an der sich nicht zuletzt auch die Wirtschafts- und Kulturgeschichte dieser Stadt ablesen lässt.

◂ Manhattans Lichtermeer ist wieder komplett: 1 WTC dominiert die Skyline.

STADT IN DER STADT
Bei einer geführten Tour durch das Rockefeller Center erleben Sie das Wolkenkratzer-Ensemble. Es verkörpert wie kein anderer Ort der Stadt den Geist von Manhattan – mitsamt einem atemberaubenden Blick von der Aussichtsplattform »Top of the Rock« in 259 m Höhe (▶ S. 201).

ES ist schwer, zu entscheiden, wie man die berühmte Skyline der Stadt am besten erlebt. Man kann sie nicht wirklich begreifen, wenn man nicht durch die Schluchten von Midtown gelaufen ist und die Enge zwischen den übermächtigen Gebäuden gespürt hat. Man kann sie aber auch nicht begreifen, wenn man sie nicht aus der Luft gesehen und die Gesamtkomposition auf sich hat wirken lassen. Eine **geführte Tour durch das Rockefeller Center** verbindet beides. Die mittlerweile 21 Gebäude des »Rock Center«, wie New Yorker den Kern von Midtown nennen, verkörpern die Vision ihres Bauherrn John D. Rockefeller. Sie sind eine Verneigung vor der Moderne, zu Stein geworden in einem Wolkenkratzer-Komplex, wie ihn 1928 die Welt noch nicht gesehen hatte. Unterwegs entdecken Sie viele sonst nicht zugängliche Skulpturen und Bilder im Art-déco-Stil, die Rockefeller eigens für den Neubau bei den Künstlern bestellte. Sie feiern die Kraft des amerikanischen Kapitalismus, die Welt zu erneuern.

Auf dem Rock Center

Von der Aussichtsplattform »Top of the Rock« im Rockefeller Center wird deutlich, dass es eigentlich nicht eine Manhattaner Skyline gibt, sondern zwei. Da ist die ältere Skyline von Downtown, dem ursprünglichen New Yorker Geschäftsviertel rund um den Hafen und die Börse, wo vor über 100 Jahren die neuartigen Türme aus dem Granitboden schossen. Das prunkvolle **Woolworth Building**, auch die Kathedrale des Kapitalismus genannt, kündet stolz von dieser Zeit des rasanten Wachstums auf engstem Raum. Es war die

Zeit, in der die Kultur des »Manhattanismus« erblühte, jene Kultur der maximalen Verdichtung, von der Rem Koolhaas in seinem Manifest »Delirious New York« spricht. Mitte der 1920er-Jahre fand die unbändige New Yorker Expansionskraft dann aber doch ein Ventil: Damals entstand die zweite Skyline, die von Midtown. Ölmagnat John D. Rockefeller baute das Rockefeller Center in der Mitte Manhattans zwischen 47. und 50. Straße. Ein wahnwitziger Wettlauf um das höchste Gebäude der Welt ließ kurz darauf die Art-déco-Klassiker **Empire State** und **Chrysler Building** folgen – noch heute markante Denkmäler der Skyline von Midtown. Doch New York ist nicht in jener großen Epoche des Wolkenkratzerbaus stehen geblieben. Wer durch die Avenues in Midtown und Downtown flaniert, findet weitere herausragende Beispiele der Hochmoderne wie das **Seagram Building** von Mies van der Rohe sowie Meisterwerke zeitgenössischer Architektur wie den Neubau der »New York Times« von Renzo Piano und Fox & Fowle an der 42nd Street. Und in allerjüngster Zeit konkurriert New York mit Städten wie Singapur, Bangkok oder Shanghai beim Bau neuartiger, extrem schlanker Superwolkenkratzer wie dem 426 m hohen »432 Park Avenue«. So ist ein Spaziergang durch Manhattan immer auch ein Streifzug durch die Architekturgeschichte. Doch es ist niemals bloß museal. New York ist wie keine andere Stadt eine vollkommen durch das vertikale Bauen geprägte Landschaft, ein Biotop, das ein Stadtgefühl vermittelt wie kein zweites.

Die Atlas-Statue vor »30 Rockefeller Plaza« zeigt das Selbstvertrauen in die Kraft des Bauherrn und in die des amerikanischen Kapitalismus, die Welt zu erneuern.

DAS IST...
NEW YORK

DAS IST...
NEW YORK

WELT-HAUPT-STADT DER MODERNE

Als am 1. Mai 2015 der extravagante Neubau des Whitney Museums von Stararchitekt Renzo Piano im Meatpacking District eröffnete, war es so, als verschöben sich die tektonischen Platten der New Yorker Kunstlandschaft. Eine der altehrwürdigsten Institutionen war nach Downtown gezogen, dorthin, wo spätestens seit den 1970er-Jahren das kreative Herz der New Yorker Kunst schlägt.

◀ Moderne Kunst nur aus Amerika zeigt das Whitney Museum.

DAS IST...
NEW YORK

MIT dem Umzug hat New York nun, was nur wenige Metropolen haben: einen Stadtteil, der ganz der Kunst gewidmet ist. Das einstige Hafenviertel Chelsea, wohin zu Beginn der 1990er-Jahre Künstler und Galerien auf der Suche nach mehr und bezahlbarem Raum aus SoHo geflohen waren, ist nun mit dem neuen Whitney geadelt worden.
So können Sie in Chelsea und im Meatpacking District einen ganzen Tag »mit der Kunst verbummeln«. Die rund 400 Galerien zeigen zum Teil museumswürdige Werkschauen von Künstlern wie Warhol, Gerhard Richter oder Jeff Koons. Das **Whitney**, das **»Museum der Künstler«**, bietet Einblicke in die zeitgenössische Szene und einen Überblick über die amerikanische Moderne.

New York gibt den Ton an

Doch Chelsea ist nur eines der Epizentren der New Yorker Kunstwelt, die sich seit den 1970er-Jahren als das Zentrum der modernen Kunst begreift. Und bis heute gibt die Stadt international den Ton an, auch wenn die Konkurrenz größer geworden ist. Die Auktionen von Sotheby's und Christie's und die Ausstellungen der großen Museen setzen noch immer Maßstäbe. Dabei hat New York anders als etwa Paris gar keine lange Tradition als Nährboden für die Künste. Die längste Zeit seiner 400jährigen Geschichte hat sich New York für die Kunst kaum interessiert. New York war immer eine Handelsstadt. Erst nachdem die Industriekapitäne im goldenen Zeitalter des amerikanischen Kapitalismus, Ende des 19. Jh.s, so ungeheure Vermögen angehäuft hatten, dass sie nicht mehr wussten, was sie mit ihrem Geld anfangen sollten, kam die Kunst ins Spiel. Klassiker der europäischen Kunst zu sammeln wurde plötzlich ein Sport, in dem sich die reichsten New Yorker zu überbieten versuchten.

Amerikanische Avantgarde

Bis die Stadt das Zentrum des globalen Kunstgeschehens wurde bzw. Paris ablöste, sollte es jedoch noch über 50 Jahre dauern. Kurz nach dem Zweiten Weltkrieg tat sich in New York die Gruppe **New York School** zusammen. Dazu gehörten Jackson Pollock, Robert Motherwell und Willem de Kooning. Sie schlugen ein neues Kapitel der modernen Kunst auf, angeregt von ihrem Unbehagen an der Massenkultur des Nachkriegsamerika. Sie wurden eine wirklich amerikanische Avantgarde. Die New York School läutete eine Epoche unvergleichlicher künstlerischer Produktivität ein. Auf diesem Nährboden entwickelte sich der abstrakte Expressionismus, der Minimalismus und in den 1960er-Jahren die Pop-Art. **Die New Yorker Avantgarde bestimmte darüber, was Kunst ist.** In Chelsea ist dieser Aufbruchsgeist noch spürbar. Aber eine lebendige Künstler-Community gibt es mittlerweile nicht nur hier. Auch auf der Lower East Side und vor allem in Brooklyn blüht die kreative Szene. In den Galerien, Ateliers und Designerwerkstätten jenseits des East River geht es noch um Ideen und nicht alleine um den Preis. Für den kunstinteressierten Besucher ist jedoch auch das etablierte Manhattan ein Schlaraffenland. Alleine im MoMA und im Met könnte man Wochen zubringen, um die Sammlungen zu sehen. Und dann war man noch nicht im Guggenheim, in der Frick Collection, im Whitney oder in der kleinen, aber feinen Neuen Galerie .... von den Chelsea-Galerien ganz zu schweigen.

DAS IST...
NEW YORK

OBEN: Viele Galerien in Chelsea zeigen museumswürdige Ausstellungen, auch die Pace Gallery in der 22nd St. mit Werken von Claes Oldenburg und Coosje van Bruggen.
UNTEN: Auch im Auktionshaus Christie's dreht sich natürlich alles um Kunst.

KÜNSTLERPARTY IM WHITNEY

Am lebendigsten wird das Konzept, wenn sich an den langen Freitagabenden das Whitney in eine Künstlerparty verwandelt. Bis 22 Uhr gibt es Live-Musik und Kunst-Performances. Man schlendert durch die Galerien oder trifft sich einfach nur und genießt von der großzügigen Terrasse aus einen atemberaubenden Blick über die nächtliche Skyline Manhattans (▶ S. 224).

DAS IST...
NEW YORK

NEW YORK SUBWAY

Der Zugführer mahnt genervt per Lautsprecher, doch endlich die Eingänge freizugeben, zum wiederholten Male ertönt ein ungeduldiger Klingelton, und dann schieben sich endlich die Türen des Waggons mit einem unbarmherzigen Zischen zu.

Gerade ist die Linie 7 an der Grand Central Terminal Station angekommen. ▶

DAS IST...
NEW YORK

DU stehst zwischen Hunderten von New Yorkern. Es passt kaum eine Zeitung zwischen Deine Schulter und die Deines Nachbarn. Die Menschen schauen auf ihre Füße, versuchen, trotz der Enge Distanz zu wahren.

Für manche ist die New Yorker U-Bahn ein Albtraum, insbesondere am Wochenende, wenn ständig die Züge ausfallen oder Ewigkeiten wegen Bauarbeiten im Tunnel stecken. Für andere hingegen ist die New Yorker U-Bahn der Himmel auf Erden. So hat der berühmte Mode-Designer Alexander Wang einmal gesagt: »Andere Designer reisen rund um die Welt, um Inspiration zu finden. Ich setze mich einfach in die New Yorker U-Bahn.«

New York auf engstem Raum

Es ist nicht schwer zu erkennen, warum Wang mit der U-Bahn fährt, um sich inspirieren zu lassen. Eine Fahrt bietet auf engstem Raum alles, was New York spannend und aufregend macht. Nehmen Sie etwa die Nummer 7 vom Times Square nach Flushing. Die Linie führt vom geschäftigen Zentrum Manhattans quer durch Queens, den Stadtteil mit dem buntesten Bevölkerungsmix. Sie fahren auf Stelzen den Queens Boulevard entlang, wo sich indische, venezolanische und kolumbianische Nachbarschaften ablösen, und landen schließlich in Flushing – der größten Chinatown der Stadt. Wenn Sie an der Endstation auf die Main Street treten, fühlen Sie sich, als ob Sie in Shanghai angekommen sind. Alles ist in chinesischen Schriftzeichen markiert, inklusive der Straßenschilder, in den Geschäften wird ausschließlich Mandarin gesprochen.

Auf so einer Fahrt durch Queens erleben Sie **die Dichte, das kulturelle Grundprinzip der Stadt**, das nirgends so unmittelbar spürbar wird wie 20 Meter unter dem Manhattaner Asphalt. Dazu gehören das hautnahe Miteinander im U-Bahn-Waggon, die überfüllten Bahnsteige, die Treppenaufgänge, bei denen man sich Mühe geben muss, niemanden zu stoßen.

Das wirklich Spannende an der Überfüllung ist jedoch, wie die New Yorker damit umgehen. Da ist die eingespielte Choreografie, mit der diese an einer Station innerhalb weniger als einer Minute einen überfüllten Waggon komplett leeren und wieder füllen. Da ist der betörende Wirbel der Millionen, die

EINMAL UM DIE WELT MIT DER LINIE 7

Steigen Sie am Times Square in die Linie 7. Nach 21 Stationen erreichen Sie die Endstation Flushing-Main St. in Queens. Tauchen Sie ein in New Yorks größte Chinatown. Besucher sind willkommen – zum Beispiel im Fu Run Restaurant in der Prince Street, nur Schritte von der Subway-Endstation entfernt. Legendär ist das Lamm nach Hausrezept (40-09 Prince St.; www.furunflushing.com; €€, ▶S. 190).

DAS IST...
NEW YORK

Dieser tapfere Bahnsteig-Musiker spielt mit einem Blues gegen den Lärm an.

zur Rushhour durch die Times Square Station strömen. Da sind aber auch die **Kunst und Kreativität**, die in der Mitte dieses geordneten Chaos gedeihen: die Bahnsteig-Musiker, die ihren Blues der kreischenden Bahn entgegenschmettern, die Kunstinstallationen, die mehr als 200 Stationen zieren.

Mit der Dichte kommt jedoch auch die einzigartige Vielfalt dieser Stadt. In jedem Waggon findet man einen Querschnitt durch die New Yorker Bevölkerung: den chassidischen Juden aus Brooklyn, die chinesische Familie aus Flushing, den Hipster aus Brooklyn, den Senegalesen aus Harlem, die mexikanische Mariachi-Truppe und den Wall-Street-Banker auf dem Weg zur Arbeit. Wenn es stimmt, dass die Subway eine eigene Nachbarschaft ist, dann ist sie »die new-yorkerischste«, die bunteste und die demokratischste. Gerade deshalb sollte man sie nicht einfach nur benutzen, um von Punkt A nach Punkt B zu gelangen. Man muss sie einatmen und in ihr aufgehen.

DAS IST...
NEW YORK

PLANET BROOKLYN

Wer von Manhattan kommend an der Bedford Street, der ersten Station auf der anderen Seite des East River, aus der Subwayn steigt, merkt sofort, dass hier etwas anders ist: Das Tempo ist langsamer, weniger hektisch, und die städtebaulichen Dimensionen sind menschlicher. Die Shops, die Cafés und auch die Menschen dagegen sind extravaganter, cooler, stylisher.

Bedford Avenue ist das Epizentrum des hippen Wiliamsburg. ▶

DAS IST...
NEW YORK

UM in das Universum Brooklyn einzutauchen, reicht es, einen **kurzen Spaziergang durch Williamsburg** zu unternehmen: Von der Subway-Haltestelle Bedford Avenue laufen Sie die Avenue hinunter zur North 12th Street, dann links bis zur Kent Avenue. Dieser folgen Sie bis zur Metropolitan Avenue, auf der Sie wieder zur Bedford Avenue zurücklaufen. Unterwegs kommen Sie u. a. an der Brooklyn Brewery vorbei, dem Ursprungsort der Micro-Brew-Kultur (www.brooklynbrewery.com, 79 North 11th St.), an den mit Graffiti übersäten alten Lofts der Kent Avenue, die heute als Künstler-Ateliers genutzt werden, an der mittlerweile berühmten Konzertbühne »Music Hall of Williamsburg« (▶S. 285), an den Bars und Kneipen der Metropolitan Avenue und an den kleinen Geschäften der Bedford Avenue wie dem legendären Buchladen »Spoonbill and Sugartown« (218 Bedford Ave.) sowie samstags am Flohmarkt am East River.

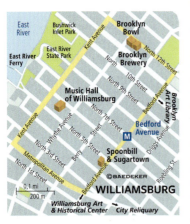

Es ist noch keine 20 Jahre her, da galt man als verrückt oder extrem waghalsig, wenn man aus Manhattan über den East River nach Brooklyn zog. Die Mieten in Manhattan waren noch erträglich, alles spielte sich auf der Insel ab, das kulturelle Leben, das Nachtleben und das Geschäftsleben. Das restliche Stadtgebiet New Yorks, in puncto Fläche und Bevölkerung um ein Vielfaches größer als Manhattan, war ein unbekanntes, fremdes Land. Heute hat sich das alles dramatisch verändert. Wer sich für cool hält, lebt schon lange nicht mehr in Manhattan, sondern in den Brooklyner In-Bezirken **Williamsburg**, **Cobble Hill** oder **Bushwick**. Der Strom der Kulturbeflissenen hat sich umgekehrt. Wer auf der Suche nach den neuesten und besten Restaurants oder den neuesten Trends in Kunst und Musik ist, der setzt sich in die Linie L in Richtung Osten.

Jung, hip, kreativ

Angefangen hat alles damit, dass in Downtown Manhattan die Mieten dramatisch stiegen, nachdem Ende der 1980er-Jahre die Stadt mit ihrer Null-Toleranz-Politik erfolgreich die Straßen befriedet hatte. Leute mit gehobenen Einkommen und normalen »9 to 5«-Jobs trauten sich plötzlich in Viertel wie East Village, wo man zuvor nachts bestimmte Straßenzüge lieber gemieden hatte. Damit ging jedoch auch der Nährboden für jene Subkultur verloren, die Viertel wie das East Village in den 1970er-Jahren interessant gemacht hatten.

Die jungen Leute zogen über den East River nach **Williamsburg**, einem ehemaligen Lagerhallen- und Industrieviertel, in dem sie die gleichen Bedingungen vorfanden wie 20 Jahre zuvor im Village: geräumige Lofts, in denen Künstler und Musiker für ein paar Dollar wohnen konnten, wenn sie bereit waren, brö-

DAS IST...
NEW YORK

ckelnden Putz, Badewannen in der Küche und Nagetiere in Kauf zu nehmen. Bis zum Ende der 90er-Jahre hatte sich Williamsburg dann laut dem Lifestyle-Magazin »GQ« zum **»coolsten Stadtviertel der USA«** gemausert. Die Partys im leeren McCarren-Schwimmbad sind legendär, in den großen Lagerhallen zwischen Bedford Avenue und East River experimentierten jeden Abend Garagenbands. Nicht wenige von ihnen schafften es später in die internationalen Charts wie die Strokes, LCD Soundsystem, Sharon Jones, Notorious BIG und Jay-Z. Rund herum entstanden Kneipen, Galerien und Cafés. Der Startschuss für den Umzug nach Brooklyn war gefallen.

Immer weiter, immer tiefer

Immer neue Gebiete wurden erschlossen. Während sich die jungen Hipster in Williamsburg einnisteten, zogen die erwachsenen Kreativen, Schriftsteller und arrivierte Schauspieler nach Brooklyn Heights und Carroll Gardens. Das Viertel Park Slope südlich des Prospect Park wurde von jungen Familien bevölkert, die den günstigen Wohnraum schätzten, den gut gelegenen Park, die baumbewachsenen Wohnstraßen und die relative Ruhe. Heute sind die Mieten in den begehrten Vierteln **beinahe genauso teuer wie in Manhattan**. In Williamsburg entstehen entlang des East River Hochhäuser mit Luxusapartments. Die junge Szene zieht dagegen weiter und dringt immer tiefer in den Stadtteil vor. Mittlerweile sind die Künstler in Bushwick, Red Hook und in Sunset Park angekommen und in die einstigen Künstlerlofts von DUMBO sind schon lange arrivierte Design- und Architekturstudios eingezogen.

Williamsburg, die Hipsterhochburg: Hier sprießen die kreativen Ideen aus dem Boden.

PLANET BROOKLYN

Am besten ist der Geist Brooklyns, die Dinge etwas anders zu machen, vielleicht in der »Brooklyn Bowl« zu spüren. Die Bowl ist Gourmet-Restaurant, Bowling-Center, Bar und Konzertbühne, auf der Live-Bands spielen oder ein DJ auflegt. Hier ist immer was los (61 Wythe Avenue, www.brooklynbowl.com).

T
TOUREN

Durchdacht, inspirierend, entspannt

Mit unseren Tourenvorschlägen
lernen Sie New Yorks beste Seiten kennen.

Wer an der 145. Straße aussteigt, ist schon weit im Norden von Harlem. ▶

TOUREN
UNTERWEGS IN NEW YORK

UNTERWEGS IN NEW YORK

Sechs Spaziergänge bzw. Vorschläge, sich dem »Planeten New York« zu nähern. Wer gut zu Fuß ist, schafft sie in den Mindestzeiten. Aber lassen Sie sich lieber Zeit. Es lohnt sich. Das Gleiche gilt übrigens auch für die Ausflüge vor die Tore New Yorks.

Neu in New York? Ein paar Tipps

Sich in der Riesenstadt zurechtzufinden ist einfacher, als man denkt. Die Avenues (nummeriert oder mit Namen) verlaufen immer in Nord-Süd-Richtung, die nummerierten Streets immer von Osten nach Westen. Oberhalb des Washington Square Park trennt die 5th (auch Fifth) Avenue die Straßen in »East« und »West«.

Für die schönste (und anstrengendste) Art, in New York unterwegs zu sein – zu Fuß –, gilt folgende Faustregel: In Manhattan kommen auf eine Meile (ca. 1,6 km) zwanzig Häuserblocks. Bei strammem Marsch benötigt man eine Minute, um einen Block in Nord-Süd-Richtung abzugehen, für einen Block Crosstown, d. h. in Ost-West-Richtung, braucht man fünf bis acht Minuten.

Sonnenanbeter im Central Park

TOUREN
MIDTOWN: WO DAS HERZ SCHLÄGT

Am Anfang oder am Ende eines New-York-Aufenthalts sollte ein Besuch des **World Trade Center** stehen, von dessen Aussichtsplattform man den schönsten Blick über die Stadt hat. Wer das erste Mal oder nur ganz kurz in New York ist, der erhält bei einer organisierten **Stadtrundfahrt** einen ersten Überblick (Auskunft: ▶ Stadtbesichtigung S. 342). Im Zentrum kommt man am besten zu Fuß voran (machen Sie es wie viele New Yorker: Tragen Sie bequeme Laufschuhe!), entferntere Ziele lassen sich gut mit der Subway, der U-Bahn, erreichen. Auch das Busnetz ist gut ausgebaut, die Busse fahren entweder »Downtown« oder »Uptown« (von Nord nach Süd und umgekehrt) oder »Crosstown«, d. h. von Ost nach West und umgekehrt. Bei gutem Wetter ist die Erkundung per Fahrrad eine ideale Fortbewegungsart (▶ S. 314).

MIDTOWN: WO DAS HERZ SCHLÄGT

Start und Ziel: Grand Central Terminal | **Dauer:** 4 Stunden

Diese Tour führt durch Midtown. Hier im Herzen Manhattans ist die Stadt so, wie man sie sich immer vorstellt: gigantische Wolkenkratzer aus Stahl, Beton und Glas, hastende Menschen, flackernde Lichter.

Tour 1

Start und Ziel ist das ❶ ★★**Grand Central Terminal**. Die prachtvolle Beaux-Arts-Architektur, die Kronleuchter, der Marmorboden verwandeln das imposante Gebäude in ein Kunstwerk.
Verlässt man den Bahnhof in Richtung 42nd Street, sieht man linker Hand das ❷ ★★ **Chrysler Building** mit seiner markanten Spitze in den Himmel ragen. Auf dem Weg entlang der 42nd Street in Richtung Westen trifft man an der Ecke 42nd Street/Fifth Avenue auf die ❸ ★**New York Public Library**, die zweitgrößte Bibliothek der USA. Bei schönem Wetter ist die Eingangstreppe ein beliebter Lunchplatz für die Angestellten der umliegenden Büros – genauso wie der hübsche Bryant Park hinter der Bibliothek.
Die Prachtstraße ★★**Fifth Avenue** verdankt ihren Beinamen »Boulevard of Golden Credit Cards« Luxusläden wie Tiffany und Cartier, die alle zwischen der 49th und 59th Street liegen. Acht Blocks südlich, Ecke 34th Street/Fifth Avenue, erhebt sich der wohl berühmteste Wolkenkratzer der Welt in den Himmel: das ❹ ★★**Empire State Building**. Erbaut wurde es 1929 – 1931 und seine Aussichts-

Vom Grand Central Terminal auf den Broadway

TOUREN
MIDTOWN: WO DAS HERZ SCHLÄGT

plattform im 86. Stock ist einer der beliebtesten Plätze in Midtown Manhattan. Folgt man der 34th Street weiter in Richtung Westen, stößt man nach einem Block auf den Herald Square mit dem berühmten Kaufhaus Macy's, von dem aus es auf den ★Broadway geht, die legendäre Amüsiermeile.

Acht Blocks weiter im Norden erreicht man den ❺ ★★**Times Square**, auf dem Tag und Nacht das Leben pulsiert. Vor allem in den Abendstunden, wenn es schon dämmert, lohnt sich hier ein Besuch, dann versprühen die leuchtenden Reklametafeln an den Hausfassaden einen Hauch von Las Vegas im Herzen von Manhattan. Auf den Treppenstufen des Father Duffy Square kann man herrlich entspannen und das Spektakel auf sich wirken lassen.

Weiter nördlich auf dem Broadway wird es langsam ein bisschen ruhiger, bis man am Columbus Circle, wo das Time Warner Center mit seinen Luxusläden, Hotels und Restaurants in den Himmel ragt, einen Eingang zum ❻ ★★**Central Park**, der »grünen Oase« Manhattans, erreicht. Im Park ist es nun jedem selbst überlassen, wie er dieses Naturreservat in östlicher Richtung durchquert. Auf der ❼ ★**Grand Army Plaza** ziehen zunächst die Pulitzer Fountain und die Pferdekutschen, die hier auch zu einer Fahrt durch den Central Park warten, die Aufmerksamkeit auf sich. Direkt gegenüber erhebt sich das Hotel Plaza, das 1907 im Stil eines französischen Châteaus erbaut wurde. Wieder geht es auf der Fifth Avenue entlang, diesmal in Richtung Süden, vorbei am ❽ **Trump Tower** mit seinem protzigen, verkitschten Atrium, in dem ein zweistöckiges Einkaufszentrum untergebracht ist, zur ❾ ★**St. Patrick's Cathedral**, dem Sitz des New Yorker Erzbischofs.

Vom Broadway durch den Central Park zur St. Patrick's Cathedral

Direkt gegenüber der Kathedrale ragt das ❿ ★★**Rockefeller Center** empor, mit seinen verschachtelten Hochhäusern eine Stadt in der Stadt und ein beeindruckendes Baudenkmal New Yorks. Im Winter, wenn der mit rund 30 000 bunten elektrischen Birnen geschmückte Weihnachtsbaum die Rockefeller Plaza erhellt, lockt hier eine berühmte Eisbahn Tausende zum Schlittschuhlaufen. Folgt man nun der Fifth Avenue bis zur 42nd Street und biegt dann auf dieser nach links ab, ist man fast am Ziel und Ausgangspunkt der Tour, am Grand Central Terminal. Hier laden im Untergeschoss Restaurants und Bars zur Erholung und Stärkung ein. Man hat es sich ja auch verdient!

Vom Rockefeller Center zum Grand Central Terminal

DOWNTOWN: WO ALLES BEGANN

Start und Ziel: Civic Center – South Street Seaport
Dauer: 4 Stunden

Im südlichen Manhattan begann der Aufstieg New Yorks vom kolonialen Handelsposten zur weltbekannten Metropole. Die Statue of Liberty, die Brooklyn Bridge und die größte Börse der Welt sind Symbole jener grenzenlosen Ambition, die die Stadt zu einem der wichtigsten Zentren der westlichen Welt gemacht hat. Aber auch Ground Zero befindet sich hier, Zeugnis des größten Terroranschlags in der Geschichte der Vereinigten Staaten von Amerika.

Tour 2

TOUREN
DOWNTOWN: WO ALLES BEGANN

Vom Civic Center an die Südspitze Manhattans

Ausgangspunkt ist das ❶ **Civic Center**, die »Stadt in der Stadt«, wo über 300 000 Angestellte der verschiedenen städtischen und staatlichen Behörden arbeiten. Entlang des ★Broadway in Richtung Süden kommt man am Amtssitz des Bürgermeisters und des Stadtrats vorbei, der ❷ ★**City Hall**. Das gegenübergelegene, 1913 erbaute ★Woolworth Building mit seiner Kupferkuppel war 17 Jahre lang das höchste Gebäude der Welt und leitete die Ära der Wolkenkratzer ein. Mit seinen gotischen Verzierungen und der prachtvollen Lobby, die man besichtigen kann, ist es bis heute eines der schönsten Gebäude der Stadt. Etwas weiter trifft der Broadway auf die Park Row und man biegt in die Vesey Street ein. Im Verlauf der Straße erreicht man das ❸ ★★**1 WTC** (One World Trade Center Center) mit dem 9/11 Memorial. Folgt man nun der West Street weiter Richtung Süden, lohnt ein Abstecher nach Battery Park City. Die Hochhäuser entstanden in den 1980er-Jahren auf künstlich aufgeschüttetem Untergrund, dem Aushub des World Trade Center. Hier kann man auf der ❹ ★**Esplanade** entlang des Hudson River flanieren und die großzügig angelegten Grünflächen genießen. Am Ende angelangt, erstreckt sich der ❺ ★**Battery Park** mit Castle Clinton, dem East Coast War Memorial, das an die verschollenen Soldaten des Zweiten Weltkriegs erinnert, und mit den ❻ **Ferry Terminals**. Hier gibt es die Karten für die Fähre nach ★Ellis Island, zur ★★Statue of Liberty und nach ★Governor's Island. (Fast) genauso gut und vor allem kostenlos ist eine Überfahrt mit der Staten Island Ferry. Die Strecke führt relativ nah an der Freiheitsstatue vorbei und bietet einen schönen Blick auf die Skyline von Downtown Manhattan.

Verlässt man nun den Park Richtung Norden, steht man am Bowling Green, dem Beginn des ★Broadway, in dessen Verlauf man zur ❼ **Trinity Church** gelangt. Die Kirche mit dem ältesten Friedhof New Yorks bildet einen starken Kontrast zum hektischen Geschäftsleben, das hier im ★Financial District, der Welt der Banker und Broker, vorherrscht. Direkt gegenüber der Kirche beginnt die ★Wall Street, die legendäre Finanzstraße. Wo einst eine massive Schutzmauer das holländische Nieuw Amsterdam vor Indianern und Engländern schützte, steht die größte und wichtigste Börse der Welt, der ❽ **New York Stock Exchange** (NYSE). Die Federal Hall direkt gegenüber ist eine der Geburtsstätten der amerikanischen Nation. Wenige Häuser weiter informiert das Museum of American Finance über die Geschichte der amerikanischen Finanzwirtschaft.

Am Ende der Straße trifft man auf Hafenanlagen am East River, dem man Richtung Norden folgt. Am Ende wartet der ❾ ★**South Street Seaport**, der rekonstruierte alte Hafen mit historischen Schiffen, einer Shopping Mall, Restaurants und Bars. Wer jetzt noch Kraft und Lust hat, findet in der Park Row, in unmittelbarer Nähe des Civic Center, dem Startpunkt dieser Tour, den Aufgang zur ❿ ★★**Brooklyn Bridge** (Treppenabgang von der Brücke an der Water St.). Wer nicht mehr ganz so fit ist, kann hier auch die U-Bahn nehmen, um nach Brooklyn zu gelangen. Dort lädt der ⓫ ★**Brooklyn Bridge Park** (alter Name: Empire-Fulton Ferry State Park) vor allem in den Abendstunden zum Entspannen ein. Er liegt am Fuß der Brooklyn Bridge und von hier hat man einen wunderschönen Blick auf Manhattan.

Vom Broadway in die Wall Street

VON WEST NACH OST – MIT DER SEILBAHN

Start und Ziel: 72nd St./Central Park – United Nations
Dauer: 2 Stunden

Nicht nur in den Alpen gibt es Seilbahnen, auch das flache New York hat eine. Diese erklimmt zwar keine Berge, bringt aber ihre Gäste trockenen Fußes über den East River nach Roosevelt Island.

Tour 3

TOUREN
VON WEST NACH OST – MIT DER SEILBAHN

Durch den Central Park zu den UN

Doch bevor man in die Gondel steigt, beginnt man einen schönen Spaziergang am ★★Central Park. Betritt man den Park auf der Höhe der 72nd Street West, vor dem legendären Dakota Building, gelangt man in die ❶ **Strawberry Fields**, einen Garten mit einem Mosaik, den John Lennons Witwe Yoko Ono zur Erinnerung an den Beatle anlegen ließ.

TOUREN
CHINATOWN UND DIE LOWER EAST SIDE

Von hier ist es nun jedem selbst überlassen, wie er den Park durchquert. Wir empfehlen Abstecher zur ❷ **Bethesda Fountain**, an The Lake und zu ❸ **The Mall**, einer Ulmenallee mit Skulpturen verschiedener Dichter und Künstler. Hier ist das Zentrum des Parks und mit Schaustellern und Musikern auch sein lebendigster Teil.

Nun verlässt man den Park an der ❹ ★**Grand Army Plaza**, um auf die ★★Fifth Avenue zu gelangen. Folgt man hier der 59th Street weiter nach Osten, ragt auf der rechten Seite das 215 m hohe ❺ **General Motors Building** in die Höhe, einer der schönsten Bauten New Yorks. Weiter auf der 59th St. steht an der Ecke zur Lexington Avenue ❻ **Bloomingdale's**, das älteste und eines der berühmtesten Kaufhäuser der Stadt. Zwei Blocks weiter, an der Ecke 60th Street/Second Avenue, befindet sich der Eingang zur ❼ **Aerial Tramway** nach ❽ **Roosevelt Island**. Aus der Gondel (die Überfahrt kostet so viel wie eine U-Bahn-Fahrt: 2,75 $) hat man – gutes Wetter vorausgesetzt – einen sehr schönen und auch etwas anderen Blick auf Manhattan. Weiter geht es auf die First Avenue. Knapp 15 Blocks südlich liegt auf neutralem Boden – weder die USA noch die City of New York haben hier etwas zu sagen – das Hauptquartier der Vereinten Nationen, der ❾ ★★**United Nations**, Endpunkt dieser Tour. In der frei zugänglichen Eingangshalle sind zahlreiche Kunstwerke und der UN-Souvenirshop untergebracht.

CHINATOWN UND DIE LOWER EAST SIDE

Start: 215 Centre Street | **Ziel:** Canal Street | **Dauer:** je nach Belieben

Diese Tour führt durch Chinatown und die Lower East Side, die klassischen Einwandererviertel von New York. Tauchen Sie ein in das bunte Chaos des chinesischen Straßenlebens und begeben Sie sich auf die Suche nach den Spuren der osteuropäischen Einwanderer der Lower East Side.

Tour 4

Idealer Startpunkt für diese Tour ist das ❶ **Museum of Chinese in America** am Rande von ★ Chinatown. In der von der Künstlerin Maya Lin 2009 umgestalteten ehemaligen Maschinenwerkstatt erfahren Sie alles über das Leben der chinesischen Einwanderer in New York und in den USA. Von hier aus spazieren Sie die Grand Street hinunter und atmen das pralle Leben Chinatowns ein. Hier wird kaum noch Englisch gesprochen, selbst die Schilder sind in Mandarin. Erleben Sie den Straßenmarkt mit exotischen Früchten und Gemüse, die klei-

Von Chinatown nach Little Italy ...

TOUREN

CHINATOWN UND DIE LOWER EAST SIDE

nen Geschäfte mit lebendem Fisch und gebratenen Vögeln. Straßenverkäufer bieten Snacks wie »Pork Buns« an, leckere chinesische weiche Brötchen mit Schweinefleisch. Schauen Sie auch einmal in eine der vielen chinesischen Apotheken herein mit ihren Wunderpulvern und Tinkturen.

Auf der ❷ **Mott Street**, insbesondere zwischen Kenmare und Worth Street, finden sich kleine Restaurants. Hier werden die Küchen der verschiedensten chinesischen Provinzen angeboten; die Mahlzeiten sind spottbillig. Auf der Grand Street, zwischen Mott und Mulberry, begegnen Sie den letzten Resten des alten Little Italy: dem kleinen Italian American Museum (155 Mulberry St.), dem Kruschtladen von Ernesto Rossi direkt gegenüber – er führt sein Geschäft in dritter Generation – und dem Lebensmittelgeschäft Di Palo (200 Grand St.).

... und über die Lower East Side wieder zurück

Überqueren Sie nun den Park an der Chrystie Street, wo chinesische Jugendliche oft das chinesische Volleyballspiel Nine Man spielen, und tauchen Sie in die Lower East Side ein. An der Delancey Street finden Sie das ❸ ★**Lower East Side Tenement Museum**, das Touren durch die Lower East Side veranstaltet und über das Leben der jüdischen Einwanderer informiert. Von hier sind es nur drei Straßen zur ❹ **Eldridge Street Synagogue**, die gleichzeitig ein kleines Museum beherbergt. Noch etwas weiter östlich, an der Ecke East Broadway und Canal Street, befindet sich das »Forward«-Gebäude, wo seit mehr als 120 Jahren die jüdische Zeitung »The Forward« herausgegeben wird.

Nun geht es wieder Richtung Westen. Auf der Canal Street ist es nicht weit zum ❺ **Mahayana Buddhist Temple**, dem größten buddhistischen Tempel New Yorks mit einer riesigen vergoldeten Buddha-Figur im Innern (133 Canal St.).

Ein Stück weit die Bowery hinunter biegt man rechts in die Doyers Street, eine winzige krumme Gasse am Rand von Chinatown. Sie war Anfang des 20. Jh.s berühmt-berüchtigt wegen der vielen blutigen Schlachten zwischen den Tong-Banden, die hier stattfanden. Laut Polizeistatistiken starben in keiner Straße New Yorks mehr Menschen. Heute ist die Doyers Street wegen ihrer Spielhöllen bekannt und wegen des hervorragenden ❻ **Nom Wah Tea Parlor**, das Restaurant und Teestube in einem ist und ebenfalls schon in der dritten Generation geführt wird (13 Doyers St., www.nomwah.com). Von hier ist es nicht weit zur Canal Street, die für ihre fliegenden Händler mit oft gefälschter Billigware berüchtigt ist.

Lower East Side kulinarisch

Wenn Sie die alte Lower East Side kulinarisch erleben möchten, bewegen Sie sich wieder ein Stück nördlich an die Houston Street. Dort finden Sie an der Ecke zur Ludlow Street das 130 Jahre alte Katz's Delicatessen, das noch immer die besten Pastrami Sandwiches der Stadt serviert, die mittlerweile jedoch recht teuer geworden sind (205 East Houston St., www.katzsdelicatessen.com). Zwei Straßen

TOUREN
CHELSEA: STADTTEIL IM AUFWIND

weiter in der Orchard Street finden Sie das Russ & Daughters Cafe, ein alteingesessenes jüdisches Feinkostgeschäft mit legendären Heringsgerichten (127 Orchard St., www.russanddaughterscafe.com). Und wiederum eine Straße weiter lohnt es sich, bei Yonah Schimmel für einen Knish (Kartoffeltasche) vorbeizuschauen (137 East Houston St./Ecke Forsyth, www.yonahschimmelknish.com).

Jetzt sind Sie auch schon im Zentrum des jungen Nachtlebens der Lower East Side. Die angesagten Musikklubs liegen hier dicht beieinander: dazu gehören die Mercury Lounge (217 East Houston St., www.mercuryloungenyc.com), das Pianos (158 Ludlow St., www.pianosnyc.com), Arlene's Grocery (95 Stanton St., www.arlenesgrocery.net), der Bowery Ballroom (6 Delancey St., www.boweryballroom.com) und die Rockwood Music Hall (196 Allen St., www.rockwoodmusichall.com).

Lower East Side musikalisch

CHELSEA: STADTTEIL IM AUFWIND

Start und Ziel: Madison Square Garden – Chelsea Piers |
Dauer: 2 Stunden

Chelsea ist der dynamischste Stadtteil New Yorks. Er hat sich in den vergangenen zwanzig Jahren von einer Industriebrache zum Kunst- und Shoppingdistrikt sowie zum hyperbegehrten Wohnviertel entwickelt.

Tour 5

TOUREN
CHELSEA: STADTTEIL IM AUFWIND

Von der »Betonschüssel« zum Empire State Building

❶ **Madison Square Garden**, der Startpunkt des Rundgangs, ist die legendäre Arena New Yorks, wo Muhammed Ali geboxt, die Beatles gespielt und Marilyn Monroe gesungen hat. Heute ist die Halle Heimat der New York Knicks und der New York Rangers. Für Sportbegeisterte lohnt sich eine Führung durch die »Betonschüssel«, an spielfreien Tagen dürfen die Besucher sogar in das Heiligste der Arena, die Umkleidekabinen der beiden Mannschaften.
Gegenüber dem »Garden« an der Eighth Avenue steht das ❷ **General Post Office** mit seiner korinthischen Säulenfront. In den nächsten Jahren ist geplant, die unterirdische Penn Station zum Teil in die prächtige Halle des Hauptpostamtes zu verlegen. Auf der 34th Street Richtung Westen thront zwischen der Seventh Avenue und der Avenue of the Americas das größte Kaufhaus der Welt: ❸ **Macy's**, während ein Stück östlich das ❹ ★★**Empire State Building** emporragt.

Über die Fifth Avenue an den Hudson

Folgt man nun der ★★Fifth Avenue in südlicher Richtung, kommt man in den Flatiron District, heute die Heimat der jungen Computer- und Internetbranche und einer schicken Restaurantszene. An der Kreuzung Broadway, Fifth Avenue und 23rd Street steht das Wahrzeichen des Viertels, das wegen seiner Dreiecksform »Bügeleisen« genannte ❺ ★**Flatiron Building**. Das Chelsea Hotel in der 23rd Street, zwischen der 7th und 8th Avenue, war beinahe 100 Jahre lang das berühmteste Künstlerhotel der Stadt. Jack Kerouac schrieb hier seinen Kultroman »On the Road«, Thomas Wolfe und

Dylan Thomas gehörten zu den Stammgästen, ebenso Arthur Miller, Bob Dylan und Andy Warhol.

Die ❻ **St. Paul's Church** in der 22nd Street, zwischen 8th und 9th Avenue, ist Sitz der letzten deutschsprachigen Gemeinde in New York (So. um 10.30 Uhr evangelischer Gottesdienst). Westlich der 9th Avenue liegt West Chelsea. Das ehemalige Industrieviertel ist eines der trendigsten Stadtviertel New Yorks. Hier, vor allem zwischen West 22nd und West 29th Street, in der sogenannten Gallery Row, haben sich unzählige Galerien niedergelassen.

An der 10th Avenue gelangt man zur ❼ ★★**High Line**, dem Stadtpark auf einer stillgelegten Hochbahntrasse, der jährlich Millionen Menschen anzieht. Die High Line hat den Boom von West Chelsea enorm vorangetrieben. Entlang des Parks sind Luxuswohnhäuser von Star-Architekten wie Zaha Hadid oder Frank Gehry entstanden, entlang der 10th Avenue wimmelt es von schicken Restaurants. Am Südende der High Line liegen das neue ❽ ★★**Whitney Museum** und der angesagte Shopping- und Nightlifedistrikt Meatpacking. An der 20. Straße unter der High Line lohnt ein Besuch des Chelsea Market mit Cafés und Geschäften.

Folgt man nun der 22nd Street bis zum Hudson, erreicht man die »Recreation Area« Chelsea Piers. Wo einst Ozeandampfer und Frachtschiffe anlegten, erstreckt sich heute eine private Sportanlage. Die Piers mit ihren Bars und Restaurants bilden einen schönen Abschluss dieses Rundgangs.

MIT DER U-BAHN DURCH NEW YORK

Start und Ziel: Times Square | **Dauer:** reine Fahrzeit ca. 30 Minuten

Eine Fahrt mit der Linie 7 der New Yorker U-Bahn zwischen Times Square in Manhattan und Main Street im Stadtteil Queens bietet einen Einblick in die ethnische Vielfalt der New Yorker Bevölkerung.

Tour 6

Mit der U-Bahn durch mehrere Kontinente – die Linie 7 der New Yorker U-Bahn macht es möglich. Besonders entlang der ethnisch außerordentlich vielfältigen Roosevelt Avenue in Queens entführt sie die Fahrgäste in Gegenden, die sich ihren eigenständigen Charakter bis heute bewahrt haben, daher der Beiname »International Express«. Die Fahrt beginnt am ❶ ★★**Times Square** in Manhattan,

Ausgangsort Times Square

TOUREN
MIT DER U-BAHN DURCH NEW YORK

dem Herzen von New York. Die U-Bahn-Station ist der zentrale Knotenpunkt des New Yorker Bahn-Netzes. Kein Bahnhof ist so groß und so betriebsam wie der am Times Square. Das hektische Treiben wird untermalt von der Musik zahlreicher Straßenmusikanten. Und ganz nebenbei, am Bahnhof 42nd St./Times Square, kann man mit einem Wandbild von Roy Lichtenstein von 2002 auch noch zeitgenössische Kunst genießen.

Im Times Square Visitors Center erhält man Informationen und einen Stadtplan von New York, an den Computerterminals kann man kostenlos E-Mails checken und elektronische Ansichtskarten versenden .

Times Square Visitor Center: 1560 Broadway, zw. 46th und 47th Street, Mo. – Fr. 9 bis 20, Sa., So. ab 8 Uhr

Queens Drei Stationen liegen in Manhattan, dann fährt der Zug unter dem East River hindurch nach Queens, dem 1898 eingemeindeten Borough im Westen von Long Island. Entlang der Schienen der in Queens zur Hochbahn mutierten Linie 7 leben Menschen aus allen Kontinenten. Einen bunteren Bevölkerungsmix gibt es kaum irgendwo anders auf der Welt. In ❷ **Jackson Heights** mischen sich Inder, Pakistanis, Kolumbianer, Argentinier, Venezolaner, Guyaner und Tibeter, in Flushing liegt das Chinatown von Queens, das inzwischen größer ist als die chinesische Enklave in Manhattan.

Steigen Sie einfach in Jackson Heights aus und erkunden das Viertel. Kehren Sie ein in einen kolumbianischen Coffeshop oder in eines der vielen indischen Restaurants an der 74th Street wie das berühmte Jackson Diner. Das Gleiche gilt für Flushing. Mehr Tipps finden Sie auf der Website des Fremdenverkehrsamtes www.nycgo.com.

TOUREN
AUSFLÜGE

AUSFLÜGE

Vor den Toren von New York City findet man zwei der schönsten Reiseziele im Nordosten der USA: das Hudson-Tal, wo sich Kunst und Natur zu einer romantischen Kulturlandschaft vereinigen, und die Hamptons mit wunderschönen Stränden, wo die Reichen und Schönen von New York ihre Seele baumeln lassen. Einige der Ziele erreicht man mit öffentlichen Verkehrsmitteln. Wer die Gegend näher erkunden möchte, braucht einen Mietwagen.

Hudson Valley

Einige Kilometer flussaufwärts von New York verwandelt sich der Hudson River in einen mächtigen Strom. Idyllische Ortschaften wie Piermont und Nyack (das in der Nähe gelegene **Palisades Center** gehört zu den größten Malls in den USA; www.palisadescenter.com) schmiegen sich an den Fluss, Hügel auf beiden Flussseiten erinnern an das Rheintal.

Am Ostufer entlang verläuft die **Hudson Line** der Metro-North Railroad bis Poughkeepsie (www.mta.info/mnr). Allein die Fahrt lohnt schon mit herrlichen Blicken über den Fluss. Wegen der guten Verkehrsanbindung sind auch die Orte im Osten, im Westchester County, beliebte Wohnvororte, besonders für die Besserverdienenden. Das Westufer ist ursprünglicher und hübscher, aber auch weniger gut zugänglich; dort kommt man mit dem Mietwagenbesser voran..

Ein beliebtes Ausflugsziel von New Yorkern ist der weitläufige Harriman State Park mit lichten Wäldern und sieben Seen. Von dem 400 m hohen Bear Mountain, der an einen liegenden Bären erinnert, sieht man bei guter Sicht bis nach Manhattan. Als Nächstes folgt auf der Westseite des Hudson **West Point**, der Sitz der berühmtesten Militärschule der USA (Visitor Center, Highland Falls, www.usma.edu; geführte Touren nur mit Reisepass oder Führerschein). Das **Storm King Art Center**, etwas flussaufwärts, wo Skulpturen u. a. von Alexander Calder, Henry Moore oder Louise Nevelson die Landschaft beleben, ist eine brillante Verbindung zwischen Kunst und Natur (Old Pleasant Hill Road, Mountainville, www.stormking.org; von der Port Authority in Manhattan gibt es eine Busverbindung, www.coachusa.com). Am gegenüberliegenden Hudson-Ufer, etwa auf der Höhe von West Point, liegt direkt an der Bahnlinie die kleine Ortschaft Cold Spring mit Läden, Cafés und Restaurants. Cold Spring ist besonders im Herbst ein beliebter Ausgangspunkt für Wanderungen durch die Hudson Highlands. Von den Gipfeln reicht die Aussicht bis nach Manhattan. Etwa 18 km flussaufwärts folgt die Kleinstadt Beacon mit einem spektakulären **Museum für moderne Kunst: Dia Beacon**. Die

Wo Natur und Kultur zusammenfließen

TOUREN
AUSFLÜGE

fußballfeldgroßen Hallen einer ehemaligen Druckerei beherbergen Werke von 24 Künstlern der Avantgarde- und Konzeptkunst aus den 1970er-Jahren, u. a. von Judd, Heizer, Serra, Darboven, Warhol und Palermo (3 Beekman St., Beacon, www.diacenter.org; Anfahrt: Metro-North Railroad vom Grand Central Terminal nach Poughkeepsie, etwa 90 Min.; vom Bahnhof Beacon sind es ca. 5 Min. zu Fuß). Entlang der Main Street gibt es Galerien, Cafés und Kneipen.

Nicht mal 40 km flussaufwärts reihen sich um den kleinen Ort Hyde Park am Ostufer des Hudson die Prachtvillen von Industriemagnaten aus dem 19. Jh. wie Perlen einer Kette. Man kann sie besichtigen und auch in den wunderbaren Parkanlagen am Hudson spazieren gehen (www.hudsonriver.com/estates.htm). Besuchenswert sind u. a. **Vanderbilt Mansion National Historic Site**, das kleinere **Wilderstein-Anwesen** und das **Home of Franklin Roosevelt**, des viermaligen US-Präsidenten (https://www.nps.gov/vama, www.wilderstein.org und www.nps.gov/hofr).

▎ Long Island

Strandvergnügen

Long Island ist eine schmale Landzunge, die sich von Manhattan aus 200 Kilometer weit in den Atlantik hinausstreckt. Die Hamptons, putzige Kleinstädte, erinnern an New England.

Auf den ersten Blick sieht man es South, North und East Hampton nicht an, dass sich die High Society New Yorks hier von ihrem anstrengenden Dasein im Rampenlicht erholt und die heißesten Tage im Sommer aussitzt. Aber Understatement ist Konzept. Die Cafés und Restaurants in den kleinen Orten sind hoch exklusiv. Doch das soziale Leben findet ohnehin auf den Partys in den unbezahlbaren Sommerresidenzen statt. In **Sag Harbor**, einem der ältesten Orte auf Long Island, erinnert das kleine Whaling Museum an die Geschichte Long Islands als Walfangzentrum. Etwas weniger schick und dafür jünger und hipper als die Hamptons und eines der besten Surfreviere der Ostküste ist **Montauk**, wo ein Leuchtturm den östlichsten Punkt von Long Island markiert. In **East Hampton** lebten und malten der abstrakte Expressionist Jackson Pollock und seine Frau Lee Krasner; ihr Haus und Atelier kann besichtigt werden (www.pkhouse.org).

Auf Long Island findet man herrliche Badestrände, darunter den von Manhattan aus gut erreichbaren **Jones Beach**, der sich etwa 10 km weit entlang des Atlantischen Ozeans erstreckt und Minigolfplätze und andere Unterhaltungsmöglichkeiten bietet; ruhiger geht es auf der ganz im Nordosten vorgelagerten **Shelter Island** zu (Fährverbindung). Die 50 km lange **Strand Fire Island**, eine schmale Inselkette südlich vor Long Island, ist für ihre schwule Strand- und Partyszene bekannt. Sie lädt zum Fischen, Schwimmen und Wandern ein. Auch

TOUREN
AUSFLÜGE

Wer genug hat von der Mega-City, macht einen Ausflug ins Hudson Valley.

Fire Island lässt sich von New York aus gut mit Bahn und Fähre erreichen (Auskunft: www.fireislandferries.com, www.islanderstravel.com und www.sayvilleferry.com).

Anfahrt: mit dem Mietwagen über den Long Island Expressway und die Route 27 ca. 2 Std
Pendelbus »Hampton Jitney« stdl. von 3rd Ave/Ecke 40th St. nach South Hampton | www.hamptonjitney.com
Long Island Railroad (LIRR) von Penn Station (Manhattan), Flatbush Ave. (Brooklyn) und Long Island City (Queens) von Ende Mai bis Anfang/Mitte September | www.lirr.org.
Auskunft: www.hamptons.com, www.discoverlongisland.com | Liste mit Geschäften, Restaurants und Aktivitäten: www.easthamptonchamber.com, southhamptonchamber.com

S
SEHENS-WERTES

Magisch, aufregend, einfach schön

Alle Sehenswürdigkeiten sind alphabetisch geordnet. Sie haben die Freiheit der Reiseplanung.

Wo bis 9/11 die Twin Towers standen, ragt nun nur noch ein Turm auf. Dafür ist 1 WTC aber auch gleich der höchste New Yorker Wolkenkratzer. ▶

★★ AMERICAN MUSEUM OF NATURAL HISTORY

Lage: Central Park West, 79th St. | **Subway:** 81st Street | tägl. 10 bis 17.45 Uhr | Führungen zu den Hauptsehenswürdigkeiten täglich und stündlich zwischen 10.15 und 15.15 Uhr | **Eintritt:** 23 $, mit Space Show, einer Sonderausstellung und IMAX Giant Screen 28 $, Kinder 13 $ | www.amnh.org

Im Kinohit »Night at the Museum« erlebt Ben Stiller jeden Abend in den Hallen des Museum of Natural History sein blaues Wunder. Die Dinosaurierskelette beginnen durch die Gänge zu laufen, die ausgestopften Schimpansen klettern auf die Empore und die Neandertaler aus den Dioramen feiern eine Party.

Lebendige Naturgeschichte

Das wird Ihnen beim Besuch des Naturkundemuseums am Central Park vermutlich nicht passieren. Trotzdem steckt ein Kern Wahrheit in dem Fantasyfilm. Das größte Naturkundemuseum der Welt lockt nicht umsonst jedes Jahr fünf Millionen Besucher an und ist das Spielzimmer aller New Yorker Kinder und Jugendlicher. Naturgeschichte, Geschichte der Menschen und Völker aus allen Teilen der Welt von der Steinzeit bis zur Weltraumforschung werden nirgendwo auf der Welt so lebendig präsentiert wie hier. Über 200 Wissenschaftler arbeiten hinter den Kulissen des 1869 gegründeten Museums, das auch eigene Forschungslabors besitzt. Untergebracht ist es in einem 1874–1899 von Calvert Vaux und J. Wrey Mould erbauten Gebäudekomplex im Stil römischer Triumphbauten; seine zum Central Park gerichtete Fassade stammt von John Russel Pope.

Die beliebteste Sammlung ist die Dinosaurierabteilung – bereits im Foyer lehrt der Barosaurus lentus, **der höchste aufgerichtete Saurier der Welt**, die Besucher das Staunen. Besonders empfehlenswert sind auch die Hall of Biodiversity mit ihrem begehbaren Diorama eines Regenwaldes, die Hall of Planet Earth, die sich mit dem Erdinnern befasst, und die Milstein Hall of Ocean Life. Das dem Museum angeschlossene Rose Center for Earth and Space ist ein Fenster in den Weltraum (▶S. 53).

Indianer, Eskimos und ein Blauwal

Erdgeschoss · First Floor

Die Sammlung widmet sich vorwiegend der Biologie von Mensch und Tier und der Naturgeschichte des amerikanischen Kontinents. Neben Flora und Fauna wird auch das Leben der Nordwestküstenindianer und Eskimos dokumentiert, u. a. mit einem 19 m langen, im 19. Jh.

Third Floor • Zweiter Stock

1 Völker des Pazifiks
2 Indianer der östlichen Wälder und Ebenen
3 Primaten
4 Vögel Nordamerikas
5 Säugetiere im Staat New York
6 Vögel in New York City
7 Afrikanische Säugetiere
8 Hayden Planetarium (Zugang nur vom First Floor/ Erdgeschoss)
9 Reptilien und Amphibien

Fourth Floor • Dritter Stock

1 Orientation Center
2 Ursprünge der Wirbeltiere
3,4 Dinosaurier
5 Höhere Säugetiere
6 Primitive Säugetiere

AMERICAN MUSEUM OF NATURAL HISTORY

First Floor • Erdgeschoss

1 Meteoriten
2 Edelsteine und Mineralien
3 Humanbiologie und Evolution
4 Umwelt im Staat New York
5 Wälder Nordamerikas
6 Indianer der Nordwestküste
7 Meeresleben
8 Artenvielfalt
9 Kleine Säugetiere
10 Säugetiere Nordamerikas
11 Rose Center für Erde und Weltraum
 a Space Show
 b Planet Erde

Second Floor • Erster Stock

1 Völker Südamerikas
2 Mexiko und Zentralamerika
3 Vögel der Welt
4 Völker Afrikas
5 Asiatische Völker
6 Säugetiere Asiens
7 Afrikanische Säugetiere
8 Rose Center für Erde und Weltraum
 a Kosmischer Pfad
 b Urknall
 c Dimensionen des Universums
9 Schmetterling- Konservatorium (saisonal)

ZIELE

AMERICAN MUSEUM OF NATURAL HISTORY

aus einem Stamm geschnitzten Kanu der Haida aus British Columbia. In allen Abteilungen finden sich lebensgroße Modelle, darunter das **29 m große Modell eines Blauwals** in der Milstein Hall of Ocean Life (Abb. S. 317). In der Edelstein- und Mineraliensammlung sind der »Star of India«, mit 563 Karat der größte geschliffene blaue Saphir der Welt, und die »Brasilianische Prinzessin«, der größte geschliffene Edelstein der Welt, ein hellblauer Topas mit einem Gewicht von 21 327 Karat (4,3 kg), zu bestaunen.

Im zweiten Stock (Third Floor) stehen das Leben der nordamerikanischen Indianer in den Wäldern der Ostküste und in den Prärien sowie der Völker des pazifischen Raums im Mittelpunkt.

Die weltberühmte Dinosauriersammlung

Dritter Stock · Fourth Floor

Die Dinosauriersammlung des Museums ist weltberühmt. Unter den Exponaten befindet sich eine Szene mit drei Skeletten, alle sind Abgüsse von Originalfossilien: Ein aufgerichteter weiblicher Barosaurus verteidigt sein Junges gegen einen Allosaurus. Im Imax-Kino werden Filme zu verschiedenen naturwissenschaftlichen Themen vorgeführt.

Die Knochen des furchterregenden Tyrannosaurus rex sind fast alle echt, stammen aber von zwei Exemplaren.

ZIELE
BATTERY PARK

Vom Urknall bis heute

Das Rose Center for Earth and Space ist mit dem Hayden Planetarium in einem modernen Glasbau untergebracht. Ein Höhepunkt ist die 360-Grad-Filmvorführung: Mit modernsten technischen Mitteln und einer Hightech-Simulation erleben Sie die Entstehung des Universums vom Urknall (Big Bang) über die gesamte Evolution auf dem Stand aktueller wissenschaftlicher Erkenntnisse, alles packend erzählt von Hollywoodschauspielern.

Rose Center for Earth and Space

Freitags bis 20.45 Uhr geöffnet | Filmvorführung im Halbstundentakt zwischen 10.30 und 16.30 Uhr

★ BATTERY PARK

Lage: Südspitze Manhattans | **Subway:** South Ferry, Bowling Green

Es gibt wohl kaum einen Ort, an dem New York als Wasser- und Hafenstadt so lebendig wird, wie hier im Battery Park, am südlichsten Zipfel Manhattans.

Hier, an der Mündung des Hudson in den Atlantik, herrscht ein hektisches Gewusel an Schiffen, Kähnen und Fähren. In der Entfernung strecken die Kräne des Containerhafens von New Jersey ihre langen Hälse in die New Yorker Bucht. Über allem thront eisern Lady Liberty und erinnert an die vielen Millionen, für die das Erreichen dieses Hafens einst die Freiheit bedeutete.

New York – die Stadt am Wasser

Von der Verteidigungsanlage zum Fahrkartenschalter

Im Rücken hat man von diesem Punkt aus das Castle Clinton, die alte Verteidigungsanlage, der der Park seinen Namen Battery (= Festung) verdankt. Castle Clinton wurde 1811, während des Krieges gegen England, rund 90 m vor der Küste erbaut, jedoch nur kurze Zeit militärisch genutzt. Bereits 1824 eröffnete die Stadt in dem Festungsbau eine Unterhaltungsstätte, 20 Jahre später wurde diese überdacht und als Konzertsaal eingerichtet. Ab 1855 diente das Bauwerk als Einwanderungsstation und von 1896 an als vielbesuchtes Aquarium, das später nach Coney Island verlegt wurde. Heute werden hier mit Dioramen die Geschichte New Yorks erläutert sowie die Fahrkarten für die Fähren zur ▶Statue of Liberty und nach ▶Ellis Island verkauft. Diese Fähren legen stündlich vom Battery Park ab.

Castle Clinton

Große Figuren der Stadtgeschichte

Im Park erinnern zahlreiche Skulpturen und Denkmäler an große Figuren aus der Stadtgeschichte. Gleich beim Parkeingang wird an

Skulpturen im Park

ZIELE
BATTERY PARK CITY

Giovanni da Verrazano erinnert, der 1524 die New Yorker Bucht entdeckte (Ettore Ximenes, 1909). Vor dem Castle Clinton stellt das Denkmal »The Immigrants« von Luis Sanguino die ethnische und soziale Vielfalt New Yorks dar. Ein Denkmal ehrt Emma Lazarus (1849–1887), aus deren Gedicht »The New Colossus« die Zeilen am Sockel der Freiheitsstatue stammen. Die Bronzekugel »The Sphere« (Fritz König, 1971) stand ursprünglich zwischen den Hochhäusern des World Trade Center und erinnert nun an die Opfer von 9/11.

Umsonst und großartig

Staten Island Ferry Vom Staten Island Ferry Terminal am Südende der Whitehall Street fahren rund um die Uhr Fähren nach ▶Staten Island ab, eine der wenigen **kostenlosen Touristenattraktionen** New Yorks. Die einfache Fahrt dauert rund 30 Minuten und bietet ein ganz besonderes New-York-Erlebnis. Der Blick auf die Skyline Manhattans und die Freiheitsstatue ist einzigartig – nur bei den »alten« Booten kann man an Deck gehen (▶Baedeker Wissen, S. 248).

BATTERY PARK CITY

Lage: Südwestspitze Manhattans
Subway: Cortland St., Rector St., Chambers St., World Trade Center

E 20-22

Die Büro- und Wohnstadt Battery Park City mit Jachthafen und exklusivem Shopping ist der Inbegriff von Luxus und Prunk. Die Luxusjachten der Wall-Street-Bosse schaukeln startklar in den Wellen des Hudson, im Hintergrund erhebt sich ein extravaganter Glaspalast mit Edelboutiquen. Der Blick fällt auf den New Yorker Hafen und weiter über das offene Meer, wenn man hier am Kai der Battery Park City vor einer Tasse Cappuccino sitzt und sich das opulente Flair von Reichtum und Luxus um die Nase wehen lässt.

Inbegriff von Luxus

Die Battery Park City war das bedeutendste Bauprojekt der 1980er-Jahre in New York. Sie liegt auf künstlich aufgeschüttetem Areal – der Boden stammt vom Aushub des 2001 durch einen Terroranschlag zerstörten ▶World Trade Center (WTC). Die Büro- und Wohnstadt für 60 000 Menschen umfasst mehr als 30 Gebäude, darunter das World Financial Center, vor dem sich der großzügige Platz mit Cafés, der Jachthafen, seitlich anschließende Parks und eine schöne Uferpromenade erstrecken.

ZIELE
BATTERY PARK CITY

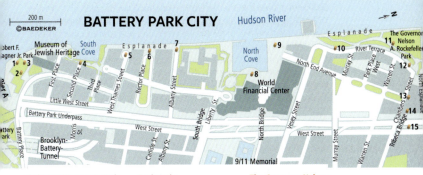

Robert F. Wagner Jr. Park
1. Louise Bourgeois
   The Welcoming Hands
2. Tony Cragg
   Resonating Bodies
3. Jim Dine
   Ape & Cat
   At The Dance

South Cove
4. Mary Miss,
   Stanton Eckstut
   & Susan Child
   South Cove

Esplanade
5. Richard Artschwager
   Sitting/ Stance
6. R.M. Fischer
   Rector Gate
7. Ned Smyth
   The Upper Room

North Cove
8. Siah Armajani,
   Scott Burton,
   Cesar Pelli,
   M. Paul Friedberg
   World Financial Plaza
9. Martin Puryear
   Pylons

The Governor Nelson A. Rockefeller Park
10. Inscribed Writings
    The Lily Pool
11. Demetri Porphyrios
    The Pavilion
12. Tom Otterness
    The Real World
13. Kristin Jones
    & Andrew Ginzel
    Mnemonics
14. Michelle Stuart
    Tabula
15. Inscribed Writings
    Stuyvesant Plaza

Hier regiert das Geld

Kernstück und kommerzielles Zentrum der Battery Park City sind die vier raffiniert gestaffelten und unterschiedlich hohen Glas- und Granittürme des **World Financial Center**, deren Dächer stilisierte Kuppeln und Pyramiden zieren. Federführender Architekt war der Argentinier Cesar Pelli. Hier befinden sich die Zentralen von American Express, dem Verlagskonzern Dow Jones und von Merrill Lynch, dem größten Aktienhändler der Welt.

Zwischen den Türmen hat Pelli einen **Wintergarten** angelegt, einen 38 m hohen, überdachten Innenhof von der Größe des Grand Central Terminal, in dem riesige Palmen wachsen. Er ist Empfangsraum des WFC, eine Art Piazza mit Restaurants und Geschäften. Hier finden Konzerte und Veranstaltungen statt, von hier aus führen Treppen, Korridore und Aufzüge in die verschiedenen Bürotürme.

World Financial Center (WFC)

Eine schöne Uferpromenade für alle

Am Ufer des Hudson River, vom kleinen Robert F. Wagner Jr. Park an der Südspitze Manhattans bis zur Chambers Street im Norden, er-

Esplanade

streckt sich eine 2 km lange Uferpromenade, an der sich an schönen Tagen Jogger, Skater und Spaziergänger zu Tausenden tummeln. Von hier aus sieht man u. a. die Freiheitsstatue (▶Statue of Liberty) und die zur Ikone gewordene, 1924 am gegenüber gelegenen Ufer in New Jersey aufgestellte Colgate-Palmolive-Uhr. Im Park stehen zahlreiche Skulpturen zeitgenössischer Künstler. Am Nordende des Parks beginnt ein **Radweg**, der sich beinahe 20 Kilometer am Fluss entlang bis an den nördlichen Zipfel Manhattans zieht.

Jüdische Geschichte und Gegenwart

Museum of Jewish Heritage

Mitten in der Battery Park City liegt das auffällige Gebäude des Museum of Jewish Heritage: ein dreistöckiger Granitbau auf sechseckigem Grundriss mit einer sechsstufigen Dachpyramide (Architekt: Kevin Roche). Die Zahl sechs verweist auf die sechs Ecken des Davidsterns und auf die sechs Millionen ermordeter Juden; aber sechs mal drei ergibt 18 – diese Zahl steht für das hebräische Wort »chaim« = »Leben«. Ausstellungsschwerpunkte sind jüdisches Leben um 1900, Krieg gegen die Juden und jüdische Erneuerung seit 1945. Der Rundgang endet – symbolträchtig – in einem lichtdurchfluteten Raum mit Blick auf die Freiheitsstatue. Die interessant aufbereiteten Dokumente, Fotos, Exponate vieler Überlebender des Holocausts, Videovorführungen und Computerspiele vermitteln einen lebendigen Einblick in jüdische Geschichte und Gegenwart.

So. – Di., Do. 10–17.45, Mi. 10–20, Fr. 10–17 Uhr | Eintritt: 12 $ | www.mjhny.com

Der Holocaust ist ein zentrales Thema im Museum of Jewish Heritage.

ZIELE
BOWERY

Geschichte der Wolkenkratzer
Gegenüber dem Jüdischen Museum informiert das Museum of the American Skyscraper über die Geschichte der Wolkenkratzer in Manhattan mit besonderem Augenmerk auf dem World Trade Center.

Skyscraper Museum

Mi. – So. 12–18 Uhr | Eintritt: 5 $, Schüler und Studenten 2,50 $ | www.skyscraper.org

BOWERY

Verlauf: Von Chinatown bis East Village

Bis Anfang der 1990er-Jahre stand die Bowery für Elend, Obdachlosigkeit und Armut. Heute ist sie ein Zentrum für Kunst, Architektur und gehobene Abendunterhaltung.

Wandel eines Viertels

Im Bewusstsein New Yorks ist die 1,6 km lange Bowery, die am Chatham Square in ▶Chinatown beginnt und am Cooper Square (▶East Village) endet, bis heute der Inbegriff von Armut und Elend. Schon Ende des 19. Jh.s verwandelte sich die ehemalige Wohnstraße des gehobenen Bürgertums in einen Distrikt für Bordelle, billige Unterhaltung, heruntergekommene Kneipen und Stundenhotels für Obdachlose, sogenannte Flop Houses. Einige dieser Häuser haben bis heute überlebt, allerdings als ordentliche städtische Obdachlosenunterkünfte oder als Jugendherbergen. Ansonsten hat sich die Bowery in den vergangenen 25 Jahren zu einem Viertel für Kulturliebhaber und fürs Shopping entwickelt.

Zeitgenössische Kunst in einem bemerkenswerten Bau
Den Anfang der Verwandlung machten prominente Künstler wie Cy Twombly, Eva Hesse und Mark Rothko, die hier in den 1970er-Jahren ihre Ateliers einrichteten. In dieser Tradition steht das New Museum für zeitgenössische Kunst, das 2007 eröffnete – ein bemerkenswerter Bau der japanischen Architektengruppe Sanaa, die mit dem bedeutenden Pritzger-Architekturpreis ausgezeichnet wurde. In der Nähe des Museums sind zwei Kunstwerke **Walter de Marias** zu sehen, »The New York Earth Room« (1977) und »The Broken Kilometer« (1979), Ableger des Dia Art Center (Adressen und Besuchszeiten: www.diaart.org).

New Museum

235 Bowery/Prince St. | Di., Mi., Fr. – So. 11–18, Do. bis 21 Uhr | Eintritt: 18 $ | www.newmuseum.org | Subway: Broadway, Lafayette

Ein Panoptikum zeitgenössischer Architektur
Das New Museum zog weitere avantgardistische Architektur an, die sich heute rund um die Bowery angesiedelt hat. So entstand eine Reihe von Neubauten berühmter zeitgenössischer Architekten entlang der Bond

Kunst und Kultur an der Bowery

Street, die drei Apartmenthäuser von BKSK (Nr. 25; 2007), der Baseler Architekten Herzog & de Meuron (Nr. 40, 2007) und von Deborah Berke (Nr. 48, 2008). Aber das Museum zog auch Dutzende von Kunstgalerien in das Viertel. Einen Galerieplan der Lower East Side gibt es im New Museum und online (www.lesgalleriesnyc.com).

Auch in anderen künstlerischen Sparten ist die Bowery interessant. Der ehemalige Punkklub CBGB, die Geburtsstätte des Punk, beherbergt heute die Boutique John Varvatos. Der bekennende Rockfan hat das alte Inventar teilweise übernommen und aus seinem Laden eine Art Punkmuseum gemacht. Die Fackel des CBGB tragen heute das Bowery Electric (327 Bowery, http://theboweryelectric.ticketfly.com) und der Bowery Ballroom (6 Delancey St., www.boweryball room.com) weiter. Im »Bowery Poetry« finden Dichterlesungen und Burlesque-Shows statt (308 Bowery, www.bowerypoe try.com). Kulinarisch setzt das Bistro des Sternekochs Danie Boulod, das »DBGB«, Akzente (▶S. 298).

★ BROADWAY

Verlauf: Von der Battery im Süden durch die Bronx nach Norden

F 22–O 1

Beim Namen Broadway denkt man an Lichterglanz, elegantes Nachtleben und die elektrische Energie von New York City. Doch der Abschnitt des Broadway zwischen 42. und 48. Straße, den man klassischerweise mit Theater, Musicals und Nachtklubs verbindet, ist nur ein winziger Teil der Straße, die sich von der Südspitze Manhattans quer über die Insel zieht.

Älteste Straße New Yorks

Der Broadway beginnt an der Battery im Süden, schlängelt sich nordwestwärts durch ganz Manhattan (rund 20 km). Wo er andere Avenues kreuzt, entstanden z. T. bekannte Plätze wie Union Square, Madison Square, Columbus Circle oder der Times Square. Auf Höhe der 213th St. führt er über den Harlem River in die Bronx (weitere 6 km). Anschließend verlässt er das Stadtgebiet, setzt sich in Richtung Norden fort und passiert dabei Yonkers, Westchester County und setzt sich beinahe 300 Kilometer lang fort bis nach Albany.

Ursprünglich war der Broadway ein Indianerpfad, der sehr früh auch als Handelsweg genutzt wurde. Auf der langen Strecke hat er ganz verschiedene Gesichter: Zunächst repräsentiert er mit der Wall Street das Herz des ▶Financial District, später den Kunsthandel sowie die neuen Geschäfte von ▶SoHo. Dann verbindet er den Theaterdistrikt am ▶Times Square, die Upper West Side, ▶Harlem, das Latino-Viertel Washington Heights und schließlich die ▶Bronx.

BRONX

Lage: Nördlich von Manhattan

Das Bild schockierte die Welt: Als Präsident Jimmy Carter 1977 die Bronx besuchte, lichteten Fotografen ihn vor einer Mondlandschaft aus ausgebrannten Ruinen und Müll ab. Das Image der Bronx als Inbegriff urbaner Verwahrlosung hält sich hartnäckig. Dabei hat der nördlichste Stadtteil New Yorks in den vergangenen Jahren ein erstaunliches Comeback hingelegt.

Der Moment war der Tief-, aber auch der Wendepunkt für den geplagten Stadtteil. Carter setzte sich entschieden dafür ein, den Verfall der amerikanischen Innenstädte, für den die Bronx nur das extremste Beispiel war, zu stoppen. So ist die Bronx heute mit ihren rund 1,4 Mio. Bewohnern zwar immer noch ein in großen Teilen armer Stadtteil, in dem vorwiegend Einwanderer aus Lateinamerika und Afrika wohnen. Aber sie wird zunehmend wieder lebenswert und auch für Besucher interessant. Man erreicht sie mit der Subway, die in der südlichen Bronx ans Tageslicht kommt und zur Hochbahn wird, mit dem Mietwagen, Taxi oder Fahrrad.

Comeback der Bronx

Tierische Abwechslung inmitten sehr schöner alter Vegetation: Bronx Zoo

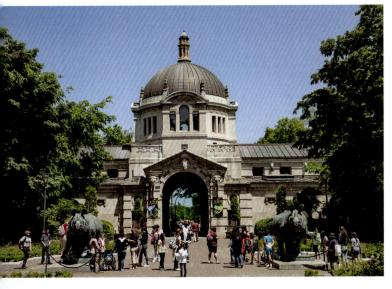

BAEDEKER ÜBERRASCHENDES

6x DURCHATMEN

Entspannen, wohlfühlen, runterkommen

1. GRÜNE LUNGE
New Yorks großer **Bürgergarten** Central Park liegt mitten im Herzen von Manhattan. Hier entspannt die Stadt.
(▶ S. 80)

2. HÜGELLANDSCHAFT
Mitten in der Bronx liegt ein **riesiger Lustgarten: Wave Hill** mit grandiosen Ausblicken über den Hudson River.
(▶ S. 61)

3. AM FLUSS
Abends geht New York an den Hudson River in den **Riverside Park**, um Sport zu treiben, zu flanieren, zu meditieren und zu träumen.
(▶ S. 145)

4. ROMANTISCHE RUHESTÄTTE
Der 170 Jahre alte **Greenwood Cemetery** mitten in Brooklyn ist einer der bezauberndsten Landschaftsgärten der Stadt mit großartigen Ausblicken über New York.
(▶ S. 69)

5. PUBLIC LIBRARY
Im großen Saal der **New York Public Library** an der 42. Straße sind Werke der Weltliteratur und unzählige Doktorarbeiten entstanden. Er ist bis heute ein Ort der Einkehr und Kontemplation.
(▶ S. 184)

6. MORGENSTUNDE
Man sagt, New York sei die Stadt, die niemals schläft. Und doch gibt es einen **kurzen Augenblick zwischen Nacht und Tag**, in dem die Stadt zur Ruhe kommt, jenen Moment, in dem die letzten Nachtschwärmer nach Hause trudeln und die Frühaufsteher zur Arbeit gehen. Manche sagen, in diesem Augenblick sei New York am poetischsten.

ZIELE
BRONX

Wohin in der Bronx?

Sechseinhalb Kilometer Prachtboulevard
Der Grand Concourse, der in den 1920er-Jahren erbaute, rund 6,5 km lange Prachtboulevard der Bronx, knüpft wieder an den Glanz der Gründerzeit an, in der die Bronx als elegantes neues Wohnviertel für die Mittelschicht geplant worden war. Die neoklassizistischen und Art-déco-Apartmenthäuser werden nach und nach saniert, die bürgerliche weiße Mittelschicht, die in den 1950er- und 1960er-Jahren aus der Bronx geflohen war, kehrt zurück.

Grand Concourse

Lateinamerikanische Kunst und Salsa-Partys
Das Bronx Museum of the Arts am Grand Concourse ist ein echter Magnet des Stadtviertels. Hier wird zeitgenössische lateinamerikanische Kunst gezeigt und im Sommer finden im Museumshof sehr beliebte Salsa-Partys statt.
1040 Grand Concourse | Do. – So. 11–18, Fr. bis 20 Uhr | freier Eintritt | www.bronxmuseum.org | Subway: D, B bis 167th St.

Bronx Museum of the Arts

Park mit bezaubernden Ausblicken
Der Westen der Bronx entlang des Hudson, auch Riverdale genannt, hat seinen Status als gehobenes, vornehmlich jüdisches Wohnviertel ohnehin nie eingebüßt. Hier liegt auch der weitläufige Park Wave Hill, in dem man im Frühjahr und Sommer mit bezaubernden Ausblicken auf The Palisades, die Klippen am gegenüber gelegenen Hudson-Ufer in New Jersey, lustwandeln kann.
März – Oktober 9–17.30 Uhr | www.wavehill.org | Subway: 1 bis 242nd St., weiter mit Shuttle Bus (immer 10 Min. nach voller Std.)

Riverdale, Wave Hill

Freizeitoase und ein Hauch der Vergangenheit
Im Nordwesten der Bronx liegt der Van Cortlandt Park, der größte Park von New York. Man kann sich hier auf langen Wanderungen und mit dem Fahrrad verlieren und von der Hektik der Stadt erholen. Am Wochenende finden hier auch Baseball- und Cricket-Turniere der großen Einwanderergruppen der Bronx statt. Im Park steht der 1748 im Kolonialstil erbaute Landsitz von Frederick Van Cortlandt. Das mit Originalmöbeln eingerichtete Haus vermittelt ein Bild von der Lebensweise seiner einstigen Bewohner. Das Esszimmer soll George Washington während des Unabhängigkeitskrieges als Hauptquartier gedient haben.
Broadway/West 246th St. | Di.-Fr. 10–16, Sa., So. 11–16 Uhr | Eintritt: 5 $ | www.vchm.org | Subway: 1 bis 242nd Street

Van Cortlandt Park

Berühmte Tote
Auf dem 1863 gegründeten Woodlawn Cemetery sind viele prominente und reiche New Yorker beerdigt, darunter F. W. Woolworth,

Woodlawn Cemetery

ZIELE
BRONX

der in einer Art ägyptischem Palast ruht, Fiorello LaGuardia, Bürgermeister von New York 1932 – 1944, Roland Macy, Gründer des gleichnamigen Kaufhauses, der Schriftsteller Herman Melville und der Jazzmusiker Duke Ellington. Ein Lageplan mit den interessantesten Gräbern ist im Friedhofsbüro erhältlich.
Jerome und Banbridge Ave. | tägl. 8.30–16.30 Uhr | www.thewoodlawncemetery.org | Metro North Harlem Line von Grand Central bis Woodlawn Station

New York Botanical Garden

Wenn die Kirschen, der Flieder und die Magnolien blühen
Im Norden der Bronx gibt es gleich zwei Hauptattraktionen, der New York Botanical Garden und der Bronx Zoo. Der Botanical Garden ist der größte und prachtvollste Botanische Garten der Stadt. Besonders im Frühling lohnt sich ein Ausflug hierher, wenn die Kirschen, der Flieder und die Magnolien blühen.
Bronx River Parkway, nähe Fordham Road | tägl. 10–18 Uhr | Eintritt: 20–25 $, ermäßigt 10–18 $ | www.nybg.org | Metro-North Harlem Line ab Grand Central bis Botanical Garden

Tierische Abwechslung

Bronx Zoo

Der Bronx Zoo im Süden des Botanischen Gartens ist eingebettet in eine Landschaft aus Wäldern, Wasserläufen und Parkanlagen. Er ist der größte und beliebteste Zoo New Yorks, nicht zuletzt, weil die Tiere hier nicht in Käfigen, sondern in offenen Gehegen leben. Eine besondere Attraktion ist die opulente Weihnachtsbeleuchtung, derentwegen Familien aus der ganzen Stadt zur Weihnachtszeit in die Bronx pilgern.
2300 Southern Blvd., nähe Fordham Road | tägl. 10–17.00 Uhr | Eintritt: 36,95 $, Kinder 3–12 Jahre 26,95 $; Mi. bestimmen Sie, was Sie bezahlen | www.bronxzoo.com | Metro North Harlem Line ab Grand Central bis Fordham, weiter mit Bus Bx9 bis 183rd St. oder Expressbus BxM11 ab Madison Ave.

Wie in einem Mafia-Streifen

Little Italy in der Bronx

Ganz in der Nähe des Bronx Zoo und des Botanical Garden liegt die Arthur Avenue, das Little Italy der Bronx. In den Gaststätten und Cafés hier herrscht jenes italienisch-amerikanische Flair, das man aus den Filmen von Martin Scorsese und Robert de Niro kennt. Man kommt sich vor wie in einem Mafia-Streifen. Hier gibt es auch einen italienischen Markt mit Biergarten (www.arthuravenuebronx.com).

Bronx-Riviera

Pelham Bay

Ganz im Nordosten der Bronx liegt die Halbinsel Pelham Bay. Der gleichnamige Park ist ein riesiges Naturschutzgebiet, in dem man sich weit außerhalb der Stadt fühlt und wandern, Rad fahren oder angeln kann. Zu Pelham Bay gehört auch der vor allem an den Wo-

ZIELE
BRONX

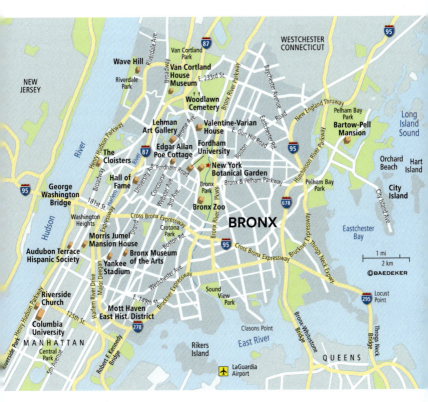

chenenden viel besuchte **Orchard Beach** – auch »Bronx Riviera« genannt. Hier bekommt man im Sommer ein Stück pralles Leben der Bronx mit. Im Sommer finden hier Salsa-Partys statt (▶S. 158).
Eine Brücke verbindet Pelham mit **City Island**, einer knapp 2,5 km langen und nur 800 m breiten Insel. Heute ist das ehemalige Fischerdorf ein beliebter Ausflugsort der New Yorker mit vielen Segelbooten im Hafen, ausgezeichneten Fischrestaurants, Antiquitätenläden und Kunstgalerien. Das North Wind Undersea Institute Museum zeigt eine interessante Ausstellung über die Geschichte des Walfangs.

Bartow-Pell Mansion: Mi., Sa., So. 12.00–16.00 Uhr | Eintritt: 5 $ | www.bartowpellmansionmuseum.org | Subway: 6 bis zur Endstation Pelham Bay Park, weiter mit Bus 12 bis Orchard Beach oder 29 bis City Island
North Wind Undersea Institute Museum: 610 City Island Ave. | zzt. geschl. | Tel. 1 718 8 85 07 01

ZIELE
BROOKLYN

★★ BROOKLYN

Lage: Südöstlich von Manhattan, an der Westspitze von Long Island

E 26 – M 17

Brooklyn ist heute mehr als nur ein Stadtteil – der Name ist Programm und Marke. Er steht für das Neueste und Coolste in Mode, Kunst und Musik. Brooklyn ist das natürliche Biotop des trendigen jungen Städters: Neue Impulse in Mode, Musik, Food, Kunst und Lifestyle starten immer häufiger in Brooklyn, bevor sie sich über die Städte rund um die Welt verbreiten.

»Coolster Stadtteil der Welt«

Die Migration der kulturellen Elite New Yorks über den East River begann Mitte der 1990er-Jahre, als die Mieten von Manhattan anfingen, ins Unbezahlbare zu steigen. Künstler, Literaten und andere Kreative besiedelten auf der Suche nach Wohn- und Lebensraum Stadtviertel wie Williamsburg, Park Slope oder Cobble Hill.
Heute ist Brooklyn, der mit 2,6 Mio. Brooklynites bevölkerungsreichste Stadtteil, das kulturelle Zentrum New Yorks (▶ Das ist New York, S. 26). In Williamsburg, Bushwick und Greenpoint hat sich die junge Hipster-Szene mit ihren Musikklubs, Kneipen und Studio-Galerien angesiedelt. Brooklyn Heights, Park Slope und Boerum Hill/Cobble Hill werden von einem reiferen, aber nicht weniger kreativen Publikum bewohnt. So leben in Park Slope literarische Größen wie Paul Auster, Siri Hustvedt, Jonathan Safran Foer oder Jennifer Egan. Das alte Hafenviertel Red Hook ist noch ein wenig rau, doch auch hier machen sich zunehmend Künstler und Kreative breit.
Doch es gibt auch noch das alte Brooklyn, das der Arbeiterschicht und Einwanderer. So ist Flatbush vor allem karibisch, Bensonhurst sehr italienisch geprägt. Das östliche Williamsburg ist weiterhin jüdisch-orthodox, Bedford-Stuyvesant, die Heimat von Filmregisseur Spike Lee, ist nach wie vor afroamerikanisch, auch wenn die Gentrifizierung hier längst eingesetzt hat. Sunset Park ist abwechselnd arabisch und chinesisch und Brighton Beach ist fest in russischer Hand.

▎Wohin in Brooklyn?

Über der Straße, unter der Erde oder über das Wasser

Nach Brooklyn

Knapp 45 Minuten braucht man zu Fuß über die ▶Brooklyn Bridge. Der Weg verläuft ein Stockwerk über der Autostraße. Auf der Brooklyner Seite fällt der Blick auf das Hauptquartier der 1872 gegründeten Zeugen Jehovas (Furman St.) sowie auf die neuangelegten Parks unterhalb der Brücke. Man erreicht Brooklyn auch mit der Subway bis Clark St. (Linien 2 und 3), High St. (A, C) oder Court St. (N, R, W). Etwas besonderes ist die Anreise mit der East River Ferry

ZIELE
BROOKLYN

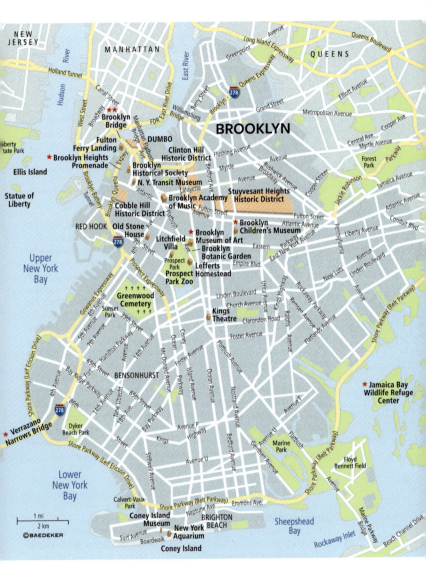

von Manhattan (Wall St./ Pier 11) bis Fulton Ferry Landing im Brooklyn Bridge Park/DUMBO, Old Fulton St./Furman St.
www.eastriverferry.com

ZIELE
BROOKLYN

EIS MIT AUSSICHT

Die Brookyln Ice Cream Factory an der Fulton Landing in DUMBO ist wahrscheinlich die berühmteste Eisdiele New Yorks. An einem heißen Sommerabend holt sich New York hier in der ehemaligen Feuerwache ein Eis, schaut übers Wasser auf die Skyline von Manhattan und fährt dann mit dem Wassertaxi durch die Nacht wieder nach Hause.

Im Kreativenviertel

DUMBO Das ehemalige Hafenviertel östlich der Brooklyn Bridge heißt DUMBO (»Down under the Manhattan Bridge Overpass«). Ende des 20. Jh.s zogen Künstler, Schriftsteller und Designer in die leer stehenden riesigen Lager- und Fabrikgebäude und bauten sie in Apartments, Ateliers und Läden um. Eine gute Gelegenheit, das »Kreativenviertel« kennenzulernen, ist das »DUMBO Art Under the Bridge Festival« Mitte Oktober. Die einst öden Ufer und Hafenanlagen zwischen Jay St. in DUMBO und dem westlichen Ende der Atlantic Ave. in Cobble Hill haben sich in den vergangenen Jahren zum beliebten **Brooklyn Bridge Park** gewandelt. Hier dreht sich ganzjährig, vor Wind und Wetter geschützt in einem Glaspavillon von Jean Nouvel, **Jane's Carousel**, ein liebevoll restauriertes Karussell von 1922 (Abbildung S. 68). Im Sommer finden in dem Park Konzerte, Tanzpartys und Open-Air-Kino-Events statt, u. a. Kammermusikkonzerte auf einem stillgelegten Kahn (Barge Music, ►S. 285). Die alte Anlegestelle am Fluss, die Fulton Landing, ist besonders im Sommer ein beliebtes Ausflugsziel. Hier kann man wunderbar warme Sommerabende verbringen, auf die Skyline von Manhattan schauen und ein Eis der Brooklyn Ice Cream Factory genießen (► oben).
www.brooklynbridgepark.org | Programminfos über den Link »Events« | **Jane's Carousel:** Brooklyn Bridge Park/Dock St. | Mi. bis Mo. 11-19, im Winter Do. – So. 11-18 Uhr | www.janescarousel.com

Unter Schriftstellern

Brooklyn Heights

Zwischen Brooklyn Bridge und Atlantic Avenue im Süden erstreckt sich Brooklyn Heights (Subway: High St.). Das älteste Wohnviertel Brooklyns besitzt seinen ganz eigenen Charme: kleine baumbestandene Straßen, manche noch gepflastert, viele hübsche Sandstein- oder Ziegelhäuser, die teilweise aus der Zeit vor 1860 stammen und kleine Vorgärten besitzen. In der Middagh St. 24 steht angeblich das älteste, 1824 erbaute Haus. Die drei Brownstone-Häuser in der Wil-

ZIELE
BROOKLYN

low Street 155–157 gehören zu den schönsten und interessantesten Gebäuden der sogenannten Federal-Periode, die vom Unabhängigkeitskrieg bis in die 1830er-Jahre dauerte. Während dieser Zeit beschränkten sich die Architekten auf einfache Fassaden ohne aufwendige Verzierungen. Im Keller des Hauses 70 Willow Street schrieb Truman Capote u. a. »Frühstück bei Tiffany«; Arthur Miller wohnte in verschiedenen Häusern hier, u. a. im Haus 155 (weitere Infos: www.nycgo.com/articles/brooklyn-literary-tour-nyc).

Spektakuläre Aussichten und andere Sehenswürdigkeiten

Am East River entlang verläuft die romantische Brooklyn Promenade, auch **Esplanade** genannt. Sie entstand 1950 auf einer Plattform über dem verkehrsreichen Brooklyn-Queens-Expressway. Der Blick von hier über den Fluss nach Manhattan ist spektakulär – vor allem am Nachmittag und frühen Abend – und tausendfach im Foto oder als Filmkulisse festgehalten.

Brooklyn Promenade

Die 1847 geweihte **Plymouth Church** (75 Hicks St.) war eine Station der geheimen »Underground Railroad«, die flüchtigen Sklaven aus dem Süden half. Eine Statue erinnert an den Prediger Henry Ward Beecher, der sich für die Sklavenbefreiung einsetzte (www.plymouthchurch.org). Seine Tochter Harriet Beecher Stowe schrieb 1852 den berühmten Sklavenroman »Onkel Toms Hütte«.

Die **Brooklyn Historical Society** in einem Gebäude im Queen-Anne-Stil von 1881 informiert über die Geschichte des Stadtteils, u. a. über den traumatischen Verkauf der Dodgers, der legendären Baseball-Mannschaft, 1957 nach Los Angeles. Die 1848 von Gamaliel King im Greek Revival Style erbaute **Borough Hall** war einst das Rathaus. Hier findet dienstags und samstags ein bunter Markt statt.

Wenige Häuserblocks außerhalb des Zentrums von Brooklyn befindet sich die landesweit älteste Akademie für darstellende Künste, die **Brooklyn Academy of Music, BAM**. Das Beaux-Arts-Gebäude ist ein Zentrum für erstklassige moderne Theater-, Musik- und Tanzaufführungen und beherbergt außerdem ein hervorragendes Programmkino.

Brooklyn Historical Society: 128 Pierrepont St./Clinton St. | Subway: Court St. | Mi. – So. 12–17 Uhr | Eintritt: 10 $ | www.brooklynhistory.org | **Borough Hall:** 209 Joralemon St. | Subway: Jay St., Borough Hall | **BAM:** 30 Lafayette Ave./Ashland Place | Subway: D, M, N, R bis Atlantic Ave./Pacific St., 2, 3, 4, 5, B, Q bis Atlantic Ave. | www.bam.org

Eines der beliebtesten Wohnviertel New Yorks

Boerum Hill, Carroll Gardens und Cobble Hill, das zu »BoCoCa« zusammengefasste Viertel zwischen Brooklyn Heights und Park Slope, ist mit seinen idyllischen Straßen und gepflegten kleinen Parks eines der beliebtesten Wohnviertel New Yorks. Die Smith und die Court Street ziehen sich durch alle drei Neighborhoods. Hier finden sich

BoCoCa

ZIELE
BROOKLYN

charmante Lokale, Cafés und trendige Läden, zumeist zu deutlich günstigeren Preisen als in Manhattan. Das **New York Transit Museum** in einem stillgelegten U-Bahnhof erzählt die Geschichte des öffentlichen Verkehrs der Stadt.

Subway: Linien F und G bis Bergen oder Carroll St., A, C und G bis Hoyt-Schermerhorn

New York Transit Museum: Boerum Place/Schermerhorn St. | Subway: Borough Hall, Hoyt St., Schermerhorn | Di. – Fr. 10–16, Sa., So. 11–17 Uhr | Eintritt: 7 $ | www.nytransitmuseum.org/visit

Prospect Heights – trendig und doch auf dem Boden geblieben

Brooklyn Museum of Art

Trotz rapider Gentrifizierung ist der ursprünglich karibische Einfluss in dem Viertel noch spürbar. Viel Abwechslung bieten die Vanderbilt und die Washington Avenue. Das Brooklyn Museum ist zwar etwas kleiner als die großen Museen in Manhattan, dafür sind die Ausstellungen aber genauso spannend und viel weniger überlaufen. Auch ist seine Anbindung an die Neighborhoods legendär: Bei Partyabenden im Foyer und im Garten kommt ganz Brookyln zusammen. Auch äußerlich braucht es sich nicht vor seiner »großen Schwester«, dem Metropolitan Museum zu verstecken. Der neoklassizistische Bau von 1895 verströmt eine ähnliche Würde. Ursprünglich sollte das Museum

Unter der Brooklyn Bridge dreht sich das nostalgische Jane's Carousel vor Wind und Wetter geschützt in einem Glaspavillon.

ZIELE
BROOKLYN

den Pariser Louvre übertreffen. Nach der Eingemeindung Brooklyns 1989 blieben die Pläne von McKim, Mead & White jedoch teilweise unausgeführt. Bekannt ist das Museum für seine ägyptische Abteilung und für die **Sammlung amerikanischer Kunst**. Meisterwerke wie Albert Bierstadts »Sturm in den Rocky Mountains« (1866), Thomas Coles »Picknick« (1846) oder Georgia O'Keeffes »Brooklyn Bridge« (1948) sind im vierten Stock (Fifth Floor) zu sehen. Sehr zu empfehlen sind auch die knapp **60 Rodin-Skulpturen** in der Rotunda Gallery. Nach dem Museumsbesuch bietet sich ein Spaziergang im angrenzenden botanischen Garten an (▶unten).
200 Eastern Parkway | Subway: Eastern Parkway/Brooklyn Museum Mi., Fr. – So. 11–18, Do. bis 22 Uhr | Eintritt: 16 $; 1. Samstag im Monat ab 17 Uhr freier Eintritt | www.brooklynmuseum.org

Kleine Oase mitten in Brooklyn

Der Botanische Garten beginnt direkt hinter dem Museum. Er wurde 1910 nach Plänen von Law Olmsted und Calvert Vaux angelegt und hat seither nichts von seiner Anziehungskraft eingebüßt. Besonders schön ist ein Besuch Ende April/Anfang Mai, wenn die japanischen Kirschbäume in Blüte stehen. Für Blinde gibt es einen Garten, in dem die Pflanzen nach ihren Düften angeordnet sind. *Brooklyn Botanical Garden*
1000 Washington Ave. | April – Sept. Di. – Fr. 8–18, Sa., So. ab 10, Okt. – März nur bis 16.30 Uhr | Eintritt: 12 $ | www.bbg.org | Subway: Eastern Parkway, Linien 2, 3; Prospect Park, Linien B, Q, S

Spielwiese für Sportler und Picknicker

Der »Prospect Park« mit altem Baumbestand, weiten Grünflächen, Spielplätzen und kleinem Zoo liegt jenseits der Flatbush Avenue im Herzen Brooklyns. Mitte des 19. Jh.s entstand er ebenfalls nach Plänen der Gartenarchitekten Olmsted und Vaux, die ihn für ihr Meisterstück hielten (auf sie geht auch der berühmtere ▶Central Park zurück). Sein Haupteingang befindet sich an der Flatbush Avenue, gegenüber der ovalen **Grand Army Plaza** mit dem 24 m hohen Soldiers' & Sailors' Arch (1870), modernen Skulpturen und einem John-F.-Kennedy-Denkmal. Den ganzen Sommer über finden in dem Park Konzerte und andere Kulturveranstaltungen unter dem Titel »Celebrate Brooklyn« statt (▶ Erleben und Genießen S. 306, 308). *Prospect Park*
Grand Army Plaza | Subway: Grand Army Plaza oder Prospect Park | Parkplan und Veranstaltungshinweise: www.prospectpark.org

Eine Welt für sich

Eine ganz andere Welt ist der ca. 1,5 km südwestlich vom Prospect Park gelegene Greenwood Cemetery. Auf dem ab 1840 in der Art eines romantischen Parks angelegten Friedhof gibt es Hunderte Mausoleen, Denkmäler und Statuen im viktorianischen Stil sowie bezaubernde Ausblicke über die ganze Stadt. Man betritt den Friedhof *Greenwood Cemetery*

ZIELE
BROOKLYN

durch ein reliefverziertes »Brownstone«-Torgebäude im Gothic Revival Style mit einem 30 m hohen Torturm. Hier haben zahlreiche Prominente des 19. Jh.s ihre letzte Ruhe gefunden, darunter Peter Cooper (1791–1883), Eisenbahnmagnat und Erfinder, Samuel Finley Breese Morse (1792–1872), Erfinder des nach ihm benannten Telegrafen, Lola Montez (1818–1861), die durch ihre Beziehung zu König Ludwig I. von Bayern bekannte Tänzerin; auf ihrem Grab steht: »Mrs Eliza Gilbert«. Besonders schön ist ein Besuch Ende Mai/Anfang Juni, wenn Kirschbäume und Rhododendren blühen.

25th St./Fifth Ave. | Subway: 25th St.

Brooklyn Children's Museum

▶S. 319

Williamsburg

Eines der angesagtesten Stadtviertel New Yorks
Der Stadtteil Williamsburg stand bei der Entdeckung von Brooklyn an vorderster Front. Schon vor zwanzig Jahren zogen die ersten jungen Kreativen in das heruntergekommene Industrieviertel. Heute gehört der Stadtteil – vor allem für die unter 35-Jährigen – zu den angesagtesten Vierteln New Yorks. Rund um die Hauptader, die Bedford Avenue, scharen sich Musikklubs, Galerien, hippe Restaurants, Cafés und coole Boutiquen. Mehr über Williamsburg ▶ Das ist New York, S. 26.

Coney Island und Brighton Beach

Himmel der einfachen Leute

Coney Island hat in den vergangenen 100 Jahren viele Höhen und Tiefen hinter sich gebracht, doch eines hat sich nie geändert: New Yorks liebster Strand ganz im Süden von Brooklyn am Atlantik ist und bleibt der Himmel der einfachen Leute. An einem heißen Sommertag tummeln sich an der Meile zwischen Stillwell Avenue und Ocean Parkway Zehntausende puerto-ricanische Einwandererfamilien und Afroamerikaner aus Brooklyn. Man sieht gestählte Bodybuilder und eher unförmige Körper mit Tattoos und taucht in das pralle Leben der unparfümierten New Yorker Mittel- und Unterschicht ein. In den Vergnügungsparks entlang der Surf Avenue gibt man sich wie seit 100 Jahren simplen Sommerfreuden wie Hot Dogs mit Bier, Eiscreme, Achterbahnfahrten und dem Baseballspiel hin.

Coney Islands lange Tradition als **Rummel- und Tummelplatz der Massen** begann an der Wende zum 20. Jahrhundert. Die drei Vergnügungsparks, die damals entstanden, waren Weltsensationen und hatten die Bedeutung, die Disneyworld in Orlando heute genießt. Nach dem Zweiten Weltkrieg begann jedoch ein langsamer Abstieg, der in den 1970er-Jahren mit Bränden und mit der Errichtung unansehnlicher Plattenbauten unmittelbar hinter dem Strand seinen Tiefpunkt erreichte. Doch die Menschen blieben dem Strand und den verbleibenden Buden treu.

ZIELE
BROOKLYN

Coney Island, die unparfümierte Variante von Freizeit in New York

Achterbahn, Freak Show und Meerestiere

In den vergangenen 15 Jahren erlebt Coney Island nun wieder eine Renaissance. Zwei der alten **Amüsierparks** wurden saniert und wieder eröffnet, ein neues Baseball-Stadion entstand. An heißen Tagen ist es heute hier wieder so voll wie in den besten Zeiten. Tatsächlich dauert die Fahrt mit der U-Bahn aus Manhattan etwa eine Stunde. Im Luna Park kann man mit der 80 Jahre alten Achterbahn Cyclone oder mit dem 1920 eröffneten Wonder-Wheel-Riesenrad fahren. In der **Freak Show und im Coney Island Museum** läßt Dick Zigun, der selbsternannte »Bürgermeister von Coney Island«, die guten alten Zeiten mit Attraktionen aus den 1920er-Jahren wieder aufleben. Ein ganz besonderes Erlebnis ist das Eröffnungswochenende zum Memorial Day Ende Mai; dann findet die Mermaid Parade mit viel nackter Haut, aber auch Fantasie, Spaß und Freude statt. Und bei Nathan's – dem ältesten Hot-Dog-Stand der USA – gibt es noch immer die gleichen leckeren Würstchen wie seit 100 Jahren (1310 Surf Ave./Stillwell Ave.). Im **New York Aquarium**, etwa in der Mitte des Boardwalk, erfährt man etwas über die Lebensräume der Tiere in den

Wohin auf Coney Island?

ZIELE
BROOKLYN BRIDGE

Ozeanen. In den wärmeren Monaten (Juni – Sept.) finden im Aquatheater Vorführungen mit Delfinen und Seelöwen statt. Eine Attraktion sind die täglichen Fütterungen der Haie, Pinguine, Robben, Walrosse, Wale und Zitteraale.

Anfahrt mit der Subway: Coney Island/Stillwell Ave., Brighton Beach | www.coneyisland.com, www.lunaparknyc.com | **Vergnügungspark:** Sommer tägl. 6–1 Uhr | **Museum und Freak Show:** 1208 Surf Ave. | Ende Mai – Mitte Sept. Mi.–So. 13–19 Uhr | Eintritt 5 $ | **New York Aquarium:** Surf Avenue, West 8th St. | Subway: Stillwell Ave., West 8th St. | tägl. 10–18, Sept.–Mai bis 16.30 | Eintritt: 11,95 $ | www.nyaquarium.com

Little Odessa

Hier wird russisch gesprochen und gekocht
Im Osten von Coney Island liegt »Little Odessa«, wo sich um die Brighton Beach Avenue seit den 1970er-Jahren rund 60 000 Juden aus Osteuropa niedergelassen haben. Hier wird russisch gesprochen und russisch gekocht. Beliebt sind u. a. die Restaurants Odessa, Primorski und National; preiswerter ist das kleine Theater Café & Grill. Wer möchte, kann auf dem sogenannten Boardwalk, einer kilometerlangen Strandpromenade, bis nach Coney Island spazieren.

Restaurant Odessa: 1113 Brighton Beach Ave. | Tel. 1 718 3 32 32 23 | **Restaurants Primorski und National:** 282 und 273 Brighton Beach Ave. | Tel. 1 718 8 91 31 11 | **Theater Café & Grill:** 1031 Brighton Beach Ave. | Tel. 1 718 6 48 31 00

★★ BROOKLYN BRIDGE

Verlauf: Vom südlichen Manhattan über den East River nach Brooklyn | **Subway:** Brooklyn Bridge-City Hall (in Manhattan), High St. (in Brooklyn)

Als die Brooklyn Bridge 1883 eröffnet wurde, galt sie als Weltwunder. Heute ist die Brücke, die New York einte, ein Wahrzeichen der Stadt. Der Blick von ihr auf die Skyline von New York ist eine der berühmtesten Aussichten der Welt – ähnlich der auf die Pyramiden von Gizeh, auf den Grand Canyon oder über den Bosporus. Die Erhabenheit des Blicks, das betörende Gewirr der Linien und Lichter, die von hier aus den Horizont füllen, haben Künstler, Fotografen und Besucher zu Millionen fasziniert und inspiriert.

Alleine deshalb gehört ein Gang über die Brücke zum Pflichtprogramm in New York. Doch Achtung – wegen der Beliebtheit des Er-

ZIELE
BROOKLYN BRIDGE

Für die Aufhängung sorgen vier Tragseile, 1500 Seilhänger und 500 Schrägkabel. Schwindelfreiheit gehört dazu, wenn die Brücke überprüft wird.

lebnisses ist das Gedränge hier, gerade zum Sonnenuntergang, groß. Mehr Ruhe finden auf der Brücke Frühaufsteher.

Die Pläne für die erste Stahlhängebrücke der Welt, die auf zwei mächtigen Pfeilern ruht und 40 m über dem Wasser verläuft, zeichnete 1867 der aus Mühlhausen in Thüringen eingewanderte Architekt und Ingenieur Johann August Röbling. Zwei Jahre später starb er an den Folgen eines Arbeitsunfalls. Sein Sohn Washington Röbling führte die Arbeiten fort. 1872 wurde er Opfer der Taucher- oder Caissonkrankheit, als er einen Senkkasten ohne Druckausgleich zu rasch verließ. Die Bauleitung übernahm seine Frau Emily, der teils gelähmte Röbling steuerte die Arbeiten von zu Hause aus mithilfe eines Fernrohrs. Nach 16-jähriger Bauzeit wurde die Brücke im Mai 1883 eingeweiht. Ihr Bau war ein wichtiger Schritt zur Eingemeindung Brooklyns, des bevölkerungsreichsten Stadtteils, in die Stadt New York. Am Premierentag spazierten 150 000 Schaulustige über die Brücke. Aber erst nachdem 21 Elefanten des Zirkus Barnum die Tragfähigkeit »bewiesen« hatten, wurde die Brücke für den Verkehr freigegeben.

Die Brückenlänge beträgt ohne Zufahrten 1052 m (gesamte Spannweite 2 km). Der für Fußgänger reservierte **Laufsteg** verläuft 5,5 m über der sechsspurigen Autotrasse; Spaziergängern, Joggern und Fahrradfahrern bieten sich von hier oben vor allem im Abendlicht

Methusalem aus Stein und Stahl

BROOKLYN BRIDGE

Ob vom Brooklyn Bridge Park am Fuß des östlichen Pfeilers in Brooklyn oder in über 40 m Höhe vom Fußgängerüberweg: Die Brooklyn Bridge eröffnet grandiose Ausblicke auf die Skyline von Manhattan. Mit ihrem 532 m langen, frei schwebenden Mittelteil und den beiden Pfeilertürmen ist die Brücke selbst ein Blickfang.

Am Anfang war eine Idee
Die Idee, eine Brücke über den East River zu bauen, kam Röbling angeblich, als er mit der Fähre im vereisten Fluss stecken geblieben war. 1866 wurde er mit der Bauplanung beauftragt.

❶ Bau der Brückenpfeiler
Die Fundamente für die Pfeiler wurden in einem neuen Verfahren hergestellt: Zwei unten offene, 15 m hohe, 55 x 35 m große Holzkisten wurden von oben beschwert und langsam im East River versenkt. Pressluft verdrängte das Wasser aus ihrem Innern. In der Luftblase schaufelten und sprengten Arbeiter ihren Weg durch das Schlamm- und Kiesbett 20 m in die Tiefe. Hier wurden die »Senkkästen« fixiert und mit Zement ausgegossen. Auf ihnen stehen – wie Stadttore an beiden Enden – die 92 m hohen steinernen Brückenpfeiler mit jeweils zwei 40 m hohen, 11 m breiten gotischen Spitzbögen.

❷ Drahtseile
Jedes der vier 38,5 cm dicken Hauptseile besteht aus insgesamt 5659 km verdrilltem Draht. Die Seilenden werden von Ankerplatten gehalten, um die herum ein 3-stöckiges Granitgewölbe errichtet wurde.

❸ Schrägkabel-Technik
Die Idee der Schrägkabel-Technik, bei der diagonale Halteseile die Brückenträger direkt mit den Pylonen verbinden, stammte von Röbling.

❹ Eröffnung
Am 24. Mai 1883 fand die Einweihung der Brücke statt. Mit 15 Mio. $ Baukosten war sie doppelt so teuer wie geplant. 20 Menschenleben hatte die Konstruktion gefordert. Ursprünglich führten vier Fahrspuren für Fahrzeuge, zwei Gleise für die Straßenbahn und die heute noch vorhandene Fußgängerpromenade über die Brücke. 1950, anlässlich einer Sanierung, wurden die Schienen entfernt und zwei weitere Fahrspuren geschaffen. Heute verkehren hier auf sechs Fahrspuren täglich über 130 000 Autos.
5,5 m über den Fahrbahnen verläuft eine für Fußgänger und Fahrradfahrer reservierte Trasse, von der man ihre Konstruktion aus der Nähe betrachten und den grandiosen Ausblick genießen kann.

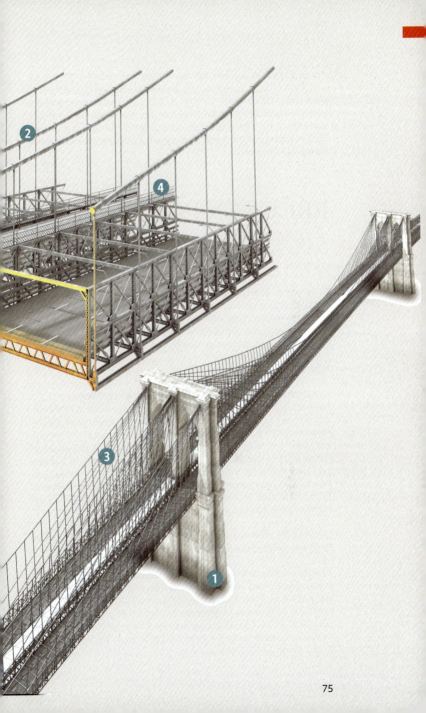

eindrucksvolle Aussichten auf Manhattan. Nachts bildet die Brücke eine Lichterkette zwischen den beiden Stadtteilen Brooklyn und Manhattan. Den »Brooklyn Bridge Pedestrian Walkway« erreicht man von ▶Brooklyn über die Treppe am nordöstlichen Ende der Cadman Plaza bzw. Tillary/Adam St., von DUMBO über die Washington St.; der Zugang auf der Manhattan-Seite befindet sich südöstlich vom Rathaus (▶City Hall).

BRÜCKEN IN NEW YORK

Die Lage an East und Hudson River macht New York auch zu einer Stadt der Brücken, von denen es nach offizieller Zählung 2027 geben soll.

2027 Brücken

76 von ihnen überqueren Gewässer – allein 18 verbinden Manhattan mit den übrigen Boroughs und mit New Jersey. Die erste Brücke war die 1693 erbaute King's Bridge zwischen Manhattan und Spuyten Duyvil Creek (heute Bronx); sie wurde 1917 abgerissen. Die älteste erhaltene Brücke ist die High Bridge.

Brooklyn Bridge ▶dort

George Washington Bridge
»The Little Red Lighthouse and the Great Gray Bridge«
Das massive rohe Stahlskelett thront über dem nördlichen Manhattan und beeindruckt schon durch seine nackte technische Wucht. Einen Kontrast bildet der winzige alte Leuchtturm unter der Brücke, der schon seit 1921 hier steht. Die auch einfach nur GWB genannte Hängebrücke (West 179th St.) verbindet seit 1931 auf einer Fußgänger- und Radfahrer- sowie zwei Straßenebenen (14 Fahrbahnen) Manhattans Westseite mit Fort Lee in New Jersey (Architekten: Cass Gilbert und Othmar A. Amman). Besonders schön ist der Blick auf Manhattan im Abenddunst.

Hell Gate Bridge
Die Eisenbogenbrücke aus dem Jahre 1917 führt von Queens zur im East River gelegenen Insel Ward's Island.

High Bridge
Älteste erhaltene Brücke von Manhattan
In den Jahren 1837–1848 für die Überführung des Croton-Aquäduktes geschlagen, überspannt diese 13-bogige Konstruktion als älteste erhaltene Brücke von Manhattan den Harlem River. Seit dem Frühjahr 2016 ist sie für Fußgänger und Radfahrer geöffnet; sie bietet Ausblicke über den Harlem River und eine neue Verbindung in die Bronx (West 174th/175th St.).

ZIELE
BRÜCKEN IN NEW YORK

Von Manhattan ins Stadtviertel DUMBO
Gustav Lindenthal entwarf die 1909 dem Verkehr übergebene Straßenbrücke, die von Manhattan (Confucius Plaza) nach ▶Brooklyn, ins Stadtviertel DUMBO führt.

Manhattan Bridge

Von Manhattan nach Queens
Diese ebenfalls 1909 vollendete Konstruktion (Länge 2271 m) schlägt einen weiten Bogen über die lang gestreckte Roosevelt Island (▶S. 39, 168; 2nd Avenue/East 60th St.). Der Blick von der Brücke auf die Stadt inspirierte Scott Fitzgerald. Im »Great Gatsby« lässt er Nick Carraway schwärmen:

Queensboro Bridge

»
Von der Queensboro Bridge aus gesehen ist diese Stadt immer wie am ersten Tag und nimmt sich aus wie eine abenteuerliche Verheißung aller Schönheiten und Wunder dieser Welt.
«

Genau hinsehen: The Little Red Lighthouse unter der George Washington Bridge

ZIELE
CATHEDRAL OF ST. JOHN THE DIVINE

Eine Brücke zwischen Manhattan, Queens und der Bronx

Robert F. Kennedy Bridge

Über Randall's Island bzw. Ward's Island hinweg verbindet die weit geschwungene, mehrteilige Robert F. Kennedy Bridge (auch Triborough Bridge genannt; 1936; Länge 5 km, mit Zufahrt und Rampen 23 km) Manhattan (Harlem; Franklin D. Roosevelt Drive/East 125th St.) mit den Boroughs Queens und Bronx. Einen besonders schönen Blick auf die Brücke hat man vom Carl Schurz Park (▶ S. 167).

★ **Ein Schweizer verbindet**

Verrazano Narrows Bridge

Die 1964 nach den Plänen des aus der Schweiz stammenden Othmar A. Amman fertiggestellte Brücke verbindet Brooklyn und Staten Island. Sie führt über die Narrows, die Meerenge, die den Eingang zum natürlichen Hafen New Yorks markiert. Hier ankerte 1524 Giovanni da Verrazano, der Entdecker der New Yorker Hafenbucht. Mit einer Gesamtlänge von 4176 m (größte Spannweite 1298 m) ist sie eine der längsten Hängebrücken der Erde. Das Denkmal am Brückenkopf besteht aus Steinen vom Schloss Verrazano in der Toskana sowie vom Strand der französischen Stadt Dieppe, von wo Verrazano damals aufgebrochen war.

Williamsburg Bridge

Diese 1903 erbaute Hängebrücke, deren größte Spannweite 488 m misst, verbindet Manhattans Lower East Side (Delancey St.) mit dem Brooklyner Stadtteil Williamsburg.

★ CATHEDRAL OF ST. JOHN THE DIVINE

M 5

Lage: 1047 Amsterdam Ave./112th St. | **Subway:** Cathedral Parkway, 110th St. | tägl. 7–18 Uhr | **Führungen:** Mo. 11, 14, Di. – Sa. 11, 13, So. 13 Uhr | **Gebühr:** 10 $ | www.stjohndivine.org

Die mächtige byzantinisch-romanische Kathedrale St. John the Divine thront wie eine Zitadelle auf den Morningside Heights über ▶Harlem. Sie ist die größte Kirche New Yorks und noch nicht fertig sowie ein Zentrum von Kultur und Musik.

St. John the Unfinished

New Yorker nennen St. John liebevoll auch »St. John the Unfinished«. Seit 1891 wird an der anglikanischen Kathedrale gebaut, die einst die größte der Welt werden sollte. Doch bis heute fehlt ein Turm, seit 1999 ruhen aus Geldmangel wieder einmal die Bauarbeiten. Das tut der Pracht des Hauses jedoch keinen Abbruch.

ZIELE
CATHEDRAL OF ST. JOHN THE DIVINE

Innen ist die Kathedrale St. John the Divine immerhin »finished« – vollendet.

Apsis, Chor und Vierung entstanden nach den Plänen der Architekten Heins & LaFarge in byzantinisch-romanischem Stil. Nach deren Tod übernahm Ralph Adams Cram den Weiterbau nach einem neuen Entwurf im gotischen Stil. Das fünfschiffige Innere der protestantischen Episkopalkirche beeindruckt zunächst vor allem durch ihre Größe: Sie ist 183 m lang, 44 m breit und im Hauptschiff 38 m hoch. Sie besitzt eine Fülle von Ausstattungsstücken, darunter italienische Gemälde aus dem 16. Jh., Barberini-Wandteppiche nach Vorlagen von Raffael (17. Jh.), Ikonen, einen böhmischen Kandelaber und zahlreiche Skulpturen.

Die Chorapsis im romanischen Stil gliedert sich in sieben Kapellen, die Glasfenster sind von J. Powell, London; die Martinskapelle besitzt ein schönes Gewölbe. Den Chorraum schmückt **ein Triptychon des Pop-Künstlers Keith Haring** (1958–1990). In dem achteckigen Baptisterium stehen acht Figuren aus der New Yorker Geschichte. Im Ausstellungsraum an der Südwestseite (später Querschiff) befindet sich das Modell der Kathedrale, deren beide Haupttürme je 76 m hoch werden sollten. Ein Mahnmal in der Missionary Chapel erinnert an den Holocaust und an die Kriegsverbrechen in Bosnien-Herzegowina, ein anderes Denkmal ehrt die 343 Feuerwehrleute, die beim Einsturz des World Trade Center ums Leben kamen. Die Skulpturen des Westportals schuf der britische Künstler Simon Verity in den 1980/1990er-Jahren. Der Friedensbrunnen südlich der Kirche ist von Greg Wyatt (1985).

ZIELE
CENTRAL PARK

Konzerte, Einkehrtipp

Eine Oase der Besinnung und ein Tipp fürs leibliche Wohl

Die Kirche in der unmittelbaren Umgebung der Columbia University ist eine Oase des Rückzugs und der Besinnung. Jeden Tag um Mittag kann man hier einkehren und einem Orgelkonzert lauschen. Das ganze Jahr über finden hochklassige Musikveranstaltungen statt, darunter auch Jazz- und Popkonzerte. Höhepunkt ist jedoch das jährliche Neujahrskonzert zu Silvester.

Unmittelbar gegenüber der Kathedrale lohnt die Einkehr in den **Hungarian Pastry Shop**, ein Café mit ungarischen Backwaren, in dem sich Studenten und Professoren der Columbia University zum Lesen und Philosophieren treffen (1030 Amsterdam Ave./111th St.).

★★ CENTRAL PARK

Lage: Im Zentrum von Manhattan, zwischen 59th und 110th St. | **Subway:** u. a. Columbus Circle/59th St. (Information Kiosk); 5th Ave./59th St. (The Diary Visitor Center, Höhe 65th St.); West 72th St. oder 81st St. (Belvedere Castle Visitor Center, Höhe 79th St.) sowie West 96th St., West 103rd St. (North Meadow), Central Park North/110th St. (Harlem Meer) | **Visitor Center:** Di. - So. 10-17 Uhr | www.centralparknyc.org

K/L 12 – M/N 6

Wer durch eines der Tore des Central Parks tritt, die das laute, hektische Treiben der Fifth Avenue oder der Eighth Avenue abtrennen, der merkt sofort, dass er in einem anderen Universum ist. Der Druck und der Stress fallen ab, das Tempo verlangsamt sich, man wird mit den Tausenden New Yorkern, die hier Erholung suchen, wieder Mensch. Der Central Park ist die grüne Lunge New Yorks, ein Bürgergarten mitten im Herzen der Stadt.

Ein Park für die Bürger

Die Idee eines Parks für das sich rasch vergrößernde New York wurde in den 1840er-Jahren geboren, als das eigentliche New York noch kaum über die 23. Straße hinausging. Der Central Park ist 340 ha groß (das Fürstentum Monaco ist 195 ha groß) und teilt Uptown Manhattan zwischen 59th und 110th Street in die Upper East Side (im Osten) und in die Upper West Side.

Angelegt wurde der Park 1859–1870 am damaligen nördlichen Stadtrand nach Plänen von Frederick Law Olmsted und Calvert Vaux. Vorbild war der Pariser Bois de Boulogne. Olmsted und Vaux schufen viele verschiedene Landschaftsformen, von einer wilden, felsigen Waldlandschaft im Norden bis zu grünen Weiden im Süden. Die Landschaften sind allesamt künstlich, einschließlich der Seen und

ZIELE
CENTRAL PARK

Tümpel, dafür mussten zehn Millionen Wagenladungen Erde herangeschafft werden. Im Park gibt es über 90 km Spazierwege, auch Vogelkundler kommen auf ihre Kosten: 275 der gut 800 Vogelarten Nordamerikas haben im Central Park zumindest ein Zwischenquartier gefunden. Die Landschaftsarchitekten wollten einen Bürgergarten schaffen, der alle Schichten und Bevölkerungsgruppen der Stadt zusammenbringt. Die Utopie gelang: Bis heute begegnen sich im Central Park alle New Yorker – ungeachtet ihrer Herkunft.

Jede Menge Bewegung und allerlei Erbauung

Der Park besitzt zwar eine 10 km lange Ringstraße und vier tiefer gelegte Quertrassen. Doch der Autoverkehr ist stark reglementiert und nördlich der 72nd Street ganz verboten (www.centralpark.com). Die breiten Fahrwege stehen vor allem Rad- und Rollschuhfahrern zur Verfügung. Aber auch Anhänger anderer Formen körperlicher Ertüchtigung sind willkommen. Auf den Wiesen und Spielfeldern wird überall Fußball, Baseball und American Football gespielt. Der weitaus stärker besuchte südliche Teil des Parks ist lieblicher, während der nördliche, oberhalb der 86th St., wilder, landschaftlich reizvoller und weniger besucht ist. Im Allgemeinen ist der Park sehr sicher. Man sollte jedoch, wie übrigens in allen Großstädten, nach Einbruch der Dunkelheit auf den beleuchteten Hauptwegen bleiben.

Im Central Park

200 Gärtner und 1400 Helfer kümmern sich um New Yorks Bürgergarten.

ZIELE
CENTRAL PARK

»Have a break«, »mach mal Pause«, gilt auch im südlichen Teil des Central Park.

Kutschfahrten starten am Central Park South (30 Min. kosten ca. 80 $, 60 Min. 130 $); **Mieträder** gibt es außer am Columbus Circle u. a. auch 208 West, Höhe 80th Street und bei der Tavern on the Green; weitere Informationen über Veranstaltungen oder Führungen zu verschiedenen Themen gibt es auf den Websites www.central parknyc.org und www.centralpark.com.

Im Sommer finden **kostenlose Summer-Stage-Konzerte auf Freilichtbühnen** statt. »Shakespeare in the Park« heißt das jährliche Theaterfestival; Karten gibt es täglich ab 13 Uhr beim Delacorte Theater (West 81st St., Tel. 1 212 5 39 87 50; viele stehen schon ab 6 Uhr morgens an). Infos: Tel. 1 212 5 39 85 00, www.centralpark.com. Jazz, Salsa und Funk sind beim »Harlem Meer Festival« angesagt, im Sommer jeden Sonntag vor dem Charles A. Dana Discovery Center, Tel. 1 212 8 60 13 70, www.centralparknyc.org.

Im Park gibt es mehrere **Einkehrmöglichkeiten**: Loeb Boathouse, ein kleines Restaurant am Lake (Höhe 74th St.), sowie die Tavern on the Green in der Nähe des westlichen Parkeingangs/66th St.

Loeb Boathouse: Mo. – Fr. 12–16, 17.30–21.30, Sa., So. 9.30–16 (Brunch), 16–21.30 Uhr | Tel. 1 212 5 17 22 33 | www.thecentralpark boathouse.com | **Tavern on the Green:** Central Park West/67th St. | tägl. 10–17 Uhr; Kammermusik 11–15 Uhr | Tischbestellungen: Tel. 1 212 8 77 86 84 | www.tavernonthegreen.com

Ein Spaziergang durch den Park

Man betritt den Park am besten von der Grand Army Plaza (Südosten) oder am Columbus Circle (Südwesten), wo es auch ein **Informationspavillon und einen Fahrradverleih** gibt. Unmittelbar am Südosteingang (60th St.) befindet sich ein Teich, The Pond, mit einem Vogelschutzgebiet an seiner Westseite, nördlich davon folgt der Wollman Rink, wo man im Sommer Rollschuh laufen, Inlineskaten und Hockey spielen kann; im Winter ist Schlittschuhlaufen angesagt (mit Ausleihmöglichkeit).

Für kleine Parkbesucher
Im kleinen Zoo leben große Tiere wie Eisbären eher auf beengtem Raum. Sehenswert sind die kleinen Affen und Schlangen in der sog. Tropic Zone und die Pinguine am Polar Circle, einer vorbildlichen Polarlandschaft. Infos über Fütterungszeiten auf der Website. Central Park Zoo
Tägl. 10-16.30 Uhr | Eintritt: 12 $ | www.centralparkzoo.com | Subway: 64th St./Fifth Ave.

Wo einst Schafe weideten
Der Poet's Walk, auch The Mall genannt, eine Ulmenallee mit Skulpturen von Dichtern und Komponisten, beginnt bei der Sheep Meadow, einer riesigen Wiese, auf der bis 1934 noch Schafe weideten. Der »Dichter-Weg« ist ein Jahrmarkt von Straßenkünstlern und Kleindarstellern: Freizeitprediger, Jongleure, Breakdancer und Streichquartette geben sich ein buntes Stelldichein. Über die Mall gelangt man direkt zum **geografischen Zentrum**, zum Herzen des Parks, der Bethesda Terrace, mit einem figurengeschmückten Brunnen von Emma Stebbin im Zentrum. Dahinter dehnt sich **The Lake** aus, ein See, auf dem sogar venezianische Gondeln fahren. Boote, Fahrräder oder Inlineskates mieten sowie am See essen kann man im Loeb Boathouse (hinter Bethesda Terrace, ▶S. 82). Poet's Walk Bethesda Terrace

Wetter, Fauna und Shakespeare
Nördlich schließt sich auf dem höchsten Punkt das einer europäischen Burg nachempfundene Belvedere Castle an (Wetterstation); darin informiert eine kleine Ausstellung über die Fauna im Park. Im Westen liegt das **Delacorte Theater**, wo jeden Sommer kostenlos Open-Air-Vorstellungen gegeben werden (▶S. 82). Belvedere Castle

Erinnerungen an einen Beatle
Gegenüber der West 72nd St. erinnern die Strawberry Fields an **John Lennon**, der 1980 vor dem Dakota Building am Central Park West ermordet wurde. Auf ein Bodenmosaik mit dem Lennon-Titel »Imagine« legen noch heute Fans Blumen nieder und kommen zusammen, um seine Lieder zu spielen. Strawberry Fields

ZIELE
CHELSEA

Alice im Wunderland, Ballspiele und ein verwittertes Souvenir

Conservatory Pond
Östlich des »Lake« liegt der kleine Conservatory Pond. Auf der Westseite erinnert eine Statue an den Märchendichter Hans Christian Andersen (Georg Lober, 1956); die Bronzegruppe »Alice in Wonderland« (José de Creeft) nördlich davon ist bei Kindern besonders beliebt. Auf dem sich anschließenden Great Lawn wird gern Ball gespielt; im Sommer finden Aufführungen der New Yorker Philharmoniker statt (▶ S. 158, 278). Hinter dem ▶Metropolitan Museum erhebt sich der völlig verwitterte ägyptische Obelisk **Cleopatra's Needle**. Er stammt ursprünglich aus Heliopolis, wo er um 1500 v. Chr. von Thutmosis III. errichtet worden war.

Für Jogger, Blumenfreunde und Ruderer

Jacqueline Kennedy Onassis Reservoir
Im Norden erreicht man schließlich das sog. Jacqueline Kennedy Onassis Reservoir. Die 2,5 km lange Strecke um den umzäunten See, bekannt aus dem Film »Marathon Man« mit Dustin Hoffmann, ist bei Joggern sehr beliebt.
Nordöstlich des Reservoirs befinden sich die Conservatory Gardens, ein kleiner lauschiger Park im Park mit blühenden Blumen der Saison (Eingang 105th St. und Fifth Ave.). Beim **Harlem Meer** im äußersten Nordostende des Central Parks können ebenfalls Ruderboote gemietet werden; der Westteil ist im Sommer ein Freibad, im Winter verwandelt er sich in eine Eislaufbahn. Jenseits der 110th St. (jetzt Central Park North) beginnt ▶Harlem.

CHELSEA

Lage: Im Westen Manhattans | **Subway:** 14th St., 23rd St.

F-H 16 – F-J 14

Ein Stadtteil stark im Wandel

Chelsea ist zurzeit das dynamischste Stadtviertel New Yorks. In nur 25 Jahren hat es sich vom Industriebezirk erst zum Schwulen- und Szeneviertel und nun zum trendigen Kunst- und Wohnbezirk gewandelt.

Als die Anwohner von West-Chelsea sich Mitte der 1990er-Jahre dafür einsetzten, in ihrem Stadtviertel eine verfallene Hochbahntrasse zu erhalten und in einen Park zu verwandeln, hatten sie sicher keine Vorstellung davon, was dieses Projekt nach sich ziehen würde.
Der ▶High Line Park, der sich heute von der 14. bis zur 34. Straße, parallel zur 10th Avenue entlang zieht, ist der Motor und das Zentrum eines neuen und neuartigen Stadtbezirks geworden. Am Fuß der auf Stelzen verlaufenden Promenade hat sich der **Meatpacking District** von einem Stadtviertel mit verlassenen Fabriken, Lagerhallen

ZIELE
CHELSEA

und Schlachthäusern in ein Stadtviertel mit eleganten Boutiquen, Restaurants und Nachtklubs verwandelt. Rechts und links der High Line sprießen exklusive Apartment- und Bürotürme in den Himmel. Ein weiterer Anziehungspunkt ist das neue ▶Whitney Museum of American Art. Und am Ende der High Line, nördlich der 34. Straße, entsteht derzeit ein neuer Stadtteil mit modernen Wolkenkratzern sowie Kultur- und Shoppingeinrichtungen.

Die dramatische Verwandlung des ehemaligen Industrie- und Hafenviertels begann jedoch schon vor dem Umbau der High Line in einen Park etwa Anfang der 1990er-Jahre. Die **Kunst- und Galerienszene** entdeckte die günstigen Räumlichkeiten in der Nähe des seit Langem brachliegenden Hafens und folgte damit der Schwulen- und Klubszene, die sich bereits in den 1980er-Jahren in Chelsea angesiedelt hatte. Die High Line, von ihren Skeptikern als »trojanisches Pferd der Immobilien-Entwickler« bezeichnet, beschleunigte diese Entwicklung nur. Für den heutigen Besucher entstand ein ganz neuer Erlebnisraum. Einen Spaziergang durch dieses dynamische Viertel und auf der High Line kann man wunderbar mit einem Besuch im neuen Whitney Museum verbinden. Anschließend bummelt man durch die Galerien von Chelsea und beendet den Tag bei einem schicken Dinner im Meatpacking District, etwa im ausgesprochen populären Cook Shop an der Tenth Avenue (156 10th Avenue, http://cook shopny.com).

Chelseas Galerien sind Avantgarde: eine Installation von Tomás Saraceno in der Tanya Bonakdar Gallery, 521 West 21st St.

ZIELE
CHELSEA

Kunsterlebnis zum Nulltarif

Kunst in Chelsea

Die Galerien von Chelsea, rund 400 an der Zahl, organisieren regelmäßig Ausstellungen der Künstler, die sie vertreten. So kann man hier (ohne Eintritt) Kunst auf Weltniveau sehen. Die meisten sind Di. – Sa. 10–18 Uhr geöffnet, eine Übersicht vermitteln u. a. die Freitagsausgabe der »New York Times« oder »Time out« (www.chelsea gallerymap.com, www.timeout.com/newyork/art, www.destination chelsea.org, art-collecting.com, www.artincontext.org).

Vom legendären Künstler- zum Luxushotel

Chelsea Hotel

Nicht weit von hier liegt an der 23. Straße das Chelsea Hotel, wie vielleicht kein anderer Ort ein Symbol für die Tradition von Chelsea und Zentrum der New Yorker Boheme. Schon in den 1920er- und 30er-Jahren wohnten hier – teils dauerhaft – Künstler, Schauspieler und Sänger, die am Broadway auftraten. Ab den 1960er-Jahren wurde das Chelsea dann eine Hochburg und ein Zentrum der New Yorker Subkultur. Dichter und Schriftsteller wie Arthur Miller und Dylan Thomas lebten hier, Andy Warhol drehte einen berühmten Film über das Chelsea. Bob Dylan schrieb in dem Hotel einige seiner berühmtesten Songs, Punk-Ikone Sid Vicious kam hier unter mysteriösen Umständen ums Leben. Heute wird das Chelsea in ein gewöhnliches Luxushotel umgewandelt, die letzten Künstler zogen 2016 aus. An die große Tradition erinnern nur noch Gedenktafeln am Eingang und die vielen Kunstwerke, die hier entstanden.

Chelsea Piers: Wo einst Frachtschiffe und Dampfer anlegten, ist heute Entspannung angesagt.

ZIELE
CHELSEA

Quicklebendig ist im Gegensatz zum Chelsea das **Joyce Theater**, wo seit 1982 erstklassige Ballett- und Modern-Dance-Kompanien aus der ganzen Welt auftreten.
175 8th Ave./19th St. | Tel. 1 212 2 42 08 00 | www.joyce.org

The Garden – eine berühmte Veranstaltungsarena

Im Osten wird Chelsea von der berühmten Veranstaltungsarena Madison Square Garden begrenzt, wo schon Muhammed Ali um die Weltmeisterschaft kämpfte und Größen des Pop-Geschäfts von den Beatles bis hin zu Lady Gaga auftraten und auftreten. Außerdem haben in dem Betonzylinder die Basketballer der New York Knicks und die Eishockey-Spieler der New York Rangers ihre Heimspiele (►S. 315, 316).
Karten und Programmhinweise: www.garden-ny.com | Subway: Pennsylvania Station

Madison Square Garden

Der Traum für einen neuen alten Palast des Ankommens

Unter dem Madison Square liegt die Pennsylvania Station, der New Yorker Fernbahnhof, für Amtrak-Fernzüge und Pendlerzüge nach Long Island und New Jersey. Der unterirdische, notorisch überfüllte Bahnhof – mit über 600 000 Passagieren täglich – wird von den meisten New Yorkern als Hässlichkeit empfunden. Man trauert immer noch dem alten Prachtbahnhof nach – dem 1904 nach Plänen von McKim, Mead & White erbauten »Palast des Ankommens«, der 1964 dem heutigen Madison Square Garden weichen musste. Doch es gibt Pläne, einen Teil des Bahnhofs in das gegenüberliegende Hauptpostamt zu verlagern und somit etwas von dem alten Glanz wiederherzustellen. Das **General Post Office** (James Farley Post Office) mit seiner korinthischen Säulenfront ein weiteres Musterbeispiel des Beaux-Arts-Stils, entstand 1913 ebenfalls nach Plänen der Architekten McKim, Mead & White.

Pennsylvania Station

New Yorks letztes Handwerkerviertel

Wer der handwerklichen Vergangenheit von Chelsea nachspüren möchte, der unternimmt einen Streifzug durch das **alte Textilviertel** Garment District zwischen 8th Ave. und Broadway bis zur 40th Street. Früher gab es hier große Nähereien, die für die Modehäuser an der Seventh Avenue die Kollektionen fertigten. In den letzten zwanzig Jahren ist durch die Verlagerung der Produktion nach Ostasien und Südamerika das Gewerbe jedoch stark geschrumpft. Nur während der Modewochen im Frühjahr und Herbst machen die wenigen verbliebenen Läden für Stoffe und Nähzubehör und kleinen Nähereien in dem Viertel noch ein gutes Geschäft. Entlang der Seventh Avenue, wo viele große Modehäuser ihren Hauptsitz haben, erinnert ein »Walk of Fame« und die Skulptur eines »Garment Workers«, eines anonymen Nähers, an die Geschichte des Viertels. Tatsächlich

Garment District

lassen auch einige Designer noch oder wieder hier nähen, um den Erhalt des Viertels zu unterstützen. Am Rande des Garment Districts liegt die renommierteste Schule für Mode-Design in Amerika, das **Fashion Institute of Technology**. Das FIT hat auch ein Museum mit wechselnden Ausstellungen zu Modetrends und zur Geschichte der Mode.

Informationen zu Veranstaltungen und Touren durch das Viertel: www.garmentdistrict.nyc | FIT: 7th Ave./27th St. | Tel. 1 212 2 17 45 58 | Di.–Fr. 12–20, Sa. 10–17 Uhr | www.fitnyc.edu

★ CHINATOWN

Lage: Im Süden Manhattans | **Subway:** Canal St., Grand St.

Ein Spaziergang durch die Straßen rund um die Canal Street ist wie eine Reise nach Fernost (▶Tour 4, S. 39). Chinatown ist das letzte intakte Einwandererviertel von Manhattan.

Auf der Mulberry Street verkauft eine alte Frau aus einem Eimer lebendige Aale, neben ihr liegen auf einem Handkarren, wunderbar aufeinandergetürmt, exotische Früchte. In einer chinesischen Apotheke werden geheimnisvolle Pulver und Tinkturen für jahrtausendealte Therapien feilgeboten. Auf dem Spielplatz an der Chrystie Street wird »Nine-Man« gespielt, eine chinesische Variante des Volleyball. Und im Nom Wah Tea Parlor in der Doyers Street 13 gibt es für drei Dollar die leckersten Shrimp Dumplings von ganz New York.

Auf Entdeckungstour

Geschichte der Einwanderung

Das Chinatown in Downtown Manhattan hat es geschafft, dem rasanten Wandel in New York zu widerstehen und als homogenes Einwandererviertel intakt zu bleiben. Die Bevölkerung besteht in der überwiegenden Mehrheit noch immer aus Einwanderern der ersten oder zweiten Generation, die ihre Traditionen aus der Heimat pflegen. Dabei strömen schon seit rund 120 Jahren Einwanderer aus China in das Viertel. Die ersten chinesischen Ansiedler waren Matrosen, die 1847 an Bord der Dschunke »Kee Ying« in New York eintrafen und hier blieben. Ihnen folgten etwa 20 bis 25 Jahre später Chinesen, die als Kulis beim Bau der transkontinentalen Eisenbahn nach Kalifornien beschäftigt waren und sich auf dem Gelände niederließen, das John Mott und Joshua Pell gehörte. Der große Zustrom mit bis zu 2000 Menschen monatlich setzte 1965 ein, als die Einwanderung aus Fernost erleichtert wurde. Heute bilden rund 40 Familienclans das soziale Gerüst. Sie bieten Altersversorgung, Stellenvermittlung, Kinderta-

ZIELE
CHINATOWN

An der Subway-Station Canal Street beginnt die Reise nach Fernost.

gesstätten und inoffizielle Gerichtsbarkeit. Da die Bünde heute jedoch untereinander zerstritten sind, haben sie an Einfluss eingebüßt.

Derzeit leben hier rund **150 000 Menschen**. Mit 400 Restaurants, über 300 florierenden Textilbetrieben (dank Billiglohn) und fünf chinesischen Tageszeitungen behauptet sich Chinatown als eigenständige Metropole mitten in Manhattan. Und es dehnt sich immer weiter aus: Little Italy wurde faktisch geschluckt und auch in die Lower East Side wächst sich das chinesische Viertel bereits hinein.

Zwar bleibt das kantonesisch bestimmte Chinatown von Manhattan das bekannteste Chinesenviertel New Yorks, doch machen in den letzten Jahren die rasch wachsenden Chinatowns von Queens und Sunset Park in Brooklyn mit ihrer großen fukinesischen Bevölkerung der »Ur-Chinatown« Konkurrenz. Mittlerweile ist vermutlich die Chinatown von Flushing in Queens die größte Chinesenstadt außerhalb Chinas (▸Das ist New York, S. 22).

Eine ganz andere Welt

Der Kern des Chinesenviertels erstreckt sich zwischen Canal St., Broadway und Bowery, die beiden »Hauptstraßen« sind die Mott und die Pell Street. In der Pell St., Ecke Bowery steht eines der ältesten Häuser Manhattans, das **Edward Mooney House** von 1785. Der gegenübergelegene Platz wurde nach dem Denkmal für den chinesi-

In Chinatown

6x TYPISCH

Dafür fährt man nach New York

1.
JÜDISCH
Besuchen Sie das berühmteste jüdische Schnellrestaurant im Einwandererviertel Lower East Side, das 125 Jahre alte **Katz's**.
(▶ **S. 303**)

2.
CHINESISCH
Im **Nom Wah Tea Parlor** in der Doyers Street können Sie in vollen Zügen das Leben von Chinatown aufsaugen.
(▶ **S. 42, 88**)

3.
WÜRSTCHEN
Bei der Ankunft in Coney Island ist ein Besuch bei **Nathan's**, dem ältesten Hot-Dog-Stand der USA, ein Muss.
(▶ **S. 71**)

4.
JENSEITS DER 110. STRASSE
Wenn Sie ein Gefühl für die besondere Atmosphäre von Harlem bekommen wollen, flanieren Sie unbedingt die **125th Street** hinunter.
(▶ **S. 142**)

5.
PIANO BAR
Verbringen Sie einen Abend in einer **Showtunes-Karaoke-Bar** im schwulen West Village und singen Sie mit dem Homo- und Trans-Publikum die schönsten Broadway-Melodien.
(▶**The Duplex, 55 Christopher Street**)

6.
UNDER THE BOARDWALK ...
... we'll be having some fun. Fahren Sie mit dem **Cyclone**, der 80 Jahre alten Achterbahn von Coney Island.
(**S. 71**)

ZIELE
CITY HALL & CIVIC CENTER

schen Philosophen Konfuzius (551–479 v. Chr.) benannt. Der auffällige Torbogen an der Ostseite des Platzes ist die Auffahrt zur **Manhattan Bridge**. Sie führt von hier hinüber nach ▶Brooklyn ins Stadtviertel DUMBO und ist auch für Fußgänger geöffnet. Etwas südwestlich, am Chatham Square, erinnert der Kim Lau Memorial Arch an die gefallenen Amerikaner chinesischer Herkunft. Die überlebensgroße Statue des antibritischen Opiumkriegers Lin Ze-xu, 1997 im Jahr der Rückgabe der britischen Kronkolonie Hongkong an China aufgestellt, demonstriert chinesisches Selbstbewusstsein.

In Chinatown gibt es viele große und kleine buddhistische Tempel. Der bekannteste ist der Mahayana Buddhist Tempel (133 Canal St., an der Zufahrt zur Manhattan Bridge) mit einer fast 5 m hohen Buddhafigur im Lotussitz im Innern. Das interessante, von der Künstlerin Maya Lin eingerichtete **Museum of Chinese in America** informiert über die Herkunft der Chinesen und ihre Lebens- und Arbeitsbedingungen in New York und in den USA. Das Gebiet des Columbus Park, die einzige unbebaute Fläche in Chinatown und beliebter Treffpunkt der New Yorker Chinesen, gehörte im 19. Jh. zum Five-Points-Slum. Martin Scorseses Film »Gangs of New York« (2002) erzählt die Geschichte dieses berüchtigten Stadtviertels.

Museum of Chinese in America: 215 Centre St. (nördl. Canal St.) | Di., Mi., Fr. – So. 11–18, Do. bis 21 Uhr | Eintritt: 10 $ | www.moca nyc.org

CITY HALL & CIVIC CENTER

Lage: City Hall Park, Broadway | **Subway:** Chambers St., Brooklyn Bridge-City Hall

G 20/21

Im Schatten der Brooklyn Bridge liegt der New Yorker Regierungsbezirk mit dem prunkvollen Rathaus, dem Gericht und anderen Behörden. Im Fahrwasser der Neubebauung von Ground Zero hat der Bezirk auch einen Aufschwung erfahren.

Zentrum des Regierungsbezirks, in dem rund 300 000 Menschen arbeiten, ist das New Yorker Rathaus am Fuß der ▶Brooklyn Bridge. Der beliebte kleine **City Hall Park** davor und das bunte Treiben sind ein Ausdruck für die Offenheit der New Yorker Stadtregierung gegenüber der Bevölkerung. In dem 1811 angelegten, kleinen dreieckigen Park erinnert eine Statue an Nathan Hales (F. McMonnies), der

Von hier aus wird New York regiert

ZIELE
CITY HALL & CIVIC CENTER

1776 von den Briten als Spion gehenkt wurde. Im selben Jahr fand auf diesem Platz eine der ersten öffentlichen Verkündigungen der Unabhängigkeitserklärung statt.

New Yorks Rathaus

City Hall   Das an der südlichen Schauseite ursprünglich mit Marmor, heute mit Kalkstein verkleidete Rathaus wurde 1803–1812 von J.-F. Mangin und J. McComb im »Federal Style« mit Anklängen an den Stil der französischen Renaissance mit Säulenportikus, vorspringenden Seitenflügeln und kuppelförmigem Glockenturm ausgeführt. Man kann das Rathaus mit dem Büro des Bürgermeisters und des Stadtrates (City Council) an mehreren Tagen der Woche nach Voranmeldung besichtigen.

Einzelpersonen: Di. 10 Uhr mit Anmeldung, Mi. 12 Uhr ohne Voranmeldung | Registrierung 10–11.30 Uhr am NYC Tourism Kiosk an der Südseite des City Hall Park, Broadway/Barclay St. | www1.nyc.gov/site/designcommission/public-programs/tours/public-tours.page

Der Mozart unter den Wolkenkratzern

Woolworth Building   Auf der gegenüberliegenden Seite des Broadway (Nr. 233) steht das Woolworth Building. Das Gebäude mit seinen gotischen Details und seiner prunkvollen Innenausstattung ist ein Klassiker unter den New Yorker Wolkenkratzern. Es entstand 1913 nach Plänen von Cass Gilbert und war mit seinen 241 m Höhe und 60 Etagen bis zur Fertigstellung des ▶Chrysler Building 17 Jahre später das höchste Gebäude der Welt. Der Architekturkritiker Paul Goldberger nennt es den »Mozart unter den Wolkenkratzern«. Nachdem das Woolworth jahrzehntelang der Öffentlichkeit nicht zugänglich war, gibt es wieder geführte Rundgänge durch die dreistöckige, reich dekorierte Lobby (https://woolworthtours.com).

Hier wird Recht gesprochen

Courthouse   Nördlich der City Hall steht das sogenannte Tweed Courthouse (52 Chambers St.), ein Neorenaissancebau von 1870 (Architekten: John Kellum und Leopold Eidlitz), in dem einer der Gerichtshöfe untergebracht ist. Seinen Beinamen erhielt das Gebäude nach William M. »Boss« Tweed, einem der berüchtigtsten politischen Führer New Yorks im 19. Jahrhundert.

Sitz des Stadtarchivs

Hall of Records   Schräg gegenüber (31 Chambers St.) die 1907 im Beaux-Arts-Stil erbaute Hall of Records; der ehemalige Gerichtshof dient heute als Stadtarchiv (Architekt: John R. Thomas). Die Fassade ist mit allegorischen Szenen und historischen Porträts verziert, so erinnern die Statuen entlang der Hauptfassade an New Yorker Bürgermeister und Gouverneure.

ZIELE
CITY HALL & CIVIC CENTER

OBEN: Der kleine City Hall Park duckt sich unter den Gebäuden im Regierungsbezirk der Stadt New York.

UNTEN: Zwei Generationen von Wolkenkratzern: das Woolworth Building (links) und Frank Gehrys extravaganter Beekman Tower (»8 Spruce Street«)

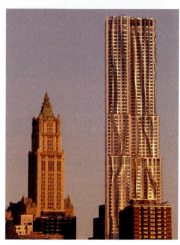

ZIELE
CITY HALL & CIVIC CENTER

Vierunddreißig Stockwerke für die Stadtverwaltung

Municipal Building

Das Manhattan Municipal Building am Ende der Chambers St. (1 Centre Str.) erhebt sich 177 m hoch. 1914 entstand es unmittelbar über dem U-Bahnhof Brooklyn Bridge nach Plänen der Architekten McKim, Mead & White. Am auffälligsten ist der Oberbau, ein Turmensemble, das von der vergoldeten Skulptur »Civic Virtue« von Adolph Weinman gekrönt wird. Das Gebäude war übrigens Vorbild für das Hauptgebäude der Moskauer Lomonossow-Universität.

Das gegenüberliegende Polizeipräsidium, **Police Headquarters**, eines der jüngsten Gebäude des Civic Center, wurde 1973 von Gruzen & Partners erbaut. Es ist durch eine Plaza mit dem Municipal Building verbunden. Die Skulptur »Five in One« von Bernard Rosenthal (1974) vor dem Polizeipräsidium symbolisiert die fünf New Yorker Boroughs.

Weitere Gerichte, Läden und ein extravaganter Wohnturm

Weitere Gebäude im Civic Center District

Das U. S. Courthouse (Bundesgericht) am Foley Square liegt im Zentrum des Civic Center. Es wurde 1936 nach Plänen von Cass Gilbert, des Architekten des Woolworth Building, und seinem Sohn erbaut. Gegenüber dem U. S. Courthouse befindet sich das 1912 von Guy Lowell in Form eines Hexagons erbaute **New York County Courthouse** (Bezirksgericht) mit einer römischen Tempelfassade. Hier drehte Sidney Lumet 1957 den berühmten Film »Die zwölf Geschworenen« (»Twelve angry men«) mit Henry Fonda in der Hauptrolle.

Das **U. S. Federal Building** auf der gegenüberliegenden Seite des Platzes wurde 1967 von Alfred Easton Poor, Kahn & Eggers erbaut (26 Federal Plaza).

Der Strafgerichtshof (**Criminal Courts Building**; 100 Centre St.) entstand schon 1939 nach Plänen von Harley Whiley Corbett. In dem Gebäude finden werktags zwischen 17 und 1 Uhr nachts die (meist) öffentlichen sogenannten Night Courts (nächtliche Gerichtsverhandlungen) statt. Anstelle des berüchtigten, inzwischen abgerissenen Stadtgefängnisses »The Tombs« (Gräber) wurde ein neues Gefängnis gebaut. Die »Seufzerbrücke« verbindet das Strafgericht mit der Haftanstalt.

Das Viertel rund um den Verwaltungsbezirk, insbesondere entlang der Fulton Street, war lange Zeit von Discountläden für die Regierungsbeamten und Angestellten geprägt. Seit der Wiedereröffnung des neuen One World Trade Center (▶ S. 226) und des neuen U-Bahnhofs an der Fulton Street (▶ S. 229, Abb. S. 3 unten) wird die Gegend jedoch merklich schicker und eleganter. Sichtbarstes Zeichen ist der extravagante Wohnturm **The Beekman Tower** (nach seiner Adresse auch »8 Spruce Street« genannt) von Frank Gehry an der Brooklyn Bridge, der dem Woolworth Building den Rang als Markenzeichen der Gegend abgelaufen hat (▶ Abb. S. 93).

ZIELE
THE CLOISTERS

Mittelalterliches Ambiente und Kunst aus Europa, nach New York verpflanzt

★ THE CLOISTERS

Lage: Fort Tryon Park an der Nordspitze Manhattans | **Subway:** 190th St., weiter mit dem Bus 4 | März – Okt. tägl. 10–17.15, Nov. – Febr. nur bis 16.45, 27. Mai bis 2. Sept. Fr. bis 19.30 Uhr | **Führungen:** Di. – Fr., So. 15 Uhr | **Eintritt:** 25 $ (empfohlener Eintrittspreis; Sammelticket mit Met) | **www.metmuseum.org**

Der Ölmilliardär John D. Rockefeller liebte mittelalterliche Klöster. Also hat er sich eines zusammengekauft.

Europa in New York

Wenn man im Fort Tryon Park steht, einem felsigen, bewaldeten Hügel, wird das Auge durch nichts daran erinnert, dass man noch in Manhattan ist. Selbst das gegenüberliegende Hudsonufer mit seinen steilen Klippen ist unverbaut. Über allem thront ein Kloster, das direkt aus dem europäischen Mittelalter nach Amerika verpflanzt wurde.
Die Anlage ist eines der fantastischen Projekte von John D. Rockefeller, des reichsten Mannes aller Zeiten. Er importierte vier mittelalterliche Kreuzgänge direkt aus Europa und fügte sie hier 1934 zu einer neuen Klosteranlage zusammen. Und um den Eindruck der Zeitreise nicht zu stören, hat er das Gelände rundum und auf der anderen Flussseite in New Jersey dazugekauft. So kann man sich, keine 45 Minuten vom Times Square, mit der U-Bahn auf eine Zeitreise begeben.

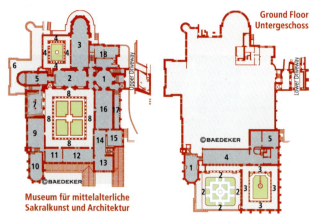

Museum für mittelalterliche
Sakralkunst und Architektur

THE CLOISTERS

Main Floor
Hauptgeschoss

1 *Entrance Hall*
  Eingangshalle
2 *Romanesque Hall*
  Romanische Halle
  (Portale aus Frankreich)
3 *Fuentidueña Chapel*
  Apsis aus der Kirche
  San Martin de
  Fuentidueña bei Segovia
  (Mittelspanien)
4 *Saint Guilhem
  Cloister*
  Kreuzgang der
  Benediktinerabtei
  St-Guilhem-le-Désert
  (Südfrankreich)
5 *Langon Chapel*
  Teile der Kirche
  Notre-Dame du Bourg
  in Langon
  (Südwestfrankreich)
6 *West Terrace*
  Westterrasse
7 *Pontaut Chapter
  House*
  Kapitelsaal des Klosters
  Notre-Dame de Pontaut
  (Südwestfrankreich)
8 *Saint Michel de
  Cuxa Cloister*
  Kreuzgang (z.T. ergänzt)
  des Klosters St-Michel-
  de-Cuxa (Südfrankreich)
9 *Early Gothic Hall*
  Frühgotische Halle
  (Heiligenfiguren)
10 *Gothic Chapel*
  Gotische Kapelle
  (▶ Untergeschoss)
11 *Nine Heroes*
  Tapestries Room
  Gobelins der Neun Hel-
  den der Weltgeschichte
12 *Unicorn Tapestries
  Hall*
  Gobelins mit Szenen
  einer Einhornjagd
13 *Boppard Room*
  Glasfenster aus dem
  Karmeliterkloster
  St. Severin in
  Boppard am Rhein
14 *Burgos Tapestry
  Room*
  Flandrischer Wand-
  teppich aus der
  Kathedrale von Burgos
  (Nordspanien)
15 *Spanish Room*
  (Campin Room)
  Mérode-Flügelaltar aus
  Flandern; gotische
  Deckengemälde aus
  Kastilien
16 *Late Gothic Hall*
  Halle im spätgotischen
  Stil eines mittel-
  alterlichen Refektoriums
17 *Froville Arcade*
  Gotischer Bogengang
  aus dem Kloster Froville
  (Lothringen)
18 *Books &
  Reproductions*
  Bücher und
  Reproduktionen

Ground Floor
Untergeschoss

1 *Gothic Chapel*
  Der gothischen Kathe-
  drale St-Nazaire in
  Carcassonne
  nachempfundener
  Kirchenraum
2 *Bonnefont Cloister*
  Kreuzgang des Klosters
  Bonnefont-en
  Comminges
  (Südfrankreich)
3 *Trie Cloister*
  Kreuzgang des Klosters
  Trie bei Toulouse
  (Südfrankreich)
4 *Glass Gallery*
  Glasgalerie
5 *Treasury*
  Schatzkammer

ZIELE
COLUMBUS CIRCLE

Der markante Hauptturm ist eine Nachbildung des Turms des französischen Klosters St-Michel-de-Cuxa in den nordöstlichen Pyrenäen (12. Jh.). Von dort stammt auch der gleichnamige romanische Kreuzgang, Kernstück des Museums im Haupt- und Eingangsgeschoss (Main Floor). Der kleine Kreuzgang aus dem 13. Jh. stammt ursprünglich aus dem 806 bei Montpellier gegründeten Kloster St-Guilhem.

Die Legende vom Einhorn, dem Symbol für das Gute
Zu den Hauptsehenswürdigkeiten gehört der aus sieben Stücken bestehende **Gobelinzyklus zur Einhornjagd** (Unicorn Tapestries Room; hergestellt um 1500 in der Nähe von Brüssel nach Pariser Entwürfen). Dargestellt wird die Jagd auf das unschuldige weiße Einhorn und dessen niederträchtige Ermordung mit anschließender Wiederauferstehung. Sowohl die Ausführung als auch die vielschichtige Bedeutung machen die Tapisserien zu einem Höhepunkt europäischer Textilkunst und höfischer Eleganz des ausgehenden Mittelalters. Die sechs Glasfenster im **Boppard Room** stammen aus dem Karmeliterkloster St. Severin in Boppard am Rhein (1447) und gelangten auf vielen Umwegen 1937 in den Besitz von The Cloisters. Neben gotischen Deckengemälden aus Kastilien und Möbeln aus dem 15. Jh. ist im Champin Room vor allem das Altartriptychon von Robert Campin aus Tournai sehenswert, auf dessen Mittelteil eine Verkündigung (um 1425) dargestellt ist.

Museum mittelalterlicher Kunst

Die gotische Kapelle im Untergeschoss (Ground Floor), ein der Kathedrale St-Nazaire in Carcassonne nachempfundener Kirchenraum, enthält Grabdenkmäler aus dem 13. und 14. Jahrhundert. Neben Skulpturen und Glasmalereien des 15. Jh.s sind in der Glass Gallery die Altarbilder »Geburt Christi« und »Traum der drei Weisen aus dem Morgenland« **aus der Schule von Rogier van der Weyden** und der Hof eines Hauses aus Abbéville beachtenswert. Ein besonderer Anziehungspunkt der Schatzkammer (Treasury) ist das berühmte **Stundenbuch des Herzog Jean de Berry** (»Très Belles Heures«), angefertigt von den Brüdern Limburg vor 1410.

Brücken in New York

George Washington Bridge

★ COLUMBUS CIRCLE

Lage: Central Park West, 59th St. | **Subway:** Columbus Circle

Der Columbus Circle ist das Tor zur Upper West Side und zum Central Park. Er glänzt mit kontrastreicher Architektur, einem teuren Shoppingcenter und dem Hotel des amtierenden US-Präsidenten.

J/K 11/12

ZIELE
COLUMBUS CIRCLE

Der Broadway mündet in den Columbus Circle. Prominentester Immobilienbesitzer hier ist Donald Trump.

Hier dreht sich alles um Kolumbus

Der Columbus Circle, der den rechteckigen Raster der Stadt durchbricht, ist einer der schönsten Plätze New Yorks. In seiner Mitte, umschwirrt von Tausenden gelber Taxis, thront auf einer 20 m hohen Säule die **Statue von Christoph Kolumbus**, der 1492 Amerika entdeckte (Gaetano Russo, 1894).

Die Westseite des Platzes nimmt das **Time Warner Center** ein (Architekt: David Childs, S. O. M., 2004). Mit seinen beiden 229 m hohen, schräg angeschnittenen gläsernen Türmen greift es den Verlauf des Broadway auf und führt die Tradition der Doppeltürme am Westrand des Central Park fort. Die Türme beherbergen einige der teuersten Wohnungen der Stadt, den Medienkonzern Time Warner, verschiedene Boutiquen, einen Bio-Supermarkt, Spitzenrestaurants, das Luxushotel Mandarin Oriental sowie die Konzertsäle von »Jazz at Lincoln Center«, www.jalc.org). Die Einrichtung der Jazz-Ikone Wynton Marsalis gilt als die einzige große Bühne für klassischen Jazz in der Welt. In den vergangenen Jahren geriet das Time Warner Center allerdings ins Gerede, weil viele der teuren Wohnungen als Geldwaschanlagen korrupter und krimineller Käufer aus Russland und

ZIELE
EAST VILLAGE

Asien missbraucht wurden. Direkt gegenüber dem Time Warner Center steht das 207 m hohe **Trump International Hotel & Tower**. Das vergoldete Hotel ist ein Prestigeprojekt des amtierenden US-Präsidenten. An der Mündung des Broadway in den Kreisverkehr steht das **Museum of Arts and Design** (2 Columbus Circle, ▶S. 322; Abb. S. 98). Der auch »Lollipop«-Building genannte Bau von Edward Durell Stone war bis zum umstrittenen Umbau 2005 eines der Lieblingsgebäude der New Yorker. Viele mögen jedoch die neue Verkleidung nicht, die das Typische des markanten Baus verschleiert.

Avantgardistische Spitze auf bewährtem Sockel
Am **Eingang zum ▶Central Park**, wo sich bei schönem Wetter Schausteller und Musiker tummeln und Fahrradtaxis ihre Dienste anbieten, erinnert eine goldene Statue an den Untergang des US-Kriegsschiffes USS Maine 1898 vor Kuba. Der Vorfall löste einen oft vergessenen Krieg zwischen den USA und Spanien aus. Der **Hearst Tower**, etwas südlich (8th Ave., zw. 56 und 57th St.), ein Turm mit unverwechselbarer Fassade, ist das gelungene New-York-Debüt des Architekten Sir Norman Foster von 2006. Er erhebt sich auf dem ursprünglich sechsstöckigen Gebäude des Medienkonzerns von 1928, der zur großzügigen Lobby umgebaut wurde. Die Fassade aus Dreiecksrahmen sparte u. a. 20 % Stahl gegenüber einer Standardkonstruktion ein.

Außerdem beachtenswert

EAST VILLAGE

Lage: Südlich 14th St. und östlich der Bowery | **Subway:** Astor Place

Das ehemalige Einwandererviertel East Village hat eine lange Tradition als Heimat der Kreativen und Künstler. Der besondere Geist des Viertels nördlich der Houston Street hat sich trotz Gentrifizierung erhalten.

Ada Calhoun weigert sich, in das Gejammer der Nostalgiker einzustimmen, die finden, früher sei hier alles besser gewesen. Der Geist des East Village sei quicklebendig. Man müsse nur einmal **St. Marks Place**, die Hauptader des Viertels zwischen Bowery und dem East River, hinunterlaufen. Die Journalistin, die hier als Tochter zweier East-Village-Bohemiens aufgewachsen ist, findet, dass »Amerikas coolste Straße« – wie ihr Buch über den St. Marks Place heißt – nichts von ihrer Coolness eingebüßt hat. Das East Village sei noch immer eine Heimat für all jene, die sonst nirgends hineinpassen, die andere Lebensentwürfe ausprobieren.

Zentrum der Subkultur

ZIELE
EAST VILLAGE

Tatsächlich gibt es sie noch am St. Marks Place, die Hippies, die hier ihre Haschpfeifen kaufen, und die Punks, die vor dem Punkladen »Search and Destroy« herumlungern. Es gibt noch die Musikklubs auf der Avenue C wie das **»The Stone«** des Avantgarde-Komponisten John Zorn und das **»Nuyorican Poets Cafe«**, wo abendlich Slams abgehalten werden. Und im **Museum of Reclaimed Urban Space** wird die Geschichte der Hausbesetzungen im einst heruntergekommenen Village der 1970er- und 1980er-Jahre lebendig gehalten. Doch auch wenn der Geist des East Village noch lebt, die goldene Epoche des Viertels als intellektueller und kreativer Nährboden ist schon lange Vergangenheit. Nur wenig erinnert an die Orte, wo in den 1950er- und 1960er-Jahren Beatniks wie Allen Ginsberg und Jack Kerouac ihre Werke geschrieben haben, wo in den 1980er-Jahren Künstler wie Jean-Michel Basquiat, Andy Warhol und Keith Haring gearbeitet haben und wo die Ramones mit Blondie und Patti Smith den Punk erfanden. Das CBGB – der berühmteste Punkklub Amerikas an der ▶Bowery – ist heute eine John-Varvatos-Boutique. Das Dom – der berühmte Club von Andy Warhol auf St. Marks Place – ist heute ein Lebensmittel-Laden.

Nuyorican Poets Café: 236 East 3rd Street zw. Avenue B und C | www.nuyorican.org | The Stone: Avenue C und 2nd Street | Konzerte: Di. – So. 20.30 Uhr | www.thestonenyc.com

Gegenkultur auf geschichtsträchtigem Boden

St. Marks in the Bowery

Noch immer ein Zentrum der Gegenkultur ist jedoch St. Marks in the Bowery (10th St./2nd Ave.). Die zweitälteste Kirche New Yorks wurde 1799 auf dem Farmgelände des holländischen Gouverneurs Peter Stuyvesant erbaut. Anfang des 20. Jh.s spielte sie als Versammlungsort für Gewerkschafter und Arbeiterführer eine wichtige Rolle. Ab den 1960er-Jahren war sie dann ein Mittelpunkt der politischen Proteste. Diese Tradition setzt sich bis heute fort – auch 2011 spielte die Kirche bei der Gründung der Occupy-Bewegung eine zentrale Rolle (http://stmarksbowery.org). Im Unterschied zu St. Marks, ein Bau im Kolonialstil mit klassizistischem Turm und römischer Säulenhalle, ist die **Grace Church** etwas westlich ein Meisterwerk im Gothic-Revival-Stil (Architekt: James Renwick, 1846; 802 Broadway/10th St.).

Vom Einwandererviertel ...

Geschichte des Viertels

Doch man würde dem East Village nicht gerecht, wenn man es nur auf die Subkultur reduzierte. Einst war es als Teil der Lower East Side ein typisches Einwandererviertel, hier lebten Ende des 19. Jh.s vor allem Polen, Ukrainer und Deutsche. Spuren der großen deutschen Bevölkerung findet man z. B. am St. Marks Place 12, einst Sitz der Deutsch-Amerikanischen Schützen-Gesellschaft, wo der in die Fassade gemeißelte Name überlebt hat. Ein Brunnen am Tompkins Square erinnert an das Schiffsunglück von 1906, als der Ausflugsdampfer

ZIELE
EAST VILLAGE

Slocum mit mehr als 1300 Passagieren in der Bucht von New York sank. Dabei kam die Mehrheit der Deutschen aus dem East Village ums Leben. Auch die ukrainische Tradition hat im East Village Spuren hinterlassen. So kann man im Veselka (9th St./2nd Ave.) bis heute vorzüglich Piroggen essen. In der **KGB-Bar**, einer ehemaligen Versammlungshalle ukrainischer Arbeiter, finden Dichterlesungen statt. Und in einem kleinen **Ukrainian Museum** kann man sich über die Geschichte der ukrainischen Einwanderer informieren.

KGB Bar: 85 West 4th St. | www.kgbbar.com | **Ukrainian Museum:** 222 East 6th St., zw. 2nd Ave. und Cooper Square | Mi. – So. 11.30–17 Uhr | Eintritt: 8 $ | www.ukrainianmuseum.org

… zum Szeneviertel

So richtig lebendig wird das East Village mit seinen vielen Kneipen und Restaurants jedoch erst bei Nacht. Die Bedeutung des Viertels als Zentrum des Nachtlebens geht bis in die 1920er-Jahre zurück, der Zeit der Prohibition, als sich im East Village die »Speakeasies«, die illegalen Spelunken, konzentrierten. An diese Zeit knüpfen heute Bars wie das »Please Don't Tell« an, das man nur durch einen geheimen Eingang in einer Würstchenbude erreicht. Gefeiert wird die Tradition jedoch vor allem im **Museum of the American Gangster** am

Auf Entdeckungstour

Im East Village gehen die Uhren immer noch ein wenig anders als im Rest von Manhattan, der Gentrifizierung zum Trotz.

ZIELE
EAST VILLAGE

St. Marks Place. Die Katakomben, in denen damals die Mafia ihre illegalen Partys veranstaltete, sind einschließlich der Fluchtwege erhalten. Ein Führer zeigt einem die finsteren Gänge und erzählt zudem amüsante Anekdoten aus jener Zeit.

Please Don't Tell: 113 St. Marks Pl. nahe First Ave. | www.pdtnyc.com | **Museum of the American Gangster:** 80 St. Marks Place | Mo. – So. 13 bis 18 Uhr | Eintritt: 20 $, Schüler/Studenten 12 $ | www.museumoftheamericangangster.org

Was es sonst zu sehen gibt

Astor Place — Westlich von St. Marks Place liegt Astor Place (8th St., zw. 3rd und 4th Ave.). In der Mitte ein 4,5 m hoher Stahlwürfel, »Alamo« oder »The Cube« genannt (Bernard Rosenthal, 1967). Dominiert wird der Platz von der gewellten Außenhaut des Apartmentgebäudes **Astor Place** (Gwathmey Siegel Kaufman, 2004; 445 Lafayette St.). Im Süden des Platzes erhebt sich das **Cooper Union Building**, ein mächtiges Brownstone-Haus, das 1859 von dem Eisenbahnmagnaten, Erfinder und Philanthropen Peter Cooper erbaut wurde, um begabten Kindern aus armen Familien eine Schulbildung zu ermöglichen. Bis heute kann man hier gebührenfrei Architektur und Kunst studieren. In der Great Hall hielt Präsident Abraham Lincoln 1860 eine flammende Rede gegen die Sklaverei. Schräg gegenüber dem alten Hauptgebäude steht der postmoderne Neubau der Universität: **41 Cooper Square** (Architekten: Thom Mane und Morphosis Architects, 2011). Beachtenswert ist außerdem das Bürogebäude **51 Astor Place** des Japaners Fumihiko Maki (2013, an der östlichen Platzseite). Die sog. **Colonnade Row**, vier von ursprünglich neun prächtigen Villen im Greek-Revival-Stil, wurden 1836 erbaut (429 bis 434 Lafayette St.). Gegenüber befindet sich das 1854 als Astor Library eröffnete **Public Theater** (425 Lafayette St.), Sitz des New York Shakespeare Festival und von Joe's Pub. Nicht weit von hier steht ein weiteres Haus im Greek-Revival-Stil. Erbaut wurde **Old Merchant's House** 1831, kurz darauf erwarb es der wohlhabende Kaufmann Seabury Tredwell. Es ist das einzige erhaltene Bürgerhaus mit Originaleinrichtung von 1835.

Old Merchant's House: 29 East 4th St. | Do. 12–20, Fr. – Mo. bis 17 Uhr | Eintritt: 15 $ | www.merchantshouse.org

Open-Air-Kino, Konzerte und Jazz Festival

Tompkins Square Park — St. Marks Place endet im Osten am kleinen Tompkins Square Park, einem beliebten Veranstaltungsort für Open-Air-Kino und Konzerte, u. a. das Charlie Parker Jazz Festival im August, in **Alphabet City**. Seinen Namen leitet das Viertel von den Avenues A, B und C ab. Wo sich bis Mitte der 1990er-Jahre eine alternative Subkultur mit armen Einwanderern mischte, reihen sich heute schicke Restaurants und Musiklokale aneinander.

ZIELE
ELLIS ISLAND

★ ELLIS ISLAND

Lage: Westlich der Südspitze Manhattans | **Subway:** South Ferry; die Fähre zur Insel verkehrt von/bis Battery Park | tägl. 9.30–17 Uhr (im Sommer früher und länger) | **Eintritt:** 18 $ (mit Statue of Liberty) | Tickets online unter **www.nps.gov/stli**

Ellis Island, die erste Station für Einwanderungswillige im New Yorker Hafen, ist ein nationales Symbol für die USA als Land der Hoffnung. Zwischen 1892 und 1954 kamen hier zwölf Millionen Menschen durch. Kein Amerikaner betritt die Insel, ohne eine Träne zu verdrücken, und auch Besuchern fällt es schwer, sich gegen die Rührung zu wehren. Die Insel – Quarantäne- und Durchgangsstation während der großen Einwanderungswellen in der ersten Hälfte des 20. Jh.s – verkörpert das Bild der USA als ein Land der Sehnsucht, als Ort, der den Menschen Freiheit und ein besseres Leben versprach.

Great Registry auf der »Insel der Tränen«: Hier wurden die Einwanderer abgefertigt.

EINWANDERUNG

Die Reaktion aus New York war entschieden und heftig, als Donald Trump kurz nach seinem Amtsantritt im Januar 2017 per Dekret ein härteres Vorgehen gegen Einwanderer ohne Papiere beschloss. »New York heißt gemeinsam mit Lady Liberty Einwanderer mit offenen Armen willkommen«, sagte Bürgermeister Bill de Blasio und gelobte, den neuen Mitbürgern Schutz zu bieten, koste es, was es wolle. »New York war schon immer eine Stadt von Einwanderern und wird es immer bleiben.«

Die Statistik unterstreicht die Worte des Bürgermeisters. Im Jahr 2011 lebten drei Millionen Menschen, die in einem anderen Land geboren wurden, in New York. Das sind rund 37 Prozent der Bevölkerung. Ein Prozentsatz, der sich in mehr als 100 Jahren praktisch nicht verändert hat.

Der bunte Bevölkerungsmix gehört zur DNA der Stadt. Es gibt bis heute kaum eine Großstadt, in der so viele Menschen unterschiedlicher nationaler und ethnischer Identität auf derart engem Raum zusammen leben. So zählt die Bevölkerung von New York **30 Herkunftsländer** mit je mindestens 30 000 Einwanderern. Lediglich 43 Prozent der New Yorker sind europäischer Abstammung, in 49 Prozent der Haushalte wird eine andere Sprache als Englisch gesprochen.

Einwandererstadt New York

New York war von Anfang an eine Einwandererstadt mit einem einzigartigen Bevölkerungsgemisch. Die ersten europäischen Siedler, die sich in Manhattan niederließen, waren Wallonen, die 1624 im Auftrag der holländischen Westindien-Gesellschaft die Siedlung Nieuw Amsterdam gründeten. In den folgenden Jahren schlossen sich ihnen **Hugenotten, Niederländer, Engländer und Deutsche** an. Bald schon entwickelte sich Neu-Amsterdam zu der nordamerikanischen Kolonie mit den meisten europäischen Kulturen. So sprachen 1643 die rund 500 Einwohner der Stadt 18 verschiedene Sprachen. Hinzu kamen afrikanische Sklaven, freie Schwarzafrikaner sowie eine jüdische Minderheit aus Brasilien.

Der Stadthistoriker James Sanders beschreibt das Klima in der Kolonie Nieuw Amsterdam und später in New York wie folgt: »In New York war jeder willkommen, gleich woher er kam. Welche Sitten und Gebräuche er im Privaten pflegte, war vollkommen gleichgültig, sofern man mit ihm Geschäfte machen konnte, verstand man sich.« Dieses Integrationsmodell, so Sanders, gelte bis heute. New York urteilt nicht darüber, welcher Religion man angehört, welche Hautfarbe man hat, welche Sprache man spricht, welche Traditionen man pflegt oder welches Essen man mag. Solange ein Einwanderer arbeitet, produktiv ist und im öffentlichen Leben seine Rolle spielt, nimmt Lady Liberty ihn mit offenen Armen auf.

Flickenteppich vs. Schmelztiegel

Dieses Integrationsmodell wirft jedoch auch Probleme auf. Die verschiedenen Gruppen in New York begegnen sich im öffentlichen Raum ungezwungen und vorurteilslos: In der U-Bahn, im Büro, in den Geschäften, auf politischen und bei

Einwanderer um 1919 beim Englischunterricht

kulturellen Veranstaltungen. Im Privaten bleibt man jedoch zumeist unter sich. So gleicht die ethnische Geografie der Stadt eher einem Flickenteppich als dem viel beschworenen Schmelztiegel, als der New York gerne beschrieben wird. Jede ethnische Gruppe wohnt **in ihrem eigenen Viertel**, Überschneidungen gibt es wenige. Was die Segregation von Afroamerikanern angeht, ist New York sogar eine der am stärksten getrennten Städte der USA. Es gibt jüdische, hispanische, griechische, chinesische, koreanische, polnische, russische, indische und karibische Viertel. Das ist sehr charmant und bunt. Doch die Grenzen werden klar gezogen.

Geschichte der Einwanderung

Die Einwanderung verlief parallel zum Aufstieg New Yorks zu einem der wichtigsten Handelszentren der Welt. Die andauernde wirtschaftliche Vormacht der Stadt sowie ihre kulturelle Vitalität verdankt sie nicht zuletzt diesem steten Zustrom von Fremden.
Im 19. Jh., als sich New York zum wichtigsten Seehafen in Nordamerika entwickelte, reisten **33 Millionen Menschen** in die USA ein. Drei Viertel von ihnen betraten in New York den Kontinent, viele davon schlugen hier Wurzeln. Sie flohen vor Hungersnöten, Seuchen, politischen und religiösen Verfolgungen. Die größten Gruppen waren zunächst Iren, Engländer und Deutsche. Zwischen den Gruppen herrschte teils eine harte Rivalität. Martin Scorsese hat diese Auseinandersetzung in seinem Historienfilm »Gangs of New York« eindringlich festgehalten. Die beträchtliche **deutsche Minderheit** siedelte sich an der Lower East Side und später in Yorkville auf der Upper East Side an. In diesen Vierteln finden sich bis heute deutsche Spuren. Nach den beiden Weltkriegen traten die Deutschstämmigen jedoch immer weniger als geschlossene Minderheit auf,

stattdessen integrierten sie sich in den Mainstream. So sind German-Americans, auch wenn sie in den USA noch immer eine starke Gruppe darstellen, vielleicht die unauffälligste Minderheit.

In der ersten Hälfte des 20. Jh.s kam es nochmal zu einer großen Einwanderungswelle. Über **20 Millionen Menschen** erreichten damals auf Dampfern Ellis Island. Viele von ihnen waren Juden aus Osteuropa. Ihre Schicksale stellen die klassische amerikanische Einwanderergeschichte dar, besungen in zahllosen Filmen und Romanen.

Auch die inneramerikanische Zuwanderung nach New York explodierte im selben Zeitraum. So nahm New York zwischen den 1930er- und den 1960er-Jahren viele Millionen Afroamerikaner auf, die im Zug der »Great Migration« vor Rassismus und Armut im Süden des Landes in die Großstädte des Nordens flohen. In keiner Stadt fanden so viele Zuflucht wie in New York.

Nach dem Zweiten Weltkrieg waren es zunächst vor allem Menschen aus lateinamerikanischen Ländern, die nach New York kamen. Zuerst waren es Einwanderer aus Puerto Rico und der Dominikanischen Republik, in den letzten Jahren in erster Linie aus Mexiko. Doch seit der Jahrtausendwende sind sie als die am schnellsten wachsende Einwanderergruppe von Asiaten verdrängt worden. Mehr als eine Million New Yorker sind heute asiatischer Herkunft, nicht weniger als **neun Chinatowns** gibt es über die Stadt verteilt.

In jedem Fall zeigen die Einwanderungsraten nach New York seit der Jahrtausendwende keine Anzeichen einer Verlangsamung. Im Gegenteil: Es kommen mehr Menschen als je zuvor aus der ganzen Welt, um wie schon seit Jahrhunderten in dieser Stadt ihr Glück zu suchen. Die nativistische Politik der Trump-Regierung (die Neuauflage einer bereits im 19. Jh. aufgekommenen nationalistischen Bewegung) tut dem bislang keinen Abbruch. New Yorker ignorieren das einfach und bleiben ihrem Bekenntnis zur Vielfalt treu.

Einwanderungswillige bei ihrer Ankunft auf Ellis Island. Man sieht ihnen die Anspannung an.

ZIELE
ELLIS ISLAND

Bis heute kann man auf der Insel, die mittlerweile ein Museum ist, nachvollziehen, wie es damals den Menschen am Ende ihrer langen Reise erging. Man folgt dem Weg, den die Einwanderer nehmen mussten: vom Gepäckraum, in dem die Habseligkeiten der Immigranten untersucht wurden, in den großen Aufnahmesaal im ersten Stock. Hier mussten die Einwanderer zunächst die Fragen der Beamten beantworten, dann die medizinische Untersuchung über sich ergehen lassen. Wenn alles gut ging, dauerte die Prozedur zwischen drei und fünf Stunden, bevor sie die ersehnte Erlaubnis zur Weiterfahrt nach Manhattan oder New Jersey bekamen. Wer krank, eine alleinstehende Frau oder politisch verdächtig war (das waren rund 2 %), wurde zurückgeschickt oder auf der Insel interniert, bis über einen Widerspruch entschieden war.

Den größten Andrang verzeichnete Ellis Island von den 1890er-Jahren bis zum Beginn des Ersten Weltkriegs, als ca. 17 Mio. Menschen hier durchgeschleust wurden. Der Andrang war zuweilen so groß, dass jeder Einwanderungsbeamte täglich 400 bis 500 Menschen zu befragen hatte. So entschied sich das Schicksal ganzer Familien oft in wenigen Minuten – ein Umstand, der Ellis Island den Namen »Insel der Tränen« eintrug.

Nach 1917 war Ellis Island vor allem Auffanglager und Abfertigungsschalter für Deportierte und politisch Verfolgte, während des Zweiten Weltkriegs Internierungslager für Ausländer.

Eine eindrückliche Schilderung der Prozedur stammt von **Egon Erwin Kisch**, Prager Schriftsteller und Journalist (»Aufzeichnungen 23. bis 28. 12. 1939«; Landung in New York):

> »
> Bin wieder Gefangener auf dem Schiff. Durchs festgeschraubte Bullauge sehe ich die Neue Welt, der ich vierzehn Tage, Kriegstage lang auf der ›Pennland‹ (Holland-Amerika-Linie) entgegenfuhr ... Der Immigration Officer sagte, mein Paß sei nicht in Ordnung ... Während er mit mir sprach, zeigte ihm ein Beamter einen Zettel, ohne Zweifel etwas über mich ... Ich muß also auf ›Island‹ – Euphemismus für Ellis Island, die Insel der Tränen ... in die eiskalten Docks, wo Zollrevision vorgenommen wird, dann auf einem Tender zu der von der Freiheitsstatue (ich versteh' immer Freiheitsstatue) gehüteten Gefängnisinsel ...
> «

Symbol für die USA als Land der Hoffnung

Auf den Spuren der Vorfahren

Fotos, Artefakte und Filme dokumentieren die Umstände, unter denen die Immigranten in die USA gelangten. Besonders berührend ist aber die Datenbank, in der amerikanische Besucher recherchieren können, wann und unter welchen Umständen ihre Vorfahren hier an-

Museum

ZIELE
EMPIRE STATE BUILDING

kamen. Jedes Jahr finden hier Hunderttausende heraus, woher ihre Familien kommen und welche Schicksale sie in die neue Welt gebracht haben. Am Nordende der Insel verläuft die **Wall of Honor**, in die rund 500 000 Namen von Einwanderern eingraviert sind.

★★ EMPIRE STATE BUILDING

J 15

Lage: 350 Fifth Ave./34th St. | **Subway:** 34th St. | tägl. 8–2 Uhr | Eintritt: 86th Floor 42 $, Kinder 36, mit 102nd Floor 72 bzw. 66 $
Tickets online unter **www.esbnyc.com**

Das Empire State Building ist in seiner Kühnheit bis heute das eindringlichste Symbol für die Ambition der Stadt New York.

Vertrauen in die eigene Kraft

Man muss sich das vorstellen – gerade hat ein katastrophaler Börsencrash eine Weltwirtschaftskrise ausgelöst. Millionen bangen um ihre Ersparnisse, um Lohn und Brot. Und doch entschließt sich der Unternehmer John Raskob mit seinem Architekten William F. Lamb, gerade jetzt das größte Bauprojekt aller Zeiten in Angriff zu nehmen.

Eine Ikone der Architektur
Die Bauarbeiten begannen 1929 und es dauerte nur 19 Monate, bis das damals mit 381 m (mit Antennenmast 449 m) höchste Gebäude der Welt stand. Bis heute ist das Empire State Building in seiner schlichten Pracht der Inbegriff des Wolkenkratzers, ein Symbol für Unbeugsamkeit und Unternehmergeist, zwei der Kardinaltugenden dieser Stadt. Deshalb ist das Empire State, ein Art-déco-Bau von strenger Eleganz, auch bis heute eine Ikone der Stadt – obwohl seit 2014 das neue World Trade Center das Gebäude überragt und neue Wohntürme entlang des Central Park den Wolkenkratzer in den Schatten stellen. Das Empire State wird jährlich von 3,8 Millionen Menschen besucht.
Die Pop-Kultur hat das Empire State in über 100 Filmen von »King Kong und die weiße Frau« bis »Sleepless in Seattle« zum Denkmal gemacht. Am Abend strahlt die in täglich wechselnden Farben beleuchtete Krone weit über die Stadt. Und der Ausblick von der Aussichtsplattform, ebenfalls tausendfach in Film und Fernsehen verewigt, ist atemberaubend.

Inbegriff des Wolkenkratzers

Baugeschichte und Besuch

Innenansicht einer Ikone
Bei seinem Bau wurden 365 000 t Stahl, Beton und Granit verwendet, 100 km Wasserleitungen und 5630 km Telefonkabel verlegt. 73 Fahr-

stühle verkehren in 11 km langen Aufzugsschächten, in nur 45 Sekunden transportieren sie Menschen und Lasten in die Höhe. Darüber und und noch viel mehr erzählen die **2nd Floor Exhibits**. Tagsüber ist der Bau eine Art Stadt für sich – hier arbeiten und leben über 30 000 Menschen! Es gibt auch ein Treppenhaus: Durchtrainierte Läufer brauchen für die 1860 Stufen beim jährlichen **Empire State Run up** nicht mehr als elf Minuten. Der Besuch ist sowohl am Tag als auch am Abend empfehlenswert, allerdings sind die Sicherheitskontrollen für Besucher sehr streng und die Wartezeiten zum Teil erheblich. Übrigens: Der wesentlich teurere Ausblick von der Aussichtsplattform im 102. Stock ist nicht besser als der vom 86. Stock. Bei diesigem Wetter, wie es New York häufig im Sommer erlebt, sollte man die Sicht in den frühen Morgenstunden genießen.

Touristenhotels, Billigläden und koreanische Restaurants

Die unmittelbare Umgebung des Empire State Building ist unspektakulär – sie wird geprägt von kleinen Billigläden und Büros. Zum Herald Square hin dominieren Stripteaselokale und Touristenhotels. Sehenswert ist allerdings die 32. Straße zwischen Fifth Avenue und Broadway, die auch **Koreatown** genannt wird. Seit den 1980er-Jahren haben sich hier immer mehr koreanische Restaurants, wo es überaus günstig eine authentische koreanische Mahlzeit gibt, und Geschäfte angesiedelt.

Rund um das Empire State Building

Diesen Ausblick gibt es gratis von der Rooftopbar »230 Fifth« (▶ S. 281).

GIPFELSTÜRMER

BAEDEKER WISSEN

Die New Yorker Skyline ist das Erkennungszeichen der Stadt. Sie symbolisiert ihre Energie, ihre Maßlosigkeit und ihre erhabene Schönheit..

Dem Architekten Rem Koolhaas fallen beim Anblick von Manhattan spontan Beschreibungen des Wahnsinns ein. »Die Architektur von New York«, schrieb er in seinem ›**Manifest des Manhattanismus**‹, »sei besoffen, ekstatisch, scham- und maßlos.«
Der Einschätzung des Architektur-Stars und Städtetheoretikers kann man sich nur anschließen. Wenn man die Skyline New Yorks betrachtet – das prominenteste Merkmal dieser Stadt –, dann sieht man einen chaotischen Dschungel von Glas- und Stahltürmen auf allerengstem Raum, die sich gegenseitig zu übertreffen suchen. Die Stadt greift nach den Wolken und hat dabei ein Denkmal des architektonischen Exzesses geschaffen.
Dieses Charakteristikum verdankt New York einem Zusammenspiel von geografischen und ökonomischen Faktoren. Der Raum war in New York schon immer durch die Insellage begrenzt. Durch den Aufstieg der Stadt zu einem der wichtigsten Wirtschaftszentren der Welt im 20 Jh. wollte jeder ein kleines Stück dieses Eilands für sich. Und weil New York gleichzeitig die Stadt des schrankenlosen Optimismus und des unbegrenzten Ehrgeizes ist, schossen die Bauten das ganze Jahrhundert über in die Höhe – immer mehr davon, immer höher. So ist New York bis heute die **Welthauptstadt der Wolkenkratzer**, ihre Skyline noch immer die berühmteste der Welt. Dabei fällt auf, dass sich die Wolkenkratzer in Midtown und auf der Südspitze ballen, während mittendrin höchstens mittelhohe Häuser stehen. Der Grund liegt in der Beschaffenheit des Bodens: In Midtown und im Süden Manhattans besteht der Untergrund aus massivem Granit, der, anders als der Boden dazwischen, den Bau sehr hoher Gebäude erlaubt.

Geschichte der Wolkenkratzer

Begonnen aber hat die Wolkenkratzerära Mitte des 19. Jh.s in Chicago. Zuerst errichtete man hier herkömmliche Stein- und Ziegelbauten, bei denen die unteren Mauern umso dicker sein mussten, je mehr Stockwerke darauf entstanden. Dann entdeckte man den gusseisernen Träger, kurz darauf das Stahlgerüst. Der elektrische Aufzug war bereits entwickelt worden. 1884 wurde in der Stadt am Lake Michigan das erste Gebäude mit einem Stahlrahmen fertiggestellt, das der »Second City« den Titel des »höchsten Gebäudes der Welt« einbrachte – der Begriff **Skyscraper** (Wolkenkratzer) war geboren.

Ansporn für New York

Nun fühlten sich die New Yorker angespornt, zumal auch sie die Vorzüge der Hochhäuser erkannten. Denn der stabile Stahlskelettbau erlaubt nicht nur dünnere Wände und größere Fensterflächen, die damals besonders gefragt waren; theoretisch kann damit bis in den Himmel gebaut werden (optimal vor allem, wenn Boden äußerst knapp ist). 1902 hatte Manhattan seinen ersten Skyscraper: das 21-stöckige **Flat-**

iron Building an der Kreuzung Fifth Ave./23rd St. Das Gebäude zog auch lange nach seiner Fertigstellung Schaulustige an, vor allem Männer, denn die schmale Gebäudekante mit dem damals offenen Platz davor war so windumtost, dass den Passantinnen die Röcke hochgeweht wurden. Das Flatiron ist nur ein Beispiel für die erste der vier Phasen der New Yorker Hochhausgeschichte.

»Nützlichkeit« stand seinerzeit im Vordergrund: Die neuen statischen Möglichkeiten wurden hauptsächlich genutzt, um **ein Stockwerk auf das andere** zu setzen, ohne Rücksicht darauf, dass in die umliegenden Straßen kein Sonnenlicht mehr einfiel. Einige dieser frühen Hochhäuser weisen dennoch eine ästhetische Architektur auf, so z. B. das **Woolworth Building**, der »Mozart unter den Wolkenkratzern«, mit seinen neugotischen Steinornamenten. Erst 1916, ein Jahr nach Fertigstellung des **Equitable Building**, das schamlos einen ganzen Block in der Senkrechten beanspruchte und damit einen Sturm der Entrüstung hervorrief, erließen die Behörden die »Zoning Laws«, Bauvorschriften, die verhindern sollten, dass sich die Straßen in lichtlose Schluchten verwandelten. Entsprechend veränderte sich der Hochhausbau. Es entstand der »Hochzeitstortenstil«, die zweite Phase: Je weiter die Wolkenkratzer in die Höhe schossen, desto schmaler wurden sie am oberen Ende.

Chrysler und Empire State

Zu den bekanntesten Beispielen zählt das **Chrysler Building** von 1930 mit seiner Art-déco-Spitze, die bei Sonnenuntergang wie ein Diamant funkelt: Sie besteht aus einem von Krupp entwickelten Kobalt-Wolfram-Stahl, in den Diamantsplitter hineingemischt wurden. Ein weiterer Vertreter der zweiten Phase ist das **Empire State Building** an der Fifth Avenue, das, 1931 fertiggestellt, mit 381 m über vier Jahrzehnte lang das höchste Haus der Welt war. Mit seiner Spitze, auf der jetzt eine Fernsehantenne montiert ist und die ursprünglich als Ankermast für Luftschiffe dienen sollte, misst es sogar 449 m. Ein Zeppelin ging nie am Empire State Building vor Anker – die Zeit dieser Luftschiffe war bald vorbei –, dafür raste am 28. Juli 1945 ein

Kein Job für Leute mit Höhenangst: Beim Bau des Empire State Building 1931

B-25-Bomber der US-Luftwaffe bei dichtem Nebel in rund 300 m Höhe in das 79. Stockwerk. An rund 40 Tagen im Jahr bleibt die Aussichtsplattform des Empire State geschlossen, aus Angst, die zuweilen starken Böen könnten so manchen Besucher davonwehen. Bei den Dreharbeiten zu »Sleepless in Seattle« wurden die Hauptdarsteller Meg Ryan und Tom Hanks vorsichtshalber am Geländer festgebunden.

Das Empire State Building ist nicht nur bei Tag das imposanteste Gebäude von Midtown: Nachts werden die oberen Stockwerke und die Spitze beleuchtet: rot-grün zur Weihnachtszeit, blau-weiß zur Eröffnung der Baseballsaison der Yankees und rot-weiß-blau am Geburtstag des US-Präsidenten.
Übrigens ist immer wieder zu lesen, dass unter den Ironworker, die die Stahlskelette der Wolkenkratzer hoch- ziehen, vorwiegend Indianer zu finden sind, weil nur sie richtig schwindelfrei seien. Das Gros der Ironworker von Manhattan wurde und wird jedoch von »Newfies« gestellt, das sind Arbeiter, deren Familien ursprünglich im kanadischen Neufundland beheimatet waren.

Moderne Phase

Nach der zweiten Phase, in der die Architekten immer mehr historische Anklänge an die zeitgenössische Kunst, vor allem die Beaux Arts, in den Hochhausbau einfließen ließen und die einige der schönsten Wolkenkratzer New Yorks hervorbrachte, folgte die »moderne« Phase mit kaum auffälligen und wenig stilprägenden Bauten, abgesehen vom **Seagram Building**, einem Klassiker der Moderne, 1958 vom gebürtigen Deutschen Mies van der Rohe errichtet, und vom **Lever House** seines Adepten Gordon Bunshaft. Immerhin sind diese beiden an der Park Avenue gebauten Wolkenkratzer in der Welt tausendfach imitiert worden, so auch in Leverkusen und Ludwigshafen, wo deutsche Chemiekonzerne ihre Verwaltungsgebäude in die Höhe türmten. In den 1970er-Jahren entwickelte sich dann ein **postmoderner Stil**, dessen prägnanteste Beispiele das wegen seiner eigenwilligen Dachkonstruktion als »Chippendale« bezeichnete **AT&T Building** (1984, heute Sony Bldg.) und der im selben Jahr fertiggestellte **Trump Tower** sind. Ein Charakteristikum dieser Phase ist die Plaza-Bauweise.

Strengere Bauvorschriften

1961 waren die Zoning Laws revidiert worden; die Baubehörden hatten erkannt, dass die bisherigen Vorschriften immer noch nicht ausreichten, um zwischen den Wolkenkratzern genügend Raum, Luft und Licht einzulassen. Nun mussten die Bauherren einen Teil der Grundfläche für einen öffentlichen Platz, die **Plaza**, freihalten; dafür durften sie ihre Häuser auch wieder glatt in die Höhe bauen. Die kastenförmige

Architekturgeschichte live:
Das Woolworth Building (links) und
»432 Park Avenue« von Rafael Viñoly (oben)

Bauweise war aber nicht mehr jedermanns Sache: Bunshaft beglückte Manhattan 1972 mit zwei Bürohochhäusern, die sich aus breiter Basis nach oben verjüngen und Kritiker an Matrosenhosen erinnerten. Die im April 1973 eingeweihten, 420 m hohen Twintowers des World Trade Center nahmen dem Empire State Building nach 40 Jahren den Titel des »höchsten Gebäudes der Welt« ab. Ihren Spitzenplatz konnten die Zwillingstürme jedoch nur kurze Zeit behaupten: Noch 1973 überrundete Chicago mit dem 443 m hohen Sears Tower Big Apple. Mittlerweile gibt es höhere Wolkenkratzer außerhalb der USA wie etwa die 452 m hohen **Petronas Towers** in Kuala Lumpur (Malaysia), das 509 m hohe Taipeh 101 in Taiwan oder der sagenhafte, 828 m hohe **Burj Khalifa** in Dubai. Immerhin hat sich New York mit dem neu gebauten **One World Trade Center**, das 541 m hoch über das untere Manhattan ragt, das höchste Gebäude in Nordamerika zurückgeholt. Überhaupt fand New York in den vergangenen Jahren wieder Anschluss an die Avantgarde der Hochhaus-Architektur, den die Stadt in den vergangenen vier Jahrzehnten ein wenig verloren hatte. So wächst derzeit am Südrand des Central Park eine ganze Phalanx an superschlanken Apartmenthäusern heran, die Vorbildern in Singapur, Malaysia und China folgen. Die über 400 Meter hohen Wohntürme, wie **»One 57th Street«** (2014, Christian de Portzamparc) oder **»432 Park Avenue«** (2015, Rafael Viñoly), von den New Yorkern »Streichhölzer« genannt, stoßen jedoch bei der Bevölkerung nicht nur auf Gegenliebe. Von vielen werden sie als Fremdkörper und »gebaute Symbole der Ungleichheit« empfunden, zumal die Wohnungen vorwiegend an Investoren aus Russland, Nahost und Asien verkauft werden. Dennoch sind sie ein Zeichen dafür, dass der Geist des Manhattanismus nicht tot ist – das belegen auch die »Hudson Yards«, die neue Wolkenkratzerstadt, die auf der Westseite Manhattans entsteht. Die Stadt New York wird nicht müde, noch mehr Türme auf die kleine Insel zu pflanzen. Auch nach 100 Jahren wird munter weiter experimentiert, wie viel mehr Dichte die Insel Manhattan noch verträgt. Literaturtipp: Dirk Stichweh, Jörg Machirus, Scott Murphy: Skyscrapers. Über den Dächern von New York, Prestel Verlag

ZIELE
FIFTH AVENUE

★★ FIFTH AVENUE

Verlauf: Vom Washington Square Park am Central Park entlang nach Norden

Teuerste Einkaufsstraße der Welt

Noch vor der Causeway Bay in Hongkong und der Pariser Champs-Elysées gilt die Fifth Avenue als die exklusivste Shoppingmeile der Welt. Doch der Boulevard, der sich vom Greenwich Village bis nach Harlem zieht, ist viel mehr als nur das.

Anfang und Ende der elf Kilometer langen Straße könnten unterschiedlicher nicht sein. Im Süden beginnt die Fifth in dem kleinen **Washington Square Park**. Der prunkvolle **Triumphbogen** erinnert an die Siege des Generals und späteren Präsidenten George Washington im Revolutionskrieg. Umgeben wird der Park von repräsentativen Bauten der New York University; das junge, elegante ▶Greenwich Village knistert hier vor Energie und Aktivität. Von hier verläuft die Fifth kerzengerade Richtung Norden, wo sie schließlich auf Höhe der 142. Straße am Harlem River endet. Hier ist sie alles andere als ein Prachtboulevard. Sie wird gesäumt von tristen Sozialbauten und ein kleines Denkmal erinnert an die Harlem Hell Fighters, ein schwarzes Regiment, das in den beiden Weltkriegen den USA gedient hat.
Diese beiden Pole – Washington Square Park und 142nd St. – stehen für die Vielfalt der Fifth Avenue: Da ist der ▶**Flatiron District** um den Madison Square Park (Höhe 23rd St.), der heute die Technologie-Branche und eine trendige Gastroszene beherbergt. Da sind das ▶Empire State Building (Höhe 34th St.), die ▶New York Public Library (Höhe 42nd St.), das ▶Rockefeller Center (Höhe 50th St.) und die gegenübergelegene St. Patrick's Cathedral. Zwischen der 34. und 59. Straße konzentrieren sich die Kaufhäuser und die edlen Boutiquen der »**Ladies Mile**«, denen die Fifth ihren Ruf als exklusive Shoppingmeile verdankt. Da sind die großen Bürgervillen und Museen entlang des ▶Central Park und dann ist da schließlich ▶Harlem.
Ihre privilegierte Stellung unter den Avenues von New York verdankt die Fifth der willkürlichen Entscheidung der Planer, sie zur Trennungslinie zwischen West (W) und East (E) zu machen. Schon im großen Plan von 1811, als New York gerade einmal bis zur 14. Straße reichte, war vorgesehen, dass die **Fifth der Nullpunkt für die Querstraßen** ist, die von hier aus in beide Richtungen zählen.

Weltbekannte Museen ...

Die Fifth – der Prachtboulevard

Die Bedeutung der **Fifth als Prachtboulevard** kam allerdings erst ab den 1860er-Jahren auf, als die großen Industriemagnaten mit ihren sagenhaften Vermögen entlang der Fifth ihre Villen bauten. John Jacob Astor begann an der Stelle, an der heute das Empire State Buil-

ZIELE
FIFTH AVENUE

ding steht. Es folgten die Fricks, die Forbes, die Vanderbilts und die Goulds. Den besten Eindruck der einstigen Pracht bekommt man heute noch in der ▶Frick Collection am Central Park, einer vorzüglichen Kunstsammlung in der ehemaligen Villa der Familie Henry Clay Frick. Darüber, dass auch Donald Trump sich mit seinem vergoldeten Wolkenkratzer in der Fifth eingekauft hat, rümpft die New Yorker Gesellschaft indes eher die Nase.

Ganz in der Nähe der sogenannten Millionaires' Row, entlang der Ostseite des Central Park, bildete sich in der gleichen Zeit die **Museumsmeile** heraus. Die New Yorker Industriebarone begannen herausragende Kunst zu sammeln, die sie mit den Bürgern teilen wollten. So bietet heute die Fifth zwischen der 82. und der 104. Straße eine Dichte an Kunsteinrichtungen von Weltrang, die ihresgleichen sucht. Dazu gehören das ▶Metropolitan Museum, das ▶Guggenheim, die ▶Neue Galerie, die ▶Frick Collection, das ▶Jewish Museum, das Museum of the City of New York (▶S. 325) und das Cooper Hewitt Smithsonian Design Museum (▶S. 321).

... und exklusive Läden

Der eigentliche Shopping District der Fifth ist derweil vergleichsweise kurz. Der »Boulevard of Golden Credit Cards« mit den Niederlassungen der großen Luxusmarken erstreckt sich eigentlich nur vom Rockefeller Center (Höhe 50th St.) bis zum Südrand des Central Park (Höhe 59th St.). Den Reigen eröffnet das Traditionskaufhaus Saks (611 Fifth Ave., neben der St. Patrick's Cathedral, gegenüber vom ▶Rockefeller Center). Die Fifth führt nun an den Niederlassungen von Cartier (653 Fifth Ave.) und dem Stammhaus von Tiffany (727 Fifth Ave.) vorbei – Letzteres wurde weltberühmt durch Truman Capotes Erzählung und den gleichnamigen Film »Frühstück bei Tiffany« – bis zu den beiden gegenüberliegenden Häusern des Modehauses Bergdorf Goodmann. Das Damengeschäft auf der Westseite der Straße ist in der zweiten Villa der Vanderbilts untergebracht.

Die Schnittstelle zwischen Fifth Avenue und Central Park ist die Grand Army Plaza (▶S. 117).

Boulevard of Golden Credit Cards

Außerdem beachtenswert – von Süden nach Norden

Ein wenig Architekturgeschichte ...

Im Süden des Shoppingbezirks weichen die eleganten Shopper und die vielen Touristen rasch einem geschäftigeren Publikum. An warmen Tagen sieht man das Business-Publikum im kleinen **Bryant Park** auf der Rückseite der ▶ New York Public Library (476 Fifth Ave./42. Straße) lunchen. Für Architekturinteressierte bietet sich ein Abstecher in die 42nd St. zur ▶Grand Central Station und zum Chrysler Building (▶S. 133) an.

Südlich der 42nd Street

ZIELE
FIFTH AVENUE

Das »Saks« strahlt in weihnachtlicher Festbeleuchtung.

Südlich der 42. Straße beginnt westlich der Fifth Ave. der ►Flatiron District. Mittelpunkt des Viertels ist der **Madison Park**, dessen Südzipfel das **Flatiron Building** einnimmt. Das »Bügeleisen« ist der älteste Wolkenkratzer der Stadt und wie das Empire State längst eine Ikone unter den New Yorker Gebäuden. Zusammen mit dem Met Life an der Westseite des Parks vermittelt es den nostalgischen Charme einer untergegangenen Epoche.

Ein ganz besonderer Tourismusmagnet ist das ►Empire State Building (Fifth Ave./34th St.), von dessen Aussichtsterrassen man auch einen schönen Blick über den Verlauf der Prachtstraße hat. Für Kunstinteressierte empfiehlt sich der Besuch der nahe gelegenen ►Morgan Library and Museum (East 36th St.).

Der perfekte Stein und anderes

Nördlich der 42nd Street

Ein ganz anderes Bild bietet die Fifth Avenue entlang der 47th Street, der sogenannten Diamond Row. In dem Block zwischen Fifth und Sixth Avenue hat sich der **Diamantenhandel** angesiedelt, daher der

ZIELE
FIFTH AVENUE

Beiname Diamond Row. Er befindet sich größtenteils in den Händen von Chassidim-Juden, die 80% des amerikanischen Handels mit dem wertvollen Stein abwickeln. Schätzungen zufolge bietet der Diamond District 26 000 Menschen Arbeit. Zwar ist der hier getätigte Gesamtumsatz nicht bekannt, aber man weiß, dass die Stadt jährlich knapp 60 Mio. $ Steuern allein aus diesem Viertel einzieht.

An der Fifth folgen nun das ▶Rockefeller Center und auf der anderen Straßenseite die St. Patrick's Cathedral. Der benachbarte, 189 m hohe, 50-stöckige **Olympic Tower** (645 Fifth Ave.; Skidmore, Owings & Merrill, 1976) war einst die New Yorker Zentrale des Imperiums von Aristoteles Onassis und vereinte zum ersten Mal Läden, Büroräume und Eigentumswohnungen unter einem Dach.

An der Ecke Fifth Ave./West 53rd St. steht die 1913 im neugotischen Stil erbaute **St. Thomas Church**; in der Seitenstraße liegt das ▶Museum of Modern Art. Der **University Club** (Fifth Ave./West 54th St.) entstand 1899 nach Plänen von McKim, Mead & White im Renaissance-Stil.

An der Ecke Fifth Ave./East 56th St. hat sich der amtierende Präsident und Immobilienmagnat Donald Trump mit dem 202 m hohen **Trump Tower** 1984 ein Denkmal gesetzt. Im Glaspalast spiegelt sich das **Crown Building** (730 Fifth Ave.), das 1921 im Stil des französischen Renaissance entstand. Vom Atrium des Trump Towers gelangt man in die Lobby des **590 Madison Buildings** (590 Madison Ave./57th St.), der vier Stockwerke hohe, verglaste Bambusgarten mit einer Skulptur von J. Chamberlain ist ein beliebter Treffpunkt. Der 183 m hohe, 43-stöckige Wolkenkratzer aus dunkelgrünem Granit und grün getöntem Glas entstand 1984 nach Entwürfen von Edward Larrabee Barnes für die IBM. Vor dem Eingang steht eine Plastik von Alexander Calder.

Das **Sony Building** ein Block südlich (550 Madison Ave./56th St.) entstand in der Zeit des knappen Dollars, als die Devise »Je höher das Gebäude, desto bedeutender sein Bauherr« nicht mehr uneingeschränkt galt. Stattdessen war Originalität angesagt und der Postmoderne Tor und Tür geöffnet. Ausgerechnet Philip Johnson, der in den 1930er-Jahren den »International Style« propagiert hatte, leitete in den 1980er-Jahren die neue Ära in der Architekturgeschichte ein. Er entwarf mit John Burgee den vermutlich **ersten postmodernen Wolkenkratzer** der Welt. Der »nur« 195 m hohe, 38-stöckige Bau aus rosa-grauem Granit diente 1984–1991 als Hauptsitz der Telefongesellschaft AT & T, dann übernahm ihn der japanische Konzern Sony. Seine Kennzeichen sind der eigenwillig gestaltete gebrochene Giebel – Kritiker sagen, er ähnele einer Chippendale-Kommode – und das gewaltige, sechs Stockwerke hohe Rundbogenportal.

Die bereits erwähnte Grand Army Plaza bildet einen vorläufigen Abschluss der Fifth Avenue. Hier liegt u. a. das **Plaza** (59th St.), 1907 im Stil eines französischen Châteaus erbaut und einst das vornehmste Hotel der Stadt. Heute gehört es einem indischen Konglomerat, das die Hälfte der Zimmer in Luxuswohnungen umgewandelt hat. Hier befinden sich auch der südöstliche Eingang in den ▶Central Park sowie das **General Motors Building** (765 Fifth Ave./58th St.). Der 215 m hohe Bau entstand 1968 nach Plänen von Emery Roth & Sons mit Edward Durell Stone und hat leider die vielgepriesene Harmonie der Grand Army Plaza weitgehend zerstört.

Der **Metropolitan Club** (Ecke 60th St.) wurde 1893 von Stanford White im Stil eines florentinischen Palazzos errichtet. Richtung Norden beginnt nun die sogenannte **Museumsmeile**).

★ FINANCIAL DISTRICT

Lage: Lower Manhattan | Subway: Wall St., Rector St.

Das Börsenviertel im südlichen Manhattan war jahrhundertelang ein Zentrum des Welthandels. Noch immer sitzt hier die wichtigste Börse der Welt. Aber die Gegend rund um die Wall Street ist im Wandel.

Quartier im Wandel

Es gibt wohl keinen Ort, der so eindringlich die US-amerikanische Verquickung von Demokratie und Kapitalismus verkörpert wie die »Corner«, jene geschichtsträchtige Kreuzung von Wall Street und Broad Street im Herzen des alten Manhattan: auf der einen Seite die prachtvolle neoklassizistische Fassade der bedeutendsten Börse der Welt, direkt gegenüber die Säulenfassade der Federal Hall, des ersten Parlamentsgebäudes der USA, wo George Washington zum ersten Präsidenten des Landes vereidigt wurde.

Im Zentrum der Weltfinanzmärkte

Wo alles begann

Die schmale, autofreie **Wall Street** hat ihren Namen vermutlich von einer einst hier verlaufenden Befestigungsmauer (»The Wall«), die das holländische Nieuw Amsterdam vor Einfällen der Engländer und Indianer schützen sollte. Bis in die 1990er-Jahre war die Börse tatsächlich die Schaltstelle der Weltfinanz, seither verliert der Ort zunehmend an Bedeutung und verwandelt sich immer stärker in eine reine Touristenattraktion. Der physische Handel auf dem Parkett besitzt im Computerzeitalter praktisch keine Bedeutung mehr. Daher haben viele Großbanken und Finanzfirmen die Wall Street in Downtown Manhattan verlassen und sind nach Midtown oder ganz in die Vororte umgezogen, wo die Büromieten deutlich niedriger sind. Der 11. September 2001 hat diesen Exodus noch einmal dramatisch beschleunigt. Viele wunderschöne alte Wolkenkratzer aus der Gründer-

ZIELE
FINANCIAL DISTRICT

Trinity Church ist kaum auszumachen zwischen den Hochhäusern.

zeit wurden in Luxusapartments umgewandelt, darunter der Stammsitz von **J. P. Morgan** (Wall Street 23) oder das neoklassizistische Gebäude mit doppelter Säulenreihe der **National City Bank** (Wall Street 55). Mit der Wiedereröffnung des »One WTC« auf dem Ground-Zero-Gelände als Geschäftsbezirk ist die Umwandlung von Lower Manhattan beinahe abgeschlossen. Die Wall Street selbst ist mittlerweile ein gemischtes Stadtviertel mit Luxuswohnungen, edlen Boutiquen, Restaurants, Büros und Touristenattraktionen wie der Federal Hall, der Börse und dem vorzüglichen Museum of American Finance im alten Gebäude der Bank of New York (▶S. 121).

Geld ist nicht alles
Am Beginn der Wall Street steht seit 300 Jahren die Trinity Church, heute allerdings eingekeilt zwischen den Hochhäusern des Finanzviertels. Der heutige Bau entstand 1846 aus braunem Sandstein im Stil des Gothic Revival (Architekt: Richard Upjohn). Damals war der 92 m hohe Bau das höchste Gebäude New Yorks! An der Stelle standen bereits zwei Vorgängerbauten: Die erste Kirche von 1698, ein schlichtes turmloses Gebäude, brannte 1776 nieder. Der 1790 geweihte Nachfolgerbau wurde 1839 wegen Baufälligkeit abgerissen.
Im **Museum** erfährt man etwas über die Anfänge New Yorks und die Kirche, die 1705 von der englischen Königin Anne den Großteil ihrer Ländereien erhielt und die reichste episkopalische Gemeinde der

Trinity Church

ZIELE
FINANCIAL DISTRICT

Stadt ist. In der Vorweihnachtszeit wird hier – seit seiner Uraufführung auf amerikanischem Boden 1770 – jedes Jahr der Messias von Händel aufgeführt – der Besuch ist ein New Yorker Festtagsritual. Auf dem **ältesten Friedhof New Yorks** sind viele historische Persönlichkeiten begraben, darunter in einer pyramidenförmigen Grabstätte Alexander Hamilton (1757–1804), der erste Finanzminister der USA und Gründer der Bank of New York, der von seinem Gegenspieler Aaron Burr (Harlem, Morris-Jumel Mansion Museum) im Duell getötet wurde (▶ S. 268).

Museum Trinity Church: Trinity Place | Mo. – Fr. 9–17.30, Sa., So. bis 15.45 Uhr | www.trinitywallstreet.org

Ein Ort der Besinnung

St. Paul's Chapel Die 1764–1766 erbaute Kirche ist das älteste ununterbrochen genutzte Gebäude New Yorks. Den mit einem »G« gekennzeichneten Kirchenstuhl links im prächtigen Innern benutzte George Washington. Die Ausstellung »Unwavering Spirit« (»Unerschütterlicher Glaube«) erinnert daran, dass das Gotteshaus nach den Anschlägen auf das nahe gelegene World Trade Center im September 2001 eine

George Washington blickt auf die New Yorker Börse, das Finanzzentrum der Welt, auch wenn sich der Handel immer mehr vom Parkett in virtuelle Räume verlagert.

ZIELE
FINANCIAL DISTRICT

wichtige Anlaufstelle für die Ersthelfer, Trostsuchenden und Arbeiter von Ground Zero war. Heute finden hier regelmäßig Konzerte statt. Der angrenzende kleine Friedhof ist eine besonders im Frühjahr und Herbst vielbesuchte Oase der Ruhe.

209 Broadway, zw. Fulton und Vesey St. | Mo. - Sa. 10-18, So. ab 8 Uhr | www.saint paulschapel.org | Subway: Fulton St. und Broadway-Nassau St.

Ein Tempel für den Geldhandel ...

Auch wenn der elektronische Handel den auf dem Parkett weitestgehend ersetzt hat, bleibt die New York Stock Exchange (20 Broad St.), kurz NYSE genannt, mit Abstand die größte Börse bzw. der bedeutendste Finanzplatz der Welt. Der hier notierte Dow-Jones-Index (DJIA), der seit 1884 existiert, ist nicht nur einer der ältesten, sondern auch einer der bedeutendsten Aktienindices der Welt. Leider ist die Börse seit dem 11. September 2001 aus Sicherheitsgründen für Besucher geschlossen. Gegründet wurde sie 1792, damals trafen sich einige Wertpapierhändler regelmäßig unter den Platanen der Wall Street. Das Gebäude mit der Fassade im Stil eines römischen Tempels stammt von 1903 (Architekt: George B. Post). Mehr über die Geschichte der Wall Street erfährt man im besuchenswerten **Museum of American Finance** in der ehemaligen Zentrale der Bank of New York.

New York Stock Exchange

New York Stock Exchange: www.nyse.com | **Museum of American Finance:** 48 Wall St. | Di. - Sa. 10-16, im Sommer Mi. bis 18 Uhr | Eintritt: 8 $ | www.moaf.org | Subway: Wall St.

... und ein Tempel für die Geburtsstunde der USA

Die Federal Hall schräg gegenüber, 1842 als Zollhaus eingeweiht, stellt den Höhepunkt neoklassizistischer Bauweise in New York dar. Ihre zur Wall Street gerichtete Fassade hat die Form eines dorischen Tempels. Seit 1955 ist sie ein Museum über die Geburtsstunde der Vereinigten Staaten von Amerika. Wo sich heute sein Standbild befindet, hat George Washington am 30. April 1789 als erster Präsident der Vereinigten Staaten seinen Amtseid abgelegt. Damals stand an dieser Stelle das erste New Yorker Rathaus (1701), das nach der Unabhängigkeit vorübergehend als Regierungsgebäude genutzt wurde.

Federal Hall National Memorial

26 Wall St./Nassau St. | Mo. - Fr. 9-17 Uhr

Ein Hochhaus und postkoloniales Flair

Folgt man der Wall Street Richtung East River, stößt man auf die Water Street. Ein kurzer Abstecher nach links führt zur 33-stöckigen Wall Street Plaza (Water/Pine St.), 1973 nach einem Entwurf des Sino-Amerikaners I. M. Pei erbaut. Einen schönen Blick über den East River hinüber nach Brooklyn Heights hat man von der etwas höher gelegenen Plaza zwischen den beiden Gebäuden 55 Water Street.

Weitere Sehenswürdigkeiten

ZIELE
FINANCIAL DISTRICT

Governors Island, der schwimmende Park in der New Yorker Bucht

Folgt man der Water Street in südwestlicher Richtung, taucht man erneut in das koloniale New York ein. Über den Old Slip und den Hanover Square gelangt man zur **Stone Street**, einer vollständig erhaltenen, kopfsteingepflasterten Gasse mit Fachwerkhäusern aus dem 18. Jh., wo man im Sommer wie in einer deutschen Altstadt auf Bänken im Freien sitzen kann.

Etwas weiter südlich an der Pearl Street gelangt man zur 1719 erbauten **Fraunces' Tavern**, dem ältesten Haus auf Manhattan (54 Pearl St./Water St.). Hier verbrachte George Washington im Winter 1783 seine letzten Tage als General: Am 4. Dezember verabschiedete er sich hier mit einem Dinner von seinen Offizieren und zog sich auf sein Gut in Mount Vernon in der Nähe der später nach ihm benannten Bundeshauptstadt zurück. 1837 und 1852 brannte das Gebäude ab. Der heutige Bau ist ein dem 18. Jh. nachempfundener Neubau von William Mersereau von 1928. Im Erdgeschoss befindet sich ein Restaurant, das eine hausgemachte Biersorte ausschenkt, in den beiden oberen Stockwerken gibt es ein Museum über die Geschichte Amerikas.

54 Pearl St./Water St. | Mo. – Fr. 12–17, Sa., So. 11–17 Uhr | Eintritt: 7 $ | www.frauncestavernmuseum.org

Eine besondere Schatzkammer

Federal Reserve Bank

Ein Ort im Finanzviertel, der noch immer seine alte Bestimmung erfüllt, ist die 1924 im klassizistischen Stil erbaute Federal Reserve

ZIELE
FINANCIAL DISTRICT

Bank, Fed genannt, an der William Street (Eingang: 33 Liberty St.). Die **Fed** ist eine von zwölf Bundesnotenbanken, die US-Dollars in Umlauf bringen. Hier – und nicht im US-Golddepot Fort Knox in Kentucky – lagert rund die Hälfte der weltweiten Goldbestände, ca. 700 000 Goldbarren. Nur etwa 2 % davon gehören den Vereinigten Staaten, die übrigen Besitzer sind 60 andere Länder und Organisationen wie etwa der Internationale Währungsfonds. Ein gigantisches Überwachungssystem sorgt für ihre Sicherheit. Der Tresorraum liegt knapp 30 m unter der Erde, hat die Größe eines halben Fußballfeldes und enthält 100 nummerierte Zellen. In diesen sind die Barren wie Briketts gestapelt. Der größte Teil des Goldvorrats kam während des Zweiten Weltkriegs in die USA. Verkauft heutzutage eine Zentralbank ihr Gold, wird es ganz einfach von einer Zelle in die andere gebracht. Über die Frage, wer sich von wie viel Gold getrennt hat, bewahrt die Notenbank allerdings Stillschweigen.

Führungen: Mo. – Fr. nur nach vorheriger Online-Anmeldung (max. 30 Tage im Voraus) | Besuchereingang: 44 Maiden Lane, zwischen Nassau und William Street | www.newyorkfed.org

Charging Bull & Fearless Girl im ältesten Park Manhattans

Der kleine Bowling Green am Südende des Broadway ist der älteste Park der Stadt. Hier, an der Südspitze Manhattans, begann New Yorks Entwicklung zum Handelsplatz: Am Bowling Green wurden in Kolonialzeiten die Waren aus aller Herren Länder gehandelt, später die Börse gegründet. Der geschichtsträchtige Park ist heute unscheinbar, in der Umgebung erinnert jedoch noch einiges daran, dass hier der Aufstieg New Yorks zum Weltwirtschaftszentrum begann. — Bowling Green

Die berühmte Bronzeskulptur »**Charging Bull**«, das Symbol für den Optimismus und Erfolg der Wall Street (Arturo Di Modica, 1989), »bewacht« den Eingang des **Standard Oil Building**, das 1920–1928 im Auftrag John D. Rockefellers gebaut wurde. Zum Weltfrauentag 2016 wurde dem angriffslustigen Bullen als ausgleichende Kraft die Skulptur »**Fearless Girl**« an die Seite gestellt (Kristen Visbal, 2016). Derzeit setzen sich Anhänger des »Unerschrockenen Mädchens« dafür ein, dass die Bronzefigur dauerhaft hier stehen bleibt.

Subway: Bowling Green

Ein prachtvoller Beaux-Arts-Palast für den Zoll

Gegenüber steht das prächtige ehemalige Zollhaus, eines der schönsten Beaux-Arts-Gebäude der Stadt. Es entstand 1907 nach Plänen von Cass Gilbert; er war auch der Architekt des Woolworth Building. Chester French schuf die vier großen Frauenskulpturen am Portal, deren Figuren Amerika, Asien, Afrika und Europa symbolisieren. Heute beheimatet das ehemalige Zollhaus eine **Zweigstelle des National Museum of the American Indian** (▶S. 327). — U. S. Custom House

ZIELE
FLATIRON DISTRICT & UNION SQUARE

Noch ein Palast – diesmal für die Post

Cunard Building

Etwas nördlich des Museums steht das Cunard Building, einst Sitz der mächtigen Schifffahrtsgesellschaft Cunard. Heutet ist der Neorenaissancebau eines der schönsten städtischen Postämter (25 Broadway). Besonders eindrucksvoll ist die große, mit Mosaiken ausgeschmückte Schalterhalle.

New Yorks jüngster Park im Wasser

Governors Island (Abb. S. 122)

Vom alten Battery Maritime Building gegenüber vom Bowling Green legen in den Sommermonaten regelmäßig Fährschiffe zur Governors Island ab. Die kleine Insel in der New Yorker Bucht, etwa einen Kilometer von Manhatten und auf der anderen Seite sogar nur 500 m von Brooklyn entfernt, war lange der Öffentlichkeit nicht zugänglich. Im 18. Jh. war sie der Sitz des englischen Gouverneurs von New York und bis 1966 hatte das Militär hier das Sagen. Seit ihrer Wiedereröffnung 2010 als »schwimmender Park« ist sie im Sommer ein beliebtes Ausflugsziel der New Yorker, die der heißen Stadt entfliehen wollen. Die Insel bietet nicht nur spektakuläre Ausblicke auf Manhattan, hier finden auch Kunstevents, Film- und Theateraufführungen sowie Kinderpartys statt (Inselplan und Veranstaltungshinweise auf der Website); auf der Discovery Hill genannten Erhebung steht die Skulptur »Cabin« von der Turnerpreisträgerin Rachel White (2016).

Ende Mai – Ende Sept. tägl. 10–19 Uhr | www.govisland.com | Subway: South Ferry, Whitehall St., Bowling Green; weiter mit der Fähre vom Battery Maritime Building, 10 South St. | Ticket: 2 $

FLATIRON DISTRICT & UNION SQUARE

H/J 16/17

Lage: Zwischen Fifth und Park Ave. und 14th und 29th St. | **Subway:** 23rd St., 14th St.

Das Flatiron-Viertel rund um den Madison Square verbindet den Charme des alten New York mit der Energie der jungen Technologie- und Start-up-Kultur.

Eine Ikone: das Bügeleisen

Der Blick vom Madison Square Park auf das Flatiron Building ist eine klassische New Yorker Ansicht. Schon Alfred Stieglitz hat sie in seinem berühmten Foto »Flatiron« 1903 festgehalten. Und wer heute vom Park an der Kreuzung zwischen Fifth Avenue und Broadway auf den zur Ikone gewordenen Wolkenkratzer schaut, erkennt diesen Blick unverändert wieder.

ZIELE
FLATIRON DISTRICT & UNION SQUARE

LUNCH IN EINEM KLASSISCHEN DINER
Die klassischen New Yorker Diner sterben langsam aus, die Cafeterien mit gepolsterten Sitzbänken, in denen man für ein paar Dollar mit den Leuten aus der Nachbarschaft endlos dünnen Kaffee schlürfen und sich mit Eiern und Speck einen Cholesterinschock holen kann. Der älteste und berühmteste ist sicherlich »Eisenberg's Sandwich Shop« an der Fifth Avenue Ecke 22nd Street.

Charme einer untergegangenen Epoche ...
Das wegen seiner markanten Dreiecksform »Flatiron«, »Bügeleisen«, genannte Gebäude ist einer der ältesten Wolkenkratzer der Stadt. Auf dem spitzwinkligen Grundstück an der Kreuzung Fifth Ave./23rd St. konnte der Architekt D. H. Burnham gar nicht anders bauen. Seine Fassadendekoration ist ein schönes Beispiel für den klassischen Beaux-Arts-Stil. Heute verströmt das 1902 errichtete, 87 m hohe Gebäude mit seinen 21 Etagen den Charme einer untergegangenen Epoche. Unterstrichen wird dieses Flair durch weitere Gebäude an der Ostseite des Parks, die alle aus der gleichen Ära stammen, als New York kurz vor der Schwelle zur Weltmetropole stand. Sie symbolisieren wie das Flatiron das Streben und den Aufbruch jener Ära: der **Metropolitan Life Tower** (213 m hoch; Napoleon Le-Brun, 1909), der stark an den Campanile von St. Markus in Venedig erinnert, und das **New York Life Insurance Building**. Der 187 m hohe neogotische Wolkenkratzer entstand 1928 nach Plänen von Cass Gilbert, seine Spitze war ursprünglich mit Blattgold bedeckt. So hoch wie der Met Life Tower wird auch der Madison Square Park Tower, der vermutlich 2018 bezugsfertig sein wird (45 East 22nd St.; Architekten: Kohn, Pedersen, Fox).

Flatiron Building

... und die ganz junge innovative Branche
Die Kulisse passt hervorragend zum heutigen Charakter des Viertels. In den vergangenen zehn Jahren hat sich in den Lofts des alten Handwerkerbezirks die junge Technologie- und Internetbranche angesiedelt. Start-ups mit innovativen Ideen, denen in den letzten Jahren Großkonzerne wie Apple und Google mit Niederlassungen gefolgt sind, bestimmen das Geschäftsleben. Man nennt den Flatiron District deshalb auch Silicon Alley.

Silicon Alley

ZIELE
FLATIRON DISTRICT & UNION SQUARE

Die junge dynamische Klientel hat die Gegend komplett verwandelt. Sie gehört heute gastronomisch zu den interessantesten Vierteln New Yorks. So liegt direkt am Madison Square das »11 Madison«, das zu einem der zehn besten Restaurants der Welt gewählt wurde (▶S. 292). Direkt gegenüber an der 23. Straße hat Star-Koch Mario Batali seinen »Food Court Eataly« (▶S. 336). Und der »Shake Shack«, die Burger-Bude mitten im Madison Square Park, zählt zu den beliebtesten Lunch-Treffs der Stadt (▶S. 303).

Doch auch kulturell hat das Viertel einiges zu bieten. So widmet sich etwas weiter nördlich das provokante »Museum of Sex« in wechselnden Ausstellungen dem Thema Sexualität.

233 5th Ave./27th St. | So.–Do. 10–18, Fr., Sa. bis 21 Uhr | Eintritt 17,50 $ | www.museumofsex.com

Flatiron Building, das spitzwinklige »Bügeleisen«, gab dem Distrikt den Namen.

ZIELE
FREIHEITSSTATUE

Und noch ein charmantes Viertel
Richtung Osten geht der Flatiron District in das nicht weniger charmante Gramercy-Viertel über. In dessen Zentrum liegt der gleichnamige Park, zwischen East 20th und 21st St., der um 1830 von Samuel Ruggles angelegt wurde, um Grundstückskäufer anzulocken. Er ist der einzige private Park der Stadt, Zugang haben nur die Anwohner sowie die Gäste des benachbarten Gramercy Park Hotel. Entlang des Irving Place finden sich eine Reihe hübscher Cafés und Restaurants wie das »Irving Farm« (www.irvingfarm.com), die »Casa Mono« (www.casamononyc.com) und die »Gramercy Tavern« (www.gramercytavern.com). Am Beginn des Irving Place liegt die legendäre Rock-Bühne »Irving Plaza« (www.venue.irvingplaza.com/).

Gramercy

Geht man auf der 20. Straße zum Broadway zurück, passiert man das **Theodore Roosevelts Birthplace**, eine Kopie des Geburtshauses von »Teddy«, dem 26. Präsidenten der USA (1858–1919).

Nur Schritte von hier entfernt am **Union Square**, wo sich Broadway und Bowery treffen, begründete New York seinen Ruf als »Entertainment Capital of the World«. Im frühen 20. Jh. gab es hier Theater, Opernhäuser, Konzerthallen und Nickelodeons, hier entstanden die ersten Filmstudios. Auch heute ist es ein lebhaftes Viertel mit vielen Geschäften, Cafés und Bars; abends ist der Union Square bei jungen Leuten ein beliebter Treffpunkt. Montags, mittwochs, freitags und samstags findet hier ganztägig der vielbesuchte **Bauernmarkt** Greenmarket statt. Die Fassade des Gebäudes am Südende des Platzes ziert das auffällige **Metronom** (Kristin Jones, Andrew Ginzel, 1999). Die linken sieben Leuchtziffern stellen die Tageszeit, die rechten sieben die noch vom Tag verbliebene Zeit dar. Aus dem Zentrum des mittleren Teils des Kunstwerks wird jeweils mittags und mitternachts ein Stoß Dampf abgelassen. Im Süden des Platzes gibt es ein ganzes Kaufhaus für Designerschuhe und -accessoires (DSW, 14th St.); die Nordseite des Platzes wird vom größten Buchladen der Stadt, dem Stammhaus von **Barnes and Noble**, gesäumt. Viele New Yorker nutzen das Café im dritten Stock, um kostenlos zu schmökern. Träumen lässt sich auch im ABC Carpet & Home, einem sündhaft teuren Kaufhaus für Inneneinrichtung und Geschenkartikel (888 Broadway/19th St.).

Theodore Roosevelt Birthplace: 28 East 20th St. | Führungen: Di. – Sa. um 10, 11, 13, 14, 15 und 16 Uhr | Subway: 23rd. St. | www.nps.gov/thrb

FREIHEITSSTATUE

▶Statue of Liberty

ZIELE
FRICK COLLECTION

★★ FRICK COLLECTION

Lage: 1 East 70th St./Fifth Ave. | **Subway:** 68th St. | Di. – Sa. 10–18, So. 11–17 Uhr | **Eintritt:** 22 $; Mi. 14–18 UHr »Pay what you wish«; keine Kinder unter 10 Jahren | www.frick.org

Der Pittsburgher Stahlmagnat Henry Clay Frick hat in seinem pompösen Stadthaus der Nachwelt eine der prächtigsten privaten Kunstsammlungen der Welt hinterlassen. Die Frick Collection ist ein Musterbeispiel für den Prunk und Reichtum der Gründergeneration amerikanischer Großindustrieller.

Ein Haus für die Kunst

Die Villa von Frick entstand 1913/1914 nach Plänen der Architekten Carrère und Hastings im Stil des französischen Neoklassizismus. Sie sollte unbedingt das Haus von Fricks einstigem Teilhaber Andrew Carnegie (heute Sitz des Cooper-Hewitt-Museum) übertreffen.
1935, nach dem Tod von Adelaide Frick, der Witwe des Sammlers, wurde der Beaux-Arts-Palast als Museum eröffnet. Zwar wurde das Gebäude seit seiner Eröffnung zweimal erweitert, der private Charakter blieb jedoch erhalten. Wenn man durch die Räume und Boudoirs und durch den Garten streift, bekommt man ein Bild davon, wie es sich um die Jahrhundertwende als Besitzer eines gigantischen Industrievermögens an der sogenannten Millionaires' Row in New York gelebt hat.
Henry Clay Frick (1848–1919) interessierte sich vor allem für Gemälde alter europäischer Meister, Bronzen der italienischen Renaissance und Emaillearbeiten aus Limoges. Diese werden im intimen Rahmen der im Empirestil ausgestatteten Räume präsentiert. Unter den Bildern befinden sich Meisterwerke von Tizian, Vermeer, El Greco, Goya, Whistler und Claude Lorrain. Regelmäßige Wechselausstellungen heben besondere Stücke aus der Sammlung hervor. Im Eintrittspreis ist ein Audioguide enthalten; sonntags finden oft Aufführungen klassischer Musik statt, darüber hinaus gibt es regelmäßig Vorträge und Einführungen zu verschiedenen Kunstwerken.

Imposante Privatsammlung europäischer Kunst in den USA

Hauptwerke der Malerei

Hauptattraktion im **Fragonard Room** ist der für Madame du Barry und das Schloss Louveciennes gefertigte Gemäldezyklus »Les Progrès de l'Amour« von Jean-Honoré Fragonard (1732–1806). In der reich ausgestatteten **Living Hall** (Salon) sind u. a. die Meisterwerke von Giovanni Bellini, »Die Verzückung des hl. Franziskus« (um 1480), Tizian, »Der Mann mit dem roten Turban« und »Pietro Aretino«, El Greco, »Der hl. Hieronymus«, Hans Holbein d. J., »Sir Tho-

ZIELE
FRICK COLLECTION

mas More« und »Thomas Cromwell« zu sehen. Die **Library** (Bibliothek) zeigt hauptsächlich Porträts, darunter ein Bildnis des **Kunstsammlers Henry Clay Frick** (1848–1919) von Johansen (1943). In der durch ein Glasdach erhellten **West Gallery** befinden sich ein Selbstbildnis Rembrandts aus dem Jahr 1654 und der ebenfalls von ihm gemalte »Polnische Reiter« (1658), Veroneses »Weisheit und Stärke« und »Die Wahl des Herkules«, »Die Schmiede« von Goya (1818), Porträts von El Greco, van Dyck, Hals, Bronzino und Velázquez' »Philipp IV. von Spanien« (1664). Vermeers »Briefschreiberin und Magd« (1666-1667) war das letzte Bild, das Frick 1919 erstand. Im anschließenden **Enamel Room** sind u. a. Jan van Eycks »Madonna mit Heiligen und Stifter«, »Der hl. Simon« von Piero della Francesca und eine vierteilige Altartafel desselben Künstlers aus der Kirche S. Agostino in Borgo San Sepolcro (Italien) zu sehen. Nach einem Besuch der **East Gallery**, mit Werken u. a. von Claude Lorrain und Porträts von Jacques Louis David, Goya und Whistler, gelangt man in den **Garden Court**, einen glasüberwölbten Innenhof mit einem kleinen Teich, Bänken und einem bronzenen Engel von Jean Barbet.

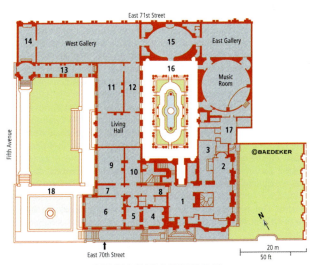

FRICK COLLECTION

1 Entrance Hall
2 Reception Hall
3 Museum Shop
4 Boucher Room
5 Ante Room
6 Dining Room
7 West Vestibule
8 East Vestibule
9 Fragonard Room
10 South Hall
11 Library
12 North Hall
13 Portico
14 Enamel Room
15 Oval Room
16 Garden Court
17 Green Room
18 Terrace

ZIELE
GRAND CENTRAL TERMINAL

★★ GRAND CENTRAL TERMINAL

Lage: East 42nd St./Park Ave. | **Subway:** Grand Central | www.grandcentralterminal.com |
Führungen: Municipal Arts Society tägl. 12.30 Uhr, 30 $, Treffpunkt am Informationsschalter unter der Uhr, htwww.mas.org/events Grand Central Partnership nur Fr. 12.30 Uhr, kostenlos, Treffpunkt im Atrium 120 Park Ave. (gegenüber dem Bahnhof, www.grandcentralpartnership.org/things-to-do/tours)

Millionen Pendler und Besucher nutzen den Grand Central Terminal. Der prächtige Beaux-Arts-Bau ist der ganze Stolz der New Yorker.

Es ist ein unvergessliches Spektakel, zur Rush Hour auf der Empore des Grand Central Terminal zu stehen und zu beobachten, wie Tausende über den Marmorfußboden der prachtvollen Haupthalle huschen. An dieser Stelle lässt sich die ganze Energie und Kraft der Stadt New York einatmen, aber auch ihr Glanz und ihre Eleganz.
Der Bahnhof, 1903–1913 nach Plänen der Architekten Reed & Stern erbaut, ist **der größte Bahnhof der Welt**. Als 1871 der Eisenbahnmagnat Cornelius Vanderbilt hier einen ersten Bahnhof einweihte, war die Bahn noch das wichtigste Verkehrsmittel, um den amerikanischen Kontinent zu erobern. Entsprechend groß war die Bedeutung des Grand Central Terminal. Mit dem zunehmenden Autoverkehr verlor jedoch der Bahnverkehr an Gewicht. Nach dem Zweiten Weltkrieg begann der Niedergang des New Yorker Prachtbahnhofs. Die Wirtschaftskrise der Stadt in den 1970er-Jahren gab ihm dann den Rest. Alleine einer Bürgerinitiative, angeführt von der Präsidentenwitwe Jacqueline Kennedy Onassis, ist es zu verdanken, dass der Bahnhof nicht abgerissen, sondern im Laufe einer langen Renovierung Ende der 1990er-Jahre in seinem alten Glanz wiederhergestellt wurde. Der heutige Kopfbahnhof ist ein **Meisterwerk im Beaux-Arts-Stil**, in dem Barock- und Renaissance-Elemente verschmolzen sind.

»Let's meet at the clock«

Nicht nur ein Verkehrsknotenpunkt

Alle Zufahrten befinden sich unter der Erde. Außerdem verlaufen hier vier U-Bahn-Linien und ein Bahn-Shuttle zum Times Square. Heute kommen auf 44 Bahnsteigen und 67 Gleisen jeden Tag eine halbe Million Menschen an. Die Züge bringen vor allem Pendler aus den nördlichen Vorstädten bis hinauf nach Connecticut in die Stadt. **Herzstück ist die riesige Bahnhofshalle.** Über dem prunkvollen

ZIELE
GRAND CENTRAL TERMINAL

Der Grand Central Terminal ist Dreh- und Angelpunkt für Pendler.

Marmorboden wölbt sich ein 38 m hoher künstlicher Himmel mit über 2500 Sternen (Paul Helleu). Eindrucksvoll ist auch der zweifache, der Pariser Oper nachempfundene Treppenaufgang. Über dem Reiseauskunftskiosk leuchtet eine riesige Messinguhr, die mit ihren vier Opal-Ziffernblättern das Zentrum des Bahnhofs und dessen beliebtester Treffpunkt ist. Der Wert der Uhr wird auf 10 Millionen Dollar geschätzt. Solche und noch viel mehr Details und Geschichten erfährt man bei einer Führung durch den Bahnhof (auch auf Deutsch, ▸oben).

Seit seiner Renovierung ist der Bahnhof jedoch nicht nur ein Verkehrsknoten, sondern auch ein richtiger **Shopping- und Gastronomietempel** mit buntem Angebot. Im Untergeschoss findet sich unter anderem die berühmte Oyster Bar (▸S. 293) sowie der Grand Central Market, eine Ladenstraße mit großem Angebot und Fastfood in allen Geschmacksrichtungen. In der Passage zur Lexington Avenue ist ein Gourmet-Supermarkt untergebracht, gegenüber, am Ausgang zur Vanderbilt Avenue, lädt ein kleines Transit-Museum ein. Auf den Emporen kann man mit Blick auf die Haupthalle elegant dinieren oder an der Bar einen Cocktail schlürfen.

ZIELE
GRAND CENTRAL TERMINAL

Rund um das Grand Central Terminal

Eine Hand wäscht die andere

1963 entstand auf der Rückseite des Komplexes das markante Pan Am Building, das heutige MetLife Building (▶ Park Avenue). 1975 baute Donald Trump unmittelbar neben den Bahnhof sein Hyatt Hotel. Im Gegenzug für verschiedene Steuervergünstigungen willigte Trump ein, die Restaurierung der Fassade des Bahnhofs zu finanzieren; das war der Beginn der Wiedergeburt des Bahnhofs.

MetLife Building

Ein Meisterwerk des Art-déco-Stils

Nur wenige Blocks vom Grand Central Terminal entfernt, an der 42nd Street, steht das Chrysler Building. Es ist nicht nur nach Ansicht vieler New Yorker das Kronjuwel unter den New Yorker Wolkenkratzern (▶ Baedeker Wissen, S. 134), es genießt auch weltweit große Anerkennung. Mit fast 319 Metern war es 1929 nach seiner Fertigstellung ein Jahr lang das höchste Gebäude der Welt, es übertraf sogar den Pariser Eiffelturm als bislang höchstes Bauwerk. Nach der Fertigstellung des 60 m höheren Empire State Building 1931 büßte es diesen Ruhm jedoch ein. Bis heute ist die Krone mit ihren aus rostfreiem Stahl von Krupp gefertigten Bögen und Dreiecksfenstern, die gar nicht Bestandteil des ursprünglichen Entwurfs war, ein Blickfang der New Yorker Skyline. Der Art-déco-Stil, der den Architekten William Van Alen zu diesem zunächst als bizarr kritisierten Gebäude inspiriert hat, ist auch in der in den Originalzustand zurückversetzten Eingangshalle zu erleben. Die Lobby war als Ausstellungsraum für Chrysler-Autos gedacht. Sie ist mit tiefrotem marokkanischem Marmor, weißem Onyx und Intarsien aus Edelhölzern geschmückt; die Türen der 18 Fahrstühle haben die Grabkammern Tutenchamuns zum Vorbild. Das Deckengemälde von Edward Trumbull zeigt Arbeiter beim Bau und Szenen aus der Technik- und Verkehrsgeschichte.

★★
Chrysler Building

405 Lexington Ave./42nd St. | Subway: Grand Central | Besucher dürfen nur in die Eingangshalle | Mo. – Fr. 8–18 Uhr

Architekturgeschichte, Superman und Nachhaltigkeit

Auf der gegenüberliegenden Straßenseite folgt das 45-stöckige **Mobil Building** (150 East 42nd St.). Es entstand 1955 aus rostfreiem Stahl nach Plänen von Harrison & Abramovitz und sollte beweisen, dass Glas und Aluminium nicht die einzigen Baumaterialien der Zukunft sind. Das ehemalige **Daily News Building** (heute The News Buildings; 220 East 42nd St.) entstand 1930 im Art-déco-Stil für die damals auflagenstärkste gleichnamige Zeitung – Filmfreunden ist es als Redaktionsgebäude des »Daily Planet« bekannt, wo Clark Kent, alias Superman, und Lois Lane arbeiteten. Beachtenswert ist die Fassade:

Weitere Sehenswürdigkeiten

Die Krone des Chrysler Building ist eine Hymne ans Automobil.

CHRYSLER BUILDING

Mit dem Bau eines Firmensitzes wollte sich der Automobilhersteller Walter P. Chrysler ein Denkmal setzen. Mit Erfolg: Der Art-déco-Bau des Architekten William van Alen ist einer der schönsten und beliebtesten Wolkenkratzer der Stadt und spiegelt dabei die Sehnsüchte der aufstrebenden 1920er-Jahre wider.

❶ Gipfelstürmer

Während sich die Bauarbeiten am Chrysler Building verzögerten, wurde die Bank of Manhattan in der Wall St. mit ihren 283 m bereits als höchstes Gebäude der Stadt gefeiert. Es besaß 71, das Chrysler nur 65 Stockwerke. Da zog Van Alen seinen Trumpf aus dem Heizungsschacht: die 56 m hohe, 27 t schwere Edelstahlkrone, die auf sein Kommando ausfuhr: Der Triumph, 77 Stockwerke und 319 m Höhe, währte allerdings nur einen Monat. Die Architekten des Empire State Building erhöhten ihr Gebäude um zehn auf insgesamt 102 Stockwerke, 1931 holte es mit 381 m den Rekord. Chryslers ästhetische Ambitionen, die Botschaft des »Packen wir es an«, lässt sich heute noch erahnen.

Lust an der Dekoration: Die stählernen Adlerköpfe erinnern an die Kühlerfiguren des 1929er Chrysler Plymouth.

Auch die Lobby des Chrysler Building ist aufwendig mit Art-déco-Motiven ausgeschmückt.

❷ Eine Hymne ans Automobil

Die Krone aus glänzendem Edelstahl von Krupp ähnelt den Lamellen des Kühlergrills. Die sechs Edelstahlbögen lassen durch ihre Verjüngung den Blick der Betrachter in die Höhe schweifen. Die eingeschnittenen dreieckigen Fenster werden nachts ausgeleuchtet.
Die gestuften Mauervorsprünge sind mit geflügelten Kühlerhauben, Rädern und stilisierten Autos versehen. Der eigenwillige Art déco, Nachfolger des Jugendstils, kommt ursprünglich aus Europa. Das Chrysler Building ist eines der gelungensten Beispiele für sein amerikanisches Gegenstück.

❸ Zoning Law

Damit Sonnenstrahlen und Luft bis in die Straßen hinunter dringen können, wurde 1916 die erste Bauordnung erlassen: Ab einer bestimmten Höhe müssen sich Wolkenkratzer zur Spitze hin verjüngen. Dieses nach oben hin abgestufte Hochhausmodell hat Architekturgeschichte gemacht.

Besichtigung: Besucher dürfen nur in die Eingangshalle.
Einen wunderbaren Blick auf das Chrysler hat man vom »Upstairs«, der Dachlounge des Kimberly Hotels (145 East 50th Street).

Architektenschicksal

Obwohl Chrysler das Gebäude nie bezogen hat, behielt es seinen Namen. Dem Architekten brachte es allerdings kein Glück. Nachdem Chrysler ihm vorgeworfen hatte, Bestechungsgelder angenommen zu haben – ein Vorwurf, der nicht nachgewiesen werden konnte –, bekam Van Alen sein Gehalt nicht bezahlt und seine Karriere als Architekt war beendet.

ZIELE
GREENWICH VILLAGE

Die hervorgehobenen Vertikalbänder aus hellem Backstein lassen das 37-stöckige Gebäude höher erscheinen, als es tatsächlich ist.
Das **Ford Foundation Building** ist eines der ersten im ökologischen Sinn »grünen« Gebäude (Architekten: Kevin Roche und Dinkeloo, 1967; 320 East 43rd St.; Eingang an der 42nd St.). Anstelle einer Lobby besitzt das 12-stöckige Gebäude einen großen Wintergarten, Regenwasser von den Dächern füllt einen Teich, berieselt die Pflanzen und sorgt für angenehme Temperaturen.

Eine Stadt in der Stadt

Tudor City

Am östlichen Ende der 42ten Straße erstreckt sich die 1928 fertiggestellte Tudor City zwischen East 40th und East 43rd Street. Die Stadt in der Stadt im neugotischen Tudor-Stil aus zwölf Apartmenthäusern mit Gärten, einem Hotel, Läden und zwei Parks ist eine Oase inmitten von Manhattan. Als die Siedlung für heute 5000 Menschen erbaut wurde, standen statt des UNO-Hauptquartiers (▶United Nations Headquarters) Industrieanlagen und Schlachthöfe am East River; daher gibt es so gut wie keine Fenster zum Fluss hin. Dafür genießt man spektakuläre Ausblicke auf Midtown mit dem Empire State und Chrysler Building. Und dank der Nähe der Vereinten Nationen gibt es in der Umgebung viele ethnische Restaurants.

Und in Zukunft hoch hinaus

Neue Bauten

In den kommenden Jahren sind in der Gegend rund um das Grand Central Terminal Dutzende neuer Wolkenkratzer geplant, die das Gesicht des Viertels verändern werden. Der Bauboom, von der Stadt gewollt und gefördert, soll New York dabei helfen, mit den neuen Geschäftszentren in Nah- und Fernost Schritt zu halten.

GREENWICH VILLAGE

Lage: Zwischen 14th und Houston St. und westlich des Broadway | **Subway:** 4th St./Washington Square, Sheridan Square, 8th St.

Bis in die 1980er-Jahre war Greenwich Village mit seinen idyllischen Gassen aus Kopfsteinpflaster und Parks ein Biotop für Künstler und Intellektuelle. Heute gehört es zu den teuersten und vornehmsten Wohngebieten der Stadt.

Ganz im Westen des Greenwich Village stehen zwei Glastürme des Star-Architekten Richard Meier (173–176 Perry St.; 1999–2002). Die Türme gehören zu den ersten Adressen von New York; Schauspielerin Nicole Kidman hat sich hier ebenso eingekauft wie Modedesigner

ZIELE
GREENWICH VILLAGE

Calvin Klein. Die **Perry Street Towers** sind Symbole für das neue Village – in dem die Elite aus Showbusiness, Kultur, Politik und der Finanzwelt lebt. Zu den Bewohnern gehören unter anderem Meryl Streep, Tiger Woods, Rapper Jay-Z, Gwyneth Paltrow und Julianne Moore. Die Exklusivität spiegelt sich auch in den teuren Boutiquen an der Bleecker Street und den exklusiven Restaurants an der Bedford Street wider. Aber es gibt auch noch Spuren des alten Village der Boheme und der Hippies, zu sehen an einem schönen Tag im **Washington Square Park** etwa. Hier spielen Straßenmusikanten, während Studenten und Professoren der benachbarten New York University in ihre Bücher und Diskussionen vertieft sind, am großen Brunnen treffen sich jugendliche Skateboarder, während Liebespaare unter den Bäumen spazieren gehen.

Ein Viertel für die Reichen und Schönen

Verwinkelte, von alten Bäumen gesäumte Gassen

Als das Dorf Greenwich 1696 gegründet wurde, lag es weit außerhalb der Stadt. Nachdem 1811 das schachbrettartige Straßennetz für Manhattan beschlossen wurde, hatte sich Greenwich schon zu einer kleinen Stadt entwickelt, deren schmale, verwinkelte Gassen Namen trugen, die sie auch beibehielten.

Greenwich gestern und heute

Eine idyllische Ecke im West Village

ZIELE
GREENWICH VILLAGE

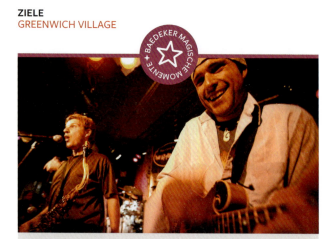

JUNGE BARDEN
Gehen Sie an einem beliebigen Abend in das Bitter End im Greenwich Village, wo legendäre Singer-Songwriter wie Bob Dylan, Paul Simon und Bob Seeger ihre Karriere begonnen haben, und lauschen Sie, wie sich junge Barden fast die Seele aus dem Leib singen (www.bitterend.com, 147 Bleecker St.).

Im Laufe des 18. und 19. Jh.s entwickelte sich die Gegend zu einem vornehmen, großbürgerlichen Wohnbezirk, wovon noch mancher ältere, liebevoll restaurierte Ziegelbau zeugt. Seine eigentliche Bedeutung errang der Stadtteil jedoch in der ersten Hälfte des 20. Jh.s als Wohnort und Treffpunkt der New Yorker Künstler und Intellektuellen. Die Zahl der Dichter, Schriftsteller, Musiker und Maler, die im »Village« lebten, ist Legion, darunter James Fenimore Cooper, Edgar Allan Poe, Richard Wright, Henry James, John Dos Passos, Marianne Moore, Mark Twain, Sinclair Lewis und Dorothy Thompson, Thomas Wolfe, Hart Crane, Mary McCarthy, E. E. Cummings, William Styron und Edward Albee sowie Edward Hopper und Bob Dylan. Heute können es sich Intellektuelle und Künstler schon lange nicht mehr leisten, hier zu wohnen. Das Stadtbild wird vor allem von vielen braunen Backsteinhäusern – sogenannten Brownstones – mit teils hübschen Innenhöfen und verwinkelten Gassen geprägt. Ein Spaziergang durch das Viertel, dessen Zentrum unmittelbar westlich vom Washington Square Park liegt, lohnt jedenfalls. Vor allem am Abend zieht es mit seinem **überwältigenden Angebot an legendären Jazzclubs** (u. a. Village Vanguard, Blue Note, ▶ S. 283), Theatern, Cafés und Restaurants viele Besucher an.

ZIELE
GREENWICH VILLAGE

Das Herz des Village
Der oben bereits erwähnte Washington Square Park ist das Herz des Village und ein perfekter Ausgangspunkt für einen Spaziergang. Der mächtige Washington Centennial Memorial Arch auf dem Platz, ein 26 m hoher Triumphbogen (Stanford White, 1892), erinnert an die Amtseinführung von George Washington.

Washington Square Park

Die Kulisse für einen Roman
Etwas nordwestlich des Washington Square folgt The Row, eine Gruppe eleganter Stadthäuser im klassizistischen Federal Style. Sie inspirierten Henry James zu seinem Roman »Washington Square« (1881). Von hier geht es zu den **Washington Mews**, ehemaligen Stallungen an einer hübschen, kopfsteingepflasterten Straße, die heute zur New York University gehören.

The Row

Die Anfänge des Whitney Museum of Art
Die Ambulanz Northern Dispensary (165 Waverly Place), ein dreiseitiges Gebäude an einer Ecke des Waverly Place, wurde 1831 während einer Choleraepidemie errichtet. In der **McDougal Alley**, einer schmalen Gasse nordwestlich des Washington Square, eröffnete **Gertrude Vanderbilt Whitney** (1875–1942) zu Beginn des 20. Jh.s eine Galerie, die später im ▶Whitney Museum of Art aufging.

Northern Dispensary

Ein Meilenstein im Kampf für die Gleichberechtigung
Am Sheridan Square, wo sich Christopher Street und 7th Avenue kreuzen, erinnert heute ein Denkmal an den Aufstand der Homosexuellen im Jahr 1969, der als weltweiter Gründungsakt des Kampfes Homosexueller um Gleichberechtigung gilt. Das liberale Künstlerviertel war damals ein Zufluchtsort für Homosexuelle, und als im **Stone Wall Inn**, einer bekannten Homo-Kneipe, eine Polizeirazzia vorgenommen wurde, reagierte das Viertel mit einem dreitägigen Aufstand. Die Christopher Street ist nach wie vor von Schwulenkneipen und -läden geprägt, auch das Stone Wall Inn ist noch in Betrieb, im Schankraum erinnern Fotos und Zeitungsauschnitte an die Ereignisse. 2015 ernannte die US-Regierung den **Sheridan Square** sogar zum nationalen Monument. Der Sheridan Square ist auch der Endpunkt der jährlichen Gay Pride Parade, die hier in eine große Party mündet (▶S. 308). Die **Jefferson Market Library** (6th Ave./Christopher St.), 1876 in herrlich überladener venezianischer Gotik als Gerichtsgebäude erbaut, ist heute eine Zweigstelle der New York Public Library.

Christopher Street

Ein wenig koloniales New York im Herz des Village
Kurz vor der Kreuzung Christopher St./Hudson St. geht es linker Hand in die idyllische Bedford Street. Hier kann man noch das Flair des kolonialen New York spüren. Die Nr. 75 ist das älteste erhaltene

Bedford Street

ZIELE
GUGGENHEIM MUSEUM

Village-Haus (1799); 86 Bedford St. war in der Prohibition ein berüchtigtes Speakeasy, in dem sich berühmte literarische Figuren wie F. Scott Fitzgerald und Ernest Hemingway trafen. 2007 stürzte das baufällige Haus ein, seit 2016 hat es als Restaurant wieder geöffnet. Bilder im Gastraum erinnern an die alten Zeiten. Hübsche Bistros und kleine Restaurants entlang und um die Bedford Street laden zum Abendessen oder zum Snack ein, darunter die Blue Ribbon Wine Bar (34 Dowing St.) und Cotenna (21 Bedford St.).

★★ GUGGENHEIM MUSEUM

Lage: 1071 Fifth Ave./88th St. | **Subway:** 86th St. | tgl. 10 – 17.30, Di. u. Sa. bis 20 Uhr | **Eintritt:** 25 $, Sa. ab 17 Uhr »Pay what you wish« www.guggenheim.org

Was fasziniert am Guggenheim mehr: Die hochkarätigen Kunstausstellungen oder die spektakuläre Architektur?

Eine Spirale für die Kunst

Die Eröffnung des Guggenheim 1959, zehn Jahre nach dem Tod seines Bauherrn Solomon R. Guggenheim und nur Monate nach dem Tod seines Architekten Frank Lloyd Wright, war ein Skandal. Einen solchen Bau hatte die Stadt noch nicht gesehen. Bis heute sticht der **»Korkenzieher«**, wie das Haus manchmal abschätzig genannt wird, aus seiner Umgebung mit klassischen Bürgervillen und Apartmenthäusern an der Ostseite des Central Park heraus (Abb. S. 320).

Sehr viel Geld trifft auf Kunstsinn

Geschichte des Museums

Tatsächlich ist auch die Sammlung mit Meisterwerken moderner Kunst weltberühmt. Ursprünglich hatte der Montanindustrielle Solomon R. Guggenheim (1861–1949) alte Meister gesammelt, bis ihn Hilla Rebay, eine deutschstämmige Künstlerin und spätere Direktorin des Museums, mit nichtgegenständlicher Kunst vertraut machte. 1943 beauftragte Guggenheim dann den Architekten Frank Lloyd Wright (1869–1959) mit dem Bau eines Museums für seine Sammlung. 14 Jahre vergingen, bis alle Auflagen der städtischen Behörden erfüllt waren und die Bauarbeiten 1957 endlich begannen.

Kritiker finden damals wie heute den Bau eitel und selbstverliebt. Sein Schöpfer Wright fand seinen Entwurf ganz funktional: »Ein Museum ist ein organisches Gebilde mit einem einzigen großen Raum auf einem fortgesetzten Stockwerk.« So löste er sich von der Saalabfolge klassischer Museen und schuf einen einzigen zylindrischen, 28 m hohen Saal. Eine sich spiralförmig nach oben weitende Rampe windet sich von der Eingangshalle bis unter das Dach und nimmt in über 70 Nischen und kleinen Galerien die Kunstwerke auf. Das Äußere des Gebäudes spiegelt dieses Konzpept wider. Heute wird die Spirale ausschließlich für Wechselausstellungen genutzt, die fast immer für Gesprächsstoff in der Kunstwelt und darüber hinaus sorgen.

Nicht nur das Haus, auch die Kunst ist weltberühmt

Berühmt ist allerdings auch die Sammlung des Museums. Sie wird heute in einem Anbau von 1992 präsentiert (Architekt: Charles Gwathmey). Sie umfasst mehr als 8000 Gemälde und Skulpturen und ist längst expandiert. Gezeigt werden in einer wechselnden Auswahl etwa 350 Meisterwerke von der klassischen bis zur zeitgenössischen Moderne. Sie reicht von den berühmten Bildern der Thannhauser-Kollektion – der 1976 verstorbene Münchner Kunsthändler vermachte dem Museum seine Sammlung von 75 Meisterwerken des Impressionismus und Nachimpressionismus mit Camille Pissarro als ältestem Guggenheim-Künstler – bis zur Pop-Art. In einer weiteren Galerie wird Kunst

Die Sammlung

Frank Lloyd Wrights Bau stiehlt der Kunst (fast) die Schau.

★ HARLEM

Lage: Nördlich des Central Park | **Subway:** 125th St.

Harlem hat in der amerikanischen Kultur seinen festen Platz als das »Mekka des schwarzen Amerika«. Nach dramatischem Verfall in den 1970er- und 1980er-Jahren erlebt es seit der Jahrtausendwende eine Renaissance.

Uptown Manhattan: Take the A-Train

Freitagabend am Malcolm X Boulevard. Rund um die Bar des »Red Rooster« drängt sich ein junges, elegantes Publikum, schwarz-weiß gemischt, nippt an exotischen Cocktails und swingt sich zu den Electrodance-Rhythmen des DJ in den Abend hinein. Unmittelbar nebenan wird im afrofranzösischen Bistro »Lucien« genüsslich getafelt, während eine Band aus Mali spielt. Zwei Straßen weiter strömt das Publikum aus dem frisch renovierten »Apollo Theater«, wo eine Jazz Big Band aus Chicago gerade ihr Konzert beendet hat. Die Szene könnte sich im Greenwich Village oder am Broadway abspielen, den einschlägigen Nightlife-Quartieren von Manhattan. Doch wir befinden uns im Zentrum von Harlem, dem vorwiegend von Schwarzen bewohnten Stadtteil im Norden Manhattans zwischen der 110. und 162. Straße, das seit mehr als 100 Jahren Zuflucht und Heimat für das schwarze Amerika ist.

Noch vor 15 Jahren sah die Ecke Malcolm X Boulevard/125th Street ganz anders aus. Jedes zweite Grundstück war unbebaut und mit Müll übersät – eine Folge der großen Stadtflucht der 1970er-Jahre. Die Zeichen der Armut waren unübersehbar, Bettler und Obdachlose bestimmten das Bild. Das Apollo Theater war zwar in Betrieb, aber dringend renovierungsbedürftig. Seit der Jahrtausendwende erlebt Harlem einen dramatischen Aufschwung. Nachdem Bürgermeister Giuliani in den 1990er-Jahren mit eiserner Hand die Kriminalitätsrate gesenkt hatte, wurde auch das einstige Getto wieder bewohnbar. Die schwarze Mittel- und Oberschicht kehrte zurück und auch die weiße Mittelschicht traut sich mittlerweile über den einstigen »Äquator« der 110th Street.

Expresszüge der New Yorker Subway, einst von Duke Ellington in »Take the A-Train« verewigt, benötigen keine zehn Minuten, um vom Times Square bis zur 125th St., Harlems zentraler Einkaufsmeile, zu ge-

ZIELE
HARLEM

SOMMER IN HARLEM

Trauen Sie sich an einem heißen Sommertag auf die Straßen von Harlem! Hier treibt es bei der Hitze die Menschen noch hinaus – es wird auf dem Bordstein gegrillt, Musik gemacht, und die Kinder spielen im Wasser der aufgedrehten Hydranten.

langen. Mittlerweile bieten **Harlem Heritage Tours** und **Harlem Spirituals geführte Rundfahrten und Spaziergänge** durch Harlem an (▶S. 343).

Mekka für Jazz-Fans und ein Viertel im Umbruch

Das **neue Harlem** knüpft an seine Glanzzeit der 1920er- und 1930er-Jahre an, der goldenen Ära der **»Harlem Renaissance«**. Damals war Harlem Zufluchtsort für Schwarze aus den gesamten USA. Wie war es dazu gekommen? Der U-Bahn-Anschluss Harlems an Südmanhattan Anfang des 20. Jh.s hatte einen Bauboom ausgelöst. Allerdings erwiesen sich die (für Weiße erbauten) soliden Brownstone-Häuser als unvermietbar. Da überredete ein Unternehmer die um ihre Einkünfte besorgten Hausbesitzer, ihre leer stehenden Wohnungen an die stetig wachsende schwarze Bevölkerung zu vermieten. Lange Zeit war Harlem danach der einzige Ort in den USA, an dem Schwarze frei und mit Würde ein bürgerliches Dasein führen konnten. Dies ermöglichte auch, dass in Harlem schwarze Kultur und Literatur gediehen. Harlem war Jazz-Mekka, Duke Ellington, Charlie Parker, Billie Holiday, Miles Davis – sie alle spielten hier und die Tanzpartys im »Cotton Club« und im »Small's Paradise« waren legendär. Schriftsteller wie Langston Hughes, Ralph Ellison und James Baldwin schrieben hier Klassiker der amerikanischen Literatur und Künstler wie Romare Beardon begründeten eine afroamerikanische Bildtradition.

Doch die Armut blieb stets ein Begleiter und Harlem immer auch Getto. Während der Krise der Stadt New York in den 1970er-Jahren rutschte das Viertel dann in die vollkommene Verwahrlosung. Der Aufschwung der letzten fünfzehn Jahre geht Hand in Hand mit dem Aufschwung der gesamten Stadt. Aber die Gentrifizierung hat wie überall ihre Schattenseiten. Der Anteil der schwarzen Bevölkerung in Harlem ist unter 50 % Prozent gesunken, nicht wenige sehen durch diese Entwicklung die Seele Harlems bedroht. Doch bislang ist sie in den Straßen Harlems noch zu spüren, die energiereiche, ausdrucksstarke schwarze Lebensart.

Geschichte des Stadtteils

6x ERSTAUNLICHES

BAEDEKER ÜBERRASCHENDES

Überraschen Sie Ihre Reisebegleitung.

1. GEHEIME TÜREN
Speakeasys – verborgene Kaschemmen im Stil der Prohibitionszeit – sind im Trend in New York. Wie etwa das **Please Don't Tell** im East Village.
(▶ S. 102)

2. HAUSMUSIK
Eine spontane Jazz-Jam in privater Atmosphäre gibt es jeden Sonntagabend **im Herzen von Harlem** beim American Legion Post.
(▶ S. 146)

3. RUMPELKAMMER
Das City Reliquary in Brooklyn sammelt **kuriose Fundstücke** aus der Stadtgeschichte.
(▶ S. 325)

4. LANDSITZE
Im Norden Harlems gibt es noch **Herrensitze aus der Kolonialzeit**, als die Gegend noch ländlich war, die vollständig erhalten sind.
(▶ S. 150)

5. KULTKNEIPE
Nur ein paar Schritte vom Times Square entfernt ist in der Kneipe des **Ex-Boxers Jimmy Glenn** das alte New York noch lebendig.
(▶ S. 218)

6. GANGSTER MUSEUM
In 80 St. Marks Place, im Szeneviertel East Village, nimmt ein kleines **Privatmuseum** Sie mit auf eine Zeitreise in die 1920er-Jahre. Im Keller befand sich während der Prohibition eines der berüchtigsten Speakeasys der Stadt, das man heute noch komplett mit den damaligen Fluchtwegen und falschen Wänden besichtigen kann. (▶S. 101)

ZIELE
HARLEM

Wohin in Harlem?

Über 260 Jahre alte Tradition
Die 1754 als King's College gegründete und später umbenannte Columbia University zwischen 114th und 120th St. sowie Amsterdam und West End Ave. ist die älteste Universität New Yorks und neben Harvard, Yale und Princeton eine der angesehensten des ganzen Landes. Unter ihren Absolventen finden sich über 50 Nobelpreisträger sowie Isaac Asimov, J. D. Salinger, James Cagney und Joan Rivers. 1897 wurde mit dem Bau des heutigen Campus begonnen (Architekt: Charles McKim).
Subway: 116th St./Columbia University

Columbia University

▶Cathedral of St. John the Devine

St. John the Divine

Ein Zentrum der Bürgerrechtsbewegung
Die neugotische, von der Kathedrale in Chartres inspirierte Kirche mit ihrem 120 m hohen Turm entstand 1930 im Auftrag der Rockefeller-Familie. John D. Rockefeller wollte der entstehenden progressiven protestantischen Kirche einen Ort geben. In dieser Tradition der politischen Fortschrittlichkeit steht die Kirche bis heute: Sie setzt sich gegen soziale Ungerechtigkeit, für rassische Integration und gegen Diskriminierung in jeder Form ein. Viele wichtige Figuren der amerikanischen Linken von Martin Luther King bis hin zu Barack Obama haben hier gesprochen. Vom Turm (erst Aufzug, dann ca. 150 Treppenstufen) genießt man eine herrliche Aussicht. Die 74 Glocken sind sonntags um 10.30, 12.30 und 15 Uhr zu hören; beachtenswert sind eine Orgel mit 22 000 Pfeifen, die Renaissanceglasfenster aus Brügge (16. Jh.) und eine Madonna von Jacob Epstein (1926/27).
490 Riverside Drive/122nd St. | Subway: 116th St./Columbia University | Besichtigung: So. nach dem Gottesdienst (Beginn 10.45 Uhr) ca. um 12.15 Uhr, sonst nach Anmeldung: www.theriversidechurchny.org

Riverside Church

Mausoleum und Oase für Jogger, Radfahrer und Spaziergänger
Grant's Tomb, das imposante Grabmal zu Ehren von Ulysses S. Grant schräg gegenüber im Riverside Park, erinnert an den 18. Präsidenten Amerikas und Oberkommandierenden der Unionstruppen im amerikanischen Bürgerkrieg (1822–1885; John H. Duncan, 1890). Es liegt im Norden des Riverside Park, der sich am Ostufer des Hudson River zwischen 72. und 177. Straße entlangzieht und vom Henry Hudson Parkway durchschnitten wird. Der Park ist eine Oase für Jogger, Radfahrer und Spaziergänger, wurde 1875 von Frederick Law Olmsted entworfen, der auch den Central Park gestaltete. Eine gute Einkehrmöglichkeit gibt es am Segelhafen (Höhe 79th St.).
Subway: Riverside Drive/West 122nd St.

Grant's Tomb im Riverside Park (Abb. S. 231)

HARLEM NIGHTLIFE

Mit der zweiten Renaissance der vergangenen Jahre ist auch das Nachtleben nach Harlem zurückgekehrt. Hier wird wieder Jazz gespielt, getanzt und gut gegessen!

Es ist Sonntagabend in Harlem und das niedrige Kellergewölbe an der 132nd Street ist wie an jedem Sonntag zum Bersten voll. Auf der kleinen Bühne greift Seleno Clarke mit viel Seele in die Tasten seiner Hammondorgel, David Lee Jones lässt herzzerreißend sein Tenor-Saxofon aufheulen und der ganze Raum wippt rhythmisch auf den Stühlen hin und her.
Wir sind im **»American Legion Post 398«** im Herzen des alten Harlem, nur wenige Häuser von dem Speakeasy entfernt, in dem einst Billie Holiday gesungen hat. Das war in den 1920er-Jahren, der großen Zeit der ersten »Harlem Renaissance« – der goldenen Epoche schwarzer Kultur in Harlem. Damals wohnte der große Duke Ellington hier, Cab Calloway sang im »Cotton Club«, im »Savoy Ballroom« traf sich am Wochenende die ganze Stadt, um den Lindy Hop zu tanzen, und Ella Fitzgerald trat im »Apollo Theater« auf.

Musik liegt wieder in der Luft

Die Zeiten sind lange vorbei, Harlem hat eine lange Durststrecke hinter sich. Von den 1960er- bis in die 1990er-Jahre erlitt das berühmteste Schwarzenviertel der USA eine lange Abwärtsspirale des urbanen Verfalls. Doch in den vergangenen 15 Jahren geht es wieder aufwärts mit Harlem. Die Kriminalität ist dramatisch zurückgegangen. An vielen Stellen wird gebaut und renoviert und es kehrt auch wieder etwas vom Glanz besserer Tage zurück. Dabei legt man viel Wert darauf, an die große Jazztradition von Harlem anzuknüpfen. Die Jam-Abende in der »American Legion«, eigentlich einem privaten Club Harlemer Kriegsveteranen, ist dafür nur ein Beispiel. Seit beinahe 20 Jahren lädt Seleno Clarke die besten Jazzer der Stadt dazu ein, am Sonntag den »A Train« zu nehmen und gemeinsam in dem kleinen, überfüllten Raum Musik

Ein magischer Moment: Trompeter Howard McGhee lauscht Pianist Thelonious Monk im Minton's Playhouse, etwa September 1947

zu machen (248 West 132nd St., Tel. 1 212 283 97 01, http://colchasyoungharlempost398.com/; sonntags ab 19 Uhr).

Musikalische und andere Erfolge

Aber auch neue, kommerziellere Unternehmen knüpfen an die große Jazztradition an. So bietet der äthiopisch-schwedische Koch Marcus Samuelsson in der Kellerbar seines Erfolgsrestaurants »Red Rooster«, in **»Ginny's Supper Club«**, mehreren Abenden der Woche Jazz an (▶ S. 284). Erst 2014 eröffnete das **»Minton's Playhouse«** neu, wo in den 1940er-Jahren Charlie Parker, Miles Davis und Dizzy Gillespie Jazzgeschichte schrieben (▶S. 284). Und im **»Paris Blues«** an der 121. Straße, einer eher rauen Spelunke, wird jeden Abend bis in die Morgenstunden gejammt.

Aber Harlem ist nicht nur musikalisch, sondern auch kulinarisch wieder auf der New Yorker Landkarte. Samuelssons mutiger Vorstoß, mit einem Sternerestaurant in das Herz von Harlem zu ziehen, bereitete den Weg für eine regelrechte Lawine von Restauranteröffnungen nördlich des Central Park. Entlang des Frederick Douglass Boulevard zwischen 110. und 116. Straße eröffnete ein neues Restaurant nach dem anderen. Am Malcom X Boulevard, zwischen 118. und 131. Straße, hat man heute die Auswahl zwischen italienischen Trattorien, französischen Bistros, karibischen und senegalesischen Restaurants.

Bei all diesen neuen Aktivitäten gibt es freilich viele Ängste, dass Harlem seine Seele verliert, dass das alte Mekka des schwarzen Amerika mit seinem kulturellen Reichtum nur ein beliebiger Stadtteil unter vielen wird. Doch bislang hat sich auch das neue Harlem sein eigenes Flair erhalten. Nirgends in der Stadt vermischen sich schwarze und weiße Nachtschwärmer mit einer solchen Sebstverständlichkeit, nirgends ist afroamerikanische Lebensart so präsent. Dazu trägt nicht zuletzt auch bei, dass viele altehrwürdige Institutionen die Renaissance überlebt haben. Das **»Apollo Theater«**, einst das Epizentrum schwarzer Musik, erstrahlt seit seiner Sanierung wieder in altem Glanz (▶S. 148). Und nur ein paar Schritte weiter, bei **»Sylvias«**, bekommt man seit 55 Jahren knuspriges Fried Chicken mit Collard Greens – das klassische Soul Food, das Afroamerikaner einst mit nach Harlem gebracht haben (▶S. 293).

ZIELE
HARLEM

Wiege der schwarzen Musik

Apollo Theater Das legendäre Apollo Theater an der 125th Street wird auch gerne als Wiege der schwarzen Musik bezeichnet. Zu den Talentwettbewerben im Apollo kommen seit den 1930er-Jahren schwarze Künstler aus dem ganzen Land, in der Hoffnung, eine Karriere im Showbusiness zu machen. Die jüdischen Unternehmer Frank Schiffman und Stanley Cohen filterten die besten Talente heraus, diese bekamen Plattenverträge und wurden im Radio gespielt. Es war eine perfekte Hitmaschine – hier wurden unter anderem Bessie Smith, Billie Holiday, Duke Ellington, Count Basie, Dizzie Gillespie, Ella Fitzgerald, James Brown und Aretha Franklin entdeckt. Bis heute gehört die »Amateur Night at the Apollo« jeden Mittwoch zum beliebtesten Programm im Theater.

Seit seiner Renovierung 2007 finden im Apollo wieder Konzerte und andere Vorstellungen statt. Neben der Amateur Night und Aufführungen schwarzer Musikgattungen von Jazz bis Hip Hop hat sich das Apollo auch als Bühne für Stand-Up-Comedy etabliert. So ist das Apollo heute wieder ein »heiliger Ort« in der schwarzen Kultur: Barack Obama hielt hier 2008 eine seiner berühmtesten Wahlkampfreden. Und als Soullegende James Brown starb, nahm die Welt hier von ihm Abschied: Tagelang standen die Menschen an der 125ten Straße Schlange.

253 West 125th St. | täglich Führungen, Info: Tel. 1 212 5 31 53 00 | www.apollotheater.org | Subway: Malcolm X Boulevard/125th St.

Tempel des Soul: Mittwochabends zur Amateur Night treffen sich hier Sänger und Musiker, die auf den Durchbruch hoffen.

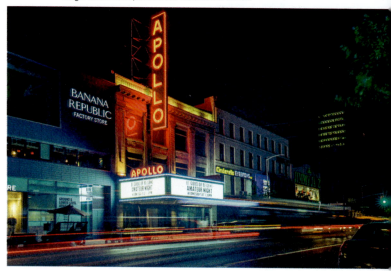

ZIELE
HARLEM

Zeitgenössische Afroamerikanische Kunst

Das Studio Museum einige Blocks weiter ist die einzige offizielle Institution in den USA für afroamerikanische Kunst. In Wechselausstellungen wird Kunst aus dem 20. und 21. Jh. gezeigt.

Studio Museum

144 West 125th St. | So., Mi. - Fr. 12-18, Sa. 10-18 Uhr | Eintritt: 7 $, 1. Sa. im Monat frei | www.studiomuseum.org | Subway: 125th St.

Afroamerikanische Kultur

Wer noch tiefer in die afroamerikanische Kultur eintauchen möchte, der besucht das Schomburg Center for Research in Black Culture. Grundstock der Einrichtung ist die Sammlung von Arthur Schomburg (1874–1938). Der aus Puerto Rico stammende Bankangestellte trug aus Protest gegen die damals herrschende Meinung, die Schwarzen hätten keine Geschichte, 5000 Bücher, 300 Manuskripte, 2000 Radierungen und Porträts zusammen; weitere Sammlungen kamen hinzu. Sehenswert sind auch die Kunstwerke von Romare Bearden und anderen berühmten schwarzen Künstlern im Foyer. Außerdem finden im Schomburg eine Vielzahl von Veranstaltungen und Vorträgen zur afroamerikanischen Kultur, Geschichte und Politik statt.

Schomburg Center for Research in Black Culture

515 Malcolm X Boulevard, zw. 135th und 136th St. | Di., Mi. 10-20, Mo., Do. - Sa. nur bis 18 Uhr | www.schomburgcenter.org | Subway: 135th St.

Rund 400 Kirchen und religiöse Stätten in Harlem

Von den älteren Gebäuden Harlems sind besonders die vielen Kirchen und religiösen Stätten interessant. Die bekannteste der rund 400 Kirchen in Harlem ist die 1924 im neugotischen Stil erbaute **Abyssinian Baptist Church**, in der Vater und Sohn Adam Clayton Powell – der Sohn war 1944 auch Kongressabgeordneter – ihre feurigen Predigten hielten. Die Abyssinian Baptist ist bis heute eine mächtige Institution in Harlem – jeder Politiker, der die schwarzen Stimmen haben will, stattet ihr einen Besuch ab.

Kirchen in Harlem

132 West 138th St. | Sonntagspredigt mit Gospelgottesdienst: 11 Uhr, Besucherinfos: www.abyssinian.org | Subway: Malcolm X Boulevard/135th St.

Die Streberreihe

Die geräumigen Brownstone-Häuser in der Strivers' Row, der »Streberreihe« (138th und 139th St. zwischen Frederick Douglass Blvd. und Adam C. Powell Blvd.), gehören zu den schönsten ganz New Yorks. Die schmucken Reihenhäuser wurden in den 1890er-Jahren von prominenten Architekten entworfen, u. a. von Stanford White, um zu beweisen, dass Wohnungen zu einem erschwinglichen Preis auch geschmackvoll und geräumig sein können. Inzwischen werden sie zu Höchstpreisen gehandelt.

Strivers' Row

ZIELE
HARLEM

Ein Herrenhaus im Kolonialstil
Hamilton Grange Die Hamilton Grange war der Landsitz von Alexander Hamilton, dem New Yorker Unterzeichner der Unabhängigkeitserklärung und Vordenker des amerikanischen Wirtschafts- und Handelssystems (▶ S. 268). Das Haus im Federal Style wurde zwei Mal komplett umgesiedelt, bevor es an seinem jetzigen Ort im St. Nicholas Park gelandet ist. Seit dem Erfolgsmusical »Hamilton« am Broadway ist es ein überaus populärer Wallfahrtsort geworden.
414 West 141 St. | Mi. - So. 9-17 Uhr | Eintritt frei | www.nps.gov/hagr/index.htm | Subway: 145th St.

Museum für die Kultur spanisch sprechender Völker
Hispanic Society Der von Archer M. Huntington (▶ S. 269) gestiftete, 1908 im neoklassizistischen Stil erbaute Komplex befindet sich im Stadtviertel Audubon Terrace. Es ist benannt nach dem Naturforscher John James Audubon, dem das Land einst gehörte und der, wie zahlreiche andere Prominente aus Kultur und Politik auf dem gegenüber gelegenen **Trinity Cemetery** begraben ist. Die Skulpturen auf dem Hauptplatz schuf die Bildhauerin und Ehefrau des Stifters, Anna Hyatt Huntington. In dem Gebäude sind mehrere Institute untergebracht: die American Numismatic Society mit einer bedeutenden Münzsammlung, die American Academy of Arts and Letters, eine Vereinigung angesehener Dichter, Maler, Architekten und Komponisten Amerikas, sowie die 1904 von Huntington gegründete Hispanic Society of America, ein besuchenswertes Museum für die Kultur der heute spanisch sprechenden Völker von der prähistorischen Zeit bis zur Gegenwart. In der Gemäldesammlung sind Werke u. a. von Joaquín Sorolla y Bastida, El Greco, Velázquez und Goya ausgestellt, außerdem zeigt das Museum archäologische Fundstücke, Goldschmiedekunst, islamische Kunst aus dem Mittelalter, Teppiche und Porzellan aus der Zeit vor der Vertreibung der Mauren und kunsthandwerkliche Arbeiten.
Broadway/155th St. | Di. - Sa. 10-16.30, So. 13 bis 16 Uhr | http://hispanicsociety.org | Subway: 157th St.

Noch ein Herrenhaus im Kolonialstil
Morris Jumel Mansion Der schön restaurierte Landsitz etwas weiter nördlich ist einer der ältesten erhaltenen Wohnsitze Manhattans. Er wurde vor der Revolution 1765 im georgianischen Stil von Roger Morris errichtet und diente 1776 George Washington als Hauptquartier, als sich die amerikanischen Truppen vor den Engländern nach New York zurückgezogen hatten. 1810 erwarb der Kaufmann Stephen Jumel das Landhaus. Er und seine Frau Eliza richteten es im französischen Empire-Stil ein. Heute ist es ein Museum mit neun Räumen, in denen viele Originalmöbel aus dem 18. und 19. Jh. sowie Gemälde, Zeichnungen, Silbersachen, Porzellan und Kristall aus der Frühzeit der USA ausge-

ZIELE
HARLEM

Im Morris Jumel Mansion scheint die Zeit stehen geblieben zu sein.

stellt sind. Die zweistöckigen Reihenhäuser gegenüber, in den kopfsteingepflasterten Straßen Jumel Terrace und Sylvan Terrace, entstanden zwischen 1890 und 1902.

65 Jumel Terrace, zw. 160th und 162nd St. | Mi. – So. 10-16 Uhr | Eintritt: 6 $ | www.morrisjumel.org | Subway: 163rd St.

▶dort

The Cloisters

Auf Entdeckungstour: Jazz vom Feinsten …

Wer eine Zeitreise in die große Zeit des Harlemer Jazz unternehmen möchte, der hat heute wieder zahlreiche Gelegenheiten dazu. Im Keller des Szenerestaurants »Red Rooster«, im »Ginny's Supper Club«, wird beinahe jeden Abend Live-Jazz vom Feinsten in eleganter Atmosphäre geboten (www.ginnyssuperclub.com, 310 Lenox Ave., ▶S. 284). Hier trifft sich die neue Harlemer Szene. Gegen Mitternacht verwandelt sich der elegante Raum dann bis in die Morgenstunden in einen Tanzclub. Gleiches gilt für das »Minton's Playhouse«, eine traditionelle Bühne (▶Baedeker Wissen, S. 147 und S. 284). Zu Minton's gehört im Nachbarhaus das 2013 eröffnete »Cecil's«. Ein ganz besonders intimes Jazz-Erlebnis finden Sie im »American Legion Post 398« (▶Baedeker Wissen, S. 147).

Harlemer Jazz

ZIELE
HIGH LINE PARK

Wer etwas von der hispanischen Kultur des Barrio in East Harlem einatmen möchte, geht indes ins »Camaradas El Barrio« . Hier gibt es hausgemachte puerto-ricanische Gerichte zu Spottpreisen, die Sangria fließt in rauen Mengen und eine Band spielt entweder traditionelle oder moderne puerto-ricanische Musik. Dabei hält es das Publikum aus dem Viertel nie lange auf den Plätzen. Kein Abend im Camaradas vergeht, ohne dass zu Salsa und Merengue die Hüften geschwungen werden.
Harlem Spirituals Gospel Jazz Tours: www.harlemspirituals.com
Camaradas El Barrio: 2241 1st Ave./115th St. | tägl. 3–3 Uhr | www.camaradaselbarrio.com | Subway: 6 bis 116th St.

… und beschwingte Gottesdienste

Gospel-gottesdienste

Der beschwingte Sonntagsgottesdienst mit feurigen Predigten und viel seelenvoller Musik ist ein zentraler Bestandteil des schwarzen Lebens in Amerika. Entsprechend leben die Harlemer Kirchen sonntags mit Tanz und Gesang auf. Die meisten Kirchen heißen Besucher herzlich willkommen, sofern sie sich respektvoll verhalten. Das bedeutet ordentliche Kleidung (keine Jeans und T-Shirts), ruhiges Verhalten während der Predigt und eine Spende am Ende des Gottesdienstes.
Empfehlenswerte Kirchen:
First Corinthia Baptist Church: 1912 Adam Clayton Powell Jr. Blvd./116th St. | Gottesdienste um 7.30, 9.30 und 11.30 Uhr | Subway: 2, 3, B, C bis 116th St.
Canaan Baptist Church of Christ: 132 West 116th St. | Gottesdienst um 10 Uhr | Subway: 2, 3, B, C bis 116th St. | **Abyssinian Baptist Church:** ▶S. 149

★★ HIGH LINE PARK

F 16–14

Lage: Meatpacking District, zwischen Gansevoort und 34th St. | **Subway:** 14th St., 23rd St., 8th Ave. | tägl. 7–22, Dez. – März nur bis 19 Uhr | **Barrierefreie Aufgänge:** 14th St. West 16th St., 23rd St. und West 30th St. | **www.thehighline.org**

Die High Line ist ein einmaliges städtebauliches Experiment: ein Stadtpark auf einer alten Hochbahntrasse.

Ein Park auf Stelzen

Von der High Line aus wirkt New York ganz anders. Die einfallsreich umgestaltete ehemalige Hochbahn verläuft neun Meter über der Straße – etwa auf Höhe des dritten Stocks. Das ist hoch genug, um Aus- und Durchblicke über die ganze Stadt und über den Hudson River zu erhaschen und dem hektischen Leben unter einem entrückt zu sein. Gleichzeitig fühlt man sich jedoch auch noch immer mittendrin,

ZIELE
HIGH LINE PARK

eingezwängt zwischen Apartmenthäusern, Lagerhallen und Hotels, als Teil des unermüdlichen Treibens der Stadt. So ist es kein Wunder, dass die High Line seit ihrer Eröffnung 2009 **eine der beliebtesten Ziele für New Yorker und Touristen** ist. Millionen steigen jährlich die Treppen hinauf, um den Park zu erleben, der von den Architekten Diller, Scofidio + Renfro zusammen mit dem Landschafts- und Stadtplanungsbüro James Corner Field Operations brillant gestaltet wurde. Verschiedene Sitz- und Liegegelegenheiten laden zu einer Pause ein. Die alten Schienen sind mit Wildblumen bepflanzt, dazwischen überraschen Kunstinstallationen und andere architektonische Elemente wie kleine Amphitheater, von denen aus man das Leben auf der Straße unter sich betrachtet.

Ursprünglich war die High Line eine Hochbahnlinie für Güterzüge, die 1934–1980 Hafenanlagen, Textilfabriken und Großfleischereien in dem Stadtviertel bedienten. Nach ihrer Stilllegung geriet sie in Vergessenheit. Doch Pläne, sie abzureißen, stießen auf den Widerstand der Anwohner. Sie gründeten eine Bürgerinitiative für ihren Erhalt und schafften es, die Unterstützung der Politik sowie der Wirtschaft für das Projekt High Line Park zu gewinnen.

Ein trojanisches Pferd für die Immobilienmogule

Heute verbindet die High Line den Meatpacking District in West Chelsea (▸Chelsea) mit Clinton/Hell's Kitchen weiter nördlich. Während sie in den ersten beiden Etappen noch zwischen bestehenden Häuserfluchten verläuft, fasst der dritte und letzte Abschnitt den Hudson Yard ein (30th bis 34th St. zwischen 10th und 12th Avenues) – ein ehemaliges Straßenbahndepot, über dem derzeit ein neues Wohn- und Einkaufsviertel gebaut wird. Insgesamt erstreckt sich der »schwebende Grünstreifen« 2,33 km lang parallel zum Hudson River.

Am Anfang war ein Deal: Die Genehmigung zur Sanierung der Hochbahntrasse war geknüpft an die Vergabe von Baurechten für Luxuswohntürme entlang der Schienen. Die Umgestaltung der High Line machte aus dem Meatpacking District, dem alten Fleschereiviertel an den ehemaligen Docks in West Chelsea, ein edles Einkaufs- und Unterhaltungsviertel mit hochklassigen Restaurants, Nachtklubs und Designerboutiquen und löste einen Bauboom aus.

Entlang der Trasse entstanden Luxusapartmenthäuser von Star-Architekten. Kritiker bemängeln mittlerweile gar, dass die Gebäude den Ausblick verstellen und die High Line zunehmend in eine Schlucht verwandeln. Fest steht, dass West Chelsea dank der High Line heute zu den teuersten und begehrtesten Wohnbezirken der Stadt gehört. Den neu gewonnenen Status von Meatpacking District und West Chelsea als exklusiver Wohn- und Shopping-Bezirk verstärkte 2015 der Umzug des ▸**Whitney Museum** an das Südende der High Line (Washington & Gansevoort St.). Dieses war das erste der großen New Yorker Museen, das von der »Museum Mile« nach Downtown

Sehenswertes entlang der High Line

ZIELE
HIGH LINE PARK

High Line Park: Wo früher die Hochbahn verlief, ist heute eine grüne Oase.

kam. Der Bau des italienischen Architekten Renzo Piano vervollständigt das Ensemble zeitgenössischer experimenteller Architektur des Stadtviertels.

Nur ein Block nördlich folgt das **Hotel The Standard** (848 Washington St.; Ennead Architects, früher Polshek Partnership Architects, 2009) – sein Fundament ruht auf Betonpfeilern, die sich über der High Line spreizen. Am Hudson steht das **IAC Building**, Frank Gehrys erstes New Yorker Gebäude (555 West 18th St./11th Ave.; 2007), »ein in Terrassen angelegter Bienenstock in Weiß«. Etwas weiter nördlich zieht der Turm **100 Eleventh Avenue** die Aufmerksamkeit auf sich (Jean Nouvel, 2010). Hervorsticht außerdem die Stahl- und Glaskonstruktion **HL 23** von Neil Denari, 2012 (515–517 West 23rd St.) mit einer auffällig aerodynamischen Fassade; aus Platzgründen »neigt« sich das 14-stöckige Gebäude über die ehemalige Hochbahntrasse. Fast am Ende der High Line folgt das erste und einzige Wohnhaus der 2016 verstorbenen Architektin **Zaha Hadid** in New York (520 West 28th St.). Mit seinen dynamischen Formen wirkt es eher wie eine Skulptur.

ZIELE
JEWISH MUSEUM

Empfehlungen für das Wohlbefinden
Empfehlenswerte Einkehrmöglichkeiten unterwegs sind u. a. ein deutscher »Biergarten« mit Holzbänken und Thüringer Bratwurst unter dem Hotel The Standard (Eingang Washington St.), die Rooftop-Bar mit fantastischem Rundblick (im Hotel The Standard, 848 Washington St.), eine gemütliche Weinbar in einer ehemaligen Polsterei, »The Upholstery Store« (713 Washington St.) sowie das »Pastis« mit internationaler Bistroküche gegenüber dem Hotel Gansevoort (9 Ninth Ave.). Für einen schnellen Kaffee eignet sich hervorragend das Café im Highline Hotel (10th Ave./21st St.). Besuchenswert ist auch der **Chelsea Market**, wo man wunderbar essen und einkaufen kann (75 9th Ave., zw. 15th und 16 St., Mo. – Sa. 7–21, So. 8–20 Uhr; www.chelseamarket.com). Der **Highline Ballroom** (431 West 16th St./Ninth Ave., Subway: 14th St.; www.highlineballroom.com) gehört zu den spitzen Konzerthallen in Manhattan. Das Programm deckt von Jazz bis Rock und experimenteller Musik eine große Bandbreite ab. Die gebuchten Bands gehören aber grundsätzlich zu den besten und interessantesten ihres Fachs. Im »Le Bain« im Hotel The Standard (▶oben; 18. Stock und Dachterrasse, tägl. 14–4 Uhr) treffen sich vor allem an Sommerabenden die Reichen und Schönen New Yorks, meist sehr wenig bekleidet. Bei Cocktails aalen sie sich in den Blubberwannen und genießen den atemberaubenden Blick über die Stadt ...

Einkehrmöglichkeiten, Konzerte u. a.

JEWISH MUSEUM

Lage: 1109 Fifth Ave./92nd St. | **Subway:** 86th St. | Fr. – Di. 11–17.45, Do. bis 20 Uhr | **Eintritt:** 15 $; Sa. freier Eintritt |
www.thejewishmuseum.org

Das Jewish Museum an der »Museum Mile« ist mehr als ein Museum zur jüdischen Kultur. Seit den 1970er-Jahren fördert und präsentiert es Stars der New Yorker Avantgarde.

Ursprünglich zeigte das Jewish Museum ausschließlich die umfangreiche Sammlung jüdischer Kunst sowie historischer Judaica des Bankiers und Kunstsammlers Felix M. Warburg. Untergebracht ist es in seinem ehemaligen Stadthaus im neugotischen Stil (Architekten: C. P. H. Gilbert und Kevin Roche, 1908).
Diese Tradition wird auch fortgesetzt: Die Exponate stellen 4000 Jahre jüdischer Geschichte vor. Gezeigt werden Kultgegenstände aus Synagogen und Privathaushalten vieler Länder, so etwa Thorarollen, Sabbatlampen, Kidduschbecher, Schmuck und Gerätschaften.

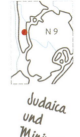

Judaica und Minimal-Kunst

ZIELE

LINCOLN CENTER FOR THE PERFORMING ARTS

Doch seit der großen Zeit des Minimalismus in New York hat sich das Jewish Museum auch immer wieder um die moderne Kunst verdient gemacht. Es förderte und zeigte Avantgarde-Künstler wie Mel Bochner, Eva Hesse oder Andy Warhol. So macht das Haus heute sowohl mit zeitgenössischen Kunstausstellungen als auch mit Ausstellungen zur jüdischen Tradition auf sich aufmerksam. Im **Museumscafé Russ & Daughters** wird koschere Küche serviert.

In der Park Ave./ 92nd St., auf Höhe des Jüdischen Museums, steht »Night Presence IV«, eine fast 7 m hohe Stahlskulptur von **Louise Nevelson** (1972; ▶Interessante Menschen S. 271).

★ LINCOLN CENTER FOR THE PERFORMING ARTS

Lage: 65th St./Columbus Ave. | **Subway:** 66th St. (Lincoln Center) | www.lincolncenter.org

Wenn die Sonne untergeht, wird es festlich rund um den Broadway und die 66. Straße. Damen und Herren in Abendgarderobe steigen aus Taxis und gehen die Treppen hinauf zum Vorplatz des Lincoln Center, wo ein beleuchteter Springbrunnen sprudelt.

Ein Tempel für Oper, Ballett und Musik

Die großen Wandgemälde von Marc Chagall, welche die Künste feiern, schimmern durch die Glasfassaden der Metropolitan Opera. Die drei nebeneinander liegenden Festspielhäuser sind hell erleuchtet.
Das Lincoln Center ist das bedeutendste Zentrum für darstellende Künste in den USA. Der Gebäudekomplex, ein Meisterwerk moderner Architektur aus den 1960er-Jahren nach Plänen des Architekten Philip Johnson erbaut, war einer der ehrgeizigen Projekte des großen New Yorker Städteplaners Robert Moses. Dieser wollte einen Tempel für Oper, Ballett und klassische Musik schaffen, wie er in der Welt seinesgleichen suchte und der zum Vorbild für viele Städte nicht nur in den USA wurde. Das Projekt war zunächst umstritten, zumal Tausende Menschen, vor allem Afroamerikaner, umgesiedelt werden mussten, die in dem armen Stadtteil San Juan Hill lebten (hier entstanden 1961 nicht nur die Außenaufnahmen des Films »The West Side Story«, San Juan Hill war auch der Ort der Handlung). Verschiedene Architekten entwarfen die Gebäude, die durch ihr strenges Äußeres dennoch recht einheitlich wirken. Bei allen wurde italienischer

ZIELE
LINCOLN CENTER FOR THE PERFORMING ARTS

Travertin verwendet. Die künstlerische Ausstattung war den Bauherren ein großes Anliegen, sodass ein Besuch nicht nur wegen des kulturellen Angebots, sondern auch wegen der Werke namhafter Künstler lohnt. Zwischen 2009 und 2011 wurde der Komplex von Diller, Scofidio + Renfro, den Architekten des High Line Parks, umfassend modernisiert und neu gestaltet. Nun strömen die New Yorker wieder Abend für Abend in die immer hochklassigen Aufführungen; tagsüber ist der Campus ein beliebter Treffpunkt, an warmen Sommerabenden trifft man sich zum **Midsummer Night Swing** oder um Freiluft-Konzerten zu lauschen.

Programmüberblick und Tickets
Auskunft über alle Aktivitäten im Lincoln Center erhält man auf der Website www.lincolncenter.org und im David Rubenstein Atrium, http://atrium.lincolncenter.org. In dem sehenswerten Gebäude mit Café und Informationsschaltern werden auch die Tickets für Vorführungen und Besichtigungstouren verkauft. Eingang: Broadway/62nd St.; Mo. – Fr. 8–22, Sa., So. ab 9 Uhr; Führungen: tägl. 10.30–16 Uhr, www.lincolncenter.org/tours oder Tel. 1 212 8 75 53 50, Ticket 25 $

David Rubenstein Atrium

Einladende Festbeleuchtung im Metropolitan Opera House:
ein schöner Ort für die Kunst

ZIELE
LINCOLN CENTER FOR THE PERFORMING ARTS

Heimstatt der New Yorker Philharmoniker

David Geffen Hall

Mittelpunkt der Anlage ist die zur Columbus Avenue geöffnete Josie Robertson Plaza mit der abends spektakulär beleuchteten **Revson Fountain** (Philip Johnson).

Als erstes Gebäude entstand an ihrer Nordseite die von M. Abramovitz in Form eines griechischen Tempels entworfene, 1962 eröffnete David Geffen Hall (früher Avery Fisher Hall), die Heimstatt der New Yorker Philharmoniker. Neben den New Yorker Philharmonikern, die von Anfang September bis Mitte Mai wöchentlich jeweils vier Konzerte geben, gastieren im Konzertsaal auch namhafte in- und ausländische Orchester und Solisten. Die Philharmoniker geben im Sommer auch Konzerte in den Parks (▶S. 84, 278).

Hier tanzt das New York City Ballet

David H. Koch Theater

Der David Geffen Hall gegenüber liegt das David H. Koch Theater (Architekten: Philip Johnson und Richard Foster, 1964), Heimat des New York City Ballet. Das dreistöckige Foyer des Theatersaals schmücken eine Mahler-Büste von Rodin, eine Beethoven-Maske von Bourdelle und zwei große Frauenstatuen von Elie Nadelmann.

Die Met – eines der führenden Opernhäuser der Welt

Metropolitan Opera (Abb. S. 157)

An der Westseite der Plaza befindet sich das Hauptgebäude des Lincoln Center, die Met. Mit ihren Starbesetzungen, aufwendigen Inszenierungen und kristallklarer Akustik ist sie neben der Wiener Staatsoper und dem Teatro alla Scala in Mailand eines der führenden Opernhäuser der Welt und Domizil der Metropolitan Opera Company. Das von W. K. Harrison entworfene, 1966 eingeweihte Bauwerk beeindruckt durch die fünf hohen Bogenfenster, die den Blick auf das reich ausgestattete Foyer freigeben. Die beiden großen Wandgemälde im Foyer von Marc Chagall, »Les Sources de la Musique« und »Le Triomphe de la Musique«, werden vormittags vor der Sonne geschützt und sind dann leider nicht zu sehen. In den Wandelgängen hängen Porträts berühmter Sänger, die an der Met aufgetreten sind. Eine Führung vermittelt unvergessliche Eindrücke. Im **Damrosch Park** hinter der Met finden in der Guggenheim Bandshell im Sommer Konzerte im Freien statt.

Tickets ab 30 $ | Führungen: Okt. – Juni (90 Min.), Info und Anmeldung: Tel. 1 212 7 69 70 20 (zwischen 10 und 15 Uhr)
www.metopera.org

Gewichtige Kunst des englischen Bildhauers Henry Moore

Reclining Figure

An der Westseite der David Geffen Hall öffnet sich ein weiterer Innenhof mit einem großen quadratischen Wasserbecken, in dessen Mitte die sechs Tonnen schwere Bronzegruppe **»Reclining Figure«** von Henry Moore (1968) steht. Das Vivian Beaumont Theater, ein Entwurf von Eero Saarinen (1965), ist Sitz des Lincoln Center Theater.

6x GUTE LAUNE

Das hebt die Stimmung!

1.
JUNGE SZENE
Auf der Lower East Side reiht sich ein Musikklub an den nächsten. Hier können Sie **die Pop-Stars von morgen** live erleben.
(▶ S. 160)

2.
BUNT
Bei **Paraden** wie der Macy's Thanksgiving Parade, der Caribbean Day Parade, der Gay Pride Parade oder der Mermaid Parade auf Coney Island wird ausgelassen gefeiert.
(▶ S. 306 ff.)

3.
LAUNIG
An heißen Sommerabenden **werden** New Yorker **Parks zu Festivalbühnen**, wie etwa der Prospect Park mit seiner beliebten Konzertreihe »Celebrate Brooklyn«.
(▶ S. 308)

4.
SALSA SUNDAY AM ORCHARD BEACH
Zwischen Juni und September steigt jeden Sonntag nachmittag am Orchard Beach – die Riviera der Bronx genannt – die **heißeste Salsa Party** der Stadt.
(▶ S. 63)

5.
BESCHWINGT
Am Lincoln Center wird an Sommerabenden zu einer Live-Big-Band wie in guten alten Zeiten **Swing getanzt.**
(▶ S. 157)

6.
KÜNSTLER PARTY
Jeden Sonntagnachmittag im Sommer trifft sich die New Yorker Künstlerszene im **Innenhof des PS 1**, um zur Musik eines DJs zu tanzen, zu quatschen oder einfach nur abzuhängen.
(▶ S. 194/195)

ZIELE
LOWER EAST SIDE

Musikschule, Übungsräume, Filmtheater …

Juliard School Nördlich jenseits der West 65th St. ist New Yorks bedeutendstes Konservatorium, die Juliard School, beheimatet. Das Gebäude (Pietro Belluschi, 1968) bekam 2009 eine Glasfassade und wurde bis zum Broadway erweitert. Neben einer Opernbühne, Vortragssälen und Übungsräumen ist hier auch die **Alice Tully Hall** für Kammer- und Solokonzerte untergebracht, seit der jüngsten Modernisierung mit einer modernen, transparenten Fassade mit spitzen Winkeln, außerdem das **Walter-Reade-Filmtheater**, in dem alljährlich im Frühherbst das **New York Film Festival** stattfindet.

Seit der Renovierung 2010 ist an der Nordseite des Campus zur 65. Straße hin auch ein Programmkino internationaler Filme und Kunstfilme untergerbracht (www.filminc.org). Zum Kino gehört eine gemütliche Bistro-Bar.

… und Kunstschätze in der Nachbarschaft

American Folk Art Museum Das benachbarte American Folk Art Museum zeigt volkstümliche und andere Kunstschätze aus mehreren Jahrhunderten. Es ist winzig, aber sehenswert (▶S. 321).

LOWER EAST SIDE

H–K
20/21

Lage: Zwischen First Ave. und East River (Downtown) |
Subway: Delancey St.

Wer nachts um zwei in die Ludlow Street kommt, ins Herz des Szeneviertels Lower East Side, der erlebt Frank Sinatras Behauptung, dass New York niemals schläft.

Hier drängen sich die Nachtschwärmer dicht an dicht auf den Bürgersteigen, der Wettbewerb um die Taxis ist härter als am Times Square. Aus den vielen Kneipen und Klubs dringt Musik auf die Straße, die kleinen Restaurants und Bistros bieten Mitternachtssnacks für die Zwischenstopps an.

Klassisches Einwandererviertel

Die Lower East Side, die Gegend zwischen Houston St., ▶ Bowery und East River, ist das klassische Einwandererviertel New Yorks. Doch in den vergangenen Jahren hat es sich zum lebendigen Ausgeh- und Shoppingbezirk für ein junges Publikum, die unter 35-jährigen, entwickelt. Musikklubs wie »Arlene's Grocery«, »Bowery Ballroom« und »Mercury Lounge« genießen Weltruf. Superstars wie Lady Gaga oder Norah Jones haben hier ihre Karriere begonnen und Tausende Musiker wollen es ihnen gleichtun. Der Musikszene folgte in den vergangenen Jahren die Kunst. Mit der Eröffnung des New Museum an

ZIELE
LOWER EAST SIDE

Typisch Lower East Side: das Mietshaus in der Elizabeth St. 260 um 1912

der Bowery (▶ S. 57) kamen Dutzende kleiner Galerien aus Chelsea wieder zurück nach Downtown und zeigen hier nun aktuelle Kunst (▶ Das ist New York S. 18).
Arlene's Grocery, Mercury Lounge ▶S. 284 und 285 | **Bowery Ballroom:** 6 Delancey St. | www.boweryballroom.com

Auf Entdeckungstour
Das neue Ambiente kann die reiche Geschichte des Viertels jedoch nicht völlig überschatten (▶ Tour 4, S. 39). Die »Tenements« der Lower East Side, die klassischen, meist sechs- bis siebenstöckigen Mietshäuser, entstanden zwischen 1880 und 1914, um die Massen von Einwanderern aus Ost- und Südeuropa aufzunehmen. Der Fotograf Jacob Riis dokumentierte um 1890 in seiner berühmten Reportage »How the Other Half Lives« das Elend in diesen Quartieren und löste damit eine Reformbewegung im Stadt- und Wohnungsbau aus. Die weitaus größte Bevölkerungsgruppe waren Juden aus Polen und Russland. Spuren ihres Lebens finden sich bis heute – etwa im berühmten Schnellrestaurant **»Katz's«** an der Houston Street oder im alteingesessenen Lebensmittelladen **»Guss' Pickles«**, ein 100 Jahre altes jüdisches Geschäft, in dem nach Großmutters Rezept Gurken in Fässern eingemacht werden.
Katz's Delicatessen: ▶ S. 303
Guss' Pickles: 87 Orchard St. | www.gusspickle.com

Geschichte des Viertels

ZIELE
MANHATTAN

Zeugnis der jüdischen Vergangenheit

Eldridge Street Synagogue
Das eindrucksvollste Denkmal der jüdischen Vergangenheit ist allerdings die 1887 in einem historischen Stilmix von orthodoxen Aschkenasim aus Osteuropa erbaute und aufwendig restaurierte Eldridge Street Synagogue. Ihr Hauptsaal wird als **Museum** für die jüdische Geschichte des Stadtviertels und für die Geschichte der Einwanderung in die USA genutzt.
Museum at Eldridge St.: 12-14 Eldridge St., zw. Division und Canal St. | So. – Do. 10–16 Uhr | Eintritt: 14 $

Das Leben der Einwanderer

Lower East Side Tenement Museum
Wer noch tiefer in die Vergangenheit des Viertels eintauchen möchte, besucht das Lower East Side Tenement Museum. Das besuchenswerte Museum in einem alten Mietshaus von 1863 zeigt das entbehrungsreiche Leben der Einwanderer anhand von mehreren wiederhergestellten Wohnungen aus den Jahren 1870 bis 1930. Das Museum bietet auch Rundgänge auf den Spuren des jüdischen Lebens durch das Viertel an.
Visitor Center: 103 Orchard St. | www.tenement.org | Tel. 1 212 9 82 84 20 | Das Museum ist nur mit Führung zu besichtigen, tägl. 10.15 bis 17 Uhr, nach Anmeldung im Besucherzentrum, Fr. – Mi. 10–18.30, Do. bis 20.30 Uhr, oder online | Eintritt: 25 $ | Es werden auch Touren durch das Stadtviertel angeboten. | Subway: Grand St., Essex St.

MANHATTAN

Lage: Zwischen Hudson River, East River und Harlem River

Überbordende Gehwege, hastende Menschenmassen, hupende Taxis und eine überwältigende Vielfalt an Sinneseindrücken – das ist New York. Die Quintessenz heißt Manhattan.

Da sind die unterschiedlichen Stadtviertel, die auf engstem Raum atemberaubende Kontraste bieten. Wer den Broadway hinunterläuft, der erlebt innerhalb einer Stunde so viel wie auf einer Weltreise. Da ist das Spektakel der Straße, die jeder New Yorker auf seine Weise als Bühne nutzt. Da sind die unterschiedlichen Stadtviertel, die atemberaubende Kontraste bieten. Da ist die ansteckende Hektik und Energie und da ist das überwältigende Angebot an Geschäften aus aller Welt. Der Städtetheoretiker Rem Koolhaas hat das einmal »die Kultur der Dichte« genannt. Das besondere Flair New Yorks liegt am Platzmangel, der Manhattan auszeichnet. Der Platz auf der Insel ist begrenzt und die ganze Welt möchte hier sein. So ist das wunderbare Chaos entstanden, das heute New York ist.

ZIELE
MANHATTAN

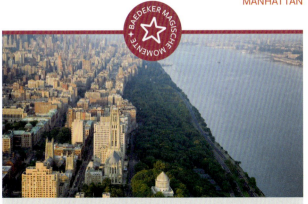

SOMMERABEND IM RIVERSIDE PARK
Die Parkanlage, die sich von der 59. bis zur 125. Straße am Hudson River entlang zieht, liegt weniger zentral als der Central Park. Daher ist sie weniger überlaufen – New Yorker sind hier zumeist unter sich. An Sommerabenden herrscht eine zauberhaft entspannte Stimmung – die Menschen lesen, spielen Musik, treiben Sport, meditieren und schauen sich die spektakulären Sonnenuntergänge über dem Ufer von New Jersey an.

Manhattan ist mit 59 km² zwar der kleinste, aber der bekannteste der fünf Boroughs von New York City. Er nimmt die gleichnamige, 21 km lange und nur 3 km breite Insel zwischen Hudson-, East- und Harlem-River ein, auf der etwa 1,6 Millionen Einwohner leben. Tagsüber bevölkern jedoch vier Millionen Menschen Manhattan. Hier konzentrieren sich die wichtigsten Sehenswürdigkeiten, die meisten Hotels, Restaurants, Musicaltheater und Jazzlokale. Und Manhattan ist das geschäftliche Zentrum New Yorks, ja der gesamten USA.

Stadtplaner mit Visionen
Der historische Kern New Yorks, der schon im 17. Jh. die holländische Kolonie New Amsterdam bildete, liegt am Südzipfel von Manhattan. Schon 1811, als die Stadt noch nicht über die Canal Street hinausging, wurden der schachbrettartige Stadtplan von heute angelegt und die Expansion nach Norden durchgeplant mit zwölf durchnummerierten Avenues von Nord nach Süd und über 200 Streets von Ost nach West. So wuchs Manhattan vom einstigen Seehafen und der Börse aus bis Ende des 19. Jh.s bis an den nördlichen Zipfel der Insel.

Anlage der Stadt

MANHATTANS UNTERGRUND

Am dichtesten stehen die Hochhäuser Manhattans am Südrand des Central Park (Midtown) und an der Südspitze (Downtown). Tief unter der Stadt verlaufen dicht gedrängt die Lebensadern für die Infrastruktur wie Stromkabel, Telefon- und Dampfleitungen sowie Wasserrohre.

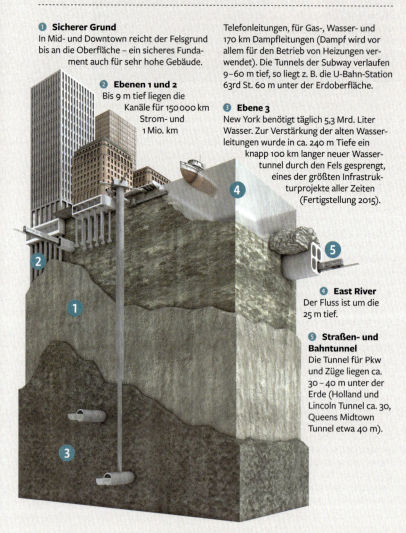

❶ **Sicherer Grund**
In Mid- und Downtown reicht der Felsgrund bis an die Oberfläche – ein sicheres Fundament auch für sehr hohe Gebäude.

❷ **Ebenen 1 und 2**
Bis 9 m tief liegen die Kanäle für 150 000 km Strom- und 1 Mio. km Telefonleitungen, für Gas-, Wasser- und 170 km Dampfleitungen (Dampf wird vor allem für den Betrieb von Heizungen verwendet). Die Tunnels der Subway verlaufen 9–60 m tief, so liegt z. B. die U-Bahn-Station 63rd St. 60 m unter der Erdoberfläche.

❸ **Ebene 3**
New York benötigt täglich 5,3 Mrd. Liter Wasser. Zur Verstärkung der alten Wasserleitungen wurde in ca. 240 m Tiefe ein knapp 100 km langer neuer Wassertunnel durch den Fels gesprengt, eines der größten Infrastrukturprojekte aller Zeiten (Fertigstellung 2015).

❹ **East River**
Der Fluss ist um die 25 m tief.

❺ **Straßen- und Bahntunnel**
Die Tunnel für Pkw und Züge liegen ca. 30–40 m unter der Erde (Holland und Lincoln Tunnel ca. 30, Queens Midtown Tunnel etwa 40 m).

ZIELE
MANHATTAN

Das historische Zentrum mit dem ►Financial District wird heute als **Lower Manhattan** bezeichnet. Hier ist auch mit der Neubebauung von Ground Zero nach dem 11. September 2001 ein ganz neues Stadtviertel entstanden. Nördlich von Lower Manhattan erstreckt sich bis zur 34. Straße **Downtown** – mit den Kultur- und Amüsierbezirken West und ►East Village, ►Chelsea, dem Meatpacking District und der ►Lower East Side. **Midtown**, die geschäftige Mitte Manhattans und das Herz New Yorks, zieht sich von der 34. Straße bis zum ►Central Park hin. Hier stehen einige der imposantesten Wolkenkratzer, die seit den 1920er-Jahren das Stadtbild prägen, u. a. das ►Empire State Building, das Chrysler Building, das MetLife Building und das ►Rockefeller Center. Midtown ist außerdem das Mekka der Unterhaltung mit dem Theater District am ►Broadway und ►Times Square, Carnegie Hall, Radio City Music Hall und Madison Square Garden. Mit **Uptown** wird die Gegend östlich und westlich des Central Park bezeichnet. Nördlich des Central Park folgt schließlich **Upper Manhattan**, ►Harlem, Washington Heights und Inwood, wo überwiegend African Americans und Hispanics leben.

Upper West und Upper East Side

Unaufgeregtes Wohnen für die Mittelschicht

Die Upper West Side im Westen des Central Park ist im Vergleich zur Hektik in Midtown eine Oase, ein ruhiges Wohn- und Einkaufsviertel mit erstklassigen kulturellen Einrichtungen. Ein Spaziergang auf der Upper West Side, zwischen Central Park und Hudson River, ist Balsam für die gestresste New Yorker Seele. Man wandelt zwischen eleganten Apartmenthäusern aus der Gründerzeit, an alteingesessenen Geschäften und Restaurants vorbei und kann zwischen hochrangigen Kulturangeboten auswählen.
Die Upper West Side, ein unaufgeregter Wohnbezirk für die Mittelschicht – Rechtsanwälte, Ärzte und Bankiers –, ist traditionell jüdisch. Zahlreiche Synagogen, das Jewish Community Center und jüdische Geschäfte wie Zabar's künden noch immer davon.

Upper West Side

Großbürgerlich, modern und viel Prominenz

Das Stadtviertel entstand in den 1880er-Jahren, als hier die ersten großen Apartmenthäuser der Stadt gebaut wurden. Die Gebäude waren revolutionär – sie verbanden den Komfort und Luxus von Großbürgervillen mit modernem städtischen Leben. Das berühmteste dieser Häuser ist das **Dakota** an der 72. Straße. Das schlossähnliche Apartmenthaus entstand 1880–1884 als erster Privatbau an der Upper West Side (1 West 72nd St.). Auftraggeber des luxuriösen Baus war Edward S. Clark, Erbe des Singer-Nähmaschinen-Vermögens. In den Luxussuiten lebten u. a. Judy Garland, Lauren Bacall, Leonard Bernstein und John Lennon,

Markante Apartment Houses

ZIELE
MANHATTAN

Roosevelt Island liegt im East River zwischen Manhattan (rechts) und Queens.

der 1980 vor dem Haus erschossen wurde. Auch im Film ist das Haus verewigt: 1968 drehte hier Roman Polanski seinen Film »Rosemary's Baby«. Nur fünf Minuten nördlich des Dakota steht das **San Remo**, ein zweitürmiges Apartmenthaus an der 74th St. (Nr. 145/146). Es entstand 1929–1931 nach Plänen von Emery Roth. Zu seinen berühmten Bewohnern zählen Dustin Hoffman, Paul Simon und Diane Keaton.

Das **Beresford Building**, der monumentale Palazzo am 211 Central Park West (zw. 81. und 82. Straße), gehört zu den vornehmsten Adressen in Manhattan. Hier wohnten der Tennisstar John McEnroe und der Schauspieler Rock Hudson. Entlang des Broadway finden sich weitere sehenswerte Bauten aus der »Gründerzeit«. Der prachtvolle Beaux-Arts-Bau **Ansonia Hotel** entstand 1899 nach Plänen von Paul E. M. Duboy (2101 bis 2119 Broadway, Höhe 73rd St.). Da es besonders gute schallschluckende Wände hatte, war das Hotel bei Musikern sehr beliebt. Zu seinen Gästen zählten u. a. Arturo Toscanini, Enrico Caruso, Igor Strawinsky und die Baseball-Legende Babe Ruth. Etwas nördlich von hier folgen die **Apthorp Apartments**, eine weitere eindrucksvolle Wohnanlage, die 1906–1908 für William Waldorf Astor erbaut wurde (2207 Broadway, zw. 78. und 79. Straße). Das älteste Gebäude auf der Upper West Side ist jedoch das ►American Museum of Natural History. Ganz in der Nähe befindet sich am Broadway **Zabar's**, das berühmte New Yorker Delikatessen- und Haushaltswarengeschäft (2245 Broadway, Höhe 81. Straße), das für seine Bagels mit frischem Lachs berühmt ist.

ZIELE
MANHATTAN

Volkssport Nummer eins: Brunch

In den letzten Jahren hat sich in dem Stadtteil eine lebhafte Gastronomieszene entwickelt, die sich hervorragend zu Fuß erkunden lässt. Entlang der Amsterdam und Columbus Avenue reihen sich zwischen der 66. und 86. Straße unzählige Restaurants und Cafés aneinander, in denen fast alle Küchen dieser Welt vertreten sind. Hier treffen sich an den Wochenenden die New Yorker zu ihrem Volkssport Nummer eins, dem Brunch. Leider muss man häufiger auf einen Tisch warten. Das wird jedoch mit Gelassenheit hingenommen, denn man weiß: Dort, wo der Andrang groß ist, da schmeckt es auch!

Das kulturelle Zentrum der Upper West Side ist zweifelsohne das ▶Lincoln Center an der 66. Straße – die erste Bühne der Stadt für klassische Musik, Oper und Ballett. Im erst vor wenigen Jahren restaurierten prachtvollen **Beacon Theater**, nicht weit vom Lincoln Center entfernt, treten Stars aus Rock and Pop auf.

Isabella's: 359 Columbus Ave./77th St., am American Museum of Natural History | Tel. 1 212 7 24 21 00| www.isabellas.com. Eine beliebte Brunchadresse, Reservierung wird dringend empfohlen. | **Beacon Theater**: Broadway/Ecke 75th St., www.beacontheatre.com

Gastronomie und Unterhaltung in der Upper West Side

Gold Coast Properties

Die »obere« East Side im Osten des Central Park, zwischen Grand Army Plaza (Höhe 59th St.) und 96th St., Fifth Ave. und East River, ist einer der vornehmsten Stadtteile von Manhattan. Hier wohnen einige der reichsten Einwohner in prächtigen Villen, den »Gold Coast Properties«. Östlich der Lexington Avenue ist auch der Mittelstand vertreten. Die Upper East Side ist für ihre exklusiven Geschäfte und Restaurants an der Madison Avenue und für einige der bedeutendsten Museen an der »Museum Mile«, der Fifth Avenue am Central Park, bekannt. Im Januar 2017 eröffnete hier, entlang der 2nd Avenue, die erste neue U-Bahn-Linie New Yorks seit fast 100 Jahren.

Upper East Side

Einst Heimat der deutschen und ungarischen Einwanderer

Yorkville, das Viertel zwischen East 79th und 96th Street sowie zwischen Lexington Avenue und East River, war die Heimat der deutschen und ungarischen Einwanderer, an die jedoch nur noch die Namen einiger Cafés oder Restaurants erinnert wie das **Heidelberg** mit der dazugehörigen Fleischerei Schaller und Weber. Der ebenfalls nach einem deutschen Einwanderer benannte **Carl Schurz Park** (▶ Interessante Menschen, S. 272) zieht sich zwischen der 84. und der 90. Straße am Ufer des East River entlang. Am Rand des Parks liegt **Gracie Mansion**. Das 1799 von Ezra Weeks für den schottischen Importeur Archibald Gracie im Federal Style erbaute Haus ist seit 1942 Wohnsitz des New Yorker Oberbürgermeisters (Mayor). Von der Uferpromenade hat man einen schönen Blick auf die langgestreckte Queensboro Bridge, die einen weiten Bogen über Roosevelts Island

Yorkville

ZIELE
METROPOLITAN MUSEUM OF ART

schlägt, und flussaufwärts auf die **Robert F. Kennedy Bridge** (▶Brücken in New York), die über Randall's Island bzw. Ward's Island Manhattan mit den Boroughs Queens und Bronx verbindet.
Heidelberg: 2nd Ave./86th St., www.heidelberg-nyc.com
Gracie Mansion: East End Ave./East 88th St. | Besichtigung Di. nach Voranmeldung, www.nyc.gov/gracie | Subway: 86th St.

Mit der Seilbahn auf die Insel im East River

Roosevelt Island (Abb. S. 166)
Auf der 3 km langen, nur 250 m breiten Insel gab es bis Mitte der 1950er-Jahre ein Gefängnis und mehrere Krankenhäuser. Ende der 1970er-Jahre entstand dann nach Plänen von Philip Johnson und John Burgee eine Wohnstadt für etwa 10 000 Bewohner. Die Südspitze der Insel nimmt der Four Freedoms Park ein, eine Gedenkstätte für den beliebten US-Präsidenten Franklin D. Roosevelt, der aus New York stammte. Ein besonderes Erlebnis ist die Anfahrt mit der Seilbahn, die man aus zahlreichen Filmen kennt. »The Tram« verlässt Manhattan an der Kreuzung 60th St./2nd Ave. und schwebt 43 m hoch über dem East River 956 m hinüber zur nahen Insel. Bei gutem Wetter genießt man einen tollen Blick über den East River nach Manhattan.
Aerial Tramway: Ecke 60th St./2nd Ave. | Ticket: 2,75 $ | http://rioc.ny.gov/tramtransportation.htm | Subway: Roosevelt Island | Infos über den Park: www.fdrfourfreedomspark.org

★★ METROPOLITAN MUSEUM OF ART

Lage: 1000 Fifth Ave./82nd St. | **Subway:** 86th St. | So. - Do. 10-17.30, Fr., Sa. bis 21 Uhr | **Eintritt:** 25 $, inkl. The Cloisters und The Breuer (Ausweis mitbringen!) | **Museum's Highlight Tours:** tägl. 10.15-16 Uhr jede Viertelstunde ab Great Hall, Dauer 1 St.
www.metmuseum.org

M 9/10

Das Metropolitan Museum am Central Park ist so etwas wie eine Schatzkammer der Menschheitsgeschichte. Seit der Gründung vor knapp 150 Jahren hat die wohl finanzierte New Yorker Bürgerstiftung Reichtümer aus allen Kulturkreisen und Epochen zusammengetragen. Alleine das British Museum in London oder die Eremitage in St. Petersburg können mit dem Met mithalten.

So ist es kein Wunder, dass das Metropolitan Museum mit beinahe sieben Millionen Besuchern jährlich auch zu einem der beliebtesten

ZIELE
METROPOLITAN MUSEUM OF ART

Museen der Welt gehört. Anders als das ▶MoMA ist der neoklassizistische Kunsttempel am Central Park West jedoch so weitläufig, dass das Gedränge sich in Grenzen hält. Das Museum besitzt mehr als 300 Ausstellungsräume.

Die Gründung des Museums 1870 war eine private Initiative einiger sehr vermögender Bürger, die die Zeit für gekommen hielten, den Einwohnern New Yorks (damals fast eine Million) ein Kunstmuseum zu schaffen. Und wie es dem Selbstbewusstsein dieser Stadt entspricht, vergrößerte es sich rasch durch weitere Schenkungen und wurde zu einer der atemberaubendsten Sammlungen der Welt.

Seinen ersten Sitz hatte das Museum in der West 14th St., dem damaligen Stadtzentrum. Kurze Zeit später stellte die Stadt am Ostrand des neu geschaffenen ▶Central Park ein Grundstück zur Verfügung. Calvert Vaux, der auch an der Gestaltung des Parks maßgeblich beteiligt war, lieferte die Pläne für einen roten Backsteinbau (1880), der heute nur noch vom Central Park aus sichtbar ist. Der jetzige Hauptbau an der Fifth Avenue folgte 1912, nach Plänen von Richard Morris Hunt (mittlerer Trakt) und dem Architekturbüro McKim, Mead and White (die beiden Seitentrakte). Seither wurde das Museum mehrfach erweitert, besteht aber nach wie vor aus einem Erdgeschoss und zwei Stockwerken.

Schatzkammer der Menschheitsgeschichte

Eine unermesslich reiche Schatzkiste: das Met

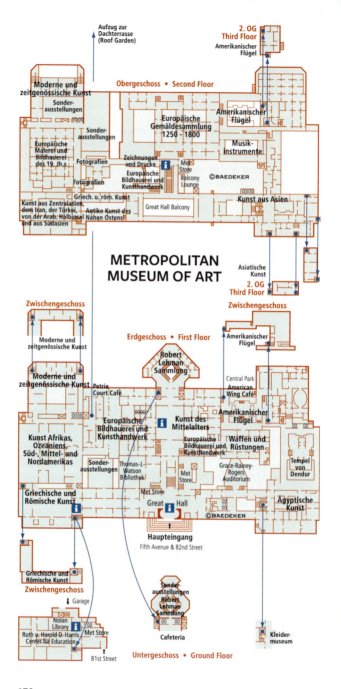

ZIELE
METROPOLITAN MUSEUM OF ART

Kunstschätze aus allen Epochen und Ecken der Welt
Die geografisch und chronologisch geordneten Exponate reichen vom ägyptischen Tempel von Dendur bis zur Fassade einer Bank aus der Wall Street, von mittelalterlichen Zeichnungen bis zu zeitgenössischen Fotografien. Experten schätzen ganz besonders die Sammlungen ägyptischer und mittelalterlicher Kunst. Die Abteilung European Paintings zeigt alle Maler von Weltruf, der American Wing die bedeutendsten amerikanischen Künstler. Die Fülle ist überwältigend; am besten studiert man den Museumsgrundriss (▶ S. 170) und konzentriert sich auf das, was man wirklich sehen möchte.

Schatzkammer der Menschheit

Dabei ist es nie ein Fehler, die **wechselnden Sonderausstellungen** zu betrachten, die regelmäßig für großes Aufsehen in der Kunstwelt sorgen. Die Themen reichten in der Vergangenheit von der Kunst des griechischen Altertums bis hin zur Malerei Max Beckmanns oder etwa den Werken von Caravaggio. Besonders beliebt sind in den vergangenen Jahren auch die Sonderausstellungen zum Thema Mode, dem das Met sich mit seinem **Costume Institute** widmet. Zuletzt wurden etwa die Designer Alexander McQueen und das japanische Label »Comme des Garçons« gewürdigt. Das Costume Institute veranstaltet auch jedes Jahr den großen Metropolitan Ball, eines der wichtigsten gesellschaftlichen Ereignisse in New York.

In den vergangenen Jahren ist das Met allerdings in eine kleine Krise geraten. Trotz Besucherrekorden und einem gesunden Stiftungsvermögen manövrierte der ehemalige Direktor Thomas Campbell das Met in finanzielle Schwierigkeiten. Dem Experten für mittelalterliche Webereien wurden Misswirtschaft und verschwenderische Investitionen nachgesagt. Im Frühjahr 2017 musste er seinen Hut nehmen.

Eintrittskarten, Führungen und die Dachterrasse
Man betritt das Museum von der Fifth Ave. über die Freitreppe, die in der warmen Jahreszeit ein beliebter Treffpunkt bzw. Sitzplatz ist. In der sogenannten **Great Hall**, der Eingangshalle, befinden sich das Informationsrondell, wo man Museumsgrundrisse und Broschüren auch in deutscher Sprache erhält. Auf diesem Stock gibt es außerdem Museumsläden und die Ausleihe von Tonbandführungen zu den Highlights des Museums. Im rechts von der Great Hall liegenden Grace Rainey Rogers Auditorium finden regelmäßig Konzerte und Vorträge statt. »Guided Tours« führen zu den bekanntesten Kunstwerken des Museums.

Museumsbesuch

Für kleinere und größere Pausen gibt es die Cafeteria, das American Wing Café (Frühstück, Mittagessen), das schicke Petrie Court Café (Mittagessen, Kaffee und Kuchen, Fr. und Sa. auch Abendessen) sowie das **The Roof Garden Café & Martini Bar** auf dem Museumsdach (mit wunderbarem Blick auf den Central Park). Der Roof Garden ist am Freitagabend, wenn das Museum bis 22 Uhr geöffnet ist, ein beliebter Treffpunkt zur Cocktailstunde.

ZIELE
METROPOLITAN MUSEUM OF ART

In der Skulpturenabteilung des Met

Zum Met gehören zwei Zweigstellen: das der Kunst des europäischen Mittelalters gewidmete Museum ▶ The Cloisters und The Met Breuer im Marcel-Breuer-Bau. Wo sich bis zu seinem Umzug nach Downtown das ▶ Whitney Museum befand, zeigt das Met nun moderne und zeitgenössische Kunst (▶ S. 322).

First Floor · Erdgeschoss

Dreieinhalb Jahrtausende ägyptische Kunst

Egyptian Art

Die Ägypten-Sammlung im Erdgeschoss gehört zu den bedeutendsten der Welt und umfasst mehr als dreieinhalb Jahrtausende. Der **Tempel von Dendur** (1. Jh. v. Chr.), den der römische Kaiser Augustus hatte erbauen lassen, musste beim Bau des Assuan-Staudamms abgetragen werden, um ihn vor der Überflutung zu retten. Er kam als Geschenk Ägyptens nach Amerika und wurde in einem eigens errichteten Anbau originalgetreu wiederaufgebaut.

Aus der Zeit des Alten Reichs (3.–6. Dynastie, 2600–2160 v. Chr.) werden u. a. die **Mastaba des Kammerherrn Pernebi** und die Grabkapelle des Prinzen Rauemkai (5. Dynastie) gezeigt. Das Mittlere Reich (11. und 12. Dynastie, 2040–1785 v. Chr.) ist mit Grabbeigaben und bemalten Stelen von Ausgrabungen aus Theben vertreten.

Prunkstücke aus dem Neuen Reich (18.–20. Dynastie, 1552–1070 v. Chr.) sind ein behelmter Kopf Ramses' II. und 14 Statuen der **Königin Hatschepsut** aus dem Tempel Deir el-Bahri bei Theben.

ZIELE
METROPOLITAN MUSEUM OF ART

Waffen und Rüstungen aus aller Welt
Das Met besitzt die größte Sammlung von Waffen und Rüstungen des 14. bis 18. Jahrhunderts aus aller Welt. Eindrucksvoller Mittelpunkt ist der Rittersaal, Equestrian Court, mit einer Ausstellung gewappneter Ritter hoch zu Pferde.

Arms and Armor

Griechische und römische Kunst
Die Sammlung griechischer und römischer Kunst reicht mit einer Reihe von Kykladenidolen bis ins 3. Jh. v. Chr. zurück. Ältester Teil des Museumsbestands sind zypriotische Vasen, Reliefs und Schmuck, die der erste Direktor des Museums, Graf Luigi Palma de Cesnola, aus Zypern mitbrachte. Von besonderer Bedeutung sind Wandmalereien aus einer Villa in Boscoreale, die beim Ausbruch des Vesuvs im Jahr 79 n. Chr. verschüttet wurde, darunter die komplette Dekoration eines Schlafzimmers.

Greek and Roman Art

Kunst aus dem Mittelalter
Die **mittelalterliche Sammlung** umfasst Exponate vom 4. bis 16. Jh., darunter zypriotische Silberteller (6. Jh.), schmiedeeiserne Chorschranken aus der Kathedrale von Valladolid (Spanien), ein romanisches Marmorportal aus der Abteikirche Sangemini (Umbrien) und gotische Kirchenfenster aus der Pariser Abtei St-Germain-des-Prés.

Medieval Art

Kunst und Kunsthandwerk aus Europa
Die Abteilung für Kunst und Kunsthandwerk aus Europa (European Sculpture and Decorative Arts) stellt Werke von der Renaissance bis ins 20. Jh. aus, darunter stilecht eingerichtete Räume aus europäischen Palais und Bürgerhäusern.
Um die Privatsammlung des Bankiers Robert Lehman (1892–1969) zu bekommen, deren Wert zur Zeit der Schenkung bereits auf 100 Millionen Dollar geschätzt wurde, musste das Metropolitan Museum ein eigenes Gebäude errichten. Heute sind die rund 300 Gemälde und über 1000 Zeichnungen, darunter alte Meister sowie Künstler des 19. und 20. Jh.s, aber auch Bronzen, Majolika, Glas, Möbel und Emaille in sieben Räumen im zweistöckigen Lehman Pavillon im hinteren Teil des Erdgeschosses zu sehen.

European Art

Kunst und Kunstgewerbe aus den USA
Der Amerikanische Flügel, über 60 Ausstellungsräume (im Erdgeschoss und ersten Stock, First und Second Floor), umfasst alle Aspekte der amerikanischen Kunst und des Kunstgewerbes. Zentrum des Flügels ist der verglaste Engelhardt Court mit der Fassade der 1822 bis 1824 erbauten United States Bank (aus der Wall Street), der Loggia der Villa von Louis Comfort Tiffany, der für seine kunstvoll bemalten Jugendstilgläser bekannt ist, und der Treppe des Architekten Louis Sullivan aus der abgerissenen Börse in Chicago. Ein Höhepunkt ist auch Gilbert Stuarts Porträt von George Washington von 1795.

American Wing

ZIELE
METROPOLITAN MUSEUM OF ART

Amerikanische und europäische Kunst aus dem 20. Jh.

Modern Art   Der nach Lila Acheson Wallace, der 1984 verstorbenen Mitbegründerin des »Reader's Digest«, benannte Anbau des Museums widmet sich der Kunst des 20. Jh.s. Grundstock ist die Sammlung des Fotografen Alfred Stieglitz, die seine Witwe, die Malerin Georgia O'Keeffe, dem Museum übergab. Auf drei Ebenen sind die Werke europäischer und amerikanischer Künstler vertreten, u. a. Henri Matisse, Wassily Kandinsky und Picasso, aber auch Max Weber, Stella, Georgia O'Keeffe, Gorky, Hopper, de Kooning und Rothko, Eric Fischl und Matta. Im Zwischengeschoss sind Fotoarbeiten und die dem Museum 1984 von dem Pariser Kunsthändler Heinz Berggruen vermachte Paul-Klee-Sammlung zu sehen.

Second Floor · Obergeschoss

Europäische Malerei und Bildhauerei vom 13. bis 18. Jh.

European Painting   Den größten Raum im Obergeschoss nimmt die Sammlung europäischer Malerei und Bildhauerei mit Werken vom 13. bis 18. Jh. ein. Zu den Attraktionen gehören Werke von Raffael, Tizian, Tintoretto, Veronese, Giotto und Tiepolo, den holländischen Meistern Hals, Rembrandt, Vermeer und Ruysdael. Die französische Malerei ist u. a. mit Poussin, La Tour, Watteau und Jacques-Louis David, die flämische und deutsche Malerei mit Jan van Eyck, van der Weyden, Hans Memling, Rubens, Lucas Cranach, Dürer und Holbein d. J. vertreten. Ein großer Teil der spanischen Malerei stammt aus der Privatsammlung des New Yorker Warenhausbesitzers Benjamin Altman.

Französische Kunst aus dem 19. Jh.

19th Century European Paintings and Sculpture   Die französische Kunst des 19. Jh.s verteilt sich über 21 Ausstellungsräume: Klassizismus, Romantik und Realismus sind vertreten mit J. A. D. Ingres, Turner und Delacroix. Der Sammlungsschwerpunkt ist den Impressionisten und Nachimpressionisten vorbehalten mit Werken von Edouard Manet und Claude Monet. Von Edgar Degas besitzt das Met rund 100 Bilder, eine der umfangreichsten Sammlungen dieses Meisters in irgendeinem Museum überhaupt. In einer langen Skulpturengalerie stehen Skulpturen von Auguste Rodin, Bourdelle, Maillol und Jules Dalou.

Islamische Kunst vom 8. bis 19. Jh.

Islamic Art   In zehn Galerien wird die islamische Kunst vom 8. bis 19. Jh. dokumentiert. Die Exponate stammen aus Iran, Irak, Ägypten, Türkei, Spanien und Indien.

Kunst des Nahen Ostens

Ancient Near Eastern Art   Die Bestände des Museums an Kunst des Nahen Ostens umspannen einen Zeitraum vom 6. Jt. v. Chr. bis zum 7. Jh. n. Chr. Zu den beach-

ZIELE
METROPOLITAN MUSEUM OF ART

tenswerten Stücken gehören die Statuette von Tell Asmar (3. Jt. v. Chr.), sumerische Rollsiegel vom 3. bis 1. Jt. v. Chr., eine steinerne Sitzfigur des Gudea aus Ur (2100–2000 v. Chr.), Elfenbeinschnitzereien aus Anatolien (1900–1800 v. Chr.), ein Bronzehelm und Goldgefäß aus Nordpersien (um 1000 v. Chr.), Elfenbeinfiguren und -tafeln (9.–7. Jh. v. Chr.) und Reliefstücke (9. Jh. v. Chr.) vom Palast Assurbanipals II. in Nimrud sowie Fragmente von der Prozessionsmauer in Babylon (6. Jh. v. Chr.).

Kunst aus Süd- und Südostasien

Unter den Exponaten aus China, Japan, Korea, Indien und anderen Ländern aus Süd- und Südostasien finden sich Kunstwerke vom 2. Jt. v. Chr. bis ins 20. Jh., darunter Gemälde, Skulpturen, Keramiken, Bronzen, Textilien und Kunsthandwerk. Beachtenswert sind u. a. der Astor Court, die Rekonstruktion eines chinesischen Gartenhofs aus der Stadt Suzhou, chinesische Möbel aus der Ming-Dynastie, eine Sammlung monumentaler buddhistischer Skulpturen sowie eine bedeutende Sammlung chinesischer Malerei von der Sung- (960–1279) bis zur Ch'ing-Dynastie (1644–1911). In weiteren Räumen werden rund 800 Exponate aus Indien, Afghanistan, Pakistan, Thailand, Vietnam, Kambodscha, Nepal, Tibet und Korea gezeigt.

Far Eastern Art

Zeichnungen, Drucke und Fotografien

Auch die Sammlung von Zeichnungen, Drucken und Fotografien zeigt einige außergewöhnliche Werke, darunter Zeichnungen von Carpaccio, Leonardo da Vinci, Michelangelo, Rembrandt und Matisse sowie Fotografien von Alfred Stieglitz, Edward Steichen, Margaret Cameron, Adolphe Braun und Thomas Eakins.

Drawings, Prints and Photographs

Musikinstrumente

Die Sammlung zeigt Instrumente aus allen Erdteilen, Tonträger übermitteln ihren Klang, u. a. ein französisches Jagdhorn aus Elfenbein (um 1700), eine süddeutsche Porzellanflöte (um 1760), das erste Pianoforte (von B. Cristofori, Florenz 1720) und drei Stradivari-Geigen, darunter »Francesca« (1694) und »Antonio« (1721).

Musical Instruments

▌ Ground Floor · Untergeschoss

Kleidermuseum

Das Kleidermuseum gehört mit seinen über 60 000 Objekten zu den ganz großen seiner Art. In Wechselausstellungen werden Männer- und Frauenkleidung sowie Accessoires vom 15. bis 20. Jh., Theater- und Filmkostüme (Hollywood) und Trachten aus aller Welt gezeigt.

Costume Institute

ZIELE
MORGAN LIBRARY AND MUSEUM

★ MORGAN LIBRARY AND MUSEUM

Lage: 225 Madison Ave./36th St. | **Subway:** 33rd St. | Di. – Do. 10.30 bis 17, Fr. bis 21, Sa. 10-18 und So. 11-18 Uhr | **Eintritt:** 20 $; Fr. ab 19 Uhr freier Eintritt | **www.themorgan.org**

Die Morgan Library and Museum ist ein kunsthistorisches und architektonisches Schmuckstück in Midtown Manhattan.

Wie viele hervorragende Kultureinrichtungen der Stadt ist die Morgan Library die Stiftung eines wohlhabenden New Yorker Bürgers. Die Erben John Pierpont Morgans öffneten 1924 seine beeindruckende Sammlung den New Yorker Bürgern. Die Gründerzeitvilla im Stil der Renaissance entstand 1903–1906 als Museum (Architekten: McKim, Mead & White). 2006 wurde sie nach Plänen von Renzo Piano umgebaut und ist heute ein herausragendes Beispiel neuerer Architektur in New York.
John Pierpont Morgan (1837–1913) kam als Zwanzigjähriger aus London nach New York. 1860 gründete er das Bankhaus J. P. Morgan & Co. und 1901 mit anderen den später größten amerikanischen Stahlkonzern U.S. Steel Corp. Überdies war er der vielleicht bedeutendste private Kunst-, Manuskript- und Büchersammler seiner Zeit.

Die Bibliothek eines begeisterten und vermögenden Sammlers

ZIELE
MUSEUM OF MODERN ART · MOMA

Gutenberg-Bibeln, Radierungen und ein Hochzeitsporträt
So kann man in der Library drei Gutenberg-Bibeln, einen Mainzer Psalter von 1495, ein Sakramentar aus dem Kloster Weingarten, ein Konstanzer Missale, eine venezianische Bilderbibel von 1471, eine Bulle des Papstes Hadrian IV. aus dem Jahre 1155 und Bücher des ersten englischen Druckers William Caxton bewundern. Unter den vielen Manuskripten und Autographien befinden sich Exemplare von Machiavelli, Byron, Keats, Dickens und Heine sowie Notenhandschriften von Mozart, Bach, Beethoven, Schubert, Brahms, Chopin und Berlioz. Ferner im Bestand: Bucheinbände und -illustrationen, Stiche und Radierungen, darunter über 250 von Rembrandt, assyrisch-babylonische Keilschrifttafeln, Rollsiegel und Papyri.

Höhepunkte der Sammlung

Morgans Kunstsammlung ist jedoch nicht minder beeindruckend. Der Westsaal beherbergt unter anderem die berühmten Hochzeitsporträts von Martin Luther und Katharina von Bora von Lucas Cranach d. Ä. von 1525, außerdem Bilder von Tintoretto, Hans Memling und italienische Kleinplastiken aus der Donatello-Schule.

Das Museum veranstaltet regelmäßig Wechselausstellungen zu einzelnen Exponaten oder Aspekten der Sammlung – wie etwa jüngst zu Leben und Werk der Schriftstellerin Emily Dickenson oder zu Albrecht Dürer und seiner Zeit.

★★ MUSEUM OF MODERN ART · MOMA

Lage: 11 West 53rd St. und West 54th St. | **Subway:** Fifth Ave.-53rd St., Rockefeller Center | tägl. 10–17.30, Fr. und 1. Do. im Monat bis 21 Uhr | **Eintritt:** 25 $; Fr. ab 17.30 Uhr freier Eintritt
www.moma.org

Dem Museum of Modern Art, auch MoMA genannt, sieht man schon von Weitem an, dass es nicht nur eine der bedeutendsten Kunsteinrichtungen der Welt ist, sondern auch eine der wichtigsten New Yorker Institutionen.

Der Hauptmuseumsbau, der brandneue Wolkenkratzer mit Verwaltungsgebäude, Archivbauten, Shops und der Skulpturengarten beanspruchen einen kompletten Häuserblock in der besten Geschäftsgegend von New York City. Gleich zu welcher Tageszeit stehen die Besucher Schlange, um Einlass in das sechsstöckige Haus zu bekommen, das einige der größten Schätze der modernen Kunst beherbergt.

Mekka der modernen Kunst

ZIELE
MUSEUM OF MODERN ART · MOMA

Drei sehr reiche Damen und eine Idee

Das Museum Man kann sich heute kaum mehr die bescheidenen Anfänge im Jahr 1929 vorstellen. Damals veranstaltete die Milliardärsgattin Abby AldrichRockefeller gemeinsam mit zwei Freundinnen im zwölften Stock des Heckser Building, unweit des heutigen Sitzes des MoMA, eine Ausstellung mit Werken europäischer Nachimpressionisten, von van Gogh bis Seurat, Gauguin und Cézanne, alle von ihren Besitzern geliehen. Ziel der drei »mutigen Damen«, wie sie damals getauft wurden, war es, die amerikanische Öffentlichkeit über die zeitgenössischen Kunstströmungen in Europa zu unterrichten. Dieser Auftrag blieb in den Jahren bis zum Ende des Zweiten Weltkrieges bestehen, getragen vom sagenhaften Vermögen der Rockefellers und anderer New Yorker Industrieller sowie vom Gespür und Feinsinn von Alfred Barr, der das MoMA bis 1967 leitete. Barr trug die **beeindruckendste Sammlung moderner Kunst** zusammen, welche die Welt kennt. Diese Sammlung mit Meisterwerken von Cézanne, Picasso, Monet, Matisse und Seurat bildet bis heute den Kern des Museums.

Die ausgestellten Werke sind über vier Stockwerke (im 5. Stock bzw. Sixth Floor liegen die Wechselausstellungssäle) und chronologisch von oben nach unten angeordnet. Die Zahl der Exponate ist so groß, dass sich unmöglich an einem Tag das gesamte Museum anschauen lässt. Entscheiden Sie deshalb am besten vorher, was Sie interessiert. Die ständige Ausstellung im 4. Stock (Fifth Floor) ist dabei eigentlich ein Muss – man kann sie ohne Übertreibung als Weltkulturerbe bezeichnen. Selbst dem nicht so mit der Kunstgeschichte vertrauten Besucher werden hier viele Werke bekannt vorkommen – so etwa die Sternennacht von van Gogh, die Badenden von Cézanne oder die Wasserlilien von Monet – die Ausstellung ist eine Tour de Force durch die Kunstgeschichte des 20. Jh.s mit seinen größten Werken. Jedes Schulbuch über moderne Kunstgeschichte folgt dem Erzählstrang der MoMA-Sammlung.

Cafés, Sternerestaurant und berühmte Museumsshops

Besucher- Über das Filmprogramm – das MoMA verfügt über die **größte**
infos **Filmsammlung der USA** –, Sonderausstellungen und weitere Veranstaltungen informiert Tel. 1 212 7 08 94 80. Zur Stärkung zwischendurch gibt es für Museumsbesucher zwei Cafés (im ersten Stock, kleinere Gerichte, Selbstbedienung; im 4. Stock mit Bedienung und Terrasse) und das noble, mit zwei Michelin-Sternen ausgezeichnete Restaurant The Modern (Tel. 1 212 3 33 12 20) in der Lobby im Erdgeschoss. Hier gibt es außerdem einen gut sortierten Buchladen. Eine Fundgrube ist der Museumsladen des MoMA; ein weiterer **MoMa Design Stores** befindet sich gegenüber dem Museum, ein zweiter in SoHo.

MoMA Design Stores: 44 West 53rd St. und in SoHo, 81st Spring St. beide tgl. ab 10 Uhr | www.momastore.org

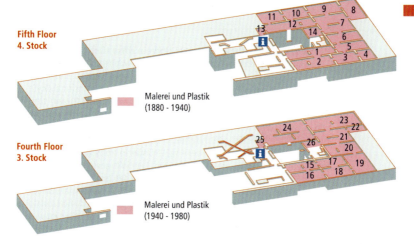

Fifth Floor / 4. Stock

Malerei und Plastik (1880 - 1940)

Fourth Floor / 3. Stock

Malerei und Plastik (1940 - 1980)

MUSEUM OF MODERN ART

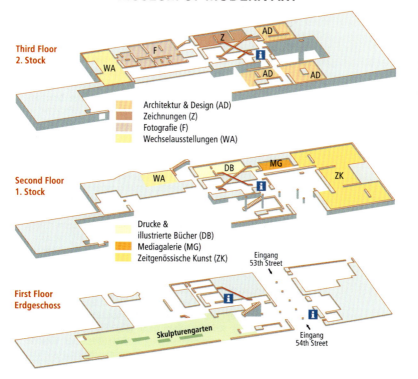

Third Floor / 2. Stock

Architektur & Design (AD)
Zeichnungen (Z)
Fotografie (F)
Wechselausstellungen (WA)

Second Floor / 1. Stock

Drucke & illustrierte Bücher (DB)
Mediagalerie (MG)
Zeitgenössische Kunst (ZK)

First Floor / Erdgeschoss

Skulpturengarten

Eingang 53th Street
Eingang 54th Street

ZIELE
MUSEUM OF MODERN ART · MOMA

Eine Vorliebe für die Bildhauerei und ein öffentlicher Garten

Geschichte des Museums

Bereits 1939 zog das MoMA mit seiner rapide wachsenden Sammlung in die 53. Straße um, wo das Museum noch heute steht. Das Haus wurde von Edward Durell und Philip Goodwin im International Style entworfen – dem an das Bauhaus angelehnten Architekturstil. Und ganz im Sinne des Bauhauses wollte Alfred Barr in seine Sammlung alle Kunstmedien integrieren: Architektur, Design, Fotografie, Skulptur und Film. So hat das MoMA heute in allen diesen Sparten herausragende Sammlungen. Besonders lag Gründerin Abby Aldrich Rockefeller jedoch die Bildhauerei am Herzen. Deshalb gestaltete sie 1964 den nach ihr benannten **Skulpturengarten**, der bis heute unverändert ist. Hier sind Werke von Rodin, Giacometti, Picasso, Matisse sowie Zukäufe aus jüngerer Zeit – wie von Alexander Calder und Donald Judd – zu sehen. Auf Wunsch von Abby Aldrich Rockefeller ist der Garten an der 54. Straße bis heute kostenlos zugänglich.

Wechselausstellungen, die die Kunstdebatten bestimmen

Die Sammlung

Als sich nach dem Zweiten Weltkrieg der Schwerpunkt der modernen Kunst zunehmend nach New York verlagerte, verpasste das MoMA zunächst ein wenig den Anschluss. Vor lauter Fixierung auf die europäische Moderne versäumte man es, der Kunstentwicklung vor der eigenen Haustür Rechnung zu tragen. Als in den 1960er-Jahren der Abstrakte Expressionismus langsam von Minimalismus und Pop-Art abgelöst wurde, holte das MoMA jedoch das Versäumnis nach. So finden sich heute im 3. Stock (Fourth Floor) Werke aus der Zeit zwischen 1940 und 1980, die der Sammlung der frühen Moderne in nichts nachstehen. Zu bewundern sind Klassiker von Warhol, Robert Rauschenberg, Jasper Johns, Roy Lichtenstein, Bruce Nauman und Willem de Kooning. Im Erdgeschoss vervollständigt eine hochkarätige Sammlung zeitgenössischer Kunst die ständige Sammlung.

Seine Bedeutung im internationalen Kunstgeschäft behält das MoMA jedoch nicht alleine seiner ständigen Sammlung wegen bei. Das Museum überrascht in jeder Saison mit Großausstellungen, die Millionen von Besuchern anlocken, wie etwa in den vergangenen Jahren die großen Retrospektiven zu Henri Matisse, Edward Hopper, Cindy Sherman und Sigmar Polke.

Das Museum hat sich seit den 1980er-Jahren als eines der bedeutendsten Museen der Welt etabliert, was einen unheimlichen Besucherstrom aus aller Welt mit sich brachte. Um diese Massen handhaben zu können und trotzdem der Kunst noch gerecht zu werden, baute das MoMA im Jahr 2004 komplett um. Der Japaner Yoshio Taniguchi schuf einen hellen luftigen Bau mit Aus- und Durchblicken auf die umliegende Stadt. Kritiker sahen darin allerdings einen Ausverkauf und eine Durchkommerzialisierung des Hauses. Das Gleiche wird auch heute wieder über den jüngsten Erweiterungsbau von Diller, Scofidio + Renfro gesagt, der 2019 bezugsfertig sein wird.

ZIELE
MUSEUM OF MODERN ART · MOMA

MOMA-GARTEN
Der Skulpturengarten des MoMA ist einer der bezauberndsten Orte in Midtown Manhattan. Die Sammlung von Meisterwerken von Maillol (Abb.), über Picasso und Rodin bis Giacometti sucht weltweit ihresgleichen. Das Beste daran – Gründerin Abby Aldrich Rockefeller hat verfügt, dass der Garten der Öffentlichkeit zugänglich ist. So ist der Innenhof ein Kleinod der Ruhe und Besinnlichkeit in der Hektik der Stadt.

Im Museum

Ground bzw. First Floor

Herz des Neubaus ist das 33 m hohe Foyer (auch Ground oder First Floor genannt), in die zwei Eingänge (von der 53. und von der 54. Straße) münden. Auf der Ostseite öffnet ein riesiges Fenster den Blick auf den berühmten Skulpturengarten, vor dem Rodins bronzener »Balzac« Wache hält und den eine hohe Aluminiumwand von der Straße trennt. Von hier fährt eine Rolltreppe hinauf zur Hauptgalerie im ersten Stock (Second Floor). Folgt man dem Durchgang mit Bildern von Willem de Kooning, Jasper Johns und Brice Marden, gelangt man direkt in die **Contemporary Gallery**, die der zeitgenössischen Kunst ab 1970 vorbehalten ist.

Foyer

ZIELE
MUSEUM OF MODERN ART · MOMA

Hier erwarten Sie einige der größten Schätze der modernen Kunst.

Ikonen der Kunstgeschichte

Vierter Stock · Fifth Floor

Die folgende Kurzbeschreibung des Museums beginnt im vierten Stock, wo die europäische Kunst von 1880 bis 1940 präsentiert wird. Den Anfang macht Paul Signacs Porträt von dem Kunsthändler und Sammler Félix Fénéon (1890). Es folgen Werke von Cézanne (»Badende«, um 1885), van Gogh (»Sternennacht«, 1889; das einzige Ölbild des Malers im Museum), Gauguin, Seurat, Rousseau, Matisse (das MoMA besitzt die größte Sammlung von Werken dieses Künstlers, darunter »La Danse«, 1909, und »Swimming Pool«, 1932) und Picasso, dessen »Les Demoiselles d'Avignon« (1907) als das erste kubistische Gemälde überhaupt gilt, sowie Dubuffet, Giacometti und Bacon.

Kunst aus der Zeit zwischen 1940 und 1980

Dritter Stock · Fourth Floor

Die Fortsetzung der Kunstgeschichte – ihre Entwicklung in der zweiten Hälfte des 20. Jh.s auch unter Einbeziehung der amerikanischen Kunst – folgt im Stockwerk darunter, beginnend mit Pollocks »The She-Wolf« (1943), weiter mit Giacomettis »The Palace at 4 a. m.«, Jasper John's »Targets«, Warhols »Champbell's Soup Cans«, Bruce Nauman, Edward Hopper, Eva Hesse, Joseph Beuys.

ZIELE
NEUE GALERIE

Architektur & Design, Zeichnungen und Fotografie
Der zweite Stock ist der Architektur und dem Design seit dem späten 19. Jh. gewidmet. Zu sehen sind Möbel von Gerrit Rietveld, viele ausgezeichnete Gebrauchsgegenstände sowie Architektur in Modellen und Zeichnungen (Mies van der Rohe, Le Corbusier, Frank Lloyd Wright). Wer sich für Videos interessiert, wird in der **Film & Media Gallery** fündig. Die Spannweite der hervorragenden Fotosammlung reicht von den Anfängen 1839 über klassische bis zur zeitgenössischen Fotografie.

Zweiter Stock · Third Floor

Contemporary Galleries
Die zeitgenössische Kunst bzw. das Kunstgeschehen seit 1970 wird im ersten Stock, in den Contemporary Galleries, fortgeschrieben mit Arbeiten von Sigmar Polke, On Kawara, Blinky Palermo, Georg Baselitz, Gordon Matta-Clark, Kippenberger, Jeff Koons, Mathew Barney, Tuymans, Andreas Gursky, Kentridge, Jeff Wall, Rachel Whiteread, Gerhard Richter u. a.

Erster Stock · Second Floor

NEUE GALERIE

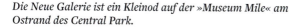

Lage: 1048 Fifth Ave./86th St. | **Subway:** 86th St., Central Park West
Do. – Mo. 11–18 Uhr | **Eintritt:** 20 $, 1. Freitag im Monat 18–20 Uhr
freier Eintritt; keine Kinder unter 12 Jahren | **www.neuegalerie.org**

Die Neue Galerie ist ein Kleinod auf der »Museum Mile« am Ostrand des Central Park.

Das kleine, aber feine Museum für deutschen und österreichischen Impressionismus ist eines der Lieblingsmuseen der New Yorker. Das liegt nicht zuletzt an den beiden original **Wiener Cafés Sabarsky** und **Fledermaus**, wo man den einzigen »Großen Braunen« und den einzigen Palatschinken der Stadt bekommt. Untergebracht ist das Museum in einem Stadtpalast im Beaux-Arts-Stil, der 1914 nach Plänen der Architekten Carrère & Hastings gebaut wurde.
Begründet wurde das Museum von Ronald Lauder, dem Erben des bekannten Kosmetikkonzerns, und seinem österreichischen Freund, dem Kunsthändler Serge Sabarsky. Ihr Ziel war es, von den Nazis geächtete Kunst der 1920er-Jahre zusammenzutragen und der Öffentlichkeit wieder zugänglich zu machen. So sind hier Werke u. a. von Gustav Klimt, Max Beckmann, Oskar Kokoschka, Paul Klee, Wassily Kandinsky und Egon Schiele zu sehen. Das von Lauder erworbene Klimt-Bild »Adele Bloch-Bauer I« (auch »Goldene Adele« genannt) war bei seiner Versteigerung im Jahr 2006 das teuerste Gemälde aller

Klein und fein

ZIELE
NEW YORK PUBLIC LIBRARY

Zeiten. Es hat einen Ehrenplatz über dem Kamin des Hauses im ersten Stock. Darüber hinaus sind auch Möbel und Uhren aus den Wiener Werkstätten – von Josef Hoffmann, Adolf Loos und Otto Wagner – sowie einige Skulpturen ausgestellt. Im Museumsladen findet man Repliken kunstgewerblicher Objekte.

NEW YORK PUBLIC LIBRARY

Lage: 476 Fifth Ave./42nd St. | **Subway:** Grand Central, 42nd St.
Mo., Do. - Sa. 10-18, Di., Mi. bis 20, So. 13-17 Uhr | **Führungen:** nach Voranmeldung Mo. - Sa. 11, 14, So. 14 Uhr | www.nypl.org

Die 1897 vom Stahlmagnaten Andrew Carnegie gegründete private Stiftungsbibliothek ist ein Geschenk der wohlhabendsten New Yorker an ihre Stadt und ein Monument des New Yorker Bürgersinns.

Kathedrale des gedruckten Worts

So ist die Bibliothek bis heute von einem urdemokratischen Geist geprägt. Im prachtvollen großen Lesesaal im zweiten Stock mit langen Tischen, alten Leselampen und schweren Kronleuchtern trifft man an jedem beliebigen Tag Schriftsteller und Gelehrte, die hier arbeiten, Rechtsanwaltsgehilfen und Studenten, aber auch Obdachlose, die sich aufwärmen und Zeitung lesen. Die Public Library ist wirklich für jeden da. Abendliche kostenlose Lesungen und Diskussionen mit Schriftstellern vervollständigen das Bild einer Einrichtung, die allen Menschen dieser Stadt dient.

Das Gebäude im Beaux-Arts-Stil entwarfen die New Yorker Architekten Carrère & Hastings, die u. a. auch für den Sitz der ▶Frick Collection verantwortlich zeichnen. Die beeindruckende, von zwei steinernen Löwen (Edward Clark Potter) flankierte Freitreppe vor der Bibliothek ist im Sommer ein beliebter Lunchplatz. Zu den ganz besonderen Schätzen der Bibliothek gehören eine Gutenberg-Bibel, ein Brief von Christoph Kolumbus, eine Ausgabe von Veröffentlichungen Galileis und ein handschriftlicher Entwurf der Unabhängigkeitserklärung der Vereinigten Staaten von Thomas Jefferson.

Beliebter Lunchtreff in Midtown

Bryant Park

Hinter der Bibliothek erstreckt sich der Bryant Park, einer der hübschesten Plätze mitten in New York und ein beliebter Treffpunkt zum Lunchen, Picknicken oder Kaffeetrinken. Im Frühling und Herbst fin-

BAEDEKER ÜBERRASCHENDES

6x
EINFACH UNBEZAHLBAR

Erlebnisse, die für kein Geld zu bekommen sind!

1.
HAFENRUND-FAHRT
Die **Fähre nach Staten Island** bringt Pendler kostenlos nach Hause. Sie bietet auch einen spektakulären Ausblick auf die Stadt. (▶**S. 248, 372**)

2.
KUNST-ERLEBNIS
Fast alle großen Museen bieten an einem Abend im Monat oder in der Woche **freien Eintritt** oder Sie bestimmen selbst, was Sie bezahlen: »pay as you wish«.

3.
FREILUFTKINO
Im Bryant Park und unter der Brooklyn Bridge werden im Sommer kostenlos unter dem Sternenhimmel **Kinoklassiker** gezeigt. (▶**S. 186, 308**)

4.
BÜHNENKUNST
Das Public Theater zeigt jeden Sommer im Central Park kostenlose **Shakespeare-Stücke** mit Star-Besetzung. (▶**S. 82, 308**)

5.
KUNST IM UNTERGRUND
Das New Yorker U-Bahn-Netz ist das **billigste Museum** der Stadt. Rund 200 Stationen sind mit Werken berühmter und weniger berühmter Künstler ausgestattet (▶**S. 374**)

6.
STREETBALL
Wer sich zwischen Juni und September die Straßen-Basketball-Turniere an berühmten Spielplätzen wie Rucker Park in Harlem (280 West 155th St.) oder Cage im Greenwich Village (West 4th St.) anschaut, bekommt **Basketball-Kunst vom Feinsten** zu sehen. Und muss keinen Cent dafür bezahlen.

ZIELE
PARK AVENUE

Schöner lesen im Beaux-Arts-Lesesaal der Public Library

det hier das sehr beliebte Bryant Park Film Festival statt. Im Winter verwandelt sich der Park in eine Eislaufbahn und einen Weihnachtsmarkt. Die Statuen im Park erinnern u. a. an den Journalisten und Politiker William Cullen Bryant (1794–1878, Herbert Adams, 1911), an Gertrude Stein (1874–1946; Jo Davidson, 1923) und an Johann Wolfgang von Goethe (1749–1832; Karl Fischer, 1832). Wo heute der Park ist, lag einst das größte Wasserreservoir der Stadt, daran erinnert ein Mosaik des Künstlers Samm Kunce in der U-Bahn-Station Bryant Park. Heute werden unter dem Park Hunderttausende von Büchern aus der Public Library gelagert, die von hier aus blitzschnell in die Lesesäle geliefert werden können.
www.bryantpark.org

★ PARK AVENUE

Verlauf: Vom Union Square in Richtung Norden

Wer in New York an der Park Avenue wohnt, der hat es geschafft. Die Park Avenue – oder wenigstens der Abschnitt der Park Avenue zwischen 45. und 72. Straße – ist die mit Abstand prestigeträchtigste Adresse der Stadt.

ZIELE
PARK AVENUE

Hier haben die Bosse der großen Banken, die Staranwälte und Diplomaten ihre Penthouse-Apartments – kurz, die »oberen Zehntausend« der Stadt, die **»Masters of the Universe«,** wie Tom Wolfe die Bewohner der Gegend in seinem Roman »Fegefeuer der Eitelkeiten« beschrieben hat. Doch die Park Avenue symbolisiert nicht nur die enorme Ansammlung von Reichtum in dieser Stadt, sie macht auch die großen sozialen Unterschiede in New York deutlich. Während die Park Avenue von Midtown Manhattan und der Upper East Side vorwiegend von Milliardären bewohnt wird, regiert am nördlichen Ende der Park Avenue, nur wenige Kilometer entfernt in der ▶ Bronx, die Armut. Im 19. Jh. verliefen dort, wo heute die Park Avenue verläuft, die Eisenbahnschienen der privaten New York Central. Ab 1903 wurden sie unter die Erde verlegt und ein breiter Boulevard wurde angelegt. Einige der Wolkenkratzer hier haben Architekturgeschichte gemacht. Ihren Namen verdankt die Park Avenue dem breiten, begrünten Mittelstreifen, der je nach Saison neu bepflanzt wird. Optisch läuft die sechsspurige Straße nach Süden auf das ehemalige Pan-Am-Gebäude zu, das sich an der 42. Straße über die Avenue erhebt.

Die Straße mit dem höchsten Prestige

Der hässlichste Wolkenkratzer New Yorks und andere Bauten

Das knapp 250 m hohe ehemalige Pan Am Building, heute MetLife Building, wurde 1963 über dem Grand Central Terminal errichtet (200 Park Ave.). Nach Meinung vieler Architekturkritiker ist die Gemeinschaftsarbeit von Emery Roth, Pietro Belluschi und Walter Gropius der hässlichste Wolkenkratzer Manhattans. Bereits während seiner Entstehung wurde der Bau heftig kritisiert, weil er den bis dahin offenen Blick über die Park Avenue blockiert. Das Gebäude wurde 1980 von der Fluggesellschaft Pan Am an die Versicherungsgesellschaft Metropolitan Life verkauft. In der großen Eingangshalle befinden sich Kunstwerke von Josef Albers, György Kepes und Richard Lippold.

MetLife Building

Jenseits der 45. Straße steht im Schatten des MetLife-Gebäudes das 1929 von Warren & Whetmore errichtete **Helmsley Building** (230 Park Ave.), ursprünglich Sitz der New York Central Railroad Company. Auffällig sind nicht nur seine üppige Dekoration und seine Spitze, sondern auch die Basis des Gebäudes mit seinen zwei bogenförmigen Portalen, durch die der Straßenverkehr der Park Avenue in beide Richtungen geführt wird.

Das berühmteste Gebäude des vornehmen Teils der Park Avenue ist zweifellos das **Waldorf Astoria** zwischen 49. und 50. Straße. Das riesige Hotel, das einen gesamten Stadtblock einnimmt, war von Beginn der 1930er-Jahre bis in die 1990er-Jahre der Inbegriff von New Yorks Glamour und Eleganz. Es war mit opulenten Partys das Zentrum des sozialen Lebens der Stadt. Präsidenten von Franklin D. Roosevelt bis John F. Kennedy hatten hier Dauersuiten. Größen des Showgeschäfts wie etwa Frank Sinatra lebten jahrelang hier. 2015 wurde das Hotel von einem chinesischen Mischkonzern gekauft und soll erst 2018 wieder eröffnet werden. Viele der Suiten werden in Eigentumswohnungen umgewandelt, die denkmalgeschützte Art-déco-Halle soll jedoch erhalten bleiben.

Es folgt die **St. Bartholomew's Church** (109 East 50th St.), die 1919 von dem Architekten Bertram Goodhue in byzantinischem Stil entworfen wurde. Ihre romanische Vorhalle geht auf einen Vorgängerbau von 1903 von McKim, Mead & White zurück. Der Altar im Innern des Gotteshauses stammt von Lee Larrie, der vor allem durch seine Skulpturen im ▶Rockefeller Center bekannt wurde.

Zwischen 56. und 57. Straße schraubt sich **432 Park Avenue** 426 m in die Höhe (Architekt: Rafael Viñoly). Der extrem schlanke, angeblich höchste und teuerste Wohnturm der Welt gehört zu den »Supertowers«, die derzeit in Midtown aus der Erde schießen.

Art déco & International Style

General Electric Building

In unmittelbarer Nachbarschaft erhebt sich das 195 m hohe General Electric Building (570 Lexington Ave.), dessen Spitze einen der Höhepunkte des Art-déco-Stils darstellt: Die Verzierungen erinnern an die Formen der Hochgotik. Der 51-geschossige Bau entstand 1931 nach einem Entwurf von Cross & Cross für die Radio Corporation of America (RCA), die bereits 1931 in das ▶Rockefeller Center umzog. Auch die Lobby ist sehenswert.

Ein weiterer Klassiker der modernen Architektur ist das 38-stöckige **Seagram Building** des Gropius-Nachfolgers Mies van der Rohe (100 East 53rd St./Park Ave.). Es ist der einzige Bau Mies van der Rohes in New York und ein Dokument des in den USA geprägten **International Style**. Das Innere wurde von Philip Johnson gestaltet. Das Seagram beherbergte 1959–2016 mit dem Four Seasons eines der besten Restaurants der Stadt, das für die »Power Lunches« der bedeutendsten New Yorker berühmt war.

Architekturgeschichte schrieb auch das heute zwischen den benachbarten Hochhausriesen eher unscheinbar wirkende **Lever House** (390 Park Ave., zwischen East 53rd und 54th St.). Es entstand 1952 als Verwaltungssitz des Lebensmittelkonzerns Lever Brothers Company nach Entwürfen von Skidmore, Owings & Merrill. Über einem zweigeschossigen horizontalen Quader erheben sich die 21 Stockwerke des ersten Glas-Stahl-Hochhauses der Stadt.

Hochhausriese mit abgeschrägtem Dach und eine Jazzkirche

Citigroup Center

Das Citigroup Center (heute 601 Lexington Avenue genannt; Höhe 53rd St.) ist ein weißer Hochhausriese (279 m, 59 Stockwerke) mit einem auffälligen abgeschrägten Dach. Es wurde 1977 nach einem Entwurf von Hugh Stubbins fertiggestellt und ist ein Symbol für das Wiedererstarken der Stadt nach der Wirtschaftskrise.

ZIELE
PARK AVENUE

»432 Park Avenue« überragt alle und alles.

Die evangelisch-lutherische **Saint Peter's Church** an der Nordwestecke des Hochhausriesen läuft fast Gefahr, übersehen zu werden. Im Innern des als **Jazzkirche** bekannten Gotteshauses sind einige Werke zeitgenössischer Künstler zu finden, darunter die ganz in Weiß gehaltene Erol Beker Chapel, die 1977 von der Künstlerin Louise Nevelson gestaltet wurde. In der Kirche finden regelmäßig Jazz- und klassische Konzerte statt (619 Lexington Ave., zwischen 53rd und 54th St.; Infos: http://saintpeters.org).

Im Schatten des Citigroup Center steht an der Ecke 3rd Ave. und 53rd St. ein 1986 von Philip Johnson und John Burgee erbautes Geschäftshaus. Aufgrund seines ovalen Grundrisses wird es **»Lipstick Building«**, von Kritikern auch »Wegwerffeuerzeug« genannt. Der im Vergleich zu anderen Hochhausgiganten eher bescheiden wirkende Büroturm kompensiert seine fehlende Höhe durch die ausgefallene Form und die feinen Materialien.

Nicht weit von hier, Höhe 55. Straße, steht die 1870 erbaute **Central Synagogue** (Architekt: Henry Fernbach), die älteste durchgehend genutzte Synagoge New Yorks.

ZIELE
QUEENS

Auf der Höhe der 65. Straße findet sich die **Park Avenue Armory**, ein ehemaliges Bataillonsquartier der US-Armee. Die große Halle, die früher einen Exerzierplatz beherbergte, wird heute für experimentelle Kunstaktionen, Konzerte und Theateraufführungen genutzt. Die Armory ist aber auch beliebt für soziale Großereignisse der Park-Avenue-Bewohner. So feierte Hedgefonds-Mogul Stephen Schwarzman hier anlässlich seines 60. Geburtstags die »Party des Jahrhunderts« mit einem Auftritt der Rolling Stones und Prominenz aus allen Schichten der Gesellschaft (Infos: www.armoryonpark.org).

QUEENS

Lage: Im Osten von Manhattan, nordöstlich von Brooklyn

Queens steht traditionell eigentlich nicht auf der To-do-Liste von New-York-Besuchern. Der Stadtteil hat keine klassischen touristischen Highlights, kein aufregendes Nachtleben und keine eleganten Shopping-Läden. Dafür ist der flächenmäßig größte New Yorker Borough der vielfältigste und bunteste.

Der wahre Melting Pot

Entlang des Queens Boulevard liegt Guatemala neben dem Panschab, Polen neben Westafrika und Venezuela neben Korea. Daher trägt die U-Bahn-Linie 7 quer durch Queens ihren Spitznamen »International Express« zurecht. Sie passiert das böhmisch-griechische Astoria und fährt weiter nach Jackson Heights, wo kolumbianische, venezuelanische, brasilianische, karibische, pakistanische und guyanesische Einwanderer Tür an Tür leben. Die 2,3 Millionen Bewohner von Queens sprechen alle Sprachen der Welt und jede Neighborhood hat ihre eigenen Restaurants und Läden. Das Klischee vom Schmelztiegel der Welt ist nirgends in New York zutreffender als hier. Am Ende der Linie 7 gelangt man nach Flushing mit der größten Chinatown New Yorks und Klein-Korea. Kein Straßenschild ist hier auf Englisch, man fühlt sich nach Fernost versetzt (►S. Das ist New York, S. 22, 43).

Jeder Besucher hat den Stadtteil auf Long Island im Nordosten von Brooklyn zumindest kurz gesehen, auf der Bus- oder Taxifahrt nach Manhattan, da hier zwei der drei großen Flughäfen New Yorks liegen, John F. Kennedy International und LaGuardia Airport. Der Aufstieg von Queens begann mit der Eingemeindung nach New York 1898 und vor allem nach dem Bau der **Queensboro Bridge** (1909; ►S. 77).

Queens hat oft 2- bis 3-stellige Adressen: Der Code 36-01 43rd Ave bedeutet übersetzt: das gesuchte Gebäude befindet sich in der 43. Avenue in der Nähe der Kreuzung mit der 36. Straße.

ZIELE
QUEENS

»SCHMELZTIEGEL DER NATIONEN«

Die Masseneinwanderung führte zu einer ungewöhnlichen Vielfalt ethnischer Gruppen. Viele bewohnen eigene Viertel (neighborhoods), z.B. die Chinesen in Chinatown, Polen und Ukrainer im East Village oder Araber in Brooklyn.

▶ **Wer wohnt wo?**

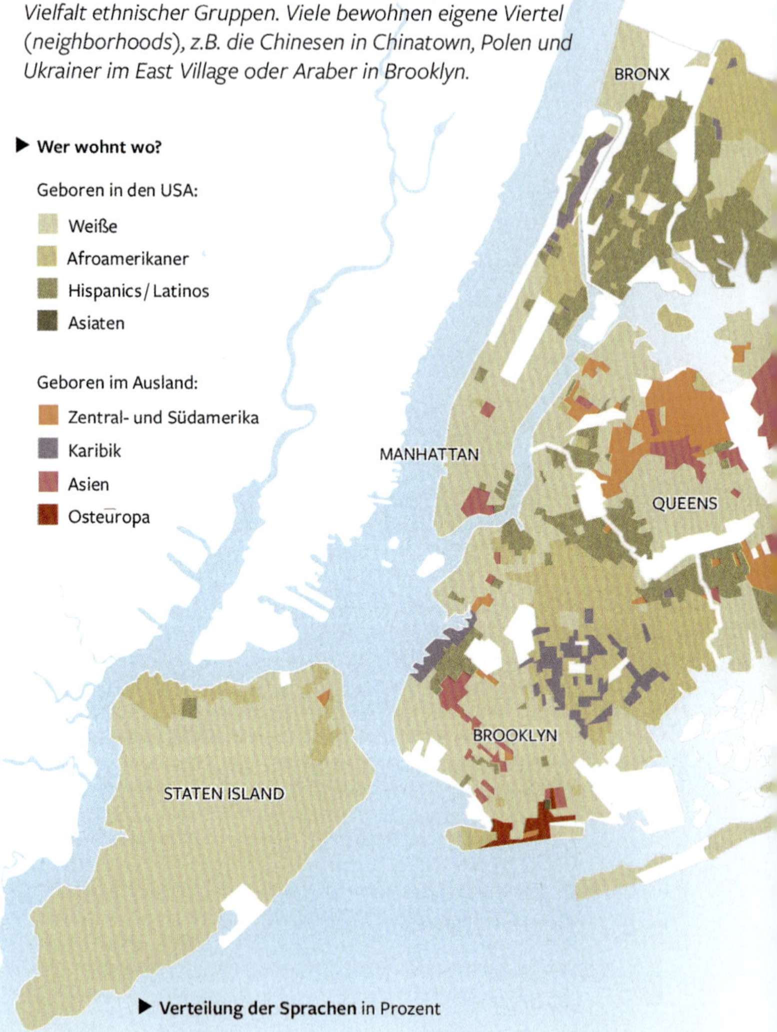

Geboren in den USA:
- Weiße
- Afroamerikaner
- Hispanics / Latinos
- Asiaten

Geboren im Ausland:
- Zentral- und Südamerika
- Karibik
- Asien
- Osteuropa

▶ **Verteilung der Sprachen** in Prozent

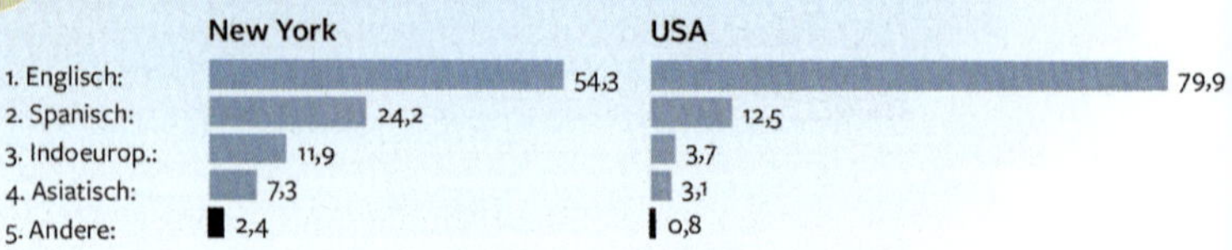

	New York	USA
1. Englisch:	54,3	79,9
2. Spanisch:	24,2	12,5
3. Indoeurop.:	11,9	3,7
4. Asiatisch:	7,3	3,1
5. Andere:	2,4	0,8

▶ **Ungebrochene Anziehungskraft**
Personen, die einen legalen Aufenthaltsstatus
in den USA erhielten (in Mio.)

▶ **Wie viele Sprachen spricht New York?**
Angeblich werden in New York ca. 200 Sprachen gesprochen, darunter:

Fast 4,2 Mio. sprechen nur schlecht oder gar nicht Englisch.

Englisch Spanisch Portugisisch Französisch Hebräisch Deutsch Rätoromanisch Polnisch Italienisch Chamorro Aramäisch Jiddisch

▶ **Ethnische Verteilung**
In New York leben die unterschiedlichsten Ethnien miteinander.

| Europ. Weiße 32,1% | Hispanics und Latinos 29,1% | Afroamerikaner 22,0% | Asiaten 13,9% |

Andere 2,9%

▶ **Religiöse Vielfalt ...**
... prägt die Gesellschaft New Yorks.

- Brooklyn
- Queens
- Manhattan
- Bronx
- Staten Island

■ Katholiken ■ Juden ☐ Protestanten ☐ Atheisten ☐ Nicht erfasst / Andere

ZIELE
QUEENS

Wohin in Queens?

Zeitgenössische Kunst in der Grundschule

Long Island City und PS 1

Long Island City, die westlichste Neighborhood von Queens und unmittelbar gegenüber von Manhattan gelegen, ist ein ruhiger Stadtteil. Vor 150 Jahren war LIC noch ein Industriegebiet (letzte Reminiszenz: die große Pepsi-Cola-Reklame am East River), vor einigen Jahren wurde es als schickes neues Wohnviertel entdeckt. Direkt am Fluss entstehen neue Wohnanlagen, die Restaurant- und Kneipenszene boomt, vor allem an der Jackson Avenue und am Vernon Boulevard. Und auch immer mehr Touristenhotels siedeln sich hier an. Sie sind deutlich günstiger als die in Manhattan und trotzdem nur eine Viertelstunde vom Times Square entfernt.

Wie so häufig in New York waren es die Künste und Künstler, die der Gentrifizierung den Weg geebnet haben. So haben sich schon in den 1970er-Jahren in den Industriebauten und Lagerhallen von Long Island City Studios und Galerien eingenistet. Davon zeugen heute erstklassige Kunsteinrichtungen auf dieser Seite des East River.

Eine davon ist das PS 1, ein Ableger des berühmten ▶Museum of Modern Art und **eines der interessantesten Museen New Yorks**

Die ganz junge Kunstszene präsentiert der MoMA-Ableger P S 1.

ZIELE
QUEENS

für zeitgenössische Kunst. Das P S 1 – die Abkürzung steht für Public School Number 1 – zog schon 1971, auf dem Höhepunkt des urbanen Verfalls von New York, hierher in eine ehemalige Grundschule von 1890. Das Experiment war so erfolgreich, dass im Jahr 2000 das MoMA das P S 1 »adoptierte«. Heute bietet das Museum unter Leitung des deutschen Direktors Klaus Biesenbach ein Fenster in die aktuelle Kunstszene. Aufstrebende Künstler haben ihre Ateliers hier und im Sommer veranstaltet das Museum im Innenhof Wochenend-Tanzpartys, bei denen sich die jungen Kreativen aus der ganzen Stadt treffen.
22–25 Jackson Ave./46th Ave. | Do.– Mo. 12–18 Uhr | Eintritt: 10 $ | www.ps1.org | Subway: 23rd St.-Court Square, Court Square oder 21 St.-Van Alst

Pendler zwischen den Welten

Das Gebäude ist so ungewöhnlich wie die Arbeiten des japanisch-amerikanischen Bildhauers Isamu Noguchi (1904–1988). Er zog schon in den 1960er-Jahren nach Long Island City, um in der Nähe der Steinmetzbetriebe zu wohnen, von denen er sein Arbeitsmaterial bezog. In seinem ehemaligen Atelier sind Skulpturen, Bühnendekorationen u. a. für die Choreografen Martha Graham und George Balanchine, Möbel und andere Entwürfe zu sehen. Dem Museum angeschlossen sind ein Museumsshop und ein Café. Am Wochenende fährt ein Shuttle-Bus von Manhattan (von der Asia Society, der Park Ave. und der 70th St.) bis zum Museum.

Isamu Noguchi Garden Museum

Einen Block nördlich erstreckt sich direkt am East River der **Socrates Sculpture Park**, heute ein Skulpturenpark verschiedener freischaffender Künstler. Hier finden außerdem beliebte Konzerte und andere Open-Air-Darbietungen statt. Von dem Park hat man einen schönen Blick auf Roosevelt Island (▶ S. 168) und die Skyline von Manhattan.
Isamu Noguchi Garden Museum: 9-01 33rd Road, zwischen Vernon Blvd. und 10th St. | Infos über Anfahrt mit Subway und Bus auf der Website | Mi.– Fr. 10–17, Sa., So. 11–18 Uhr | Eintritt: 10 $ | www.noguchi.org | **Socrates Sculpture Park:** Broadway/Höhe Vernon Blvd. | tägl. ab 10 Uhr | www.socratessculpturepark.org

Ein Filmmuseum zum Anfassen

Schon lange vor dem Verfall New Yorks in den 1970er-Jahren war Queens ein Zentrum der Filmbranche. 1920 eröffneten hier die Paramount Pictures das damals größte Filmstudio der Stadt, die Astoria Studios, wo so bekannte Schauspieler wie die Marx Brothers, W. C. Fields, Gary Cooper und Gloria Swanson arbeiteten. Die Depression der 1930er-Jahre führte zum endgültigen Umzug der Filmindustrie nach Hollywood. In den Räumen der Astoria-Studios wurden Wochenschauen und Lehrfilme für die Armee gedreht, anschließend standen sie leer. In den 1980er-Jahren übernahm die Astoria Motion

Museum of the Moving Image

ZIELE
QUEENS

Picture and Television Foundation den Komplex. Seitdem wird er von unabhängigen Filmemachern genutzt, u. a. wurden hier Francis Ford Coppolas »Cotton Club« und Woody Allens »Radio Days« produziert. 1988 wurde in einem der Ateliergebäude das **Filmmuseum** eröffnet. Unter den Exponaten befinden sich der Wagen, den Charlton Heston in »Ben Hur« fuhr, und Kostüme aus »Star Wars«. Man kann aber auch einen kleinen Trickfilm mit Pappfigürchen drehen oder historische Wundertrommeln bestaunen. Darüber hinaus finden regelmäßig Filmvorführungen statt.
35th Ave./36th St. | Mi., Do. 10.30-17, Fr. bis 20, Sa., So. bis 19 Uhr | Eintritt: 15 $, freier Eintritt: Fr. ab 16 Uhr | www.movingimage.us | Subway: Steinway St.

Berühmte Sportstätten und Ausflugsziele

Flushing Meadows Corona Park
Direkt angrenzend an Flushing liegt der Flushing Meadows Corona Park, wo 1964 die Weltausstellung stattfand. Daran erinnern noch der 42 m hohe Stahlglobus »Unisphere« von Gilmore David Clarke und die über das Gelände verteilten futuristischen Ausstellungs-Pavillons. In dem Park gibt es verschiedene Einrichtungen, darunter die **Hall of Science**, ein Wissenschafts- und Technikmuseum »zum Anfassen«, das **Queens Museum** mit einem grandiosen Modell von allen fünf New Yorker Boroughs im Maßstab 1 : 1200, das Tennis-Stadion, wo alljährlich die US Open stattfinden (www.usopen.org) sowie das Baseball-Stadion der Mets (www.mets.com). An einem schönen Sommernachmittag ist der Park ein beliebtes Ausflugsziel. Familien der verschiedenen Einwanderer-Gemeinden von Queens kommen hier heraus, um zu picknicken, um Fußball oder Baseball zu spielen und um sich zu entspannen. Hier lässt es sich wunderbar in das wahre New Yorker Leben abseits des Glamours von Manhattan eintauchen (▶ Das ist New York, S. 22).

In Corona, nicht weit von Flushing, lebte der legendäre Jazztrompeter, Komponist und Sänger **Louis Armstrong** (1901–1971) mit seiner Frau Lucille von 1943 bis zu seinem Tod. Das mit seinen Originalmöbeln und vielen Souvenirs eingerichtete einfache Backsteinhaus gibt Einblick in das Privatleben des Weltstars. Nach dem Besuch schauen Sie beim »Lemon Ice King of Corona« vorbei – einer beliebten Eisdiele (52-02 108th St.; http://thelemonicekingofcorona.com).
Flushing Meadows Corona Park: zw. Long Island Expwy., Grand Central Pkwy. und Van Wyck Expwy. | Subway: Mets-Willets Point | **Hall of Science:** 47-01 111th St. | Mo. - Fr. 9.30-17, Sa., So. bis 18 Uhr | Eintritt 15 $, Fr. 14-17 Uhr Eintritt frei | www.nysci.org | Subway: 111th St. | **Queens Museum:** Flushing Meadows Corona Park | Mi. – So. 12-18 Uhr | Eintritt: 8 $ | www.queensmuseum.org | Subway: 111th St. | **Louis Armstrong House:** 34-56 107 St., zwischen 34th und 37th Ave. | Di. – Fr. 10-17, Sa., So. 12-17 Uhr | Eintritt: 10 $ | www.louisarmstronghouse.org | Subway: 103rd St.-Corona Plaza

ZIELE
QUEENS

Erinnerung an die Weltausstellung: »Unisphere« in Flushing Meadows, neu genutzt

Vogelliebhaber, Strandläufer und Surfer

Ganz am äußersten Ende wird Queens beinahe ländlich. So liegt direkt am John F. Kennedy International Airport, an der Jamaica Bay, ein riesiger Naturpark mit einem Vogelreservat. In der durch die Halbinsel Rockaway Beach vor dem Atlantik geschützten Bucht leben über 300 Vogelarten. Der knapp 3 km lange Nature Trail führt durch die Marschen und Hochflächen. Von hier bieten sich schöne Ausblicke auch auf Manhattan.

Jamaica Bay

Wenn man noch ein paar Stationen weiter fährt, gelangt man an den längsten Strand auf dem Stadtgebiet von New York, dem **Rockaway Beach**. Er ist unter New Yorker Surfern besonders beliebt, die sich bei hohem Wellengang hier tummeln. Die Anwohner von Rockaway waren im Jahr 2012 durch den Hurrikan Sandy besonders stark betroffen – viele Häuser wurden zerstört. Das »P S 1« hat sich besonders beim Wiederaufbau engagiert und betreibt bis heute am Strand ein Kunstprojekt, das sich mit den Folgen des Klimawandels beschäftigt.

Subway: Broad Channel, von hier noch ca. 20 Minuten zu Fuß bis zum Visitor Center | tägl. 8.30–17 Uhr; geführte Rundfahrten und Wanderungen | Tel. 1 718 3 18 43 40 | www.nyharborparks.org

ZIELE
ROCKEFELLER CENTER

★★ ROCKEFELLER CENTER

Lage: Zwischen Fifth & Sixth Ave. und zwischen 48th und 51st St. | **Subway:** Rockefeller Center | **Führungen:** tägl. ab 10 Uhr, Tickets: 25 $ im Kiosk auf der Rockefeller Plaza (Tel. 1 212 6 98 20 00, hier auch Karten für Führungen durch die Radio City Music Hall und die NBC Fernsehstudios) und online | www.rockefellercenter.com

Mit dem Wolkenkratzerkomplex hat John D. Rockefeller Jr., der vielleicht reichste Mann aller Zeiten, seine Vision der modernen Stadt verwirklicht. Das Rockefeller Center ist der Inbegriff von Manhattan.

Stadt in der Stadt

John D. Rockefeller Jr. (1874–1960) hatte eine idealistische Vorstellung vom Kapitalismus. Er wollte mithilfe der modernen Technik die Völker verbinden, Brücken bauen und die Menschheit in ein neues, friedliches Zeitalter führen. Dieses Vertrauen in die Kraft des Kapitalismus, in den Fortschritt durch Technik und Wissenschaften ist überall im Rockefeller Center zu spüren, jenem Komplex aus heute 21 Wolkenkratzern, der mitten in der Weltwirtschaftskrise gebaut wurde und gleichsam eine Stadt in der Stadt ist.

Die Fahnen aller bei der UNO akkreditierten Staaten auf der Plaza symbolisieren Rockefellers Internationalismus, die vergoldete Prometheus-Statue (Paul Manship) erinnert an Prometheus alias Rockefeller, der den Menschen das Feuer der Götter brachte. Auch die Atlas-Statue (Lee Lawrie) vor dem Rockefeller Center, gegenüber der St. Patrick's Kathedrale, spielt auf John D. Rockefeller an: Der Philanthrop Rockefeller verschenkte einen Großteil seines Vermögens für wohltätige Zwecke, daher trägt Atlas alias Rockefeller den Globus auf seinen Schultern. Kaum jemand prägte die Insel Manhattan so wie Rockefeller. Außer dem Rockefeller Center baute er ▶ The Cloisters am Fort Tryon Park, das UN-Hauptquartier (▶ United Nations) und die Reformkirche Riverside Church, die hoch über ▶ Harlem thront.

Die teuerste Immobilie der Welt

Baugeschichte

Das Gelände gehörte ursprünglich der Columbia-Universität. Zwischen 1931 und 1940, zwischen der Weltwirtschaftskrise und dem Zweiten Weltkrieg, mussten zunächst 228 Häuser abgerissen werden, damit der mit 14 (heute 21) Gebäuden größte private Geschäfts- und Unterhaltungskomplex der Welt errichtet werden konnte. Die Pläne stammten von einem siebenköpfigen Architektenteam, darunter Raymond Hood und Wallace K. Harrison. Letzterer entwarf auch die United Nations Headquarters und die Metropolitan Opera

ZIELE
ROCKEFELLER CENTER

(▶ Lincoln Center). Es entstand ein einmaliges Ensemble verschiedener, aufeinander bezogener Gebäude, die alle gleich ausgerichtet sind. Der Architekturstil vereint Beaux-Arts, die Ornamentik des Art déco und die Klarheit der klassischen Moderne. 1932 fand die Einweihung des RCA Building statt (heute 30 Rockefeller Center). Ab 1947 folgte ein zweiter, in den 1960er- und 1970er-Jahren ein dritter Bauabschnitt mit weiteren Gebäuden, die heute auch zum Rockefeller Center zählen. Für die künstlerische Gestaltung der Gebäude und Plätze waren unter anderem der mexikanische Maler Diego Rivera und die amerikanischen Bildhauer Lee Lawrie und Paul Manship verantwortlich.

Neben Büros, in denen täglich 250 000 Menschen ein und aus gehen, befinden sich im »Rock« Promenaden, Geschäfte, Restaurants, Theater, Fernsehstudios, mehrere Ausstellungsräume und eine tiefer

Stadt in der Stadt: das Rockefeller Center mit dem »30 Rock«

ZIELE
ROCKEFELLER CENTER

gelegte Plaza. Die »Sunken Plaza« wird im Sommer als Café genutzt. Seit 1933 begeistert hier alljährlich ein festlich erleuchteter Weihnachtsbaum New Yorker und Touristen. Der Abend, an dem der Bürgermeister den Baum das erste Mal erleuchtet, leitet die Weihnachtssaison ein. Etwa um dieselbe Zeit verwandelt sich der Platz in eine große **Eislauffläche**.

Ein Haus für die Medien

30 Rockefeller Center

Mittelpunkt des Ensembles ist »30 Rockefeller Plaza«, auch kurz »30 Rock« genannt. Bis 1990 hieß es »RCA Building« nach der Radio Corporation of America, nach einem Besitzerwechsel zu General Electric »GE Building«. Seit der Übernahme des Hörfunk- und Fernsehnetzwerkes durch den US-Kabelsender Comcast heißt das Gebäude nun offiziell **Comcast Building**. Über dem Haupteingang des 259 m hohen, scheibenförmigen Gebäudes prangt das Relief »Weisheit und Wissen« des amerikanischen Bildhauers Lee Lawrie. Bis heute ist **30 Rock** Sitz der NBC (National Broadcasting Company). Die Erfolgs-TV-Serie »30 Rock« spielt unter den Angestellten des Fernsehsenders und einige Sendungen werden live vom verglasten Studio an der Plaza ausgestrahlt. Weitere hier produzierte Sendungen sind Saturday Night Live, The Tonight Show, Late Night u. a. Die Studios können besichtigt werden (NBC Studio Tour, www.thetouratnbcstudios.com). Seine Lobby schmückte ursprünglich ein monumentales Fresko des mexikanischen Künstlers Diego Rivera. Um das Fresko entbrannte ein berühmter Streit, weil der bekennende Sozialist Rivera den Kampf der Arbeiterklasse darstellte und dabei ein Porträt von Lenin integrierte. Es kam zum Zerwürfnis zwischen Künstler und Auftraggeber, das Bild wurde auf Rockefellers Anweisung entfernt. Heute schmücken die Lobby Wandmalereien von José Maria Sert und Frank Brangwyn aus dem Jahr 1933. Sehenswert ist auch das Relief von dem japanisch-amerikanischen Künstler Isamu Noguchi am Eingang des Associated Press Building; es symbolisiert die verschiedenen Dienstleistungen, die das AP-Netzwerk anbietet. Dies sind nur einige der zahllosen Werke berühmter Künstler, die Rockefeller für das Rock Center in Auftrag gab. Bei einer Besichtigung macht man immer wieder Entdeckungen (▶Das ist New York, S. 14; Auskunft über alle Kunstwerke: www.rockefellercenter.org).

Hoch, höher, am schönsten

Auf und im Rockefeller Center

Ein Besuch im Rockefeller Center lohnt allerdings schon alleine wegen der **Aussichtsplattform Top of the Rock** im 70. Stockwerk des »30 Rock«, von wo aus man einen atemberaubenden Blick über die gesamte Stadt genießt. Manche glauben, der Blick sei besser als der vom ▶Empire State Building aus, nicht zuletzt deshalb, weil man von hier das Empire State Building sehen kann. Zudem sind die Schlangen weitaus kürzer, die Sicherheitsmaßnahmen weniger streng …

ZIELE
ROCKEFELLER CENTER

Hochgotik aus dem 19. Jahrhundert: St. Patrick's Cathedral. Davor trägt im Rockefeller Center Atlas die Welt auf seinen Schultern.

Im 65. Stockwerk des gleichen Gebäudes liegt der **Rainbow Room** – ein legendärer Ort für Veranstaltungen der New Yorker Gesellschaft. Die Vollverglasung bietet einen romantischen Ausblick über die Stadt, vor der, wie in alten Zeiten, zu Swing-Klängen einer Jazz-Combo geschwoft wird. Voranmeldung ist allerdings unbedingt erforderlich und das Vergnügen ist nicht eben billig.

Top of the Rock: tägl. 8–24 Uhr | Reservierung: Tel. 1 212 6 98 20 00 | Eintritt: 38 $, Kinder 32 $ | www.topoftherocknyc.com | Tickets am Verkaufsstand auf der Plaza, um die Ecke in der 50. Str. und online
Rainbow Room: Eingang 50th St., zw. 5th und 6th Ave. | sonntags Brunch, montagabends Dinner | **Cocktail Lounge SixtyFive:** Mo.– Fr. 17–24 Uhr | www.rainbowroom.com

Eine New Yorker Institution

Nordwestlich hinter dem »30 Rock« an der Sixth Avenue liegt schließlich die 1930 von Edward Durrell Stone im Art-déco-Stil erbaute **Radio City Music Hall**, ein Theatersaal für 6200 Zuschauer.

Radio City Music Hall

ZIELE
ROCKEFELLER CENTER

Ursprünglich wurde hier Liveradio mit berühmten Big Bands gesendet, zu denen getanzt wurde. Später war die Radio City Music Hall ein Kino. Heute ist die große Attraktion das »Christmas Spectacular« in der Vorweihnachtszeit mit der Tanztruppe »The Rockettes«, die im Gleichklang über die Bühne steppen und ihre langen Beine schwingen. Gegenüber der Radio City Music Hall, auf der Westseite der Sixth Avenue, auch Avenue of the Americas genannt, entstanden Erweiterungsbauten des Rockefeller Center im International Style (Architekten: Harrison, Abramovitz & Harris): das **Time Life Building** (1958; 1271 Ave. of the Americas) und die **XYZ Buildings** (1971 bis 1973; 1211, 1221 und 1251 Ave. of the Americas), drei fast identische kastenförmige Bürotürme.

1260 Sixth Ave./Ecke 51st St. | Führungen tägl. 9.30 –17 Uhr alle halbe Stunde | Eintritt: 31 $ | www.radiocity.com

Ein überraschender Kontrast

St. Patrick's Cathedral Einen überraschenden Kontrast zu den umliegenden Wolkenkratzern bildet die Pilgerstätte für amerikanische Katholiken: Die imposante neugotische Kathedrale und Sitz des Erzbischofs entstand 1858 –1888 nach Plänen von James Rentwick. Einen schönen Anblick bietet sie in den Abendstunden, wenn sie angestrahlt wird. Von der reichen Einrichtung sind die Glasfenster, der baldachinüberkrönte Hauptaltar (1942 geweiht, Entwurf: Louis Tiffany) und die zahlreichen Seitenaltäre bemerkenswert, ferner die Figur der Elizabeth Ann Seton (1774–1821), der 1975 als erste US-Amerikanerin heiliggesprochenen Gründerin des Ordens der »Sisters of Charity«. Die Hauptorgel hat über 9000 Pfeifen; ganzjährig finden hier Konzerte statt.

Direkt neben der Kathedrale erhebt sich der 1976 erbaute **Olympic Tower** (▶Fifth Avenue). Östlich der Kathedrale stehen zu beiden Seiten des Chors das neugotische Pfarrhaus sowie die Residenz des New Yorker Erzbischofs (beide ebenfalls nach Plänen von J. Rentwick 1880 erbaut). Unmittelbar dem Pfarrhaus gegenüber stehen die dreistöckigen **Villard Houses** (457 Madison Ave.), die 1884 nach Entwürfen von McKim, Mead & White für Henry Villard erbaut wurden. Der gebürtige Bayer war 1860 unter dem Namen Heinrich Hilgard in die USA eingewandert und hatte es u. a. als Verleger der Zeitung »New York Post« rasch zu Reichtum und Ansehen gebracht. Die nach dem Vorbild des Palazzo della Cancelleria in Rom errichteten Häuser zählen zu den gelungensten Neorenaissance-Bauten New Yorks. In den 1970er-Jahren sollten sie abgerissen werden. Die Lösung war der Verkauf ihrer »Luftrechte« an die Helmsley-Gruppe, die stattdessen das 50-stöckige Palace Hotel erbauten. Heute dient der Südflügel der Villard Houses als nobler Hoteleingang.

Fifth Ave., zwischen 50th & 51st St. | tägl. 6.30–20.45 Uhr | www.saintpatrickscathedral.org | Subway: 47-50th St.-Rockefeller Center, Fifth Ave.-53rd St.

ZIELE
SOHO

★ SOHO

Lage: Zwischen Avenue of the Americas, Broadway, Houston und Canal St. | **Subway:** Spring St., Bleecker St.

Ein Spaziergang durch SoHo ist wie ein Spaziergang durch ein edles Open-Air-Kaufhaus. Der Stadtteil ist eine der beliebtesten Shoppingviertel der Stadt – doch man findet auch noch Spuren seiner raueren Vergangenheit.

Gusseisen

SoHo – ein Akronym für South of Houston – ist ein perfektes Symbol für den Wandel, den New York seit dem Zweiten Weltkrieg durchgemacht hat. Bis in die 1960er-Jahre war das Gebiet zwischen Houston und Canal St., dem West Broadway und dem Broadway ein Handwerker- und Lagerviertel. Die zum Teil wundervoll restaurierten sogenannten Cast-Iron-Häuser vom Ende des 19., Anfang des 20. Jh.s künden noch davon. Das Material, aus dem diese Häuser gebaut wurden, Gusseisen, ermöglichte die bezahlbare Reproduktion von Säulen, Bögen, Toren und anderen Gebäudeteilen, ja von ganzen Fassaden. Daher sind die Gebäude so aufwendig verziert; besonders auffällig sind u. a. die Feuerleitern.

Kleinstadt-Idyll in SoHos Sullivan Street

ZIELE
SOUTH STREET SEAPORT

Die Gebäude haben für ihre Entstehungszeit außerordentlich große Fenster, durch die das Licht bis tief ins Gebäudeinnere gelangte, und die erhöhten Rampen am Straßenrand erleichterten den Lieferverkehr. Schöne Beispiele sind u. a. das **Singer Building** (561–563 Broadway), das 1904 von Ernest Flagg als Büro- und Lagerhaus der gleichnamigen Nähmaschinenfabrik erbaut wurde, das Nachbarhaus mit seiner Fassade im italienischen Renaissance-Stil (565 Broadway) und das 1857 erbaute **Haughwout Building** mit dem ersten hydraulischen Fahrstuhl der Welt (488 Broadway). Wer sich für die Geschichte des Brandschutzes interessiert, der wird im **NYC Fire Museum** fündig, einer 1904 im Beaux-Arts-Stil erbauten Feuerwache (▶S. 326).

Nachdem Industrie und Handwerk den Stadtteil verlassen hatten, verfiel er. Es gab sogar Pläne, ihn zugunsten einer Stadtautobahn abzureißen. Das Projekt scheiterte am Widerstand der Anwohner. In den 1980er-Jahren entdeckten Künstler das Viertel und richteten in den leer stehenden Räumen ihre Ateliers und Wohnräume ein. Im Laufe der Zeit folgten Galerien, Läden, Restaurants, Jazz- und Rocklokale. Steigende Miet- und Immobilienpreise waren die Folge. Inzwischen sind die meisten Künstler und Galerien nach West Chelsea oder anderswohin »abgewandert«. Nur noch wenige sind übrig geblieben wie etwa das Drawing Center, wo regelmäßig Zeichnungen ausgestellt werden (35 Wooster St., www.drawingcenter.org), oder die beiden Ausstellungsräume der Dia Art Foundation mit Werken von Walter de Maria (▶S. 322).

★ SOUTH STREET SEAPORT

Lage: Fulton St., zw. Water und South St. | **Subway:** Broadway-Nassau St., Fulton St. | Mai – Sept. tägl. 10–18, sonst bis 17 Uhr | **Eintritt:** 10 $ | www.southstreetseaportmuseum.org

Es gibt nur noch wenige Orte in New York, die daran erinnern, dass die Stadt ihren Aufstieg dem Seehandel verdankt. Der alte Hafen an der South Street ist einer davon.

Wenn man am Pier des South Street Seaport steht, fühlt man sich in eine andere Zeit zurückversetzt. Da liegen die beiden alten Schoner »Peking« und »Ambrose« in voller Pracht, so, als seien sie gerade aus England eingelaufen. Über die Szene spannt sich die ▶Brooklyn Bridge und im Hintergrund verströmen zwei Straßenzüge mit restaurierten Backsteinhäusern aus dem 18. Jh. das Flair alter Kontore.

ZIELE
SOUTH STREET SEAPORT

Ein wenig Geschichte und nautisches Flair

Ein aktiver Hafen ist der alte Seaport freilich schon lange nicht mehr. Schon vor mehr als 100 Jahren verlagerte sich die Schifffahrt von hier auf die Westseite New Yorks zum Hudson, wo Schiffe mit größerem Tiefgang landen konnten und es ausreichend Platz für größere Piers gab. Nach dem Zweiten Weltkrieg wanderte die kommerzielle Schifffahrt auf die andere Hudsonseite nach New Jersey ab. Das Viertel an der East Side verfiel. 1967 wurde der alte Hafen dann allerdings liebevoll restauriert und mit historischen Häusern und gepflasterten Straßen aus dem 19. Jh. in ein »Living History Museum« umgewandelt.

Vom alten Hafen zum Living History Museum

Historische Wasserfahrzeuge
A Ambrose (Feuerschiff; 1908)
B Lettie G. Howard (Schoner; 1893)
C Pioneer (Schoner; 1885)
D Wavertree (Dreimastsegler; 1885)
E W.O. Decker (Schlepper; 1930)

Heute ist der South Street Seaport mit jährlich über 13 Millionen Besuchern eines der beliebtesten Ziele in der Stadt. Nicht nur Touristen, auch die New Yorker zieht es zu dem Freilichtmuseum mit den alten Schiffen.

Im **Museum Block**, zwischen Fulton, Water, Beekman und Front Street, stehen 14 renovierte Gebäude aus dem 18. und 19. Jh., die heute zum großen Teil Galerien beherbergen. Das Besucherzentrum (Visitor Center) und der Museumsladen befinden sich im Haus 12 Fulton Street. Hier unterrichtet eine Ausstellung über die Geschichte des Hafens. Auch erfährt man alles über hier stattfindende Veranstaltungen. Der alte Pier 17 wurde renoviert und zum Pier Pavillon 17 mit vielen Läden und Restaurants und einer öffentlichen Dachterrasse umgebaut. Er ist auch wegen des großartigen Ausblicks sehr beliebt (▶S. 305).

Besucherzentrum: 12 Fulton St. | Mai – Sept. tägl. 10 –18, Okt. – Apr. bis 17 Uhr | Eintritt: 10 $ | Tel. 1 212 7 48 86 00

ZIELE
STATEN ISLAND

Ein besonderes Erlebnis: New York vom Wasser aus
Vom Ufer des East River genießt man einen wunderbaren Blick auf die ▶ Brooklyn und Manhattan Bridge. Verschiedene Anbieter laden zu **Hafenrundfahrten** oder zu **Schiffsausflügen** rund um Manhatten oder zur ▶ Statue of Liberty ein (Pier 16). Zwischen Pier 15 und 17 liegen fünf **historische Schiffe** vor Anker. Prunkstück ist die »Wavertree«. Das 100 m lange Frachtschiff wurde 1885 in Southampton (England) gebaut und war 35 Jahre lang weltweit im Einsatz. Nachdem sie 1910 in einem schweren Sturm irreparabel beschädigt wurde, diente sie u. a. als schwimmendes Lagerhaus. Am selben Pier hat auch das 1908 erbaute Feuerschiff »Ambrose« festgemacht. Von Mai bis September legt der 1885 erbaute Schoner »Pioneer« zu zwei- bis dreistündigen Hafenrundfahrten ab.

Historische Schiffe

Schoner »Pioneer«: 45 $; Karten im Museum und am Pier
www.southstreetsea portmuseum.org

STATEN ISLAND

Lage: Im Süden von Manhattan

Staten Island wird zu Recht der »vergessene Stadtteil« von New York genannt. Tatsächlich verschlägt es nur wenige Bewohner von Manhattan oder Brooklyn hierher, es sei denn zum Start des New Yorker Marathons am Fuß der Verrazano Narrows Bridge – der größten und jüngsten Brücke New Yorks (▶S. 78).

Ansonsten ist Staten Island, die 22 km lange und 12 km breite Insel in der New Yorker Bucht, in erster Linie eine Wohnvorstadt. Viele der 500 000 Einwohner sind Nachkommen italienisch- oder irischstämmiger Einwanderer. Wie Melanie Griffith in dem Hollywood-Klassiker »Working Girl« von 1988 pendeln sie jeden Tag mit der Fähre nach Manhattan (▶Battery Park). Eine Fahrt mit dieser Fähre ist übrigens ein ganz besonderes und noch dazu kostenloses Erlebnis. Man fährt an der Freiheitsstatue vorbei und hat einen exquisiten Ausblick auf die Skyline von Lower Manhattan (▶ Baedeker Wissen,, S. 248). Am nördlichen Ende der Insel legt die Fähre am Terminal St. George an. Und auch wenn Staten Island der »forgotten Borough« New Yorks ist, gibt es hier einiges zu entdecken, an einem schönen Sommertag zum Beispiel herrlich mit dem Fahrrad.

The forgotten Borough

South Street Seaport – vor eindrucksvoller Kulisse. Mit ihrem Schaufelrad erinnert die »Andrew Fletcher« an einen Mississippi-Dampfer.

ZIELE
STATEN ISLAND

Sehenswertes auf Staten Island

Ein Dorf aus der Kolonialzeit

Historic Richmond Town

In Richmond, fast im Zentrum von Staten Island, vermittelt ein Dorf mit ehemaligen Seefahrerhäusern einen Eindruck vom Leben während der Kolonialzeit. Das älteste Gebäude, das Voorlezer House, ist von 1696 und das älteste Schulhaus der USA. Museumsmitarbeiter in historischen Kostümen führen regelmäßig alte Handwerkstechniken vor. Ein Plan informiert über die Veranstaltungen und die zugänglichen Gebäude.

441 Clarke Ave., vom Terminal St. George Weiterfahrt mit dem Bus 74 | Mi. - So. 13-17, Führungen: Mi. - Fr. 14.30, Sa., So. 14, 15.30 Uhr Eintritt: 8 $ | www.historicrichmondtown.org

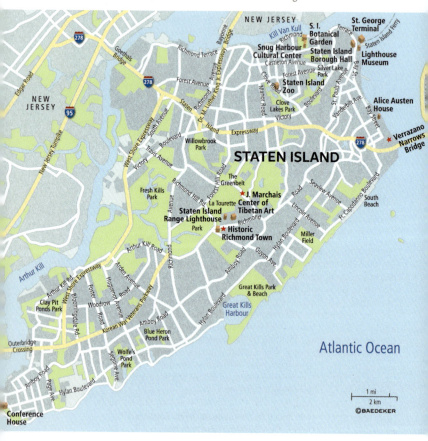

ZIELE
STATUE OF LIBERTY

Ein Refugium für tibetanische Kunst

Die größte Privatsammlung tibetischer Kunst in der westlichen Welt wurde von der unter ihrem Pseudonym bekannten Schauspielerin und Buddhistin Jacques Marchais (1887–1948) gesammelt und gestiftet. Das Museum auf einem Hügel ist die Nachbildung eines tibetischen Klosters mit einem Terrassengarten. Unter den Exponaten befinden sich auch Stücke aus China, Korea, Japan, Südostasien, Indien und Persien.

Jacques Marchais Center of Tibetan Art

338 Lighthouse Ave.; von der Fähranlegestelle mit dem Bus 74 | Mi. – So. 13–17 | Eintritt 6 $ | www.tibetanmuseum.com

Tennis-Ass, Radfahrerin und leidenschaftliche Fotografin

Ein echtes Kleinod ist das viktorianische Landhaus der Fotografin Alice Austen (1866–1952). Mit Blick auf den Hafen, die Freiheitsstatue und Lower Manhattan lebte sie hier mit ihrer Lebensgefährtin bis zum Verlust ihres Vermögens während des Börsenkrachs. Schon als Kind hatte Austen begonnen zu fotografieren. Heute ist hier eine Auswahl ihrer vor allem dokumentarischen Bilder zu sehen, die einen Eindruck vom Leben auf der Insel vermitteln.

Alice Austen House

2 Hylan Blvd.; von der Fähranlegestelle weiter mit Bus 51 |Jan., Febr. nur nach Vereinbarung, sonst Di.– So. 12–17 Uhr | Eintritt: 2 $ | http://aliceausten.org

Ein Altenheim für Seeleute

Ein schönes Ziel ist auch Snug Harbor. Das ehemalige Altenheim für Seeleute liegt in einem Parkgelände im Norden von Staten Island. Heute sind in den Gebäuden und auf dem Gelände verschiedene Kultureinrichtungen, u. a. das Newhouse Center for Contemporary Art und das Staten Island Children Museum, und der Botanische Garten untergebracht.

Snug Harbour

1000 Richmond Terrace; vom Fährterminal weiter mit dem Bus 40 | Mi. – So. 10–17 Uhr | Eintritt: 8 $ | http://snug-harbor.org/

★★ STATUE OF LIBERTY

Lage: Liberty Island | **Subway:** South Ferry; Fähre ab Battery Park
Eintritt inkl. Fähre: 19,25 $ (Sockel und Museum) bzw. 22,25 $ (mit Aufstieg zur Krone, online resrevieren!) | **www.nps.gov/stli**
www.statuecruises.com (Tickets und Fahrplan)

Es ist schwer, keine Gänsehaut zu bekommen, wenn man mit der Fähre an der Freiheitsstatue vorbei auf Manhattan zufährt. Unweigerlich fallen einem dann die Millionen Menschen ein, die hier mit Ängsten und Hoffnungen aus der ganzen Welt ankamen und vor sich das Versprechen einer besseren Zukunft in Amerika sahen.

ZIELE
STATUE OF LIBERTY

Symbol für Freiheit, Demokratie und Hoffnung

Die Freiheitsstatue war ein **Geschenk des französischen Volks** an Amerika zum 100. Jahrestag der Unabhängigkeitserklärung 1876, die Geste einer großen demokratischen Republik an die andere junge Nation. In Frankreich wurden Spendenaktionen und sogar eine Lotterie zur Finanzierung der Statue organisiert. Mit Erfolg: 1879 hatte man 250 000 Francs beisammen. Allerdings stieß das Geschenk auf amerikanischer Seite anfangs auf keine große Gegenliebe. Die Amerikaner sahen nicht ein, dass sie das Geld für den Sockel der Statue aufbringen sollten. Zehn Jahre dauerte es, bis Amerika schließlich auf Initiative des Zeitungsverlegers Joseph Pulitzer in einer großen Spendenaktion das Geld endlich zusammen hatte: 102 000 $, 80 % dieser Summe bestand aus Spenden von weniger als 1 $! Im April 1886 war der Sockel schließlich fertig. Am 28. Oktober 1886 wurde die »Lady Liberty«, die schon ein Jahr zuvor in Einzelteilen zerlegt in New York eingetroffen war, in einem Festakt eingeweiht. Als sie schließlich stolz im New Yorker Hafen stand, konnte sich kaum jemand mehr ihrer Strahlkraft entziehen.

ZIELE
STATUE OF LIBERTY

Weltweit bekanntes Symbol der Freiheit: Statue of Liberty

Symbol für das Einwanderungsland Amerika

Die Monumentalstatue hatte der Elsässer Frédéric Auguste Bartholdi (1834–1904) entworfen, das mit 300 Kupferplatten verkleidete Stahlgerüst stammte von Gustave Eiffel, dem Architekten des Pariser Eiffelturms. Bis zur Spitze der bei Dunkelheit erleuchteten Fackel in der erhobenen Rechten ist sie 46 m hoch und alles in allem wiegt die von einem Strahlendiadem gekrönte Freiheitsgöttin 225 t. Sie steht auf den zerbrochenen Ketten der Sklaverei und hält in der Linken die Unabhängigkeitserklärung mit dem historischen Datum »July 4. 1776«.

225 Tonnen Freiheit

Die »Statue of Liberty Enlightening the World«, so der offizielle Name, steht auf einer 5 ha großen Felseninsel in der Upper Bay, etwa 4 km südwestlich der Battery, direkt neben ►Ellis Island, Sitz der ehemaligen Einwanderungsbehörde. Für Millionen Menschen, die mit dem Schiff in die Vereinigten Staaten kamen, war die Statue das Erste, was sie von der Neuen Welt sahen. Sie wurde und ist bis heute –

GROSS, ABER NICHT DIE GRÖSSTE

Die Freiheitsstatue, das New Yorker Wahrzeichen, gehört zu den größten Einzelstatuen weltweit und ist oft kopiert worden. Sie ist das Hauptwerk des Elsässer Bildhauers Frédéric-Auguste Bartholdi (1834–1904).

Name	Mutter Heimat ruft!	Freiheitsstatue	Siegessäule
Künstler	J. W. Wutschetitsch	Frédéric-A. Bartholdi	Heinrich Strack
Planung, Bauzeit	1959–1967	1866–1886	1864–1873
Figurhöhe	85 m	46 m	8,3 m
Sockelhöhe	16 m	46,9 m	66,9 m
Ort	Wolgograd / RUS	New York / USA	Berlin / GER

Die Freiheitsstatue in der Welt

Rund um den Globus existieren zahlreiche Nachbildungen der Freiheitsstatue.

Monumente im Vergleich

Bis 1959 war die Freiheitsstatue das höchste Monument der Welt.

38 m *(738 m mit Berg)*

7,2 m

Cristo Redentor	David
Heitor da Silva Costa	**Michelangelo**
1922–1931	1501–1504
30 m	5,2 m
8 m	2 m
Rio de Janeiro / BRA	Florenz / ITA

▶ Weitere Werke Bartholdis

Bartholdi war zu seiner Zeit ein gefragter Künstler. Schon mit 17 Jahren schuf er sein erstes Werk.

Name	Löwe von Belfort
Standort	Belfort (Fr)
Höhe	10,7 m
Enthüllung	1880

Name	Bartholdi Fountain
Standort	Washington D.C.
Höhe	9,1 m
Enthüllung	1876

Name	Fontaine Bartholdi
Standort	Lyon
Höhe	4,85 m
Enthüllung	1889

ungeachtet aller politischer Debatten – ein Symbol der Hoffnungen für alle diejenigen, die in den USA ihre Zukunft sehen, ein Freiheitsversprechen Amerikas dafür, dass man in einem besseren Land, in einem besseren Leben angekommen ist (▶ Baedeker Wissen, S. 104). Das spiegelt auch das Gedicht von Emma Lazarus wider, das in den Sockel gemeißelt ein deutliches Bekenntnis zu Amerika als Einwanderernation ist:

> »
> Bring mir deine Müden, deine Armen, deine geduckten Massen, die sich nach Freiheit sehnen ...
> Schick diese Heimatlosen, Sturmgebeugten zu mir;
> Ich erhebe meine Fackel neben dem Goldenen Tor.
> «

Das Innenleben der »eisernen Lady«

Besichtigung

Das Standardticket erlaubt den Zutritt zum Sockel mit dem Observation Deck in 50 m Höhe (Aufzug) und den Eintritt ins neue Museum zur Geschichte der Statue. Der Zugang zur Krone kostet zusätzlich und ist in einer Hinsicht ein zweifelhaftes Vergnügen, da 354 Stufen in einem klaustrophobisch engen Treppenhaus zurückgelegt werden müssen; der Ausblick auf New York dafür ist außerordentlich schön. Es empfiehlt sich rechtzeitige Reservierung! Die Tour mit der Fähre vom Battery Park schließt auch ▶ Ellis Island ein; wer beides besichtigen will, sollte sich mindestens 5 Stunden Zeit nehmen und die Fahrt spätestens um 12 Uhr antreten. Bis zum Sicherheitscheck muss man meist bis zu 1 Stunde warten.

★★ TIMES SQUARE

J 13/14

Hier schlägt das Herz der Stadt

Lage: Kreuzung Broadway und 7th Ave., zwischen West 42nd St. und West 47th St. | **Subway:** Times Square

Der Times Square ist nicht nur das geografische Zentrum New Yorks. Die Kreuzung ist auch das funkelnde, hektische, laute Herz der Stadt.

Wer auf den Times Square tritt, der spürt New York sofort. Alle Sinne werden bombardiert von den gigantischen Neon- und LED-Werbetafeln an den Wolkenkratzerfassaden, vom Gedränge und Geschiebe auf den Bürgersteigen, vom laut hupenden Verkehr und von den vielen Straßenhändlern und -künstlern, die einem etwas andrehen möchten.

6x UNTERSCHÄTZT

Genau hinsehen, nicht dran vorbeigehen, einfach probieren!

1. NEONFUNKELN

Der Times Square wird häufig als Touristenfalle beschimpft. Doch trotz Millionen von Besuchern spürt man den **Puls von New York** hier noch immer so deutlich wie nirgendwo anders. (▶ S. 214)

2. AUSSENBEZIRKE

Es wird oft behauptet, in den **Outer Boroughs** Queens und Bronx gebe es nichts zu sehen. Stimmt nicht!
(▶ S. 59, 190)

3. UNTERGRUND

Die Fahrt mit der **New Yorker U-Bahn** ist mehr als nur ein notwendiger Transport von A nach B. Hier spürt man die Vielfalt der Stadt so intensiv wie sonst kaum irgendwo.

4. FERNOST – GANZ NAH

Die Chinatown von Manhattan ist die berühmteste, doch **die Chinatown von Flushing** am Ende der Linie 7 ist garantiert die größere und authentischere. (▶ S. 22)

5. AMERIKANISCHER KAFFEE

Lange vorbei sind die Zeiten, in denen man in den USA nur labberigen Brühkaffee bekam. In den **In-Cafés** von New York gibt es einen Espresso und Cappuccino, die sich vor ihren italienischen Vorbildern nicht zu verstecken brauchen.
(▶ S. 289, 303, 304)

6. MITTERNACHTSKINO IM IFC CENTER

Lassen Sie sich in die schon etwas morschen Sitze des berühmten Programmkinos an der Sixth Avenue fallen und schauen Sie gemeinsam mit anderen Schlaflosen bis in die Morgenstunden **Kinoklassiker** an. (▶ S. 287)

ZIELE
TIMES SQUARE

Die berühmteste Kreuzung der Welt: der Times Square

Von der Schmuddelecke zur Konsumzone

Der Times Square im Wandel der Zeit

Dieses einzigartige New-York-Erlebnis an der berühmtesten Kreuzung der Welt – schätzungsweise 1,5 Millionen Fußgänger überqueren sie täglich, in der Silvesternacht stehen hier Hunderttausende und verfolgen den Countdown zum Jahreswechsel – ist gewollt. Als der Times Square zu Beginn der 1990er-Jahre saniert wurde, hatte man vorher sichergestellt, dass er seine Identität behält. So wurde beschlossen, dass an den Hausfassaden Lichtreklamen angebracht werden müssen. Weiterlaufen sollte auch das ständig durchlaufende Band mit Börsenkursen; auch der TKTS-Stand für Theaterkarten und das Rekrutierungsbüro der US-Armee sollten ihren Standort hier behalten. Dennoch hat sich der Times Square im Laufe der Zeit dramatisch verändert.

Im 19. Jh. hieß der Platz »Longacre Square«, die Umgebung war eher berüchtigt, die Kreuzung von Broadway und 7th Ave. trug den Beinamen »Thieves' Lair« (Räubernest). Der Aufstieg des Platzes zum Mittelpunkt des Vergnügungsviertels New Yorks begann mit der Eröffnung des ersten Hauses der Metropolitan Opera 1883 und mit

ZIELE
TIMES SQUARE

der Gründung des Olympia-Theaters zwei Jahre später. 1904 bezog dann die **New York Times** ihr neues Redaktionsgebäude »Times Tower« am Südende des Platzes, der von da an ihren Namen trug (seit 2007 hat die Redaktion ihren Sitz in der 8th Ave., zw. 40. und 41. St.). In den 1920er-Jahren war die Gegend New Yorks zentrales Amüsierviertel mit Varietétheatern, Nachtklubs, Kinos und Musicalbühnen. Die damals schon großzügige Verwendung von Neon gab dem Platz seine charakteristische Anmutung. Während der Krise der Stadt in den 1960er- und 1970er-Jahren verfiel auch der Times Square zunehmend. Drogen, Prostitution und Schmuddel verdrängten den Glamour. Die Sanierung des Stadtteils durch eine gemeinsame Initiative von Stadt und führenden Unternehmen hat den Square nun in ein funkelndes Geschäftszentrum, eine autofreie, familienfreundliche Flanier- und Konsummeile und einen Touristenmagneten verwandelt.

Theater, Musical und andere Adressen
Die **Theater- und Musicalwelt** hat hier jedoch weiterhin ihren Mittelpunkt: 40 Bühnen, die zusammen das ausmachen, was man unter **Broadway** versteht, liegen in den Seitenstraßen rund um den Platz verteilt (http://ppc.broadway.com; weitere Informationen zu Programm und Kartenkauf ►S. 276, 280, ►Das ist New York, S. 10). Ein paar **Jazzklubs** sind auch immer noch am Times Square verblieben. An der 44. Straße wird im **Birdland**, das der legendäre Saxofonist Charlie Parker mitbegründet hat, weiterhin Abend für Abend hochklassiger Jazz geboten. Nur wenige Schritte entfernt liegt das **Iridium** und im **B.B. King Blues Club** an der 42. Straße kann man jeden Abend schweren, seelenvollen Blues hören. Einen wirklichen Geschmack von der alten Theaterwelt bekommt man hingegen im **Sardi's**, einem klassischen Theaterrestaurant an der 44. Straße. Sardi's ist seit 1927 in Betrieb und seither hat sich praktisch nichts verändert. Die Wände sind überzogen mit Hunderten signierter Karikaturen der Theater- und Show-Größen, die hier einmal eingekehrt sind. Für ein günstiges schnelles Dinner vor oder nach der Broadway-Show geht man jedoch lieber an die Ninth Avenue, wo sich kleine gemütliche Restaurants mit verschiedenen ethnischen Küchen, von Thai über Tibetanisch bis Türkisch, aneinanderreihen. Überhaupt ist die Gegend westlich des Times Square, zwischen 8. und 9. Ave. sowie zwischen dem Port Authority Bus Terminal und der 46. Straße, noch recht wenig vom Touristenrummel beeinflusst.

Theater District, Jazz u. a.

Informationen rund um den Times Square: www.timessquarenyc.org
Birdland: 315 West 44th St. | tägl. 17–1 Uhr | Eintritt: 20–50 $ | www.birdlandjazz.com | **Iridium:** 1650 Broadway, Höhe 51st St. | Eintritt: 35–60 $ (mit Verzehrzwang) | http://theiridium.com | **B. B. King Blues Club:** 237 West 42nd St. | tägl. 11–2 Uhr | www.bbkingblues.com | **Sardi's:** 234 West 44th Street | www.sardis.com (Kategorie: €€€) | **Nasdaq Market Site:** 4 Times Square | tägl. geöffnet

ZIELE
TIMES SQUARE

JIMMY'S BAR
Jimmy's Bar am Times Square ist ein Überrest aus einer anderen Zeit. In der Bar des ehemaligen Boxprofis Jimmy Glenn hat sich in den vergangenen 50 Jahren nichts verändert. An der Wand hängen vergilbte Zeitungsausschnitte über seine Kämpfe, an der Theke mischen sich Boxer, Boxfans und Journalisten der »New York Times« und Jimmy sitzt in der Ecke, um für die Kämpfer, die er managt, Kämpfe auszuhandeln (140 West 44th St., tägl. 11–4 Uhr).

Wo Tschaikowsky, Caruso und die Stones auftraten …

Carnegie Hall

Die Carnegie Hall, einer der berühmtesten und wegen seiner Akustik viel gepriesenen Konzertsäle der Welt, liegt etwas nördlich des Theater District. Der mit Backstein und glasierten Ziegeln im Renaissancestil erbaute Musiktempel ist eine Stiftung des Stahlmagnaten Andrew Carnegie. 1891 dirigierte Tschaikowsky das Eröffnungskonzert, seither traten hier alle Größen der Musikgeschichte auf. Auch heute reicht das Programm von Oper und Konzert über Jazz und Folk bis zu Pop.

Cesar Pelli ist der Architekt des benachbarten **Carnegie Hall Tower**. Der Himmelsstürmer wurde 1990 direkt über einer am Platz gegossenen Betonröhre hochgezogen und wie die Carnegie Hall mit Backstein und glasierten Ziegeln verkleidet. In seinem Schatten und nur ein paar Meter entfernt steht der 66-stöckige schwarze **Metropolitan Tower** (Harry Macklowe, 1987). Ein Block südlich folgt der dritte Riese, Helmut Jahns 70-stöckiger **Cityspire** (1987) mit seiner an den Florentiner Dom erinnernden Kuppel. Zusammen bilden Carnegie Hall Tower, Metropolitan Tower und Cityspire ein eindrucksvolles Ensemble.

West 57th St./Seventh Ave. | www.carnegiehall.org | Führungen, sofern der Konzertplan es erlaubt: Okt. – Juni, Mo. – Fr. 11.30, 12.30, 14 und 15, Sa. 11.30 Uhr | Ticket: 17 $ | Subway: 57th St.

TRIBECA

Lage: Südlich von SoHo (Downtown) | **Subway:** Canal St.

Als nach dem 11. September 2001 die Stadt New York überlegte, das Viertel Tribeca aufzugeben, gab es nur einen, der hier Chancen und Gelegenheiten für einen Neubeginn sah: der Schauspieler Robert De Niro.

Eigentlich hieß der Stadtteil Lower West Side, bis ein pfiffiger Immobilienmakler die Abkürzung »Triangle Below Canal Street« (= Dreieck südlich der Canal Street) erfand. Die Gegend war bis Mitte des 20. Jh.s ein Zentrum des Lebensmittelgroßhandels. In den 1980er-Jahren entdeckten dann Künstler die ehemaligen Lagerhallen, deren Mieten so viel günstiger waren als im nördlich angrenzenden ▶SoHo. Ihnen folgten Filmemacher wie Harvey und Bob Weinstein oder Robert De Niro, Klubs, Restaurants, Geschäfte und Galerien. Dann ereignete sich der 11. September 2001. Tribeca, das Dreieck zwischen Ground Zero, Canal Street, Broadway und West Broadway, war direkt von den Terroranschlägen betroffen. Sechs Monate lang war der Stadtteil abgeriegelt und vom Schmutz der zerstörten Türme bedeckt. Und als er sich langsam wieder öffnete, wollten die Menschen von dem Ort des Grauens so weit wie möglich fortziehen. Doch De Niro, der hier lebte, glaubte an die Zukunft und investierte. Er eröffnete ein Kino und mehrere Restaurants, kaufte Grundstücke auf, ließ sie sanieren und brachte ein **Filmfestival** von Weltrang in das Viertel.

De Niros Bemühungen haben sich ausgezahlt. Tribeca hat eine Wiedergeburt erlebt. Entlang des West Broadway floriert das Nacht- und Geschäftsleben. Das Viertel gehört heute zu einem der begehrtesten Wohnviertel für junge Familien, vor allem, seitdem das Ground-Zero-Gelände saniert worden ist und wieder in Betrieb genommen wurde. Beachtenswert sind die acht zwischen 1804 und 1828 erbauten Gebäude im Federal Style in der **Harrison Street** und das **New York Telephone Company Building** (32 Ave. of the Americas), ein schöner Art-déco-Bau von 1918 (Architekt: Ralph Walker). Ein weiterer

Ein Stadtteil erfindet sich neu

ZIELE
UNITED NATIONS HEADQUARTERS

Art-déco-Bau ist das **Western Union Building** von 1928 (60 Hudson St.; Architekten: Voorhees, Gmelin & Walker). Unter den vielen älteren Gebäuden Tribecas ragt neuerdings **56 Leonard Street** heraus: Der 250 m hohe Wohnturm mit seinen 58 versetzt aufeinandergestapelten Etagen ist vielleicht ein Symbol für die Wiederauferstehung des Stadtviertels (Architekten: Herzog & de Meuron, 2016).
Tribeca Grill: 375 Greenwich Ave. | Tel. 1 212 9 41 39 00 | www.myriadrestaurantgroup.com/restaurants/tribeca (Kategorie: €€€) |
Tribeca Film Festival: ▶S. 307

★★ UNITED NATIONS HEADQUARTERS

Lage: First Ave. zwischen East 42nd und East 48th St. | **Subway:** Grand Central Terminal | **Führungen:** Mo.–Fr. 9–16.45 Uhr; nur nach online-Reservierung in der Sitzungsperiode, keine Kinder unter 5 Jahren, Ausweis erforderlich | **Preis:** 22 $ | **Visitor Check-in Office:** 801 1st Avenue/45th St. | **visit.un.org**

L/M 14/15

Die Gründung der Vereinten Nationen markierte den Beginn einer neuen Weltordnung – einer Ära des Weltfriedens und der Völkerverständigung. Ihr Hauptsitz spiegelt diese Utopie in gebauter Form wider.

Ein Haus für den Weltfrieden

Die Gründung der UNO im Jahr 1945 sollte nach der Apokalypse des Zweiten Weltkrieges einen Neuanfang für die Menschheit darstellen. Damit sich das auch in der Architektur des Hauptquartiers in New York widerspiegelt, wurde ein internationales Team der prominentesten Vertreter modernen Bauens angeheuert: darunter der Franzose Le Corbusier, der Brasilianer Oscar Niemeyer, der Schwede Sven Markelius und der Amerikaner Wallace K. Harrison. Der Komplex am East River entstand zwischen 1949 und 1953, finanziert von John D. Rockefeller, dessen Vision von Internationalismus und Moderne die UNO teilte.

Einmal im Jahr kommen die Staatsoberhäupter zusammen

Im Hauptquartier der UNO

Die Ideale aus der Gründungszeit der UNO sind bis heute spürbar und zeigen sich auch in den Linien und Formen des Gebäudekomplexes. Der hohe rechteckige Turm des Verwaltungssitzes (Secretariat Building), das geschwungene Auditorium der Vollversammlung (General Assembly Building) und das lange, flache Konferenzgebäude (Confe-

ZIELE
UNITED NATIONS HEADQUARTERS

rence Building) stellen die archetypischen Formen der modernen Architektur dar. Sie symbolisieren die Vernunft und die Aufklärung, auf denen die neue Weltordnung basieren sollte.

Das hervorstechendste Gebäude ist der 154 m hohe, 39-stöckige Sitz der UN-Verwaltung. Mit seiner kantigen Form und der gläsernen Vorhangfassade, die erste ihrer Art in New York, wurde er zum Prototyp der Wolkenkratzer des »International Style«. Die angrenzende **Generalversammlung**, wo sich die Vertreter aller gleichberechtigten UN-Mitgliedsstaaten treffen, erscheint daneben fast winzig. Im Konferenzgebäude hinter Sekretariat und Generalversammlung sind der Sicherheitsrat, der Wirtschafts- und der Sozialrat untergebracht.

Vor den Gebäuden und in ihrem Innern sind Meisterwerke moderner Kunst von internationalen Künstlern zu sehen. Im Konferenzraum befindet sich eine bemerkenswerte Schweizer Weltzeituhr. Vor dem Gebäude der Generalversammlung steht die Skulptur »Non-Violence« des Schweden Carl Frederik Reuterswärd, eine Pistole mit verknotetem Lauf. Für die Lobby hat Marc Chagall ein Fenster geschaffen. Und Jean Bernard Foucaults 65 m hohes Pendel, ein Geschenk der Niederlande, demonstriert die Drehung der Erdachse. Die Wandmalereien im Sitzungssaal schuf Fernand Léger.

Einmal im Jahr, zur Vollversammlung Mitte September, kommen die Staatsoberhäupter der Welt nach New York und verwandeln Midtown Manhattan in eine Hochsicherheitszone. New Yorker klagen dann lei-

Hauptsitz der UN: Secretariat Building, General Assembly und Conference Building

DIE VEREINTEN NATIONEN

*Am East River berät sich die Welt: Gegründet aus dem Bewusstsein,
dass sich eine Katastrophe wie der Zweite Weltkrieg nicht wiederholen
darf, bemüht sich die Staatengemeinschaft seither um den Frieden auf
der Erde – mit wechselndem Erfolg ...*

1945 GRÜNDUNG   ARTIKEL IN DER CHARTA **111**   **9000** MITARBEITER IM SEKRETARIAT

51 LÄNDER GRÜNDETEN DIE UNO   **2200** TONNEN PAPIER WERDEN PRO JAHR VERBRAUCHT   **2** ARBEITSSPRACHEN   AMTSSPRACHEN   **193** MITGLIEDSSTAATEN

▶ **Finanzierung**

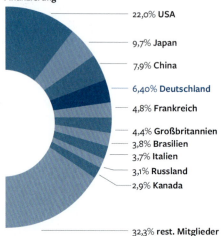

- 22,0% USA
- 9,7% Japan
- 7,9% China
- 6,40% Deutschland
- 4,8% Frankreich
- 4,4% Großbritannien
- 3,8% Brasilien
- 3,7% Italien
- 3,1% Russland
- 2,9% Kanada
- 32,3% rest. Mitglieder

5 400 000 000 US
betrug das Budget für 2018/2019

Die UNO finanziert sich aus Pflichtbeiträgen ihrer Mitglieder. Auf der Grundlage der Zahlungsfähigkeit wird jedem Staat ein Satz zwischen 0,01 und 22% am Haushalt zugewiesen. Daraus werden Personal- und Infrastrukturkosten bestritten. Die Pflichtbeiträge stellen rund ein Drittel der finanziellen Mittel der UNO dar. Sonderorganisationen, Blauhelmeinsätze etc. werden durch freiwillige Beiträge finanziert.

▶ **Die »Blauhelmsoldaten«**
Die Friedenstruppen der UNO sind Militär- und Polizeieinheiten der Mitgliedsländer und werden für friedenssichernde und -erhaltende Einsätze bereitgestellt.

Personal:
- 90 000 Militär
- 9 000 Polizei
- 14 000 Zivil

Einsätze (13 in 2019):
- Kosovo
- Zypern, Libanon, Syrien
- West-Sahara
- Mali, Sudan, Südsudan, DR Kongo, Zentalafr. Rep.
- Indien, Pakistan

Größte Kontingente: Äthiopien, Bangladesch, Indien, Ruanda, Pakistan

Hauptorgane

Die UNO besitzt sechs Hauptorgane.

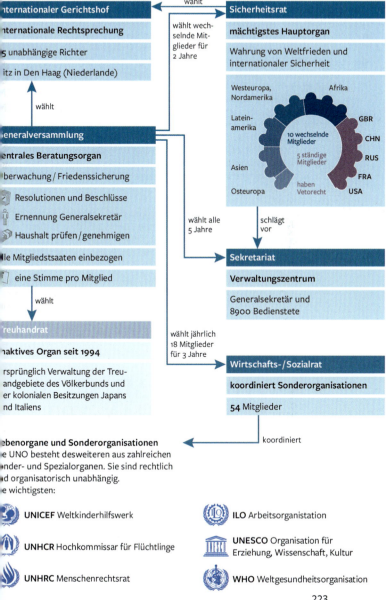

Internationaler Gerichtshof

Internationale Rechtsprechung

15 unabhängige Richter

Sitz in Den Haag (Niederlande)

Generalversammlung

zentrales Beratungsorgan

- Überwachung / Friedenssicherung
- Resolutionen und Beschlüsse
- Ernennung Generalsekretär
- Haushalt prüfen / genehmigen

alle Mitgliedstaaten einbezogen

eine Stimme pro Mitglied

Treuhandrat

inaktives Organ seit 1994

ursprünglich Verwaltung der Treuhandgebiete des Völkerbunds und der kolonialen Besitzungen Japans und Italiens

Sicherheitsrat

mächtigstes Hauptorgan

Wahrung von Weltfrieden und internationaler Sicherheit

Westeuropa, Nordamerika · Afrika · Lateinamerika · Asien · Osteuropa

10 wechselnde Mitglieder

5 ständige Mitglieder haben Vetorecht: GBR, CHN, RUS, FRA, USA

wählt wechselnde Mitglieder für 2 Jahre

wählt alle 5 Jahre · schlägt vor

Sekretariat

Verwaltungszentrum

Generalsekretär und 8900 Bedienstete

wählt jährlich 18 Mitglieder für 3 Jahre

Wirtschafts- / Sozialrat

koordiniert Sonderorganisationen

54 Mitglieder

koordiniert

Nebenorgane und Sonderorganisationen

Die UNO besteht desweiteren aus zahlreichen Neben- und Spezialorganen. Sie sind rechtlich und organisatorisch unabhängig. Die wichtigsten:

- **UNICEF** Weltkinderhilfswerk
- **UNHCR** Hochkommissar für Flüchtlinge
- **UNHRC** Menschenrechtsrat
- **ILO** Arbeitsorganistation
- **UNESCO** Organisation für Erziehung, Wissenschaft, Kultur
- **WHO** Weltgesundheitsorganisation

denschaftlich über das Verkehrschaos. Das restliche Jahr über gehen in der UNO und im umliegenden Diplomatenviertel die Dinge ihren üblichen verschlafen-bürokratischen Gang.

Wenn man nicht gerade zur Vollversammlung kommt, bekommt man bei einer Führung Einblicke in das Innere der verschiedenen UNO-Abteilungen. Das internationale Flair und die große Hoffnung, die mit der UNO-Gründung verbunden ist, sind immer noch spürbar – auch wenn viele Menschen mittlerweile ihren Glauben an die UNO verloren haben.

Südwestlich des Vollversammlungsgebäudes schließt sich die Dag Hammarskjöld Library an, benannt nach dem zweiten UN-Generalsekretär, der 1961 bei einem Flugzeugabsturz im Kongo ums Leben kam (Architekten: Harrison, Abramovitz & Harris, 1962). Nördlich des UN-Komplexes erstreckt sich entlang des East River **ein kleiner schöner Park** mit zahlreichen Skulpturen, Geschenke verschiedener Länder, u. a. die Bronzestatue »Reclining Figure« (Henry Moore, 1982) und die Skulptur »Schwerter zu Pflugscharen« (Jewgeni Wutschetitsch, 1958).

In unmittelbarer Umgebung der UNO-Hauptverwaltung fallen zwei in einem rechten Winkel zueinanderstehende Türme auf, **One & Two United Nations Plaza** (1st Ave./44th St.). Sie entstanden 1975 und 1981 als Büro- und Hotelhochhaus (Architekten: Roche, Dinkeloo and Assocs.). Sie nehmen durch ihre identische Höhe (159 m) einen direkten Bezug zum UNO-Hauptquartier auf – ganz im Gegensatz zum Trump World Tower (1st Ave./48st. St.; Architekt: Costas Kondylis & Assocs., 2001). Auch ein viele Jahre dauernder Prozess vor dem New Yorker Gerichtshof konnte den 262 m hohen monolithischen Wolkenkratzer gegenüber dem UNO-Hauptquartier nicht verhindern.

★★ WHITNEY MUSEUM OF AMERICAN ART

Lage: 99 Gansevoort & Washington St. | **Subway:** 14th St. | tgl. außer Di. 10.30 – 18 Uhr | **Eintritt:** 25 $; Fr. ab 19 Uhr »Pay what you wish« | **www.whitney.org**

Die Neueröffnung des Whitney Museum im Meatpacking District am 1. Mai 2015 war das bedeutendste Ereignis der New Yorker Kunstszene seit Jahrzehnten. Es war das erste Mal, dass eine der großen New Yorker Kunstinstitutionen nach Downtown zog. Die Geografie des New Yorker Kunstgeschehens hat sich dramatisch verschoben.

ZIELE
WHITNEY MUSEUM OF AMERICAN ART

»World's Fair Girl« von Roy Lichtenstein im Whitney Museum

Das neue Whitney suchte bewusst die Nähe zu den Galerien in Chelsea und zum Nachtleben des Meatpacking. Man wollte sich durch den Umzug verjüngen und in Tuchfühlung zur aktuellen Kunstszene gehen. So versteht sich das Whitney heute, wie der Direktor Adam Weinberg bei der Eröffnung betonte, als »Museum der Künstler«. Der Geist ist deutlich spürbar, das Museum zeigt nicht nur seine beeindruckende Sammlung amerikanischer Kunst des 20. Jahrhunderts. Es ist auch ein Treffpunkt der jungen Kunstszene von New York, die hier zu Veranstaltungen, Performances und vor allem an den langen Freitagabenden zusammenkommt (▶ Das ist New York S. 18). Unterstrichen wird diese Museumsphilosophie durch die **Whitney Biennale**. Diese von Künstlern mitkuratierten Ausstellungen zeigen seit 1932 alle zwei Jahre im Mai einen Querschnitt durch die zeitgenössische Kunst.

Ein Museum für die amerikanische Kunst

Zurück zu den Anfängen

Diese Philosophie des Whitney folgt ganz dem Anliegen seiner Gründerin Gertrude Vanderbilt Whitney (1877–1942). Das Museum entstand aus dem Atelier der wohlhabenden Bildhauerin und Mäzenin im Greenwich Village. Dort eröffnete sie 1918 den Whitney Studio Club und die Whitney Studio Gallery. Sie wollte in einer Zeit, als Museen, Galerien und Sammler in den Vereinigten Staaten noch europäische Kunst bevorzugten, ein breiteres Publikum mit den Arbeiten amerikanischer Künstler vertraut machen. Ein erstes Studiomuseum, das vor allem die Privatsammlung der Stifterin zeigte, wurde 1931 in Greenwich Village eingerichtet. 1966 zog das Museum dann in einen Neubau von Marcel Breuer

Geschichte des Museums (Abb. S. 18/19)

ZIELE
9/11 MEMORIAL & ONE WTC

an der Madison Avenue. Nachdem das Whitney nun wieder in den Süden zurückgekehrt ist, nutzt das ▶Metropolitan Museum »The Breuer« als Außenstelle für die eigene zeitgenössische Kunstsammlung.

Der **Neubau von Renzo Piano**, der bereits das Centre Pompidou in Paris entworfen hat, bietet viel mehr Ausstellungsfläche wie das Haus an der Madison Avenue. Der Bau am Südende des ▶High Line Park ist ganz darauf ausgerichtet, den Innenraum so funktional zu gestalten wie möglich und der Kunst eine perfekte Bühne zu bieten. Großzügige Terrassen bieten eine Verweilmöglichkeit sowie Ausblicke über die High Line und die Stadt. Das Erdgeschoss mit der verglasten Lobby und einem Café-Restaurant ist einladend und zur Stadt hin offen. Das Whitney zeigt auf allen vier Ausstellungsetagen Kunst von 1900 bis zur Gegenwart von allen wichtigen amerikanischen Künstlern: Gemälde, Skulpturen, Drucke, Zeichnungen, Fotografien, Filme und Videos.

★★ 9/11 MEMORIAL & ONE WTC

Lage: Zwischen Church, Vesey, West und Liberty St. |
Subway: Fulton St., World Trade Center, Rector St.

Es hat beinahe zehn Jahre gedauert, bis das Gelände, wo bis zum 11. September 2001 die Zwillingstürme des World Trade Center standen, der Stadt wieder zurückgegeben wurde. Doch nun ist »Ground Zero«, wie das zerstörte Areal genannt wurde, wieder ein lebendiger Teil des urbanen Gefüges. Nach langem Zank um Finanzierung und Entwürfe entstand dort eine beeindruckende Plaza aus kühnen architektonischen Meisterwerken und Gedenkstätten.

One World Trade Center

Überragt wird das Gelände vom neuen World Trade Center, One World Trade Center genannt, abgekürzt 1 WTC, – dem heute wieder höchsten Gebäude der USA (höher ist nur das Burj Khalifa mit 828 m in Dubai). Nach den Vorstellungen des Master-Planers Daniel Liebeskind sollte der Turm die Widerstandskraft New Yorks und Amerikas symbolisieren. Daher wurde auch die Höhe zum Symbol: 1776 Fuß (= 541 Meter) - die Zahl entspricht dem Datum der Unterzeichnung der amerikanischen Unabhängigkeitserklärung. Der schließlich nach Plänen von David Childs (S.O.M.) verwirklichte Bau beeindruckt schon alleine

1776 Fuß hoch – ein Symbol für die USA

Wie Phönix aus der Asche: das neue Word Trade Center

ZIELE
9/11 MEMORIAL & ONE WTC

durch seine kolossale Wucht. Dieses trotzige architektonische Statement sorgte allerdings für heftige Diskussionen. So argumentierte etwa die »New York Times«, dass die Wucht eine Provokation sei und das falsche Signal sende. Eine bescheidenere Geste wäre an diesem Ort angemessener gewesen. Die massiven Sicherheitsbarrieren und Verstärkungen der unteren 30 Stockwerke unterstreichen diesen Eindruck. Hinzu komme, dass die vielen Millionen Quadratmeter Bürofläche am Markt vorbei gebaut wurden. Bis heute hat der Bauherr, die New Yorker Hafenbehörde Port Authority, Schwierigkeiten, alle Büros zu vermieten. Immerhin hat man von der Aussichtsplattform aus den zweifelsohne atemberaubendsten Rundumblick von ganz New York.
285 Fulton St. | tägl. Ende Mai – Labor Day 9–24, sonst bis 20 Uhr | Eintritt: 32 $ | https://oneworldobservatory.com

Ein Ort der Erinnerung

National September 11 Memorial & Museum

Mittelpunkt des neuen Komplexes ist das in einen Park eingebettete National September 11 Memorial & Museum: Zwei Wasserbecken in den »Footprints« (»Fußabdrücken«) der zerstörten Zwillingstürme zeichnen die Grundrisse des alten World Trade Center nach (Architekt: Michael Arad, Landschaftsplaner: Peter Walker). Die Namen der fast 3000 Opfer sind in die Bronzeeinfassung der beiden Becken eingraviert. Es ist ein nach einhelliger Meinung überaus gelungenes Monument, das den heute noch lebendigen Schrecken und die Fassungslosigkeit über die damaligen Ereignisse widerspiegelt.

Die beiden Becken bilden das Dach des unterirdischen 9/11-Museums. Man betritt es durch ein gläsernes Empfangsgebäude (Architekt: die finnische Architektengruppe Snøhetta). Von hier geht es 35 m in die Tiefe. Der Weg endet vor einer Betonwand, die das Fundament des alten WTC vor dem Wasser des Hudson schützte.

Das Museum (Architekt: Davis Brady Bond) konzentriert sich auf die Ereignisse des 11. Septembers 2001 und die Tage und Wochen danach. Ausgestellt sind verschiedene, aus dem Schutt geborgene Exponate, u. a. ein zerstörter Feuerwehrwagen, ein Flugzeugteil mit Fensterluke, Fragmente der zerstörten Türme sowie Gegenstände aus dem Besitz der Opfer. Augenzeugenberichte und Tonaufnahmen lassen das Chaos und die Verwirrung jener Tage wiederauferstehen. Eine historische Einordnung hat man jedoch wegen der möglichen politischen Kontroversen gescheut.

9/11 Memorial & Museum: Eingang Liberty/Greenwich St. | Memorial: tägl. 7.30–21, Museum: tägl., So. – Do. 9–20, Fr., Sa. bis 21 Uhr | Eintritt: 24 $, Di. ab 17 Uhr freier Eintritt | www.911memorial.org | Subway: Fulton St.

9/11 Tribute Center: 120 Liberty St. | Mo. – Sa. 10–18, So. 10–17 Uhr Eintritt 15 $ | Führungen: »Tribute Center Walking Tours« So. – Do. 11, 12, 13, 14 und 15, Fr. 10.30, 11, 12, 13, 14, 15, Sa. auch 12.30 und 13.30 Uhr | 35 $ | www.tributewtc.org

ZIELE
9/11 MEMORIAL & ONE WTC

Chronologie der Ereignisse
Die beiden Zwillingstürme des World Trade Center waren bis zu ihrem Einsturz 2001 die höchsten Gebäude New Yorks und mit ihren fünf Nebengebäuden **das Symbol der amerikanischen Finanzwelt** (420 m; 110 Stockwerke; Architekten: Minoru Yamasaki & Assocs. sowie Emery Roth and Sons, 1966–1977). In den Büros arbeiteten rund 50 000 Beschäftigte, zu denen täglich etwa 80 000 Besucher kamen. Nachdem am 11. September die beiden von Terroristen entführten Flugzeuge in die Türme stürzten, standen sie noch 101 bzw. 56 Minuten. Dann fiel erst der Nordturm und schließlich der Südturm in sich zusammen. Ihre Stahlträger verbogen sich aufgrund der hohen Hitzeeinwirkungen und konnten das Gewicht der Stockwerke nicht mehr tragen. Beim Einsturz wurden auch die umliegenden Gebäude so schwer beschädigt, dass einige abgerissen werden mussten. Fast 3000 Menschen verloren bei dem Anschlag ihr Leben. Der Wiederaufbau des WTC-Geländes wurde erst im Jahr 2015 abgeschlossen. Ein letzter Wolkenkratzer, die Nummer 2 WTC, ist gar auf unbestimmte Zeit auf Eis gelegt (Entwurf: Bjarke Ingels).

Die ersten Jahre stand der Bau-Tycoon Larry Silverstein einem Baubeginn im Weg. Er hatte sich sechs Wochen vor dem 11. September 2001 den Leasingvertrag für das WTC mit 99 Jahren Laufzeit gesichert – der Gesamtpreis betrug 3,2 Mrd. Dollar. Silverstein hatte zwar die Rechte für den Neubau der Wolkenkratzer und deren kommerzielle Nutzung, scheiterte aber an der Finanzierung. 2006 erhielt dann die Port Authority, die gemeinsame Körperschaft der Staaten New York und New Jersey, der das Areal gehört, die Bauherrschaft über den sog. Freedom Tower (heute One WTC) und einen zweiten Turm übertragen. Somit trug der Steuerzahler die Hauptlast des finanziellen Abenteuers, das sich bis heute wirtschaftlich nicht rentiert.

Die alten WTC-Gebäude und das neue WTC

Phönix aus der Asche
Der architektonische Mittelpunkt des Geländes ist jedoch zweifelsohne der auch **»Oculus«** genannte, neu entstandene Pendlerbahnhof Fulton Street des spanischen Star-Architekten Santiago Calatrava (Abb. S. 5 unten). Die riesigen weißen Flügel des Dachs, die das Gelände überspannen, symbolisieren die Wiederauferstehung aus Ruinen. Die hohe, helle Halle darunter erlaubt Durchblicke in den Himmel und auf die umstehenden Wolkenkratzer. Hier kommen die Züge aus New Jersey an. Die übrigen Gebäude des neuen WTC stammen von verschiedenen Architekten. 7 WTC (250 Greenwich St., 228 m; 2006) geht auch auf einen Entwurf David Childs zurück. 3 WTC (175 Greenwich St.), der 352 m hohe, voraussichtlich 2018 bezugsfertige Turm nach einem Entwurf von Richard Rogers, trägt, aus der Ferne gesehen, zum harmonischen Ganzen des Komplexes bei. Das gilt auch für 4 WTC (150 Green St., 297 m) mit besonders schlanker Silhouette (Fumihiko Maki, 2013).

Neuer Bahnhof für die Pendler

H
HINTER-GRUND

Direkt, erstaunlich, fundiert

Unsere Hintergrundinformationen
beantworten (fast) alle Ihre
Fragen zu New York.

Liebeserklärung an den Big Apple am Times Square ▶

HINTERGRUND
DIE STADT UND IHRE MENSCHEN

DIE STADT UND IHRE MENSCHEN

New York war die *Hauptstadt des 20. Jahrhunderts. Heute ist sie der Inbegriff des modernen Lebens in der Stadt. Und obschon sie heute Konkurrenz von anderen Metropolen bekommt, gilt sie noch immer als Mutter aller Großstädte, als Labor für Lifestyle und urbane Trends.*

Was dem Besucher an New York als Erstes auffällt, ist das Tempo. New York hat einen eigenen Rhythmus, einen eigenen Beat. Es ist ein hektischer, rasanter Jazz. In New York gibt es keinen Stillstand. Alles wird im Laufschritt erledigt, für Besinnung ist keine Zeit. Das kann betörend und aufregend sein. Es kann aber auch überwältigen. New York ist wie eine Welle, auf der man reiten kann. Wenn man sie erwischt und ihre Energie in sich aufsaugt, erlebt man ein unglaubliches Hochgefühl. Wenn nicht, wird man leicht von ihr überrollt. Der hektische Beat entsteht durch den allgegenwärtigen Ehrgeiz der Stadt und ihrer Bürger. Nach New York ziehen Menschen, die sich nicht leicht zufriedengeben, die nach mehr streben. Gleich, ob aus dem Mittleren Westen der USA oder aus dem fernen Osten Asiens: New York zieht Menschen an, die eine Herausforderung suchen, die von etwas getrieben sind.

▎Stadt ohne Maß und Ziel

Vom Handelsposten zur Hauptstadt des 20. Jh.s
Das war schon immer so – schon als Henry Hudson 1609 an der Mündung des später nach ihm benannten Flusses einen Handelsposten für die East India Trading Company errichtete. Die Kolonie, bald Nieuw Amsterdam genannt, zog Glücksritter aus der ganzen Welt an. Menschen, die bereit waren, alles aufzugeben und große Risiken auf sich zu nehmen für das Versprechen, die Reichtümer eines neuen Kontinents zu ernten. Und New York hielt dieses Versprechen oft genug. Im 18. und 19. Jh. machten hier kühne Unternehmer wie die Astors, die Vanderbilts und später die Rockefellers fantastische Vermögen. Und mit ihnen wurde die Stadt ihren Ambitionen gerecht. New York wurde erst das wichtigste Handelszentrum der USA, dann der größte Seehafen der neuen Welt. Und im 20. Jh. stieg die Stadt zur wichtigsten Metropole der Welt auf – zum bedeutendsten Zentrum von Finanz, Handel sowie Kultur und Medien in der Moderne.

New York heute
New York ist mit etwas mehr als 8,49 Millionen Einwohnern **die größte Stadt der USA**. Dabei entwickelte sie sich in den ersten 200 Jahren nach ihrer Gründung 1621 nur langsam. Zu Beginn des 18. Jh.s

HINTERGRUND
DIE STADT UND IHRE MENSCHEN

Im temporeichen New York gibt es auch entschleunigte Orte wie den High Line Park.

lebten in Manhattan knapp 5000 Menschen, 1790 waren es 33 000, um 1800 hatte sich ihre Zahl fast verdoppelt. Aber erst die **Masseneinwanderung** in der zweiten Hälfte des 19. Jh.s machte New York zur Millionenstadt – bis 1900 stieg die Bevölkerungszahl auf über drei Millionen (▶Baedeker Wissen, S. 104).

New York war von Anfang an eine Vielvölkerstadt. Schon in der Kolonie Nieuw Amsterdam tummelte sich eine bunte Vielfalt ethnischer Gruppen. Die Masseneinwanderung des 19. und frühen 20. Jh.s hat diesen Effekt um ein Vielfaches verstärkt. Gegenwärtig sind 32 % der New Yorker europäischer, 22 % afroamerikanischer, 29 % lateinamerikanischer und 14 % asiatischer Abstammung. Ein Drittel wurde in der Stadt geboren. Unter den Bewohnern gibt es sogar noch Indianer: 2008 wurden 16 300 Native Americans gezählt.

Vielvölkerstadt New York

Seltsamerweise vermischen sich die Ethnien in New York jedoch kaum. Jede Gruppe bewohnt ihr eigenes Viertel. Nur zum Geschäftemachen kommt man in den Business-Distrikten zusammen. Das Bild vom Schmelztiegel ist deshalb nicht ganz richtig, Flickenteppich wäre die bessere Metapher (▶Baedeker Wissen, S. 192). So leben die Chinesen in den verschiedenen Chinatowns, die Afroamerikaner in Harlem, die Dominikaner in Washington Heights. East Harlem und die Bronx geben sich vor allem lateinamerikanisch. In Brooklyn, nahe der Atlantic Avenue, und in Bay Ridge leben Araber, vornehmlich Syrer und Libane-

HINTERGRUND
DIE STADT UND IHRE MENSCHEN

MANHATTANHENGE
Zwei Mal im Jahr, um die Zeit der Sonnwende herum, geht die Sonne exakt in der Flucht des New Yorker Straßenrasters unter. Wenn der Abend wolkenfrei ist, sieht man die Sonne als komplette, glühende Scheibe an jeder Ost-West-Tangente. Ganz New York hält dann ein paar Momente inne und bewundert das einmalige Naturschauspiel.

sen; die orthodoxen Juden konzentrieren sich in zwei Brooklyner Vierteln, in Crown Heights und in Williamsburg. Im Queenser Stadtteil Astoria gibt es eine große griechische Kolonie, in Jackson Heights haben viele Kolumbianer, Venezuelaner und Inder eine neue Heimat gefunden. Alle diese Gruppen haben ihre eigenen Geschäfte, Lokale und häufig auch Kirchen.

Diese Nachbarschaften, **Neighbourhoods**, machen bis heute das ganz besondere Flair New Yorks aus. Aus Manhattan verschwinden sie jedoch wegen rasant steigender Mieten. Von Little Italy ist kaum etwas übrig geblieben, die ehemaligen deutschen Kolonien im East Village und in Yorkville sind ganz verschwunden. Die Anzahl der Ukrainer und Polen im East Village schwindet ebenfalls und in Harlem bildet die schwarze Bevölkerung bereits seit Jahren nicht mehr die Mehrheit.

Die ethnische Vielfalt schlägt sich auch in der **Sprachenvielfalt** nieder; insgesamt sollen in der Metropole um die 120 – nach manchen Quellen sogar 200 – Sprachen gesprochen werden! Schätzungen zufolge können etwa 4,2 Mio. Einwohner New Yorks nur schlecht oder gar kein Englisch, ca. 1,5 Mio. sollen nur Spanisch können.

HINTERGRUND
DIE STADT UND IHRE MENSCHEN

Politisch ist New York traditionell linksliberal. Es gibt keine Präsidentschafts- oder Kongresswahl, bei der New Yorker nicht den demokratischen Kandidaten wählen, auch bei der letzten Wahl 2016 stimmten die New Yorker mit überwältigender Mehrheit gegen Donald Trump. Dennoch hatte New York bis 2013 beinahe 20 Jahre lang republikanische Bürgermeister. Lokal wählen die New Yorker unideologisch-pragmatisch. So schien etwa der Geschäftsmann Michael Bloomberg (2000–2013) nach dem 11. September einfach der richtige Mann zu sein, um als Bürgermeister die Stadt durch die Krise zu lenken. Ihm verdankt New York, dass es sich schneller als jede andere Stadt von der Wirtschaftskrise 2008 erholte.

Traditionell linksliberal

▍Wirtschaft

New York City hat die stärkste Wirtschaftskraft in den gesamten USA, das Bruttosozialprodukt der Stadt ist größer als das der Schweiz. Dafür verantwortlich ist in erster Linie die Finanzwirtschaft. New York ist noch immer das Finanzzentrum der Welt. Industrie und Handwerk sind hingegen weitestgehend aus der Stadt verschwunden – obwohl New York 1949 noch eines der größten Industriezentren des Landes war. Bis Ende der 1970er-Jahre gingen dann drei von fünf Jobs in diesem Bereich verloren. Diese Entwicklung trug maßgeblich zum Niedergang der Stadt bei, die Mitte der 1970er-Jahre kurz vor dem Bankrott stand. Heute ist der Übergang ins Dienstleistungszeitalter geglückt: 85 % der Arbeitsplätze entfallen auf den Dienstleistungssektor, das sind vor allem Einzelhandel, Finanz- und Immobiliensektor sowie Gesundheits- und Bildungswesen.

Finanzzentrum und Medienhauptstadt

Mit der Chase Manhattan und der Citibank haben zwei der größten Banken der USA ihren Sitz in der Stadt, dazu kommen zahlreiche Investment- und Private-Equity-Formen und sechs der weltgrößten Versicherungsunternehmen.
Aber auch den **digitalen Wandel hat New York geschafft**: Rund um den Madison Square, die »Silicon Alley«, haben sich Dutzende der bedeutendsten Technologie-Firmen des Landes niedergelassen, darunter Google und IBM, aber auch Hunderte aufstrebender junger Start-ups. In New York haben die »New York Times«, das »Wall Street Journal« und die »Daily News« ihren Sitz. Auch die Hauptquartiere der größten Fernsehanstalten, CBS, ABC, NBC und FOX, sind in New York beheimatet. Schließlich gibt es hier die meisten Hotels, Theater, Museen, Verlage und Werbeagenturen.

Eine besondere Bedeutung hat der Fremdenverkehr; in diesem Bereich arbeiten rund 700 000 Menschen. 2018 besuchten über 65 Millionen Gäste »Big Apple«, davon kamen 13,5 Mio. aus dem Ausland, die meisten aus Großbritannien, China, Kanada, Frankreich, Brasilien

Tourismus

Lage:
New York City entstand Anfang des 17. Jh.s an der Mündung des Hudson und East River in die New York Bay. Die größte US-amerikanische Stadt liegt auf 40° 43′ nördl. Breite und 74° westl. Länge. Zum Vergleich: Neapel liegt auf 40° nördl. Breite.

Fläche:
782 km²
(im Vergleich: Berlin 891 km²)

BRONX 109 km²
MANHATTAN 59 km²
QUEENS 283 km²
BROOKLYN 183 km²
STATEN ISLAND 151 km²

New York City

Einwohner: 8,4 Mio. (2018)
In fünf »Boroughs« (Stadtteile):
Bronx: 1,38 Mio.
Manhattan: 1,63 Mio.
Queens: 2,23 Mio.
Brooklyn: 2,50 Mio.
Staten Island: 0,47 Mio.

Bevölkerungsdichte:
10639 Einwohner/km²

▶ Wirtschaft

New York City ist das Finanzzentrum der Welt und Medienhauptstadt der USA. Wichtigster Arbeitgeber ist die Dienstleistungsbranche. Die Arbeitslosenquote liegt bei 4,1% (2019).

▶ Soziale Lage

2017 lebten laut New York City Government 19% der New Yorker in Armut (Jahreseinkommen unter 33 562 $) und 24% an der Schwelle zur Armut (unter 50 343 $).

▶ Verwaltung

An der Spitze der Verwaltung steht der Bürgermeister (Mayor). Der City Council (Stadtrat) hat 51 Mitglieder.

Klima

Das Wetter in New York ist recht extrem. Die Winter kalt, die Sommer sehr schwül. Die schönsten Reisemonate sind Mai bis Mitte Juni und Mitte September bis Ende Oktober.

Religion

Es gibt über 100 verschiedene Religionsgemeinschaften mit rund 6000 Gotteshäusern, Tempeln, Moscheen und Synagogen. Mit 1,8 Mio. Mitgliedern ist die jüdische Gemeinde die größte außerhalb Israels.

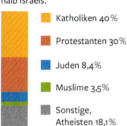

Katholiken 40 %
Protestanten 30 %
Juden 8,4 %
Muslime 3,5 %
Sonstige, Atheisten 18,1 %

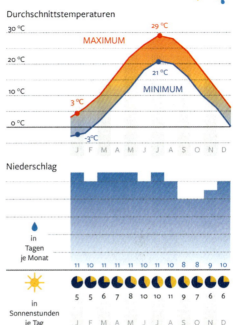

Skyline

Nach der Zerstörung der Twin Towers sind neue Riesen emporgewachsen. Sie mögen zwar immer höher werden, aber an die Eleganz der Oldtimer reichen sie nicht heran.

Empire State Building	Four World Trade Center	New York Times Tower	Chrysler Building	Three World Trade Center	Two World Trade Center	One World Trade Center
1931 440 m	2013 297,7 m	2007 319 m	1930 319 m	2014 378 m	2014 411,6 m	2013 541,3 m

HINTERGRUND
GESCHICHTE

und Deutschland. Der Beiname »**Big Apple**« tauchte 1924 zum ersten Mal in einer Kolumne des Pferdesportjournalisten John FitzGerald in »The Morning Telegraph« auf. Er hatte ihn bei Stallknechten in New Orleans aufgeschnappt. Nach einer anderen Erklärung stammt der Begriff aus den 1920/30er-Jahren, die sich folgendermaßen Mut machten: »Auf dem Baum des Erfolgs hängen viele Äpfel, aber wenn du New York pflückst, dann pflückst du den größten von allen, den ›Big Apple‹.« 1971 kam der Ausdruck dem Chef des New Yorker Fremdenverkehrsamts zu Ohren, und seither hat dieses Bild als Stadtlogo einen ungeheuren Erfolg.

Soziale Probleme

Die »Hauptstadt der Welt« steht vor großen Problemen. Die Schere zwischen Arm und Reich geht hier so weit auf wie nirgendwo sonst in den USA. Das obere Prozent der Haushalte in New York verdiente 2016 40 % aller Einkommen, während ca. 20 % unter der Armutsgrenze leben. Deshalb trat der Demokrat **Bill de Blasio** 2013 und 2017 mit klassischen sozialen Themen wie günstigen Wohnraum an – bitter nötig in einer Stadt, in der viele Haushalte 60 % ihres Einkommens für das Wohnen aufbringen müssen. Für sie ist eine Wohnung in Manhattan, wo ein Zweizimmerapartment durchschnittlich über 3600 $ im Monat kostet, reine Utopie (▶ S. 256).

GESCHICHTE

Wie wurde aus dem Indianerdorf Manahatin die heutige Millionenstadt? Wer waren die ersten New Yorker? Woher hat die Stadt überhaupt ihren Namen? Wie aus einer kleinen Siedlung eines der wichtigsten Zentren der westlichen Welt wurde.

Die Anfänge New Yorks

Insel der Hügel

Die ersten Bewohner der Region des heutigen New York waren wohl die Lenape-Indianer, was in Munsee, ihrer Sprache, so viel wie »Mann« oder »Volk« bedeutet. Sie gehörten den Algonquin-Indianern an und wohnten in kleinen, vereinzelten und nahe verwandten Gruppen an verschiedenen Orten. Die Insel Manhattan nannten sie Manahatin, Manhattes, Manhata oder Manhatans (»Insel der Hügel«). 1524 entdeckte der Florentiner Kaufmann und Navigator Giovanni da Verrazano auf seiner Suche nach der Nordwestpassage die heutige New York Bay. Die Verrazano-Narrows Bridge, die heute Brooklyn mit Staten Island verbindet, trägt daher seinen Namen. 1609, über 80 Jahre später, betrat der Engländer Henry Hudson als

HINTERGRUND
GESCHICHTE

DIE WICHTIGSTEN DATEN

DIE ANFÄNGE NEW YORKS
9500 v. Chr.	Die ersten Indianer lassen sich in der Region nieder.
1609	Europäer besiedeln die Insel
1626	Gründung von Nieuw Amsterdam

ENGLAND EROBERT DIE STADT
1664	England nimmt Nieuw Amsterdam ein.
1689–1691	Rebellion in englischen Kolonien
1735	Geburtsstunde der Pressefreiheit in Amerika

UNABHÄNGIGKEIT UND BÜRGERKRIEG
1775–1783	Unabhängigkeitskrieg gegen England
1776	Unabhängigkeitserklärung von New York
1783	England erkennt Unabhängigkeit an.
1784	New York wird Hauptstadt der USA
1792	Gründung der Börse in der Wall Street
1825	Der Erie-Kanal eröffnet die direkte Seeverbindung zw. New York und Chicago – New Yorks Aufstieg beginnt.
1827	Der Staat New York verbietet die Sklaverei.
ab 1850	Millionen von Einwanderern kommen in die USA.
1861–1865	Bürgerkrieg zwischen Nord- und Südstaaten

VOM BÜRGERKRIEG ZUM BÖRSENKRACH
1870	New York zählt über 1 Million Einwohner.
1883	Die Brooklyn Bridge wird eröffnet.
1886	Einweihung der Freiheitsstatue
1898	Die fünf Boroughs werden zu Greater New York City, der größten Stadt Amerikas, zusammengefasst.
1904	Die erste Untergrundbahn fährt.
1913	Eröffnung des Grand Central Terminal
1920	Während der Prohibition blühen das organisierte Verbrechen, der Alkoholschmuggel und die Flüsterkneipen (Speakeasies).
1929	»Schwarzer Freitag« an der Börse löst die große Weltwirtschaftskrise aus.

1930-JAHRE BIS HEUTE
1932	Einweihung des Empire State Building
1945	Gründung der UN mit Hauptsitz in Manhattan
11.9.2001	Terroristen lenken zwei Flugzeuge in die Zwillingstürme des World Trade Center.
2008	Der Bankrott des Bankhauses Lehman löst eine weltweite Finanzkrise aus.
2013/2014	Eröffnung des neuen World Trade Center
2016/2017	Einweihung der 2nd Ave.-U-Bahn mit drei neuen Stationen an der Upper East Side

HINTERGRUND
GESCHICHTE

Nieuw Amsterdam um 1614; kolorierter Kupferstich eines unbekanntes Künstlers

erster Europäer die Südspitze von Manahatin. Er suchte für die niederländische Westindien-Gesellschaft die Nordwestpassage nach Indien und erforschte den später nach ihm benannten Hudson River.

Nieuw Amsterdam Die ersten weißen »Auswanderer«, etwa 30 holländische und wallonische Familien, siedelten sich 1624 auf der geschützt zwischen Hudson River im Westen, East River im Osten und Harlem River im Norden gelegenen Insel Manhattan an. Der erste Gouverneur der Stadt, Peter Minnewit aus Wesel am Rhein, kaufte 1626 den hier lebenden Indianern die Insel für Tuch und Glasperlen im Wert von 60 Gulden (ca. 24 $) ab und nannte die Siedlung Nieuw Amsterdam. Der Däne Johannes Bronck ließ sich nördlich von Manhattan nieder und wurde zum Gründer der Bronx. 1653 ließ der wegen seiner Strenge berüchtigte Gouverneur Peter Stuyvesant im Norden der Stadt, die damals knapp 1000 Einwohner zählte, zwischen Hudson und East River eine Stadtmauer bauen; heute verläuft hier die Wall Street.

England erobert die Stadt

England an der Macht Während des zweiten Englisch-Niederländischen Seekriegs (1664 bis 1667) nahmen die Engländer Nieuw Amsterdam kampflos ein. König Karl II. benannte die mittlerweile 1500 Einwohner zählende Ko-

HINTERGRUND
GESCHICHTE

lonie nach seinem Bruder, dem Herzog von York, in New York um. Die Stadt entwickelte sich zu einem florierenden britischen Hafen und bedeutenden Umschlagplatz auch für Sklaven. 1709 entstand am Ende der Wall Street ein Sklavenmarkt, 34 Jahre später lebten rund 2000 Schwarze als Sklaven in New York.

1689 griff die Glorious Revolution – in England erfolgte der Thronwechsel auf Druck des Parlaments – auf die Kolonien über. In New York führte der deutsche Kaufmann Jacob Leisler die Rebellion an und herrschte zwei Jahre über die Stadt. Schließlich wurde er gefangen genommen und 1691 gehängt. 1733 wurde der aus der Pfalz eingewanderte Johann Peter Zenger, Gründer des »New York Weekly Journal«, nach einer Kritik am Gouverneur eingesperrt, nach einem aufsehenerregenden Prozess kam er 1735 jedoch wieder frei. Dieses Datum gilt als Geburtsstunde der Pressefreiheit in Amerika.

Der Unabhängigkeitskrieg

Zu Beginn des Unabhängigkeitskriegs der amerikanischen Kolonien gegen England zählte New York 25 000 Einwohner, und der Güterumschlag des Hafens übertraf den von Boston und Philadelphia. Um Geld zu beschaffen, beschloss das englische Parlament 1764, die Zölle auf Handelswaren anzuheben. Das führte am 22. April 1774 auch in New York zu einer »Tea Party«: New Yorker brachten ein englisches Schiff in ihre Gewalt und warfen aus Protest gegen die Teesteuer die Ladung in den Hafen.

In Lexington, Massachusetts, begann 1775 der amerikanische Unabhängigkeitskrieg. Als New York 1776 die Unabhängigkeitserklärung unterschrieben hatte, verlegte George Washington, Befehlshaber der Continental Army, im April sein Hauptquartier von Boston nach New York. Am 27. August trafen Briten und Amerikaner in den Brooklyn Heights aufeinander. In der **Schlacht von Long Island** waren die amerikanischen Truppen unterlegen und zogen sich zurück. Bis zum Friedensschluss blieb New York den Briten überlassen. Über 10 000 amerikanische Kriegsgefangene starben auf den Gefängnisschiffen im East River.

Die Kolonien werden unabhängig

Nach der Kapitulation der englischen Truppen nahm Washingtons Armee die Stadt wieder in Besitz. Im Pariser Frieden 1783 erkannte die britische Krone die Unabhängigkeit ihrer ehemaligen Kolonien an. New York war nach der langen Besetzung ausgeplündert und teilweise durch Feuer zerstört. Dennoch wurde die Stadt 1788 zur Hauptstadt der jungen Nation (bis sie 1790 von Philadelphia abgelöst wurde). Als erster Präsident der Vereinigten Staaten legte 1789 George Washington in der New Yorker Federal Hall seinen Amtseid ab. Die Einwohnerzahl stieg auf über 30 000. 1792 wurde die bis heute wich-

Hauptstadt der jungen Nation

HINTERGRUND
GESCHICHTE

tigste Börse der Finanzwelt (Stock Exchange) gegründet. 1811 bewiesen die Stadtväter besondere Weitsicht: Obwohl bislang nur die Südspitze Manhattans besiedelt war, beschlossen sie »the grid«, den bis heute gültigen Straßenraster mit 12 von Süd nach Nord verlaufenden Avenuen und 155 (heute sind es 220) durchnummerierten Querstraßen (Avenues und Streets).

Der Bürgerkrieg

Blütezeit   Nach der Eröffnung des 600 km langen Erie-Kanals 1825, der New York mit den großen Seen verband, erlebte die Stadt eine Blütezeit als Seehafen. Mit über 150 000 Einwohnern wurde sie 1820 die größte Stadt des Landes. Als der Staat New York 1827 die Sklaverei verbot, lebten in New York rund 14 000 Schwarze. Ein Großbrand 1835 zerstörte über 700 Häuser. Ab 1850 flohen Hunderttausende Deutsche und Iren vor Armut und Verfolgung aus Europa nach New York. In den 1880er-Jahren strömten vor allem Juden aus Osteuropa und Italiener in die Stadt (▶Baedeker Wissen, S. 104). New Yorks Einwohnerzahl überstieg die Halbmillionengrenze. Im Februar 1860 hatte Abraham Lincoln seine berühmte Rede gegen die Sklaverei gehalten. Nachdem er im November zum Präsidenten der USA gewählt worden war, spalteten sich 13 Bundesstaaten ab und gründeten die Konföderierten Staaten von Amerika. Am 12. April 1861 begann der **Bürgerkrieg der Nord- gegen die abtrünnigen Südstaaten.** Zunächst blieb es in New York ruhig, da die Händler der Stadt mit dem Süden Geschäfte machten. Dann erließ Lincoln ein neues Einberufungsgesetz: Gegen Zahlung von 300 $ konnte man sich vom Wehrdienst freikaufen. Dies führte vor allem bei den irischen Einwanderern zu großem Unmut, da sie diese Summe nicht aufbringen konnten. Als am 13. Juli 1863 in New York die zweite Truppenauslosung stattfand, kam es zu den »draft riots«: Eine wütende Menge griff Polizisten an, plünderte Häuser und machte Jagd auf Verfechter der Sklavenbefreiung. Zuletzt richtete sich der Hass gegen die schwarzen Bewohner New Yorks, die als billige Arbeitskräfte die größten Konkurrenten auf dem Arbeitsmarkt waren. Am Ende des Aufstands zählte man 105 Tote; der Tag gilt bis heute als der blutigste Aufruhr in Amerika.

Vom Bürgerkrieg zum Börsenkrach

Industriali-   Nach dem Bürgerkrieg wurde New York zum Ausgangspunkt der Insierung   dustrialisierung. Die großen Bankhäuser entstanden, die Wall Street entwickelte sich zum Wirtschaftszentrum der westlichen Welt. Die Stadt erlebte einen Bauboom. 1883 wurden die Metropolitan Opera

HINTERGRUND
GESCHICHTE

und die Brooklyn Bridge eingeweiht, 1886 die Freiheitsstatue, ein Geschenk Frankreichs, in der Hafeneinfahrt aufgestellt. In den 1880er-Jahren setzte eine zweite Einwanderungswelle ein, vor allem Juden aus Osteuropa und Italiener aus dem Süden Europas strömten in die Stadt. Bis 1919 war Ellis Island für 17 Millionen Europäer das Tor ins »Land der unbegrenzten Möglichkeiten«. Die meisten, die in New York blieben, ließen sich in der Lower East Side nieder, wo sie – getrennt nach Herkunft – in überfüllten Mietshäusern in Elend und Armut lebten. Die reichen New Yorker bauten sich zur gleichen Zeit ihre prächtigen Villen an der Fifth Avenue. Als Vorbild dienten den Astors, Fricks und Carnegies nicht selten europäische Schlösser. 1898 schlossen sich die fünf bislang unabhängigen Gemeinden New York, Queens, Brooklyn, Bronx und Staten Island zu **Greater New York City** zusammen. Mit 3,5 Millionen Menschen entstand die nach London zweitgrößte Metropole der Welt. 1904 wurde der 14,6 km lange erste Abschnitt der U-Bahn von der City Hall im Süden von Manhattan bis hinauf zur 145th Street eingeweiht; die 26-minütige Fahrt kostete 5 Cents. 1911 kamen bei einem Brand in einer Näherei 146 der 500 Arbeiterinnen ums Leben – sie waren hinter verriegelten Türen gefangen. Dieses Unglück war der Anlass für Reformen des Arbeitsrechts.

Von 1892 bis zu ihrer Schließung 1954 kamen über 12 Millionen Einwanderungswillige nach Ellis Island. Daran erinnert das Museum auf der Insel.

HINTERGRUND
GESCHICHTE

1922 wurde in Harlem der Cotton Club eröffnet, wo schwarze Künstler vor größtenteils weißem Publikum auftraten. Im neu eingeweihten Yankee Stadium in der Bronx spielte die Baseball-Legende Babe Ruth. Im gleichen Jahr erlangte auch der Charleston in der schwarzen Revue »Runnin' Wild« am Broadway Berühmtheit.

▍1930er-Jahre bis nach dem Zweiten Weltkrieg

Black Friday Erst der Wall-Street-Börsenkrach am »Schwarzen Freitag« 1929 stoppte den Aufschwung und löste die fast zehn Jahre dauernde Weltwirtschaftskrise aus, die auch viele Einwohner New Yorks in die Armut stürzte. Um 1930 war die Einwohnerzahl New Yorks auf 6,9 Mio. gestiegen, Harlem mit 220 000 Bewohnern das größte Schwarzenviertel der USA und Zentrum der afroamerikanischen Kultur. Während der **Weltwirtschaftskrise** – jeder vierte New Yorker war arbeitslos – wurde 1932 das 381 m hohe Empire State Building eingeweiht. Lange Zeit war es das höchste Gebäude der Welt; bis heute dient es als Bürohaus für 25 000 Menschen und ist ein Wahrzeichen Manhattans. Gleichzeitig entstanden das Chrysler Building, das RCA Building und die George Washington Bridge über den Hudson.

Der Wiederaufstieg New Yorks begann unter dem republikanischen Bürgermeister Fiorello H. LaGuardia. Während seiner Amtszeit (1932 – 1945) wurden die Infrastruktur der Stadt ausgebaut und der soziale Wohnungsbau gefördert. Die zweite Weltausstellung New Yorks in Flushing Meadows 1939/40 lockte 44 Millionen Besucher an. Zwischen 1933 und 1945 flohen zahlreiche Juden, Intellektuelle, Künstler, Wissenschaftler und politisch Verfolgte in die Vereinigten Staaten; sie beeinflussten die Architektur- und Kunstentwicklung in New York. 1941 traten die USA in den Zweiten Weltkrieg ein. 1946, als New York Sitz der Vereinten Nationen wurde, zählte die Stadt mehr als 7 Mio. Einwohner. San Juan Hill, ein afroamerikanisches Viertel, wurde 1959 abgerissen, um Platz für das Lincoln Center zu schaffen.

Neue Unruhen und Schwulenbewegung In den 1960er- und 1970er-Jahren erlebte New York Rassenunruhen, die Ermordung des schwarzen Politikers **Malcolm X** (1965) und die erste Auswanderungswelle: Über eine Million Weiße verließen die Stadt und zogen in die Vororte. Stattdessen setzte eine **neue Einwanderungswelle** aus Puerto Rico, Mittelamerika und dem Süden der USA ein. Während der dritten New Yorker Weltausstellung 1965 kam es zu einem 16-stündigen Stromausfall und neun Monate später zu einer außergewöhnlich hohen Geburtenzahl. Wegen Studentenunruhen wurde 1968 die Columbia University geschlossen. 1969 machte die Schwulenbewegung auf sich aufmerksam, als Transvestiten sich im Stonewall-Inn-Aufstand gegen die Polizei zur Wehr setzten – daran erinnert heute noch der Christopher Street Day.

HINTERGRUND
GESCHICHTE

1973 wurden die beiden 420 m hohen Türme des World Trade Center im Finanzviertel Manhattans eingeweiht. Aufgrund steigender Grundstückspreise und hoher Mieten lagerten viele Firmen ihren Sitz aus Manhattan aus. 1975 konnte New York seine Schuldverschreibungen nicht einlösen. Ein Überbrückungsdarlehen der Bundesregierung **verhinderte den Konkurs**. Seither untersteht die Stadt einem rigorosen Sparprogramm.

Im Juli 1977 erlebte New York einen zweiten, 27 Stunden dauernden Stromausfall. Der »Schwarze Montag« 1987 in der Wall Street löste einen Kurseinbruch von mehr als 30 % des Gesamtwerts aller gehandelten Aktien aus. Mit David Dinkins übernahm am 1. Januar 1990 zum ersten Mal ein Schwarzer das Amt des Mayors (Bürgermeister) der Stadt. 1990 erreichten die Morde in New York mit 2245 Toten den Höhepunkt. 1994 wurde Dinkins von Rudolph Giuliani abgelöst. Die »Zero-Tolerance«-Politik des republikanischen Bürgermeisters bis 2001 bewirkte einen enormen Rückgang der Kriminalität, gleichzeitig explodierte das Nachtleben in der Stadt, die niemals schläft. Steigende Aktienkurse u. a. auch wegen des Internetbooms sorgten für höhere Steuereinnahmen. Diese wurden sofort für längst überfällige Reparaturen und Verschönerungen im Stadtgebiet ausgegeben; auch lösten sie einen ungeheuren Baurausch aus, wie ihn die Stadt seit den 1920er-Jahren nicht mehr erlebt hatte.

»9/11« bis heute

Am **11. September 2001** rasten zwei von Terroristen gesteuerte Flugzeuge in die beiden Türme des World Trade Center und brachten sie zum Einsturz – 25 Jahre nach ihrer Einweihung. Dabei starben über 2800 Menschen. Am 4. Juli 2004 wurde der Grundstein für einen Neubau an der **Ground Zero** genannten Stelle gelegt. Der sogenannte Freedom Tower, heute One World Trade Center, wurde 2013 fertiggestellt und 2014 eröffnet. Im Februar 2005 verwirklichte das Künstlerpaar Jeanne-Claude und Christo sein seit 1979 geplantes Projekt »**The Gates**«: 16 Tage lang leuchteten orangefarbene Stoffbahnen von 7500 Toren im Central Park.

New York im 21. Jahrhundert

Die **größte Weltwirtschaftskrise seit 1929** begann im Januar 2008 mit dem Eingeständnis einiger amerikanischer Großbanken, Milliarden von Dollar verzockt zu haben. Im September ging die Investmentbank Lehman Brothers bankrott und ließ die Krise auch auf den Rest der Welt überschwappen. Nur durch millardenschwere »Bankenrettungspakete« konnte der vollständige Zusammenbruch des Systems verhindert werden. 2012 überflutete der Hurrikan Sandy ufernahe Stadtviertel und machte Tausende New Yorker obdachlos. Am 1. Januar 2014 trat der Demokrat **Bill de Blasio** das Amt des Bürgermeisters an und beendete damit 20 Jahre konservativer Stadtregierung.

HINTERGRUND
STADTENTWICKLUNG UND ARCHITEKTUR

STADTENTWICKLUNG UND ARCHITEKTUR

New York – die vertikale Stadt (Le Corbusier) – ist ein Chaos an Bauformen und Dimensionen, zusammengequetscht auf engstem Raum. Dieser Dichte und Vielfalt verdankt die Stadt ihre einzigartige Energie und Lebendigkeit.

❙ Der Aufstieg zur Weltstadt

»Die wunderbare Katastrophe«

Übersichtlichkeit ist sicher eines der letzten Adjektive, die einem in den Sinn kommen, wenn man heute auf der Aussichtsplattform des Rockefeller Center steht und auf »die wunderbare Katastrophe« hinabblickt, wie die FAZ-Korrespondentin Sabine Lietzmann New York einmal bezeichnet hat. Die Stadt ist eine Anhäufung von Puzzleteilen, ein Chaos von Baustilen und Dimensionen, so wirr und heterogen und gleichzeitg betörend wie ein Spaziergang den Broadway hinab.

Reißbrettarchitektur

Simeon De Witt, John Rutherford und dem New Yorker Gouverneur Morris hätte diese Aussicht wohl kaum gefallen. Als sie 1811 den Generalplan für die Besiedlung und Bebauung von Manhattan anfertigen ließen, strebten sie vor allen Dingen nach Ordnung. **Grundprinzip ihres Plans war der Raster,** (»grid«) den die Römer schon verwendet hatten, damit die Legionäre sich in den Siedlungen der Kolonien zurecht finden konnten. Die Größenordnung, in der für New York ein Netz an regelmäßigen Quadranten über eine noch unerschlossene Landschaft gelegt wurde, war jedoch noch nie da gewesen.
New York war damals eine kleine Ansiedelung am Südzipfel von Manhattan. Nördlich der heutigen Canal Street bestand sie noch weitestgehend aus Farmland. Doch die Bedeutung des Seehafens wuchs rapide und mit ihm die Bevölkerung. Und so fassten Rutherford, De Witt und Morris einen gewagten Plan: In Höhe der heutigen Houston Street wurde einfach eine Linie quer über die Insel gezogen. Von hier aus wurde sie bis zur heutigen 155th Street in 2018 gleichmäßige Parzellen aufgeteilt: Zwölf Avenues teilten das Land in Nord-Süd-Richtung, 156 Straßen in Ost-West Richtung. Die Matrix sollte den Verkauf und die Bebauung der Grundstücke erleichtern – so sollte es bei der Vermarktung keine »guten« und »schlechten« Lagen geben und die Stadtanlage für alle Bewohner gleiche Bedingungen bieten. Doch der Plan war noch weit mehr als das. Der Architekt und Städteplaner Rem Kohlhaas nannte ihn »den ungeheuerlichsten prognostischen Akt in der Geschichte der Zivilisation«.

HINTERGRUND
STADTENTWICKLUNG UND ARCHITEKTUR

Das Woolworth Building ist typisch für den Hang zum Dekor der frühen New Yorker Hochhäuser.

In diesem Raster, der Ordnung bringen sollte, machte sich fortan jedoch das Chaos breit. Der Raster machte es unmöglich, ganze Viertel zu planen, jeder Block führte sein eigenes Leben. So ist die Stadt von Straße zu Straße anders, der Raster hat jene Brüche und Kontraste geschaffen, die heute die Stadt ausmachen.

Der Raster Manhattans füllte sich in einem ungeheuren Tempo. Bereits um 1864 lebte über die Hälfte der Bevölkerung der Insel nördlich der 14. Straße. Dies wurde unter anderem möglich durch die Verbesserung der innerstädtischen Verkehrsmittel (zuerst Pferdebahnen, später Straßen- und Untergrundbahnen). Überhaupt wurde der Bau der Subway zu Beginn des 20. Jh.s der stärkste Motor für die Erschließung neuer Stadtteile. Viertel wie Harlem etwa wurden spekulativ, dem geplanten U-Bahn-Bau folgend, gebaut.

Um die Jahrhundertwende hatte sich das Zentrum von Manhattan bereits verlagert, das zeigen auch die Errichtung des Flatiron Building (1902) und des Metropolitan Life Tower (1909) am Madison Square. Gleichzeitig verwandelte sich die Fifth Avenue von einer verschlafenen Ausfallstraße zu einem städtischen Boulevard, der Downtown mit den vornehmen Villen entlang des Central Park verband.

Das Stadtzentrum verlagert sich

ON THE WATERFRONT

BAEDEKER WISSEN

Es dringt kaum Straßenlärm über die New Yorker Bucht, das Wasser verschluckt den Alltagskrach, der einen in der Stadt ständig bedröhnt. Stattdessen hört man ab und an das Nebelhorn eines Fährschiffs und das Rauschen des Wassers, das sich hier an der Hudsonmündung manchmal zu gefährlichen Strudeln verquirlt.

Die Distanz und das Wasser lassen die Stadt freundlich wirken, aber auch verheißungsvoll und schön. Nur von hier aus, von der Staten Island Fähre, von einem Wassertaxi oder vom Strand von Governors Island, kann man nachfühlen, welchen unwiderstehlichen Zauber die Insel seit mehr als 400 Jahren auf Neuankömmlinge, Handelsschiffer oder Kreuzfahrer ausübt.

Der Riverside Park am Hudson zwischen 72. und 125. Straße eignet sich wunderbar zum Joggen, Inlineskaten, Spazierengehen oder Radfahren. Geübte Paddler können sich sogar ein Kajak mieten …

Eine Stadt am Wasser

New York ist eine Wasserstadt. Beinahe 900 Kilometer Uferlinie weist sie auf - am Hudson und am East River, an der Bucht von New York, am Atlantik und am Long Island Sound. Ihren Status als Zentrum des Welthandels verdankt die Stadt ihrem Hafen. Von den Anfängen im 17. Jh. bis ins 20. Jh. hinein begründete er den Wohlstand New Yorks.
So kann man New York nicht verstehen, wenn man es nicht vom Wasser her erlebt. Machen Sie es wie die vielen Pendler, die täglich zwischen den beiden Inseln Staten Island, wo sie leben, und Manhattan, wo sie arbeiten, verkehren. **Die kostenlose Staten Island Fähre** überquert die Bucht im Minutentakt und bietet ein New-York-Erlebnis, das auch beim altgedienten New-York-Bewohner eine Gänsehaut hervorrufen kann. Während Sie auf der Rückfahrt in Richtung Manhattan auf dem Zwischendeck stehen und sich die Meeresbrise

Eine Fahrt mit der Staten Island Ferry vermittelt unbeschreibliche Ausblicke und, zumindest während der Rush Hour, auch ein Stück New Yorker Alltag.

durch die Haare wehen lassen, wächst – wie für viele Generationen von Seereisenden vor Ihnen – die Stadt aus dem Meer. Wie eine Verheißung wird die schillernde Skyline immer größer, während linker Hand die Freiheitsstatue das Geleit gibt. Der amerikanische Traum scheint hier zu Glas und Stahl geworden und die Fähre bringt einen mitten hinein.

Bis vor Kurzem gab es nur wenig, was einen in New York ans Wasser zog, wenn man nicht gerade einen der Strände wie Far Rockaway oder Coney Island besucht hat. Lange Zeit hat New York seine Ufer vernachlässigt. Bis zur Verlegung der Handelsschifffahrt nach New Jersey, auf die andere Seite der Bucht, war in Manhattan das Wasser immer ein Ort, an dem gearbeitet wurde: Es wurden Schiffsladungen gelöscht und Schiffe repariert oder, wie auf der anderen Flussseite in Brooklyn, sogar gebaut. Auf Schiffen importiertes Gut wurde gelagert, verarbeitet und weiterverschifft. Mit dem Aufkommen der Containerschifffahrt verkamen die Ufer dann zu gefährlichen Industriebrachen, die man besser mied. In den vergangenen fünfzehn Jahren entdeckte New York jedoch seine Ufer wieder. Fahrradwege wurden gebaut, wie der **Greenway**, der die gesamte Länge Manhattans am Hudson entlangführt, und Parks angelegt. Verfallene Piers wurden in Sport- und Freizeitanlagen umgewandelt wie die Chelsea Piers. Die alte Marine-Reederei in Brooklyn wurde zu einem Büropark für junge Start-ups. Und **Governors Island**, die kleine Insel in der New Yorker Bucht, die jahrzehntelang für die Öffentlichkeit nicht zugänglich war, ist heute ein beliebtes Ausflugsziel mit Parks und Kunst und vor allem mit einem spektakulären Blick auf Manhattan. Sogar in der South Bronx, am **Barretto Point** gegenüber der Gefängnisinsel Rikers Island, ist ein neuer hübscher Uferpark entstanden. Die Stadt, die lange dem Wasser den Rücken gekehrt hat, wendet sich wieder ihren Ufern zu.

HINTERGRUND
STADTENTWICKLUNG UND ARCHITEKTUR

Vier Generationen Wolkenkratzer

Mit der Erfindung des Wolkenkratzers gegen Ende des 19. Jh.s begann sich die amerikanische Architektur von dem bis dahin dominierenden europäischen Einfluss zu emanzipieren. Der Skyscraper hat sich seitdem als Symbol für amerikanischen Unternehmergeist und Optimismus etabliert. Den Weg zu dieser Entwicklung öffneten zwei entscheidende technische Neuerungen: der Stahlskelettbau und die verbesserte Sicherheit des bereits früher entwickelten Personenaufzugs (der New Yorker Ingenieur Elisha Otis hat die Zuverlässigkeit seines neuen Sicherheitssystems 1853 auf der New Yorker Weltausstellung in einem spektakulären Selbstversuch bewiesen). Waren für die ersten nur aus Stein erbauten Hochhäuser noch besonders dicke tragende Wände erforderlich, so wurde beim Stahlskelettbau die Fassade nur als »Vorhang« vor das tragende Stahlgerüst gehängt. Durch diese leichte und stabile Bauweise ließen sich vorher unerreichte Gebäudehöhen erzielen. Kurz nach der Jahrhundertwende gab dann auch die Verwendung von Stahlbeton neue Impulse. Die Zentren dieser Entwicklung waren die Metropolen New York und Chicago. Der erste New Yorker Wolkenkratzer wurde noch aus Chicago »importiert« – 1897 errichtete der Chicagoer Architekt Louis Sullivan das **Bayard Building** (65 Bleecker Street), einen 12-geschossigen Stahlrahmen mit einer vorgehängten Terrakotta-Fassade. Fortan standen dann die beiden Städte in einem Höhenwettstreit. Inzwischen stehen die höchsten Gebäude der Welt in Südostasien.

Chicago contra New York

Der **architektonische Stil** der frühen Skyscraper von New York unterscheidet sich deutlich von der Formensprache der Gebäude in Chicago. Während dort schon recht früh ein moderner und funktionaler Stil vorherrschte, imitierten die New Yorker Gebäude noch lange traditionelle europäische Vorbilder. Als typische Beispiele für diesen Hang zum Dekor gelten das neogotische **Woolworth Building** von 1913 (Cass Gilbert) und der **Metropolitan Life Tower** (am Madison Square) von 1909, der dem Campanile auf dem Markusplatz in Venedig nachempfunden ist. Beim Anblick dieser romantischen Türme darf man nicht vergessen, dass sich in ihrem Inneren ein modernes Stahlskelett und moderne Haustechnik verbergen. Der vielleicht berühmteste der frühen Skyscraper war der 1908 im Beaux-Arts-Stil errichtete **Singer Tower** am unteren Broadway, der mit 200 m das höchste Gebäude der Welt war. Trotz großer Proteste wurde er 1970 zugunsten des Neubaus 1 Liberty Plaza abgerissen (übrigens das bislang höchste jemals abgerissene Gebäude), was mit erheblichen technischen Problemen verbunden war.

Zoning Law

Bereits 1916 sorgte die steigende Zahl von Wolkenkratzern für Unruhe unter den Bewohnern New Yorks. Anlass war die Fertigstellung

HINTERGRUND
STADTENTWICKLUNG UND ARCHITEKTUR

des Equitable Building (120 Broadway, nahe Wall Street), das mit 39 Geschossen als massiver Block auf einer kleinen Parzelle emporwuchs und den unteren Broadway vollkommen verschattete. Zur Erhaltung von Luft und Licht in den Straßen verabschiedeten die Stadtväter das sogenannte Zoning Law, die erste Bauordnung der USA. Sie schrieb vor, dass neu errichtete Gebäude fortan ab einer bestimmten Höhe zurückspringen müssen. Dieses Modell eines Wolkenkratzers, der sich terrassenförmig nach oben verjüngt, hat Architekturgeschichte gemacht.

Mitte der 1920er-Jahre, im Jazz-Zeitalter, entdeckte New York seine Liebe für den Art-déco-Stil. Damals entstand das elegante **Chrysler Building** (William van Alen, 1930), das mit seiner Spitze aus glänzendem Edelstahl und den gigantischen Wasserspeiern in Form von Adlerköpfen die Verkörperung von Geschwindigkeit und Energie zu sein scheint. Nach seiner Fertigstellung war das Chrysler mit 319 m für wenige Wochen das höchste Gebäude der Welt, bis es den Titel an das gleichzeitig emporwachsende Empire State Building abgeben musste. Weitere Höhepunkte des New Yorker Art déco sind das Waldorf Astoria Hotel an der Park Avenue und der Komplex der **Radio City Music Hall** im Rockefeller Center, dessen Foyers und Saal mit aufwendigen Ornamenten und edelsten Materialien ausgestattet sind. Das 1927 konzipierte Rockefeller Center ist von besonderer Bedeutung für die Entwicklung des Wolkenkratzers, da es zum ersten Mal die bislang einzeln geplanten Türme zu einem Ganzen zusammenfasst und eine »Stadt in der Stadt« bildet. Stilistisch deuten die Gebäude des Kernbereichs (die letzten Bauten des Rockefeller wurden erst gegen Ende der 1960er-Jahre fertiggestellt) bereits die Abkehr vom romantischen Skyscraper der frühen Jahre an (▶ Das ist New York, S. 14). Mit seinen kubischen Formen und den relativ schmucklosen Fassaden kündigt das von Raymond Hood entworfene zentrale RCA Building (heute Comcast Building, auch »30 Rock« genannt) das Zeitalter des architektonischen Rationalismus an.

Art déco

Ab Mitte der 1930er-Jahre begann dann die europäische Moderne in der New Yorker Architektur an Einfluss zu gewinnen. Durch die von Philip Johnson 1931 initiierte Ausstellung »The International Style« im Museum of Modern Art wurde die amerikanische Öffentlichkeit erstmals mit den architektonischen Tendenzen der europäischen Avantgarde vertraut gemacht. Nicht mehr dekorative Lust, sondern Zweckmäßigkeit und Fortschrittlichkeit hießen die neuen Leitmotive. Die entscheidende technische Neuerung dieser Zeit war die **»Curtain Wall«** (Vorhangfassade), bei der die bislang steinerne Verkleidung der Stahlskelettbauten durch eine leichte Außenhaut aus Glas und Stahl ersetzt wurde. Das vermutlich wichtigste Beispiel für den International Style und das erste Hochhaus in New York mit einer

International Style

HINTERGRUND
STADTENTWICKLUNG UND ARCHITEKTUR

Curtain Wall ist das UN-Hauptquartier, das 1950 von einer internationalen Gruppe von Architekten unter der Leitung von W. K. Harrison (basierend auf dem Konzept von Le Corbusier) entworfen wurde. Der moderne Baustil wurde hier zum Symbol des Aufbruchs der Menschheit in ein neues Zeitalter.

Weitere Meisterwerke dieser Epoche sind das Lever House an der Park Avenue (Büro Skidmore, Merrill & Owings, S. O. M., 1952) und das nur wenige Blocks vom Lever House entfernte Seagram Building von Mies van der Rohe und Philip Johnson aus dem Jahr 1958. Dieser 38 Geschosse hohe, schlichte Turm der Getränkefirma Seagram ist mit seiner eleganten Fassade aus vertikal verlaufenden Bronzeprofilen und der verglasten zweigeschossigen Eingangshalle ein klassisches Beispiel für Mies van der Rohes architektonischen Minimalismus.

Ende der 1950er-Jahre schien die Ära der Wolkenkratzer zunächst beendet, es entstanden nur noch wenige Großprojekte. New York hatte sich von seiner grenzenlosen Begeisterung der 1930er-Jahre für Türme verabschiedet und stand diesen nun sehr viel kritischer

Downtown Manhattan – ein Bild sagt mehr aus als tausend Worte.

HINTERGRUND
STADTENTWICKLUNG UND ARCHITEKTUR

gegenüber. 1973 wurde dann der bis dahin größte Gebäudekomplex der Stadt, das **World Trade Center** mit seinen zwei glatten, 420 m hohen Türmen, eingeweiht. Das World Trade Center symbolisierte den Wandel der Stadt in eine reine Finanzstadt. Städteplaner kritisierten damals den Bau als hässlich und beklagten, dass er den Raster durchbrach und somit das Gelände aus dem Gewebe der Stadt heraustrennte. In den 1970er-Jahren, als die Stadt am Rand des Bankrotts stand, kam die Bautätigkeit in Manhattan beinahe ganz zum Erliegen. Erst mit dem Aufschwung während der 1980er-Jahre schien sich das Klima für den Bau neuer Hochhäuser zu verbessern. Die Postmoderne hielt Einzug: Philip Johnsons AT&T-Gebäude (heute Sony, 1984) mit seinem inzwischen berühmten Chippendale-Giebel markiert den Abschied von der schlichten, sachlichen »Kiste mit gläserner Vorhangfassade«, die über Jahrzehnte in New York geherrscht hatte. Weitere Gebäude aus jener Zeit sind das Lipstick Building (ebenfalls Johnson, 1985) und der silberne Citicorp Tower mit seinem prägnanten Dreieck als Dachabschluss (Stubbins, Emery, Roth & Sons, 1977).

Nach einigen Jahren wirtschaftlicher Stagnation setzte Mitte der 1990er-Jahre ein wirtschaftlicher Aufschwung ein, der auch der architektonischen Entwicklung New Yorks neue Impulse gab. Die zu großen Teilen von Disney vorangetriebene **Umgestaltung des Times Square** und der 42nd Street zwischen 7. und 8. Avenue war ein Schritt im städtebaulichen Großprojekt, die lange vernachlässigte Westseite der Insel zu entwickeln. So hat z. B. die »New York Times« ihr Stammhaus am Times Square (das dem Platz den Namen gab) aufgegeben und den New York Times Tower bezogen, ein hochmodernes 52-stöckiges Redaktionsgebäude in der 8. Avenue, Ecke 42. Straße (Renzo Piano mit Fox & Fowle, 2007). Architektonisch ist dieser Turm eine Weiterentwicklung von Pianos Bauten für Daimler Chrysler am Potsdamer Platz in Berlin. Auch die teils realisierte grüne Verbindung zwischen Battery Park im Süden und Riverside Park im Norden wertet Manhattans Westen auf. Aus dem Hafen und den Docks vor allem um Pier 45 entstand der **Christopher Street Pier** mit Rasenflächen und Spielplätzen. Frank O. Gehry entwarf zwei Neubauten: das futuristisch anmutende IAC Building mit einer Fassade, die einem fallenden Vorhang ähnelt (555 West 18th Street/11th Avenue, 2007), und **8 Spruce Street** (Abb. S. 254, auch Beekman Tower genannt; 265 m, 8 Spruce Street, beim New York Downtown Hospital, 2011). Spektakulär ist auch der streng erscheinende, 182 m hohe Hearst Tower, der auf ein 6-stöckiges Gebäude aus den 1920er-Jahren aufgesetzt wurde (57th Street/8th Avenue; Sir Norman Foster, 2000–2006). Eines der auffälligsten Gebäude Manhattans ist kein Turm, sondern ein 130 m hohes Dreieck, das »VIA 57 West« (625 West 57th Street, Bjarke Ingels, 2016).

1990er-Jahre bis heute – Drang nach Westen

HINTERGRUND
STADTENTWICKLUNG UND ARCHITEKTUR

In der Umgebung des High Line Park (▶S. 152) entstanden weitere interessante Gebäude, darunter das Whitney Museum of American Art (▶S. 224) und das erste Wohnprojekt in New York der 2016 verstorbenen Zaha Hadid (520 West 28th Street).
Nach jahrelangen Kontroversen wurde im Mai 2014 auf dem Gelände der am 11. September 2001 zerstörten Zwillingstürme des World Trade Center das One World Trade Center (▶S.226) eingeweiht. Mittelpunkt des Komplexes ist das in einen Park eingebettete National September 11 Memorial & Museum. Im World Trade Center Transportation Hub, einem unterirdischen Bahnhofs- und Einkaufskomplex (Santiago Calatrava, 2016), kommen die Züge aus New Jersey an. Er ist verbunden mit dem U-Bahnhof Fulton Center.
2014 bezogen die ersten Bewohner ihre Luxusapartments im höchsten Wohnhaus der Stadt, dem 433 m hohen, 94-stöckigen **»One 57th Street«** (157 West 57th Street, Christian de Portzamparc).

Lange wird »One 57« allerdings nicht der höchste Wohn-Wolkenkratzer Manhattans bleiben. Denn der Bauboom geht weiter. Bald wird die Einwohnerzahl New Yorks die Neun-Millionen-Grenze überschritten haben und man braucht dringend neuen Wohnraum. Ganze Stadtviertel werden nachverdichtet. Zu den größten Immobilienprojekten der Stadt gehören zur Zeit die Hudson Yards: Etwa 17 Wolkenkratzer sollen über den Abstellgleisen der Pendlerzüge von Long Island zur Penn Station in den Himmel wachsen, ein Wohnturm ist bereits im Bau (Entwurf: Kohn, Pedersen und Fox). Die Technik ist nicht neu: Auch die Park Avenue aus den 1960er-Jahren steht zu großen Teilen über den Gleisen der Grand Central Station. Gleich sieben neue »Super Skyscraper« sollen am Südrand des Central Park entstehen, am 433 m hohen »111 West 57th Street« wird seit Juni 2014 gebaut (Entwurf: SHoP-Architects). 2015 wurde »432 Park Avenue« eingeweiht. Architekt des 426 m hohen Superturms ist Rafael Viñoly. Der »Größenwahn« provoziert aber auch Kritik. So könnten die neuen Luftschlösser den Süden des Central Park in Dauerschatten legen.
Für viele New Yorker sind diese Luxustürme jedoch Symbol einer aus dem Ruder gelaufenen Gentrifizierung. Viele Wohnungen sind reine Spekulationsobjekte für wohlhabende ausländische Investoren und werden häufig nicht das ganze Jahr über bewohnt. Dadurch, so die Kritik, wird das soziale Gefüge der Stadt zerstört. Es ist der Endpunkt einer Entwicklung, die seit mehr als 20 Jahren vonstattengeht. Bezahlbaren Wohnraum für die Mittelschicht gibt es in Manhattan praktisch nicht mehr, Normalverdiener werden immer stärker an den Rand gedrängt. Der Ende 2013 gewählte Bürgermeister Bill de Blasio hat versprochen, diesen Missstand zu beheben. Seine Maßnahmen

Jüngste Pläne

Neu in Manhattans Skyline: Frank Gehrys 2011 fertiggestellter Beekman Tower, auch »8 Spruce Street« genannt haben sich bislang jedoch nicht als sonderlich effektiv herausgestellt. De Blasio erteilt privatwirtschaftlichen Investoren Baugenehmigungen im Austausch für einen bestimmten Prozentsatz an bezahlbaren Wohnungen. Oft sind die Preise dieser Wohnungen trotzdem viel zu hoch und die bislang gebauten neuen Wohnungen bestenfalls ein Tropfen auf den heißen Stein.

KULTURSTADT NEW YORK

Was bieten die Theater am Broadway oder die Studiobühnen im Village? Welche Schätze warten in den berühmten Museen darauf, von Ihnen entdeckt zu werden?

Die Kultur gehört in New York so selbstverständlich zur Stadt wie die U-Bahn und der Straßenlärm. Sie **ist überall.** Es gibt kein Viertel, in dem es nicht Live-Musik, Galerien und Theater gibt. Der Alltag der New Yorker wird von der Kultur bestimmt – die neuesten Museumsausstellungen, Broadway-Aufführungen und Kino-Premieren bestimmen nicht selten das Tagesgespräch. Das liegt nicht zuletzt an dem überwältigenden kulturellen Angebot: New York ist das kulturelle Zentrum der USA mit einem weltberühmten Opernhaus, rund 250 Theatern, mehreren Orchestern, Ballett- und Tanzensembles, über 150 Museen, darunter einige von Weltruf wie das Metropolitan Museum oder das MoMA bzw. Museum of Modern Art, 400 Kunstgalerien, Kinos und rund 130 Universitäten, Hochschulen und Colleges mit etwa 300 000 Studenten. Die älteste und renommierteste ist die 1754 als King's College gegründete Columbia-Universität, die größte die vor über 150 Jahren ins Leben gerufene New York University. In New York sitzen die meisten US-Verlage und die Redaktionen fast aller großen amerikanischen Zeitschriften.

| Musik

Stadt mit Beat — Natürlich sind sie heutzutage auch in New York üblich, die Stöpsel im Ohr, durch die man sich auf dem Weg zur Arbeit die selbstkomponierte Playlist zuspielt, um sich in die jeweils gewünschte Stimmung zu versetzen. Doch eigentlich braucht man die Berieselung aus dem schlauen Telefon in dieser Stadt gar nicht, denn Musik ist hier allgegenwärtig. Es gibt kein U-Bahn-Gleis, auf dem nicht ein Bluessänger steht, ein Rapper rappt oder ein Trommler ein paar umgedrehte Ei-

HINTERGRUND
KULTURSTADT NEW YORK

mer bearbeitet. An jeder Straßenecke steht ein Saxofonist, im Central Park üben am Wochenende die Streicher und Posaunisten, um in ihren winzigen Apartments nicht die Nachbarn zu nerven. Aus den Jazz-Klubs im Village und in Harlem wehen nach Sonnenuntergang wilde Improvisationen über den Bürgersteig, aus den Tanzclubs im Meatpacking District wummern House-Breaks und auf den Bühnen der Lower East Side geben sich Nacht für Nacht Singer-Songwriter und Garagenbands das Mikrofon bis in die Morgenstunden in die Hand.

New York hat seinen **eigenen Soundtrack, seinen eigenen Beat.** Alleine sich durch die Stadt zu bewegen ist ein musikalisches Erlebnis. Man gibt sich dem Tempo der hastenden Massen hin, wie einem Hip-Hop und schwimmt durch den Strom einer wilden Jazz-Improvisation. Man kann überall eintauchen und überall wieder aussteigen und doch werden Themen und Strukturen klar spürbar.

New York konkurriert mit Chicago, New Orleans, Memphis und Nashville um den Titel der US-Musikhauptstadt. Dabei liegt New York in puncto Vielfalt eindeutig an der Spitze. Die anderen Städte sind Monokultur: In Memphis und Chicago gibt es den Blues, in New Orleans Jazz und in Nashville Country. In New York gibt es alles.

US-Musikhauptstadt

Dee Dee Bridgewater im legendären Blue Note im Greenwich Village

FILMSTADT NEW YORK

Könnte es sein, dass Sie bei einem Spaziergang durch Greenwich Village ständig an Woody Allen denken oder auf dem Empire State Building damit rechnen, einem Gorilla und einer Dame in Weiß zu begegnen? Glauben Sie, wenn Sie eine Polizeisirene hören, Gene Hackman sitzt als Popeye Doyle am Steuer? Oder sitzt vor Ihrem geistigen Auge am Lenker des gelben Taxis ein Typ wie Robert de Niro in »Taxi Driver«?

Ist für Sie der Inbegriff von Manhattan die schwarzweiße Queensboro Bridge im Dunst? Wenn Sie über Gitter von U-Bahn-Schächten gehen, denken Sie dann an das wehende weiße Chiffonkleid von Marilyn Monroe? Kommen Ihnen bei dem Namen Tiffany nicht die Jugendstil-Lampen, sondern Audrey Hepburns Mandelaugen in den Sinn? Wenn ja, dann geht es Ihnen wie vielen Cineasten: New York lebt in ihren Köpfen, auch wenn sie es noch nie zuvor besucht und erlebt haben, vor allem durch die auf der Netzhaut eingebrannten **Kinobilder**. Und es sind nicht nur die berühmtesten Filme wie »King Kong und die weiße Frau«, »French Connection«, »Taxi Driver«, »Manhattan«, »Das verflixte siebte Jahr« und »Frühstück bei Tiffany«, sondern unzählige andere Filme und Fernsehserien, die in New York spielen und ihre Eindrücke und Spuren bei den Zuschauern hinterlassen haben.

Von Anfang an

New York ist mit über 40 000 genehmigten Drehorten die **begehrteste Filmkulisse der Welt**. Mehr als 1500 Filme und mindestens ebenso viele Fernsehserien spielen im Big Apple, die meisten davon auf den Straßen von Manhattan. Und seit in die bis vor wenigen Jahren brach liegenden Brooklyn Navy Yards auch wieder ein Filmstudio eingezogen ist, kann New York Hollywood in jeder Hinsicht die Stirn bieten. Die Tradition New Yorks als Filmstadt ist so alt wie das Kino selbst. Im April 1896, wenige Monate nachdem die Filmgeschichte mit der Vorführung des ersten Films der Brüder Louis und Auguste Lumière im Grand Café in Paris begonnen hatte, fand in Koster and Bial's Music Hall in New York die **erste Filmvorführung** auf dem amerikanischen Kontinent statt. Bis zum Ersten Weltkrieg blieb New York das Zentrum der amerikanischen Filmindustrie. Sehr bald versuchten die Produzenten – allen voran Thomas A. Edison –, den ungeheuer rasch wachsenden Markt zu kontrollieren: Sie gründeten 1908 einen Trust, die »Motion Picture Patents Company«, der alle Hebel in Bewegung setzte, um sich eine Monopolstellung

Als Computeranimation noch ein Fremdwort war: »King Kong und die weiße Frau« (1930)

zu sichern. Obwohl den unabhängigen Filmschaffenden – zu ihnen zählten Charlie Chaplin, Douglas Fairbanks, William Fox, Samuel Goldwyn, Carl Laemmle und Mary Pickford – selbst mit Mafiamethoden nicht beizukommen war, zogen diese es vor, ihre Arbeitsstätten ins ruhigere und sonnige Kalifornien zu verlegen, wo sie ideale Produktionsbedingungen und vor allem Platz vorfanden. New York blieb als Drehort attraktiv, das Zentrum der Branche war jedoch nach Westen abgewandert.

Independent Movies

Abseits des Mainstreams entstand jedoch am Hudson River eines der wichtigsten Zentren des nicht-kommerziellen Kinos. Schon in den 1920er-Jahren etablierte sich das, was man heute den ethnischen Film nennt: Aus der Lower East Side kamen jüdische Filme, nach dem Krieg und vor allem in den 1970er-Jahren wurde Harlem zum Dreh- und Angelpunkt des erwachenden schwarzen Kinos. In den 1950er-Jahren avancierte New York zur internationalen Hauptstadt der Film-Avantgarde. Namen wie Maya Deren, Jonas Mekas, Michael Snow, Robert Crumb mit »Fritz the Cat« und selbstverständlich Andy Warhol, der einen seiner statischen 24-Stunden-Filme dem Empire State Building widmete, stehen für die New Yorker Schule der Filmemacher. In den 1980er-Jahren gründeten Filmemacher wie Spike Lee und Jim Jarmusch das, was man heute Independent-Kino nennt. Und das **New York Independent Film Festival** ist neben dem Sundance Festival von Robert Redford das wichtigste seiner Art.

Seit 1955 begleitet die New Yorker Zeitschrift »Film Culture« die verschiedenen Strömungen des unabhängigen Films. Das 2002 von Robert De Niro und Jane Rosenthal gegründete **TriBeCa Film Festival** ist eines der wichtigsten Filmfestivals der USA. Die Bedeutung New Yorks in der Filmbranche spiegelt sich auch in der Sammelpolitik des Museum of Modern Art wider. Dieses begann in den frühen 1940er-Jahren eine Filmsammlung aufzubauen, die heute mehr als 22 000 Filme umfasst. Zudem hat New York die größte Dichte an Programm- und Kunstkinos in den USA, darunter das legendäre Film Forum, das Independent Film Center und das Kino der Brooklyn Academy of Music.

Hollywood-Musicals

Seine anhaltende Bedeutung auch nach dem Umzug der großen Studios an die Westküste hat New York nicht zuletzt auch dem Broadway zu verdanken. Schon in den 1930er-Jahren waren die Produzenten Hollywoods vom Erfolg und der Ästhetik der verschwenderisch inszenierten Broadway-Musicals fasziniert. Ein eigenes Filmgenre entstand: die Hollywood-Musicals. Und wie könnte es anders sein – einige der schönsten spielten in New York. In »Die 42. Straße« (1933) brachte Busby Berkeley die Skyline Manhattans zum Tanzen. »Heute geh'n wir bummeln« (»On the Town«) von 1949 – drei Matrosen auf Landgang – vermittelte treffend die euphorische Nachkriegsstimmung und war zudem das erste Hollywood-Musical, das nicht ausschließlich im Studio, sondern zu großen Teilen am Originalschauplatz New York gedreht wurde. Auch die **»West Side Story«** (1960), ein mitreißendes Musical, wurde an Originalschauplätzen in der Stadt gedreht. Das Viertel, in dem die »Jets«

und »Sharks« tanzten, wurde inzwischen allerdings abgerissen. An seiner Stelle steht heute das Lincoln Center. 1977 zeigte »Hair«, dass es Flower Power nicht nur in San Francisco gab. Und 1990 setzte Spike Lee mit dem Musical »Mo' Better Blues« der klassischen Epoche von Harlem ein Denkmal.

Liebeserklärungen an New York

Die Liebeserklärungen an New York hören nicht auf über die Leinwand zu flimmern. Es gab sie schon 1928, als Josef von Sternberg in dem exquisit fotografierten Stummfilm »Die Docks von New York« die düstere Hafenszenerie in ein milde verklärendes Licht tauchte. Sie zeigen sich in den kleinen alltäglichen Gesten, wenn Harvey Keitel in »Smoke« (1994) jeden Morgen vor seinen Tabakladen in Brooklyn tritt und die gegenüberliegende Straßenecke fotografiert. Ein besonderer Brooklyn-Film ist Spike Lees »Do the Right Thing« (1988). Er verdichtet die Atmosphäre eines schwülen Sommertags im schwarzen Brooklyn so, dass man die brütende Hitze zu spüren meint und ähnlich wie die Jugendlichen im Film die Abkühlung genießt, als der Wasserhydrant geknackt wird.

Diese Filme sind voller Poesie wie die Anfangssequenz von **Woody Allens »Manhattan«** (1979): Zu den atemberaubenden Schwarzweißbildern von New York, untermalt von Gershwins »Rhapsody in Blue«, versucht ein New Yorker aus dem Off die Beziehung zu seiner Stadt zu beschreiben. Einmal kitschig, einmal pathetisch, einmal ironisch und schließlich so: »»›Kapitel eins. Er war genauso abgebrüht und romantisch wie die Stadt, die er liebte. Hinter seinen schwarz geränderten Brillengläsern

Eine Liebeserklärung an New York: Woody Allen und Diane Keaton in »Manhattan« (1979)

sern lauerte die geballte sexuelle Kraft einer Raubkatze aus dem Dschungel.‹ Das ist stark. ›New York war seine Stadt und würde es immer bleiben.‹« (Zitiert nach »Woody Allen – Das Bilderlesebuch«, Hrsg. Linda Sunshine, 1994). 2002 machte Martin Scorsese mit seinem bildgewaltigen und auch brutalen Historienepos **»Gangs of New York«** darauf aufmerksam, dass Mitte des 19. Jh.s auch Gewalt und Kriminalität die Entwicklung der Stadt prägten.

Zur wieder wachsenden Bedeutung von New York als Filmstadt hat indes in den vergangenen Jahren auch der Erfolg der Kabel- und Streamingserien beigetragen. Publikumshits wie die »Sopranos« (1999), »Girls« (2012), »The Night of« (2009) und »Vinyl« (2016) sind komplett in der Stadt gedreht und produziert worden.

Über die amerikanische Filmgeschichte informiert im Übrigen das American Museum of the Moving Image in Brooklyn, das erste amerikanische Filmmuseum überhaupt.

HINTERGRUND
KULTURSTADT NEW YORK

Schon Mitte des 19. Jh.s importierte New York als eine der ersten Städte der neuen Welt klassische Musik aus Europa, bereits 1842 wurden die New Yorker Philharmoniker gegründet. Heute beheimatet die Stadt mit Abstand die besten Orchester und Bühnen für klassische Musik in der neuen Welt. Vom Lincoln Center (▶S. 156) und der Carnegie Hall bis hin zu den zahllosen hochklassigen Kammerorchestern kann man an jedem Abend der Woche in New York ein erstklassiges Konzert oder eine Oper hören.

In der Pop-Musik gab es im 20. Jh. praktisch keine Strömung, die nicht durch New York lief und maßgeblich von New Yorker Künstlern beeinflusst wurde. So wurde schon vor der Zeit des Radios und der Phonographen in New York Pop-Musik produziert und vertrieben. An der Tin Pan Alley, nahe dem heutigen Union Square, reihten sich die Notenverlage auf, die ihre neuen Kompositionen an Straßenmusikanten verteilten. Diese probierten die Gassenhauer in den Spelunken und Hinterhöfen der Stadt aus; was sich durchsetzte, wurde ein Hit. Zur gleichen Zeit entstand am **Broadway** das **populäre Musiktheater**, das bis heute jährlich Millionen von Menschen an den Times Square zieht.

Oben in Harlem sangen und spielten zur selben Zeit spätere Weltstars des **Jazz** in den Kaschemmen und Tanzsälen. Billie Holiday startete dort ihre Laufbahn ebenso wie Ella Fitzgerald. Das Apollo Theater zog ab den 1920er-Jahren schwarze Talente aus ganz USA an und brachte die besten unter ihnen über Radio einem nationalen Publikum näher. Die Big Bands von Duke Ellington und Fletcher Henderson spielten im Cotton Club und im Savoy Ballroom und später, als der Jazz in den weißen Mainstream aufgenommen wurde, in der Radio City Music Hall. An der 57. Straße experimentierte derweil Charlie Parker in seinem Club Birdland mit gänzlich neuen Klängen, die später den Namen Bebop erhalten sollten.

Wiege des Pop

In den 1960er-Jahren wurde das Greenwich Village zur Heimat der aufblühenden Folk-Bewegung – Bob Dylan und Joan Baez lebten und komponierten hier, während Richie Havens, späterer Star des Woodstock Festivals, im East Village auftrat. In den 1970er-Jahren entstand dort, vor allem im Umkreis des legendären CBGB-Clubs, mit Bands wie den Ramones, TV, den Talking Heads und Blondie der US-Punk. In der Bronx begannen gleichzeitig junge schwarze Künstler wie Grandmaster Flash und die Sugarhill-Gang mit einer neuen Form des Sprechgesangs zu experimentieren – dem Hip-Hop.

Von Folk bis Punk

Auch heute noch geht der Weg zum Weltruhm häufig über New York. Lady Gaga und Norah Jones haben ihre Karrieren in den Clubs auf der Lower East Side begonnen, die Rapper Jay-Z, Rihanna und Mos Def haben auf den Straßen von Brooklyn angefangen. Wenn man in einen New Yorker Club geht, kann es sein, dass man gerade die Sensation von morgen sieht bzw. hört. Und selbst wenn nicht, immer ist ein Mu-

HINTERGRUND
KULTURSTADT NEW YORK

sikgenuss erster Güte garantiert. Der Wettbewerb unter Musikern jeglichen Genres in New York ist so hart, dass man auch bei einem Kirchenkonzert oder in der U-Bahn ein Niveau geboten bekommt, das fast überall sonst für große Bühnen ausreichen würde. Auskunft über die Top-Bühnen in New York ►S. 276ff., 282ff.

Kunst in New York

Spät erwacht

New York ist heute eines der wichtigsten, wenn nicht gar das wichtigste Kunstzentrum der westlichen Welt (►Das ist New York, S. 18). Das war nicht immer so. Bis weit in das 20. Jh. war die vom Geschehen in Europa abgeschnittene amerikanische Kunst provinziell. Mit der New Yorker Hudson River School entstanden dann ab Mitte des 19. Jh.s eigene Darstellungsformen vor allem in der Landschafts- und Genremalerei, die für das internationale Kunstgeschehen jedoch folgenlos blieben. D e n Anschluss an die Kunst-Moderne fand New York erst 1913. Zwei New Yorker Künstler, Walt Kuhn und Arthur Davies, kamen damals von einer Reise nach Europa zurück, wo sie Cezanne und Gauguin, Picasso und Duchamp gesehen hatten. Aufgewühlt von dem, was sie dort erlebt hatten, wollten sie das nun auch Amerika zeigen. Die **Armory Show**, die Kuhn und Davies in einem alten Waffendepot an der Lexington Avenue abhielten, gilt bis heute als die Geburtsstunde der amerikanischen Moderne. Ein Drittel der ca. 1500 ausgestellten Kunstwerke war europäischen Ursprungs, zählte zur Avantgarde und erregte die New Yorker Öffentlichkeit zutiefst. Ein Kritiker hielt die kubistischen Werke für eine Ausgeburt an Hässlichkeit und meinte, die Künstler bräuchten dringend einen Nervenarzt. Andere, vor allem junge amerikanische Künstler, hielten die Armory Show dagegen für eine Offenbarung.

New York wird Zentrum der zeitgenössischen Kunst

Die Saat war gesät. Eine neue amerikanische Künstlergeneration begann mit der Abstraktion zu experimentieren und einige vermögende Familien fingen an, die modernen Europäer zu sammeln. Insbesondere die Frau des Ölmagnaten John D. Rockefeller, Abby Aldrich Rockefeller, verliebte sich in die Kunst und fuhr immer häufiger nach Europa zum Einkaufen. 1929 hatte sie eine stattliche Sammlung zusammen und eröffnete an der 57. Straße das Museum of Modern Art.

Mit dem MoMA, dem Metropolitan Museum sowie dem Whitney Museum for American Art, das 1931 von der Tochter des Eisenbahnmoguls Cornelius Vanderbilt gegründet wurde, hatte New York nun die Institutionen, um eine Kunststadt von Weltrang zu werden. Bis die Stadt tatsächlich Paris als Zentrum der zeitgenössischen Kunst ablösen sollte, dauerte es jedoch noch mindestens 20 Jahre.

Kurz nach dem Zweiten Weltkrieg fand sich in New York eine Gruppe zusammen, die sich lose als **New York School** bezeichnete. Ihre Mitglieder schlugen ein neues Kapitel der modernen Kunst auf. Gemein-

HINTERGRUND
KULTURSTADT NEW YORK

Ed Harris als »Jackson Pollock« im gleichnamigen Film aus dem Jahr 2000

sam war ihnen ein Unbehagen an der Massenkultur des imperialen Nachkriegsamerika. Die New York School läutete eine Epoche unvergleichlicher künstlerischer Produktivität in der Stadt ein. Die Künstler bevölkerten die Lofts von SoHo, verwandelten sie in Studios und Galerien. Eine eng zusammenhängende Szene entstand, in der fieberhaft gearbeitet und diskutiert wurde. Auf diesem Nährboden entwickelten sich der Abstrakte Expressionismus, die Minimal Art und in den 1960er-Jahren die Pop Art. Die New Yorker Avantgarde bestimmte, was Kunst in unserer Kultur sein kann und soll, und die ganze Welt schaute zu.

Heute ist in Downtown von diesem Geist nur noch wenig übrig. Die Galerien sind schon lange aus SoHo weg- und in das ehemalige Lagerhallen-Viertel Chelsea am Hudson gezogen. Chelsea ist allerdings mehr ein riesiges Kunst-Einkaufszentrum für Sammler als ein Ideen-Labor. Eine lebendige Künstler-Community gibt es nur noch in den Außenbezirken, wo sich die Künstler die Mieten für das Wohnen und Arbeiten noch leisten können.

Die Weltklasse-Institutionen machen den Künstler-Exodus für kunstinteressierte Besucher jedoch mehr als wett. Auch wenn die Impulse der internationalen Kunst schon lange nicht mehr nur aus New York kommen, bergen die dortigen Museen und Galerien einen Reichtum an hochkarätiger Kunst, der konkurrenzlos ist. Einen Überblick über die zeitgenössische US-amerikanische Kunst gibt alle zwei Jahre die Whitney Biennale (▶Whitney Museum of American Art).

HINTERGRUND
KULTURSTADT NEW YORK

New York – das Zentrum des literarischen Lebens

New York ist seit 200 Jahren das Zentrum des literarischen Lebens Amerikas. Bevor 1883 der New Yorker Gouverneur Grover Cleveland die Brooklyn Bridge ihrer Bestimmung übergab, waren Brooklyn und Manhattan noch zwei Welten – getrennt vom mächtigen East River mit seinen gefährlichen Strömungen. Die einzige Verbindung zwischen den Städten war die Fahrt mit der Fähre. Einer der täglichen Pendler war der Dichter **Walt Whitman**. Das Erlebnis, vom Deck der Fähre aus, dicht gedrängt mit Tausenden Mitfahrern, das Treiben auf dem Fluss und an seinen Ufern zu beobachten, elektrisierte und beeindruckte ihn sehr. 1848 widmete er dieser Erfahrung sein berühmtestes Werk: Die Ballade **»Crossing Brooklyn Ferry«** ist eines der großen Meisterwerke der amerikanischen Literatur und hat Generationen von Schriftstellern und Denkern beeinflusst. Wann immer bei Reden der amerikanische Nationalcharakter und sein urdemokratischer Geist beschworen werden soll, wird der Text zitiert. Er ist für die Geistesgeschichte Amerikas so wichtig wie Goethe und Schiller für Deutschland.

Die Stadt als Inspiration — Dass eines der wichtigsten Werke der amerikanischen Literatur nicht nur in New York entstanden ist, sondern auch New York zum Thema hat, ist freilich kein Zufall. New York war schon lange vor Whitman das Zentrum des amerikanischen Geisteslebens und ist es bis heute. Seit seinen Anfängen hat New York die Dichter und Denker der neuen Welt angelockt und inspiriert und ihnen eine Heimat sowie einen kreativen Nährboden geboten. New York war die kultivierteste und intellektuell anregendste Stadt auf dem Kontinent und damals schon das Zentrum des amerikanischen Verlagswesens. Und das ist New York bis heute: In Manhattan sitzen nicht nur die »großen Sechs«, wie man die wichtigsten amerikanischen Verlagshäuser – Hachette, Macmillan/Holtzbrinck, Penguin, Harper Collins, Random House und Simon and Schuster – auch nennt, sondern hunderte mittelgroße bis kleine unabhängige Verlage.

Wie in vielen anderen Bereichen kam New York in der Literatur mit dem Anbruch der Moderne zu sich selbst. Die großen Vorläufer der modernen Literatur in Amerika, Herman Melville, Henry James und Edgar Allen Poe, waren alle New Yorker. Und der wahrscheinlich wichtigste Text der amerikanischen Moderne, der 1925 erschienene **»Manhattan Transfer« von John Dos Passos**, hatte wie schon Whitmans Ballade die Stadt selbst, den Inbegriff modernen Lebens, zum Thema. Natürlich spielten im Lauf des 20. Jh.s auch Regionalliteraturen wie die aus dem Süden und Westen des Landes f eine wichtige Rolle. Doch New York behauptete stets seinen Status als Zentrum des literarischen Lebens von Amerika. Die wichtigen Literaturzeitschriften wurden hier herausgegeben. Der Broadway zog die großen Bühnenschriftsteller des Landes von Arthur Miller bis Edna St. Vincent

Millay an. Im Algonquin Hotel traf sich in den 1920er-Jahren der legendäre Kreis um Dorothy Parker jeden Tag zum Lunchen und zum Debattieren. Und in Harlem begründeten die schwarzen Schriftsteller Langston Hughes, Zora Neal Hurston, James Baldwin und Ralph Ellison die afroamerikanische Literatur.

Nach dem Krieg siedelten sich im East Village die Dichter der **Beat Generation** wie Jack Kerouac und Allen Ginsberg an, während in Brooklyn Norman Mailer, James Agee und Hubert Selby lebten. Und in den 1980er-Jahren waren es erneut New Yorker wie Bret Easton Ellis und Don DeLillo, welche die Exzesse der Wall Street und der postmodernen Massenkultur aufzeichneten.

Brooklyn als literarisches Zentrum

Seit in den 1990er-Jahren die Kreativen aller Sparten aus Manhattan über den East River geflohen sind, hat sich Brooklyn endgültig als literarisches Zentrum der Stadt und somit des ganzen Landes etabliert. So sehr, dass der Schriftsteller Sergio De La Paz sich bemüßigt fühlte, in seiner Kurzbiografie zu betonen, dass er nicht in Brooklyn lebt. Paul Auster lebt und arbeitet hier ebenso wie Jonathan Lethem, Martin Amis, Jonathan Safran Foer und die Pulitzer-Preis-Gewinnerin Jennifer Egan. Die Cafés und Buchläden von **Park Slope, Cobble Hill und Williamsburg** sind Treffpunkte der literarischen Elite des Landes und die Brooklyner Literaturzeitschrift »n plus 1« ist das Sprachrohr der neuesten Generation New Yorker Intellektueller. Walt Whitman und den Knickerbockers würde das alles sicherlich gefallen. Ganz gleich wie sehr die alles überschattende Finanzwirtschaft und die rasende Gentrifizierung das Leben im heutigen New York dominieren – die kreative Energie der literarischen Intelligenzia lässt sich einfach nicht aus der Stadt vertreiben.

INTERESSANTE MENSCHEN

Der bekannteste Stadtneurotiker: Woody Allen

In jeder Stadt gibt es Neurotiker, doch den bekanntesten »Stadtneurotiker« hat New York: Woody Allen, Regisseur und Schauspieler, dessen meisten Filme eine Liebeserklärung an seine Heimatstadt am Hudson River sind. Geboren wurde Woody Allen als Allen Stewart Konigsberg am 1. Dezember 1935 im New Yorker Stadtteil Brooklyn. Unter dem Pseudonym Woody Allen verdiente er sich als Witzeautor

Geboren 1.12.1935 Regisseur und Schauspieler

HINTERGRUND
INTERESSANTE MENSCHEN

Die meisten seiner Filme sind eine Liebeserklärung an New York: Woody Allen

für Zeitungen sein erstes Geld, dann schrieb er Gags für Film- und Fernsehshows, schließlich trat er ab 1961 in Cabarets und Nachtclubs als Entertainer auf. 1965 kam er erstmals mit dem Film in Kontakt, als Autor und Darsteller in der Komödie »What's New, Pussycat?«. Spätestens seit **»Annie Hall«** (dt. »Der Stadtneurotiker«, 1977), für den er drei Oscars bekam, gilt Allen als wichtigster Komiker des neueren amerikanischen Films, als Idol eines intellektuellen Kinopublikums in aller Welt. Auch in weiteren Werken wie »Manhattan« (1978), »Hannah and Her Sisters« (1986) und »Mighty Aphrodite« (1995) setzte er sich gern mit seiner Stadt auseinander, mit dem Leben von besser situierten, oft neurotischen, skurrilen New Yorkern – nie aber mit den sozialen Problemen dieses Molochs.
Im Sorgerechtsstreit nach der Trennung von Mia Farrow 1992 wurde Allen Missbrauch seiner Adoptivtochter Dylan vorgeworfen, was bis heute immer wieder diskutiert wird. Allen wohnt an der Fifth Avenue an der mondänen Upper East Side. Zwischen Januar und Juni spielt er montags im Carlyle Club Klarinette mit der Eddie Davis New Orleans Jazz Band (35 East 76th Street, Tel. 1 800 405 2027, www.cafecarlylenewyork.com).

HINTERGRUND
INTERESSANTE MENSCHEN

Vom Instrumentenhändler zum Millionär: John Jacob Astor

John Jacob Astor aus Walldorf bei Heidelberg, eine der ersten großen Unternehmerpersönlichkeiten der USA, kam im Alter von 20 Jahren nach New York, war zunächst Musikinstrumentenhändler, tauschte aber später die Instrumente gegen Pelze ein. Im Jahr 1809 gründete er die American Fur Company, der in den folgenden Jahren zwei weitere Pelzhandlungen folgten, sodass er nahezu ein Monopol in den USA besaß. Den größten Teil seines enormen Reichtums verdankte er allerdings der **Bodenspekulation**, bei der er vor allem auf Manhattan zahlreiche Grundstücke in seinen Besitz brachte. Als er starb, wurde sein Vermögen auf 25 Millionen Dollar geschätzt, womit er der reichste Mann in Amerika war. Kurz vor seinem Tod errichtete er mit einer Schenkung von 400 000 Dollar die Astor Library in New York, die erste öffentliche Bibliothek in Amerika.

1763–1848
Unternehmer

Ikone des Modern Dance: Martha Graham

Als Hauptvertreterin des amerikanischen Modern Dance gilt die aus einer Arztfamilie in Allegheny (Pennsylvania) stammende Martha Graham. Sie wuchs im kalifornischen Santa Barbara auf und gehörte zu den frühen Mitgliedern von Denishawn, der Schule von Ruth St. Denis und Ted Shawn, die in Los Angeles eine bedeutende Rolle für die Entwicklung des modernen amerikanischen Tanzes spielen sollte. Mit ihrem ersten Soloprogramm debütierte sie in New York erst im Alter von 22 Jahren, 1917 eröffnete sie bereits ihre eigene Schule, die bis heute international zu den renommiertesten Adressen zählt. Karriere machte Martha Graham sowohl als Tänzerin als auch als Choreografin und Pädagogin. Wie kaum einer anderen Tanzpädagogin des 20. Jh.s gelang es ihr, ein streng kodifiziertes **Lehrsystem für den nichtklassischen Tanz** zu entwickeln, dessen besondere Technik auf den Kontrasten zwischen Spannung und Entspannung des Körpers beruht. Ein eindrucksvolles Bild ihrer Tanzästhetik vermittelte u. a. ihr Film »A Dancer's World«.

1894–1991
Tänzerin und Choreografin

Der Kopf auf dem 10 $-Schein: Alexander Hamilton

Alexander Hamilton, in der Karibik aufgewachsen und als 18-jähriger Einwanderer 1773 nach New York gekommen, wurde ein enger Vertrauter von George Washington. Er plädierte für die Übernahme der im Unabhängigkeitskrieg angehäuften Schulden durch die Bundesregierung und setzte als **erster Finanzminister** der Vereinigten Staaten (1789–1793) wichtige wirtschaftliche Impulse, indem er die Bank

1757–1804
Gründervater

HINTERGRUND
INTERESSANTE MENSCHEN

Martha Graham als Judith, 1957

of New York gründete und an der Einrichtung der New Yorker Börse entscheidend beteiligt war. Auch an der Ausarbeitung der amerikanischen Verfassung hat er großen Anteil. Vor allem ihm ist es zu verdanken, dass New York im Jahr 1784 zur Hauptstadt der Vereinigten Staaten gewählt wurde. Sein Porträt ziert die 10-Dollar-Banknoten. Das erfolgreiche und mehrfach ausgezeichnete Musical »Hamilton« von Lin-Manuel Miranda – er schrieb den Text, komponierte die Musik und spielte die Hauptrolle (▶ Das ist New York, S. 13) – erzählt in der Sprache des Hip-Hop die Geschichte dieses »founding father« als eine Geschichte von einem historischen Erfolg gegen alle Widrigkeiten.

Chronist der US-Mittelschicht: Edward Hopper

1882 – 1967
Maler

Die Karriere von Edward Hopper, dessen Atelier sich jahrzehntelang am Washington Square in New York befand, ließ sich zunächst schleppend an. Bis in die 1920er-Jahre war er darauf angewiesen, als Illustrator seinen Lebensunterhalt zu bestreiten. Der Einfluss seines Werks auf die amerikanische Kunst bzw. auf die Ausbildung einer nationalen künstlerischen Identität gilt als bahnbrechend. Wie kein Zweiter beobachtete er seine Umwelt und malte das Leben der Stadt, ihre Straßen und die Vereinsamung der Menschen, geradezu ikonisch in » **Nighthawks«** (1942). Aus seinem Nachlass gingen mehr als

HINTERGRUND
INTERESSANTE MENSCHEN

2000 Ölgemälde, Aquarelle, Zeichnungen, Skizzen und Grafiken an das Whitney Museum of American Art, das 1980 die erste umfassende Retrospektive veranstaltete, die 1981 auch in Deutschland (Düsseldorf) zu sehen war.

Multimillionär und Philanthrop: Archer Huntington

Der in New York geborene Adoptivsohn des Eisenbahnmagnaten Collis P. Huntington wollte schon als Zwölfjähriger ein Museum gründen, und zwar ein Miniaturspanien in Nordamerika. Dieses Ziel verfolgte er mit Begeisterung und Hingabe. 1904 gründete er die **Hispanic Society of America**. Ihr Ziel war die Verbreitung und Erforschung der iberischen Sprache und Kultur. Vier Jahre später nahm die Gesellschaft, halb Museum, halb Bibliothek, ihre Arbeit auf. Einer der spektakulärsten Erfolge war die Entdeckung des »Lichtmalers« aus Valencia, Joaquín Sorolla Y Bastida (1863 – 1923), von dem die Hispanic Society eine große Anzahl Bilder hat. Darüber hinaus sind Werke von Velázquez, El Greco, Goya, Rivera und Murillo, von modernen spanischen Malern sowie archäologische Fundstücke, Goldschmiedearbeiten und islamische Kunst zu sehen.

1870 – 1955
Museumsgründer

Rapper, Musikproduzent und Unternehmer: Jay-Z

Der Rapper Jay-Z hat 100 Millionen Platten verkauft, 21 Mal den begehrten Grammy Award gewonnen und war 13 Mal an erster Stelle der Billboard 200 Charts. Als Shawn Corey Carter wuchs er bei seiner alleinerziehenden Mutter im damaligen Getto Bedford Stuyvesant in Brooklyn auf. Zu seinen Klassenkameraden an der Brooklyner Highschool gehörten die später ebenfalls erfolgreichen Hip-Hopper Notorious BIG und Busta Rhymes. Die Gruppe um BIG, Jay-Z, Busta und auch Künstler wie TuPac Shakur etablierten Brooklyn als Zentrum der Hip-Hop-Kultur. Gemeinsam mit Damon Dash gründete Jay-Z 1969 ein eigenes Plattenlabel, Roc-a-Fella-Records. Sein erstes Album »Reasonable Doubt«, in dessen Songs es viel um das raue Leben auf den Straßen von Brooklyn geht, verkaufte er persönlich aus dem Auto heraus. Es wurde kein kommerzieller Erfolg, brachte ihm aber Anerkennung in der Szene. Die folgenden Alben verkauften sich weit besser. Seit 2002 ist Jay-Z mit der SängerinBeyoncé liiert, gemeinsam führen sie ein stetig wachsendes Unterhaltungs- und Medienunternehmen. Auch mit anderen Projekten war er bislang sehr erfolgreich, so gründete er u. a. eine Modefirma und Roc-a-Fella-Films, kaufte sich in einen US-Basketballclub ein und gründete mit anderen den Musikstreaming-Dienst Tidal. Jay-Z gilt als einer der **kommerziell erfolgreichsten afroamerikanischen Künstler** seiner Zeit.

Geboren
1969
Musiker

HINTERGRUND
INTERESSANTE MENSCHEN

Einer der kommerziell erfolgreichsten afroamerikanischen Künstler seiner Zeit: Jay-Z

Hang zu schrillen Outfits: Lady Gaga

Geboren 1986 Musikerin

Lady Gaga wuchs als Stefani Germanotta, Tochter des Internet-Unternehmers Joe Germanotta, auf der vornehmen Upper East von Manhattan auf. Nach ihrer Schulzeit auf der katholischen Privatschule Sacred Heart studierte sie Kunst und Musik an der New York University und wurde immer mehr Teil der Underground-Musikszene auf der Lower East Side. Dort entwickelte sie sowohl ihren persönlichen Stil als auch ihren Musikstil, der sie mit ihren Alben »The Fame« und »Fame Monster« ab 2008 zum Weltstar machte. Heute ist sie eine der erfolgreichsten Künstlerinnen aller Zeiten und vor allem eine **Stil- ikone**. Ihre exaltierten Outfits und hochinszenierten öffentlichen Auftritte sorgen immer wieder weltweit für Furore.

Große alte Dame der amerikanischen Kunst: Louise Nevelson

1899 – 1988 Künstlerin

Louise Nevelson war neben Georgia O'Keeffe (1887 – 1986) eine der großen alten Damen der amerikanischen Kunst. In Kiew geboren, kam sie im Alter von sechs Jahren mit ihren Eltern nach Rockland, Maine. Von 1929 bis 1931 studierte sie in New York Kunst, Religionswissenschaft und Philosophie. Nach einem Aufenthalt in München bei dem Maler Hans Hofmann war sie von 1932 bis 1938

HINTERGRUND
INTERESSANTE MENSCHEN

Assistentin von Diego Rivera in Mexico City. Ihren eigenen künstlerischen Ausdruck fand sie in den 1950er-Jahren mit Holzskulpturen, die sie aus hölzernen Gebrauchsgegenständen, Tischbeinen, Holzabfällen und Treibholz zusammensetzte und monochrom schwarz, weiß oder golden bemalte. Das **Geheimnisvolle, Totemartige und auch Bedrohliche** dieser oft überlebensgroßen Schreine und Altäre ließen diese rasch in die bedeutenden Museen der Welt Einzug halten. Höhepunkte in Louise Nevelsons Karriere waren der von ihr für den amerikanischen Pavillon auf der Biennale 1962 gestaltete Räume und ihre Arbeiten für die Kasseler Documenta 1964. Ihre Werke zieren zahlreiche Plätze und Gebäude in New York und in ganz Amerika, u. a. auf der Kreuzung von Liberty und William St. sowie Maiden Lane im ▶Financial District in New York, die »Shadows and Flags« (1977), ein Ensemble aus sieben unterschiedlich hohen Eisenskulpturen.

Reporter und Verleger: Adolph S. Ochs

Der Zeitungsverleger Adolph S. Ochs, als Sohn eines deutschjüdischen Einwanderers aus Fürth in Knoxville (Tennessee) geboren, begann seine Karriere im Alter von elf Jahren als Zeitungsausträger in seiner Geburtsstadt und als Setzerlehrling bis 1875. Er ging in das im gleichen Staat gelegene Chattanooga, wo er drei Jahre später, im Alter von 20 Jahren, die dortige Zeitung »Times« kaufte und sie in weiteren vier Jahren zu einem allgemein geachteten Organ machte. Sein großer Schachzug gelang ihm 1896, als er die 45 Jahre zuvor gegründete **»New York Times«**, die sich im erbitterten Konkurrenzkampf der New Yorker Presse nur mit Mühe behaupten konnte, für 75 000 Dollar kaufte und sie bis zu seinem Rückzug ins Privatleben 1933 zur bedeutendsten Zeitung Amerikas entwickelte. Sein Motto für die Zeitung lautete: »All the news that's fit to print« – »Alle Nachrichten, die geeignet sind, gedruckt zu werden«. Die inzwischen zu einem Großkonzern herangewachsene Zeitung mit Buchverlag, Papierfabrik, Zeitschriften, Rundfunk- und Fernsehsendern ist jetzt eine Aktiengesellschaft, wird aber noch von Adolph S. Ochs' Erben geleitet.

1858–1935
Verleger

Revolutionär und Politiker: Carl Schurz

Carl Schurz, wohl der Prominenteste unter denen, die nach der Niederwerfung der deutschen Revolution von 1848 nach Amerika kamen, wurde in Liblar bei Euskirchen geboren und brachte es in Amerika zum Zeitungsverleger, General, Senator, Diplomaten und schließlich »Secretary of the Interior« in der Regierung von Präsident Rutherford B. Hayes von 1877 bis 1881 (der Secretary of the

HINTERGRUND
INTERESSANTE MENSCHEN

Interior, nicht zu verwechseln mit dem deutschen Innenminister, verwaltete u. a. öffentliche Ländereien wie Nationalparks und Indianerreservate). Getreu seiner liberalen Grundhaltung setzte er sich für eine bessere Behandlung von Indianern und Schwarzen ein und bekämpfte alle Exzesse gegen diese Bevölkerungsgruppen. Zugleich war er so etwas wie **das Gewissen der Deutschamerikaner**. Im Wohnzimmer seiner Wohnung in der West 58th Street in New York prangte ein Schild: »Hier wird Deutsch gesprochen.« An ihn erinnern der Carl Schurz Park am East River (86th St.) und ein Denkmal des österreichischen Bildhauers Karl Bitter im Morningside Park.

Einer der mächtigsten Unternehmer der USA: Cornelius Vanderbilt

1794–1877
Reeder und Eisenbahnmagnat

Schon als Zwölfjähriger half Vanderbilt seinem Vater, Passagiere und Gepäck von Staten Island nach New York überzusetzen. Vier Jahre später besaß er sein eigenes Boot, nach acht Jahren war er Geschäftsführer einer Dampferlinie und noch einmal zehn Jahre später gründete er seine eigene Dampfschifffahrtsgesellschaft, mit der er 1849 während des Goldrauschs in Kalifornien Goldgräber nach San Francisco brachte. Schließlich stieg er in den Transatlantikverkehr ein. Als dort jedoch die Konkurrenz zu groß wurde, sattelte er um und betrieb Eisenbahnlinien. 1863 erwarb er seine erste Eisenbahngesellschaft, die New-York-und-Harlem-Eisenbahn, weitere kamen hinzu. Der **»Commodore«**, wie er genannt wurde, hinterließ ein Vermögen von 105 Millionen Dollar, eine damals unvorstellbar große Summe. Sein Sohn William Henry baute das Imperium innerhalb von acht Jahren auf 50 Eisenbahnlinien mit einem Streckennetz von 25 000 km aus. Die Vanderbilts waren die reichste Familie der USA. Cornelius Vanderbilt ist für die einen der Inbegriff des amerikanischen Selfmademan, für die anderen eine Ausgeburt des Kapitalismus, der sein Vermögen durch Betrug, Ausbeutung, Bestechung und gnadenlosen Konkurrenzkampf erwarb – dabei standen ihm seine Konkurrenten jedoch in nichts nach. Auf dem Moravian Cemetery auf Staten Island befindet sich das Familiengrab (www.moraviancemetery.com).

Erfinder der Pop-Art: Andy Warhol

1928–1987
Künstler

Der wohl bekannteste Vertreter der Pop-Art hieß eigentlich Andrew Warhola und war ursprünglich Werbegrafiker. Zu Beginn der 1960er-Jahre malte er seine ersten Bilder, um sich dann mehr und mehr der Siebdrucktechnik zuzuwenden, mit der er verfremdete Fotografien aus Massenmedien reproduzierte und Druckserien herstellte. Als Motive wählte er meist Alltagsgegenstände wie Dollarnoten oder

HINTERGRUND
INTERESSANTE MENSCHEN

Suppendosen (»200 Campbell's Soup«) und Massenidole wie Elvis Presley, Elizabeth Taylor oder Marilyn Monroe (»Marilyn Diptych«). Ziel seiner künstlerischen Tätigkeit war die radikale Integration der Kunst in den mechanischen Arbeitsprozess. Ab 1963 wandte er sich dem Film zu (u. a. »Sleep«, »Blue Movie«, »Flesh«). Erst in den 1970er-Jahren produzierte er wieder Drucke (»Willy Brandt«). Seine Werke schuf er im Kollektiv mit den Mitgliedern seiner Wohn- und Arbeitsgemeinschaft, der **»Factory«**. Mit zunehmendem Bekanntheitsgrad wurde Warhol selbst zum Idol und Gegenstand seiner eigenen Kunst. Neben seinen unbestrittenen künstlerischen Gaben besaß Warhol auch ein großes Talent zur Vermarktung seiner Person; sein Begriff von Kunst ging so weit, dass er die von ihm in großer Zahl erworbenen Gegenstände und Antiquitäten durch den Kaufakt zum Teil seiner eigenen Existenz und somit zur Kunst erklärte.

Der Erfinder des Reiseführers: Karl Baedeker

Als Buchhändler kam Karl Baedeker viel herum, und überall ärgerte er sich über die »Lohnbedienten«, die die Neuankömmlinge gegen Trinkgeld in den erstbesten Gasthof schleppten. Nur: Wie sollte man sonst wissen, wo man übernachten könnte und was es anzuschauen gäbe? In seiner Buchhandlung hatte er zwar Fahrpläne, Reiseberichte und gelehrte Abhandlungen über Kunstsammlungen. Aber wollte man das mit sich herumschleppen? Wie wäre es denn, wenn man all das zusammenfasste? Gedacht, getan: Zwar hatte er sein erstes Reisebuch, die 1832 erschienene »Rheinreise«, noch nicht einmal selbst geschrieben. Aber er entwickelte es von Auflage zu Auflage weiter. Mit der Einteilung in »Allgemein Wissenswertes«, »Praktisches« und »Beschreibung der Merk-(Sehens-)würdigkeiten« fand er die klassische Gliederung des Reiseführers, die bis heute ihre Gültigkeit hat. Bald waren immer mehr Menschen unterwegs mit seinen **»Handbüchlein für Reisende, die sich selbst leicht und schnell zurechtfinden wollen«**. Die Reisenden hatten sich befreit, und sie verdanken es bis heute Karl Baedeker. New York beschreibt er erstmals im 1893 erschienenen Band »Baedeker's Nordamerika«.

1801 – 1859
Verleger

>>
Sowie das Boot im Hafen von New York weiter vorrückt, entfaltet sich ein prächtiges Bild. Zahllose Dampf- und Segelschiffe beleben das Wasser, unter denen namentlich die riesigen Dampffähren mit ihren hoch über dem Deck arbeitenden Balanciers auffallen.
<<

Baedeker's Nordamerika, 1. Auflage 1893

E
ERLEBEN & GENIESSEN

Überraschend, stimulierend, bereichernd

Mit unseren Ideen erleben und
genießen Sie New York.

Viel los in New Yorks größter Rooftop-Bar unter freiem Himmel, der 230 Fitfh ▶

ERLEBEN & GENIESSEN
AUSGEHEN

AUSGEHEN

Bis in die Morgenstunden in einem Harlemer Klub einem Jazz-Quartett bei seinem Jam lauschen? In einem Brooklyner Klub zu Elektrobeats die Nacht durchtanzen? Oder doch lieber in einem Off-Broadway-Theater ein Avantgarde-Stück sehen und danach in einer schummrigen Spelunke auf der Lower East Side versacken?

Welthauptstadt des Nachtlebens

Das New Yorker Nachtleben ist so vielseitig wie die Stadt selbst. Das Angebot ist riesig: Musikevents, Rock-, Pop-, Latinkonzerte, in Hallen oder Open Air, Jazzklubs, Musikpubs oder Comedyshows, Kinopremieren oder ausländische Filme mit Untertiteln, Broadwayshows, Klubs, Tanz- oder Studiotheater. Es reicht von der großartigen, über Satellit in die ganze Welt übertragenen Show bis zum Varieté in einem intimen Klub im Village.

New Yorks wahres **Nachtleben** ereignet sich **unter der Woche**. Das Wochenende gehört den sogenannten »Bridge and Tunnel People« aus den Vorstädten New Jersey und Long Island, die über Tunnel und Brücken anreisen, oder aber jenen Besuchern, die noch an ein »Saturday Night Fever« glauben.

Programmüberblick

Einen Überblick verschafft man sich am besten bei der »New York Times« (www.nytimes.com), dem »New York Magazine« (www.nymag.com) oder im wöchentlich erscheinenden »Time Out New York« (www.timeout.com/newyork), das man an jedem Kiosk kaufen kann. Die alternative Wochenzeitung »Village Voice« (www.villagevoice.com) hat das Ohr am Trend, vor allem, wenn es um moderne Musik geht. »Gay City News« informieren über die Schwulen- und Lesbenszene. Eine Liste der aktuellen Theaterstücke und Broadwayshows findet man unter www.broadway.com, www.ilovenytheater.com und www.theatermania.com.

Im Internet informieren außerdem www.newyork.de und www.nycgo.com. Eine interessante Vorauswahl trifft dienstags www.flavorpill.com. Weitere Infos: Jazz Line: Tel. 1 212 4 79 78 88, www.thejazzline.com, Concert Hotline: Tel. 1 212 7 77 12 24, www.broadwayonline.com, www.broadway.org, www.broadway.com und www.nytheatre.com.

Klubs, Discos & Bars

Die Programme der Klubs variieren. Es gibt Musik, live oder gemixt von DJs, Theater, Kabarett und bisweilen auch Dichterlesungen. Die Geschäftsbedingungen (Eintrittspreise, Kosten pro Gedeck, Reservierungsmodus, Programmzeiten etc.) sind von Programm zu Programm verschieden. Eine (sehr grobe) Faustregel ist: Bei einem Programm mit bekannten Stars muss der Gast zwischen 30 und 120 $ (oder mehr) zahlen, ein Drink kostet ab 6,50 $. Die Auftritte begin-

ERLEBEN & GENIESSEN
AUSGEHEN

MARIE'S CRISIS CAFE

Ein echtes New-York-Erlebnis ist ein Abend in der mehr als 100 Jahre alten Schwulenbar in der Nähe der Christopher Street im Village. Ein bunt gemischtes Publikum trifft sich hier allabendlich, um sich zu billigen Drinks rund um das Klavier zu versammeln und in Broadway-Melodien mit einzustimmen (59 Grove St., www. mariescrisis.us/).

nen selten vor 21 oder 22 Uhr, zu den Ausnahmen gehören die Mittags-Brunch-Sessions der Jazzklubs an Wochenenden. Discos öffnen zwar schon gegen Mitternacht, doch erst am frühen Morgen geht dort die Post so richtig ab. Informationen zu einzelnen Klubs und Bars erhält man unter www.clubplanet.com. Hier gibt es außerdem Links zu den Seiten der jeweiligen Etablissements, auf denen auch oft Vergünstigungen – in Form von Coupons, die man ausdrucken muss – angeboten werden.

Das junge Nachtleben spielt sich vorwiegend unterhalb der 14. Straße in Downtown ab. Die angesagten Rock- und Jazzklubs liegen im East Village und auf der Lower East Side. Im Meatpacking District rund um die Gansevoort Street tummeln sich hingegen Angestellte aus der Finanzwelt und Yuppies sowie deren Groupies in Edelklubs wie dem Cielo. Das ist sicherlich nicht jedermans Geschmack. Die vorderste Front der Coolness hat sich allerdings schon seit Ende der 1990er-Jahre über den East River nach Brooklyn verlagert. Das In-Viertel ist heute **Williamsburg** mit seinen Musikklubs, Kneipen und Trendshops entlang der Bedford Avenue und zum Fluss hin. Aber auch in Bushwick oder Red Hook wohnt heute die junge Elite, die kulturell den Ton in New York angibt.

Landkarte der Unterhaltung

Theater, Musik, Ballett und Kino

Mit rund 250 Theatern, zwei Opernhäusern, Orchestern, Ballett- und Tanzensembles sowie einem zum Bersten gefüllten Veranstaltungskalender ist New York die Welthauptstadt der Unterhaltung (▶ Das ist New York, S. 10). Es gibt knapp 40 Broadway-, 20 Off- und über 200 Off-Off-Broadway-Theater. Die aufwendigen Musicals beherrschen die Theater am Broadway zwischen der 41. und 53. Straße. Die Off- und Off-Off-Broadway-Bühnen finden sich eher in Midtown oder im

ERLEBEN & GENIESSEN
AUGEHEN

Village. Das Schwierigste am Besuch einer Broadway-Show ist die Auswahl. Hilfreich ist u. U. ein Blick auf die Gewinner des Tony Awards, des angesehensten Preises der Branche (www.broadway.com).

Oper, Ballett
Die »Grand Opera« ist in der Metropolitan Opera, kurz Met, zu Hause. Sie ist Teil des Lincoln Center (▶ Sehenswürdigkeiten, Lincoln Center for the Performing Arts). Darüber hinaus gibt es eigentlich nur noch die New York City Opera (www.nycopera.com).
Ballettfreunden bietet New York eine wohl einmalige Auswahl. Der Mittelpunkt ist das Lincoln Center, wo von November bis Februar und von Ende April bis Anfang Juni das New York City Ballet im New York State Theater und das American Ballet Theater am Metropolitan Opera House auftreten. Neben den eigenen großen und kleineren Ensembles der Stadt gastieren regelmäßig Kompanien aus allen Teilen der Vereinigten Staaten und der Welt.

Konzerte
In der Hauptsaison, von Oktober bis April, werden in New York Woche um Woche ungeheuer viele musikalische Veranstaltungen geboten. Zu den viermal wöchentlich (Di., Do., Fr., Sa.) stattfindenden Konzerten der New Yorker Philharmoniker in der David Geffen Hall (▶ Lincoln Center for the Performing Arts) kommen Gastspiele in- und ausländischer Orchester, Chorkonzerte, Kammermusik, Liederabende, Jazz- und Rockkonzerte.
In vielen New Yorker Kirchen ist, vor allem in der Weihnachts- und Osterzeit (aber keineswegs nur dann), sakrale Musik zu hören. Ein besonderer Tipp: In der Weihnachtssaison hören sich New Yorker gerne Händels »Messias« an, am liebsten in der Trinity Church an der Wall Street, wo das Oratorium jährlich und ohne Unterbrechung seit 1770 vom hervorragenden Chor der Kirche vorgetragen wird.

Open Rehearsals
Kostenlose Konzerte und Opernvorstellungen werden in den Sommermonaten von den New Yorker Philharmonikern und der Metropolitan Opera im Central Park sowie in Parks der anderen vier Boroughs New Yorks gegeben (Information: Tel. 1 212 3 60 34 56, Kartenverkauf ▶ Vorverkaufsstellen, S. 280).

Kino
New Yorker lieben ihre riesigen Kinos mit den überdimensionalen Popcornpackungen und Cola in Litereimern – Filmliebhaber finden aber auch Nischenhäuser, die Klassiker und europäische Filme im Original zeigen. Tickets kosten meist ab 12 $, für 3-D-Blockbuster werden ein paar Dollar mehr berechnet. Die größten Innenstadtkinos liegen in der Gegend des Times Square, in der Nähe des Lincoln Center, am Union Square und an der 125. Straße in Harlem. Etwas kleine-

Stars der Jazzszene wie Chris Potter vom Francisco Mela Quintett live erleben kann man beim alljährlichen Blue Note Jazz Festival.

ERLEBEN & GENIESSEN
AUSGEHEN

re Kinos gibt es überall in der Stadt. Berühmte Programmkinos mit Retrospektiven und Independent-Filmen sind das Film Forum und das Angelika sowie das IFC Center im Village. Im Nighthawks in Williamsburg darf man sogar alkoholische Drinks mit ins Kino nehmen.

Vorverkaufsstellen

Karten kann man bei den entsprechenden Häusern direkt oder im Hotel kaufen (Letzteres kostet ca. 20 % Provision). Da populäre Shows oft auf Monate hinaus ausverkauft sein können, empfiehlt es sich, Karten schon vor der Reise zu bestellen: telefonisch, beim Reisebüro, beim Theater selbst oder (gegen Gebühr) bei Telefonagenturen (nur mit Kreditkarte, dabei müssen die Kartennummer und die Gültigkeitsdauer, »expiry date/valid thru«, angegeben werden).

Am billigsten ist es, wenn man am Tag der Vorstellung (außer in der Vorweihnachtszeit oder am Wochenende) direkt beim gewünschten Theater anruft und nach Restkarten fragt. Auf alle Fälle sind Tickets für Matineen und Previews billiger als Karten für reguläre Abendvorstellungen. Am Tag der Aufführung gibt es bei TKTS verbilligte Restkarten, bezahlbar nur in bar oder per Reisescheck. Jedoch handelt es sich bei diesen Karten in der Regel um die teuersten Tickets für eine Show; fraglich ist also, ob man dabei ein Schnäppchen macht.

TKTS am Times Square, 1564 Broadway, Mo., Fr. 15–20, Di. 14–20, Mi., Do., Sa. 10–14, 15–20, So. 11–19 Uhr

Das Angel's Share ist gut versteckt in einem japanischen Restaurant – hier gibt es die besten Cocktails der Stadt.

ERLEBEN & GENIESSEN
AUSGEHEN

AUSGEHEN · EINIGE ADRESSEN

❶ etc. ▶ **Innenstadtpläne S. 294–297**
Ohne Nr.: außerhalb der Pläne
Trinkgeld ▶ S. 362

BARS UND KNEIPEN

❶ 230 FIFTH
Fast greifbar nah scheint das Empire State Building vom 20. Stock der riesigen Rooftopbar. Für diesen Ausblick nimmt man auch die überteuerten Drinks in Kauf. Angemessene Kleidung erwünscht.
230 Fifth Ave./27th St.
20. Stock
Tel. 1 212 6 77 22 90
www.230-fifth.com
Subway: 6, N, R, W bis 28th St.
Mo. – Fr. 12–2, Sa., So. 12–4 Uhr

❷ THE EAR INN
Als die Bar 1830 eröffnete, schwankten die Seeleute vom Hudson ein und aus. Die Meeresdeko ist geblieben, heute pilgern jedoch eher New Yorks Businessleute und Hipster after work ins »Ohr«. Bunt gemischtes Publikum, lässige Atmosphäre.
326 Spring St./Greenwich St.
Tel. 1 212 4 31 97 50
www.earinn.com
Subway: C, E bis Spring St., 1 bis Houston St.
Tgl. 12–4 Uhr

VINTRY WINE AND WHISKEY
Wände und Decke der kerzenbeleuchteten Bar sind so bronzefarben wie guter Whiskey. Die Broker der Börse kehren hier ein und wählen fachkundig eine der 200 Scotch-Sorten. Die Weinauswahl ist mit fast 500 Flaschen allerdings noch viel beeindruckender.
57 Stone St./William St.
Tel. 1 212 4 80 98 00
www.vintrynyc.com
Subway: 2, 3 bis Wall St.
So. 16–1, Mo. – Mi. 11.30–2,
Do. – Fr. 11.30–4, Sa. 12–4, So. 12–1 Uhr

COCKTAILS

❸ ANGEL'S SHARE
New Yorker lieben Geheimbars, auch wenn sie natürlich nie lange geheim bleiben. Angel's Share ist gut versteckt in einem japanischen Restaurant – hinter einer Tür ohne Hinweis. Wer's gefunden hat, freut sich auf die besten Cocktails der Stadt. Am besten direkt einen Platz am großen Fenster sichern. Nicht verschreibungspflichtig!
8 Stuyvesant St./Ninth St.
1. Stock
Subway: 6 bis Astor Pl., N, R, W bis Eighth St.
Tel. 1 212 7 77 54 15
Mo. – Do. 18–1.30, Fr. – So. 18 bis 2.30 Uhr

❹ APOTHÉKE
Einen schlechten Tag gehabt? Ausgelaugt? Mixologist Nicolas O'Connor kennt garantiert ein gutes Rezept aus mehreren Alkoholen und Kräutern als »Stress Reliever«, «Pain Killer« oder «Aphrodisiac«. Am Ende brummt der Kopf und man hat alle Sorgen vergessen.
9 Doyers St./Bowery St.
Tel. 1 212 4 06 04 00
www.apothekenyc.com
Subway: 6, J, M, N, Q, R, W, Z bis Canal St.
Mo. – Sa. 18.30–2, So. 20–2 Uhr

❺ FLATIRON LOUNGE
Kleine Zeitreise gefällig? Art-déco-Design, Jazz und Cocktails wie Beijing Pitch (Jasmin-Wodka, weißes Pfirsichpüree) lassen die 1920er-Jahre wiederaufleben. Die 10 m lange Mahagoni-Bar stammt aus »The Ballroom«, in dem Frank Sinatra oft die Nacht durchfeierte.

ERLEBEN & GENIESSEN
AUSGEHEN

37 West 19th St., zwischen Fifth
und Sixth Ave.
Tel. 1 212 7 27 77 41
www.flatironlounge.com
Subway: F, N, R bis 23rd St.
Mo. - Mi. 16-2, Do. 16-3, Fr. 17-4,
So. 17-2 Uhr

DISKOTHEKEN

❻ BEAUTY BAR
Friseurstühle, 1950er-Jahre-Trockenhauben und Maniküre-Tischchen: Die Tanzbar war einmal ein Schönheitssalon und ist es eigentlich immer noch. Täglich kann man sich bis 23 Uhr die Nägel machen lassen und dazu einen Martini schlürfen – beides für 10 $. Danach geht es auf die Tanzfläche. Oldies und Rock sind hier hip.
231 East 14th St./Second Ave.
www.thebeautybar.com
Subway: 4, 5, 6, L, N, Q, R, W bis
14th St./Union Sq.
Mo. - Fr. 17-4, Sa., So. 19-4 Uhr

❼ CIELO
Wer es am dunkelroten Samtvorhang (und den bulligen Türstehern) vorbeischafft, darf sich richtig wichtig fühlen. Hier tanzen New Yorks Szenegänger unter der großen Discokugel zu den Beats europäischer DJs. Eine VIP-Zone gibt es nicht, wer drin ist, feiert mit den Stars und Models.
18 Little West Twelfth St./
Ninth Ave.
Tel. 1 212 6 45 57 00
www.cieloclub.com
Subway: A, C, E bis 14th St.
Mo., Mi. - Sa. 22-4 Uhr

❽ THE DELANCEY
Hier kann man sich auf drei Stockwerken austoben – und das ganz ohne die nervige Warterei vor dem Eingang. Rock und Disco auf der Haupttanzfläche, Punk im Keller und Loungeklänge auf der Dachterrasse. Im Sommer gibt es dort BBQs.
168 Delancey St./Clinton St.
www.thedelancey.com
Subway: F bis Delancey St.
Tgl. 17-4 Uhr

❾ WEBSTER HALL
Der Megaklub mit fünf Tanzflächen, sechs Lounges und vier Stockwerken ist bereits Legende. Seit 20 Jahren schwingen hier Tanzwütige zu Hip-Hop, Trance und Elektro die Hüfte.
125 East Eleventh St./Third Ave.
Tel. 1 212 3 53 16 00
www.websterhall.com
Subway: 4, 5, 6, L, N, Q, R, W bis
14th St./Union Sq.
Do. - Sa. 22-5 Uhr

KONZERTE UND OPER

BROOKLYN ACADEMY OF MUSIC (BAM)
Na gut, das BAM ist in Brooklyn und damit eine kleine Reise entfernt – die sich aber lohnt. Im siebenstöckigen Beaux-Arts-Gebäude gibt es Oper, Ballett und Klassik. Das BAM-Café ist bekannt für Livemusik-Events.
30 Lafayette Ave./Ashland Pl.,
Brooklyn, www.bam.org
Subway: D, M, N, R bis Atlantic
Ave./Pacific St., 2, 3, 4, 5, B, Q bis
Atlantic Ave.

❿ CARNEGIE HALL
Seit Tschaikowsky 1891 hier persönlich das Eröffnungskonzert dirigiert hat, gilt die Carnegie Hall als eine der berühmtesten Konzerthallen der Welt.
154 West 57th St./Seventh Ave.
www.carnegiehall.org
Subway: F bis 57th St., N, Q, R, W
bis 57th St.
Karten zw. 20 und 220 $

⓫ LINCOLN CENTER FOR THE PERFORMING ARTS
Das neue Lincoln Center ist nicht nur kulturelles, sondern jetzt auch architektonisches Aushängeschild New Yorks. Seit der weitgreifenden Mo-

ERLEBEN & GENIESSEN
AUSGEHEN

dernisierung von Diller Scofidio & Renfro im Jahr 2010 kann man auf einem Grasdach sitzen, über den Platz flanieren und natürlich viel Musik, Oper und Ballett erleben. In diesem Komplex befinden sich unter anderem die Alice Tully Hall, die Metropolitan Opera, das New York City Ballet und die New York Philharmonics.
Columbus Ave./64th St.
www.lincolncenter.org
Subway: 1 bis 66th

⓫ METROPOLITAN OPERA
Jede große Operndiva stand auf dieser Bühne: von Maria Callas über Beverly Sills bis zu Anna Netrebko. Seit 2006 mischt der modern eingestellte Direktor des Hauses, Peter Gelb, das etwas konservative Programm auf.
Columbus Ave./64th St., Lincoln Center
Tel. 1 212 3 62 60 00
www.metoperafamily.org
Karten zw. 25 und 300 $

⓫ NEW YORK CITY BALLET
Das Programm reicht von Nussknacker über Schwanensee bis hin zu avantgardistischen Produktionen. Tipp: Die Matinees sind am günstigsten. Oper fürs Volk.
Broadway/62nd St., Lincoln Center
www.nycballet.com
Karten ab 20 $

⓫ NEW YORK PHILHARMONICS
Der energiegeladene Musikdirektor Alan Gilbert bringt frischen Wind in die Philharmonie – die New Yorker lieben ihn dafür.
Broadway/62nd. St., Lincoln Center
www.nyphil. org
Karten zw. 20 und 100 $

LIVEMUSIK

⓬ BLUE NOTE
Wenn das erstklassige Programm nicht wäre, müsste man das Blue Note als Abzocke bezeichnen. Aber hier spielt nun mal die Elite und dafür zahlt man horrende Preise für die Drinks, steht Schlange und lässt sich direkt nach dem letzten Ton rausschmeißen.
131 West Third St./MacDougal St.
Tel. 1 212 4 75 85 92
www.bluenote.net
Subway: A, B, C, D, E, F, V bis West Fourth St.
So. 12.30-14.30, So. – Do. 18-1, Fr./Sa. 18-3 Uhr
Karten zw. 10 und 80 $

⓭ CITY WINERY
Die Knitting Factory zog nach Brooklyn, ihr Macher Michael Dorf wollte aber weiter in Tribeca für Livemusik sorgen. Die Winery ist herrlich entspannt und hat von Akustik-Pop über Klezmer bis zu Rock und Pop alles im Repertoire (sie ist zugleich Weinhandlung).
155 Varick St./Vandam St.
Tel. 1 212 6 08 05 55
www.citywinery.com
Subway: 1 bis Houston St., C, E bis Spring St.
Mo. – Fr. 11.30-15, 17-1, Sa. 17-1, So. 11-14, 17-1 Uhr
Karten ab 10 $

KNITTING FACTORY
Lange eine Institution in Tribeca, zog die Knitting Factory 2009 nach Williamsburg um. Dem breiten Musikprogramm hat das nicht geschadet.
361 Metropolitan Ave./Havemeyer St., Brooklyn, Tel. 1 347 5 29 66 96
www.knittingfactory.com
Subway: L bis Bedford Ave.
Mo. – Sa. 17-4, So. 12-4 Uhr
Karten zw. 4 und 30 $

HARLEM-JAZZ

Harlem ist neben New Orleans die Wiege des Jazz in den USA. Von Billie Holiday über Duke Ellington, Louis Armstrong, Ella Fitzgerald, Charlie

ERLEBEN & GENIESSEN
AUSGEHEN

Parker bis Miles Davis haben alle großen Namen des Jazz einmal hier gespielt und gelebt. Seit der Wiedergeburt Harlems in den vergangenen 20 Jahren lebt auch der Jazz hier wieder auf – in wieder eröffneten Traditionsclubs wie dem Minton's, Jazz-Speakeasys wie dem Gin Fizz oder neuen eleganten Clubs wie dem Ginny's,
▶ Baedeker Wissen S. 146.

GINNY'S SUPPER CLUB
Die bezahlbaren Tickets fangen bei 10 Dollar an. Meist verwandelt sich nach dem letzten Live-Act die elegante Kellerbar in einen Tanzklub. Im Keller des Restaurants Red Rooster
310 Lenox Ave./126th St., Harlem
Tel. 1 212 4 21 38 21
www.ginnyssuperclub.com
Subway: 125 St.

MINTON'S PLAYHOUSE
Im Mintons haben sich in den 1940er-50er-Jahre Miles Davis und Charlie Parker einige ihrer legendären Sessions geliefert. Ein liebevoll restauriertes Wandgemälde im intimen Club kündet noch von diesen Zeiten. Vor fünf Jahren eröffnete das Minton's wieder als eleganter aber nicht ganz billiger Dinner-Club.
206 West 118th St.
www.mintonsharlem.com
Subway: 116th St.; Fr., Sa. 18 – 24, Mi., Do. bis 23, So. 14 – 22 Uhr mit Jazzbrunch.

BRASILIANISCHE KLÄNGE

⓮ SOB'S
SoB's steht für Sounds of Brazil. Hinzu kommt Livemusik aus Afrika, der Karibik oder Mittelamerika. Die Stimmung wird im Laufe des Abends lateinamerikanisch ausgelassen. Ist eigentlich ein Restaurant – sobald die Bands anfangen und alle tanzen, sollte man jedoch aufgegessen haben.
200 Varick St./West Houston St.
Tel. 1 212 2 43 49 40
www.sobs.com
Subway: 1 bis Houston St.
Mo. – Do. (Zeiten hängen von den Shows ab), Fr. 17–4, Sa. 6.30–4, So. 12–4 Uhr; Eintritt 15 – 35 $

JAZZ-GRÖSSEN

⓯ BIRDLAND
Im alten Klub der Jazz-Legende Charlie Parker treten internationale Spitzenleute auf.
315 West 44th St.
www.birdlandjazz.com
Tgl. 17–1 Uhr, Eintritt 20 - 50 $
Subway: 42nd St.
Karten 20 bis 50 $

⓫ JAZZ AT LINCOLN CENTER
Die erste große Konzertbühne für Jazz in den USA, gemanagt durch die New Orleanser Trompeterlegende Wynton Marsalis. Hier treten ausschließlich Spitzenkräfte auf, das hat allerdings seinen Preis: Die Karten kosten 45 bis 75 $. Etwas günstiger ist es in dem angeschlossenen Dizzy's Coca Cola Club, wo man schon ab 20 $ Karten bekommt. Die Mitternachtssession ist dann umsonst, entsprechend schwer ist es oft hereinzukommen.
Broadway/Ecke 60th St.
Tel. 1 212 7 21 65 00
www.jalc.org
U-Bahn: Columbus Circle, Linie A, C, E, F, B D

JUNGE SZENE

Die junge Generation an Pop und Rockmusikern verteilt sich auf die Szeneviertel Lower East Side und Williamsburg (Brooklyn).

⓰ MERCURY LOUNGE
217 East Houston St., Lower East Side, Tel. 1 212 2 60 47 00
www.mercurylounge.com
Subway: F bis 2nd Ave.

ERLEBEN & GENIESSEN
AUSGEHEN

Der Jazzgitarrist Kevin Eubanks im Birdland

⓱ ARLENE'S GROCERY
95 Stanton St., Lower East Side
Tel. 1 212 3 58 16 33
www.arlenesgrocery.net
Subway: F bis 2nd Ave.

LIVING ROOM
134 Metropolitan Ave., Brooklyn
Tel. 1 718 7 82 66 00
www.livingroomny.com
Subway: L bis Bedford St.

MUSIC HALL OF WILLIAMSBURG
66 North 6th St., Brooklyn, Williamsburg
Tel. 1 718 4 86 54 00
www.musichallofwilliamsburg.com
Subway: L bis Bedford St.
▶ Das ist New York S. 26

KAMMERMUSIK AM FLUSS

BARGEMUSIC
Die ehemalige Konzertviolinistin Olga Bloom hat sich mit Bargemusic einen Traum erfüllt. Sie lädt auf den alten Kahn im East River, den sie sich gekauft hat, regelmäßig Kollegen ein, um Kammermusik zu machen. Ein unvergessliches Erlebnis auf einem schwimmenden Konzertsaal mit einem grandiosen Ausblick auf die Skyline von Manhattan im Hintergrund.
Fulton Ferry Landing, Brooklyn
Tel. 1 718 6 24 49 24
www.bargemusic.org
Subway: A, C zur High St.

BUNTER MIX

THE BELL HOUSE
Das umgewandelte 1920er-Jahre

ERLEBEN & GENIESSEN
AUSGEHEN

Lagerhaus ist eine der beliebtesten Bühnen im angesagten Brooklyn. Das Programm ist bunt gemischt, von Avantgarde-Musik über Tanzpartys bis hin zu Karaoke-Abenden.
149 7th St.
Brooklyn
Tel. 1 718 6 43 65 10
www.bellhouseny.com
Subway: F, G 4th Ave.

THEATER · OFF-BROADWAY

⓲ PUBLIC THEATER
Im Public Theater, das einst als Shakespeare Workshop im East Village gegründet wurde, werden einige der interessantesten und originellsten Theater-Produktionen aufgeführt. Im angeschlossenen Joe's Pub spielen jeden Abend in intimer Atmosphäre Liedermacher, Blues-Sänger und Chansonniers.
425 Lafayette St.
East Village
Tel. 1 212 5 39 85 00
www.publictheater.org
Subway: 6 bis Astor Place

ST. ANN'S WAREHOUSE
Zentrum für experimentelles und Avantgarde-Theater direkt unter der Brooklyn Bridge in Brooklyn.
45 Water St., Brooklyn
Tel. 1 718 2 54 87 79
www.stannswarehouse.org
Subway: F bis York St.

TANZTHEATER

⓳ JOYCE
Ein privates Theater, in dem die besten Tanzgruppen auftreten – zu normalen Preisen.
175 Eighth Ave./19th St.
Tel. 1 212 2 42 08 00
www.joyce.org
Subway: A, C, E bis 14th St., 1 bis 18th St.
Karten ab 20 $

VERRUCHTES VARIETÉ

⓴ THE BOX
Das Projekt von Simon Hammerstein spielt mit Varieté, Burleske und viel Erotik. Am Ende der Nacht tanzen die Gäste meist selbst auf den Tischen und der Balustrade im New-Orleans-Stil. Unbedingt reservieren.
189 Chrystie St./Rivington St.
Tel. 1 212 9 82 93 01
www.theboxnyc.com
Subway: F, V bis Second Ave., J, M, Z bis Bowery
Di. – Sa. 23–4 Uhr

SCHWUL UND LESBISCH

㉑ BOOTS AND SADDLE
Drag Shows, lesbische Tanzpartys und mehr.
100A 7th Ave.
www.bootsandsaddlenyc.com
Subway: West 4 St., Washington Square Station, tgl. 16–4 Uhr

㉒ STONE WALL INN
Die Schwulen-Kneipe an der Christopher Street, in der alles begann.
53 Christopher St.
www.thestonewallinn.com
Subway: Christopher St.

㉓ DRAGQUEENS – LUCKY CHENG'S
Dinner und Drinks werden von Dragqueens serviert, nach 20 Uhr treten die Asian Dragdolls auf und Karaoke gibt es auch – langweilig wird es also nie.
605 West 48th St.
Tel. 1 212 9 95 55 00
www.luckychengsnewyork.com
Subway: West 49th St./11th Ave.

KINOS

㉔ AMC LOEWS
In diesem IMAX-3-D-Cinema ist alles überdimensional: Rolltreppen, Leinwände, Sitze und Preise.
Lincoln Square 13, 1998

Broadway/68th St., Upper West Side
www.amcentertainment.com
Subway: 1 bis 66th St.
Tickets online: www.fandango.com oder www.moviefone.com

25 ANGELIKA FILM CENTER
Im Vorraum des Kinos kann man nett Kaffee trinken, bevor es in einen der sechs Säle geht. Anspruchsvolles Programm an Independent-Filmen.
18 West Houston St., Greenwich Village
Tel. 1 212 9 95 20 00
www.angelikafilmcenter.com
Subway: B, D, F, M bis Broadway/Lafayette

26 FILM FORUM
Das berühmteste Programmkino von New York mit thematischen, interessanten Retrospektiven, Kultklassikern und vor allem Treffpunkt der New Yorker Hardcore-Cineasten. Woody Allen hat dem Kino eine Hommage gewidmet, als er in seinem Film »Annie Hall« hier eine Szene gedreht hat.
209 West Houston St., Greenwich Village
Tel. 1 212 7 27 81 12
www.filmforum.org
Subway: Houston St.

27 IFC CENTER
Am Waverly Place laufen vorwiegend Indies und Dokumentationen.
323 Sixth Ave., Greenwich Village
Tel. 1 212 9 24 77 71
www.ifccenter.com
Subway: West Fourth St.

28 PARIS THEATRE
Es gibt nur einen Saal, dafür ist er mit roten Samtsitzen und Balkon herrlich pompös. Hier läuft keine Werbung und das Popcorn schmeckt wie hausgemacht.
4 West 58th St., Midtown
Tel. 1 212 6 88 38 00
www.theparistheatre.com
Subway: Fifth Ave.

NIGHTHAWK CINEMA WILLIAMSBURG
136 Metropolitan Avenie, Brooklyn
Tel. 1 718 7 82 83 70
www.nighthawkcinema.com
Subway: L bis Bedford Ave.

ESSEN UND TRINKEN

Von den Straßen Haifas bis zu den weiß gedeckten Tafeln von Paris sind es in New York nur wenige Meter. Wenn sie vom Tisch des Balaboosh aufstehen, einem kleinen Lokal mit nur wenigen Tischen, in denen die Israelin Einat Admony die Rezepte ihrer Vorfahren kocht, muss man nur ein paar Straßen zum Eleven Madison laufen, wo Starkoch Daniel Humm Fünf-Gänge-Menüs im gehobenen französischen Stil kocht.

Die Vielfalt der New Yorker Küche ist schier grenzenlos. Über 23 000 Restaurants sprechen eine deutliche Sprache. Auch weil sich während der vergangenen Jahrhunderte unzählige Einwanderer aus aller Welt in der Stadt niederließen und ihre kulturelle Eigenständigkeit

Spitzengastronomie und Weltküche

ERLEBEN & GENIESSEN
ESSEN UND TRINKEN

Sylvia, die Queen of Soulfood in Harlem, ist unbedingt einen Ausflug wert.

bewahrten, entstand eine bunte Restaurantszene, die selbst den ausgefallensten Geschmack bedient. Der sprichwörtlich hohe Anspruch des New Yorker Publikums setzte dieser Vielfalt eine Qualität hinzu, die ihresgleichen sucht. Viele behaupten, dass nicht einmal die Pariser Restaurantszene mit der New Yorker mithalten kann.

In den Gourmettempeln regieren Jahrhundertköche wie Jean Georges Vongerichten und Daniel Bouloud. Gleichzeitig haben eine ganze Riege junger kreativer Köche sich ihre eigenen Imperien aufgebaut, darunter der japanische Sushi-Meister Nobu Matsuhisa, David Chang mit seiner Fusion-Kette Momofuku, der deftige Italiener Mario Batali oder der schwedisch-äthiopische Koch Marcus Samuelson mit seinem Red Rooster in Harlem.

Verschiedene Trends

In den vielen ethnischen Restaurants der Stadt bekommt man alles, wofür man sonst in ferne und exotische Länder reisen müsste – von den westafrikanischen Restaurants in Harlem bis zu den kolumbianischen Lokalen in Jackson Heights. Sogar die preiswerten Imbisswagen schaffen es bereits auf die Seiten der Food Magazines – auch hier treibt der Wettbewerb die Qualität an.

New York ist ein Mekka für Feinschmecker. Dabei muss man für eine gute Mahlzeit nicht einmal ein Vermögen ausgeben. Die Finanzkrise hat auch den überhitzten Restaurantmarkt abgekühlt. Die Zeiten, in

ERLEBEN & GENIESSEN
ESSEN UND TRINKEN

denen 500-Dollar-Dinners im Spesenbudget enthalten waren, sind vorbei. Die Lokale haben sich angepasst. Im Trend sind Ableger der Sterne-Lokale, wo man preiswerter und leger die Kunst der Top-Köche genießen kann, so etwa das Streetbird, Ableger des Red Rooster von Marcus Samuelson, das Nomad, Ableger des 11 Madison, oder das Lupa von Mario Batali.

Natürlich gibt es auch so etwas wie die New Yorker Küche. Vieles, was als speziell New Yorkerisch gilt, entstammt allerdings der jüdischen Küche, so etwa Knishes (frittierte Teigtaschen mit einer Art Kartoffelbrei-Füllung), Pretzels aus Hefeteig oder Bagels (runde Sauerteigbrötchen mit einem Loch in der Mitte), die meist mit Frischkäse, Cream Cheese, Marmelade oder Räucherlachs gegessen werden. Auch der New Yorker Cheese Cake (Käsekuchen mit Erdbeersoße) wird nach einem jüdischen Rezept hergestellt, mit Crème fraîche und Schichtkäse.

New Yorker Küche

Alteingesessene **New Yorker Institutionen** sind etwa das Second Avenue Deli mit jüdischen Spezialitäten, das Katz's mit seinem berühmten Pastrami-Sandwich, Nathan's Hot-Dog-Stand auf Coney Island, der erste Hot-Dog-Stand Amerikas, oder die Absolute Bagels auf der Upper West Side.

Weil New Yorker Restaurants oft nur eine kurze Lebensdauer haben und über Nacht von der Bildfläche verschwinden können, ist es ratsam, eine Empfehlung im Internet zu überprüfen, am besten unter www.nymag.com. Den »Critic's Picks« der Seite kann man eigentlich grundsätzlich vertrauen. Die oft sehr unterhaltsamen Restaurant-Kritiken der »New York Times« findet man unter www.nytimes.com. Preiswerte Restaurants werden unter www.villagevoice.com aufgelistet. Der bekannteste und im Buchhandel erhältliche Restaurant-Führer heißt »Zagat New York City«. Tipps und Beurteilungen des Restaurant-Führers erhält man auch unter www.zagat.com. Immer auf der Höhe des kulinarischen Geschehens ist Food-Experte Brian Hoffman unter www.eatthisny.com. Als unerschöpfliche Quelle für Feinschmecker erweist sich auch das Forum www.chowhound.com. Wer kurzfristig eine Dinner-Reservierung sucht, kann auf www.opentable.com nachschauen und direkt buchen.

Restaurantempfehlungen

Die Liebe zum feinen **Kaffee** hat die Manhattanites erst Ende des 20. Jh.s erwischt, doch dafür umso heftiger. Ketten wie »Starbucks« machten den Anfang und gelten heute in den USA als »Second Wave« – nach der ersten Welle des dünnen amerikanischen Filterkaffees. Starbucks gibt es zwar noch immer an jeder Ecke, den besseren Kaffee bekommt man jedoch in unabhängigen Shops der »Third Wave« wie etwa bei Jack's Stir Brew im Village oder bei den Stumptown Roasters im Ace Hotel an der 29th Street.

Getränke

TYPISCHE GERICHTE

Eine »New Yorker Küche« gibt es eigentlich nicht, dafür vereinen sich in den über 23 000 Restaurants der Metropole Rezepte und Geschmacksrichtungen aus aller Welt. Hier stellen wir ein paar typische Gerichte vor.

New York Cheese Cake: Bis zu seinem Tod 1957 hütete Leo Lindemann das Rezept seines original New York Cheese Cake wie ein Staatsgeheimnis. Er bot ihn in seinen beiden Restaurants »Lindy's« am Broadway an; das Stammhaus musste 1957 schließen, die Filiale 1969. Al Jolson, Harpo und Groucho Marx und Gangster wie Arnold Rothstein zählten zu den Gästen. Inzwischen sind unzählige Varianten dieses Klassikers in Umlauf. Unverzichtbare Zutaten bleibn aber Frischkäse, Eier, Zucker, Vanille und Sahnequark auf einem Boden aus Keksen und Butter. Auf den fertigen Kuchen kommt fruchtige Erdbeermousse.

Reuben Sandwich: Für Europäer vielleicht gewöhnungsbedürftig, gilt das Reuben Sandwich in New York schon seit über hundert Jahren als Klassiker. Arnold Reuben, der Besitzer von »Reuben's Delicatessen«, soll es bereits 1914 erfunden haben, als die Schauspielerin Marjorie Rambeau seinen Laden besuchte, aber kaum noch Zutaten in der Vorratskammer waren. Eine andere Version nennt den Lebensmittelhändler Reuben Kulakofsky aus Nebraska als Erfinder. Jedenfalls besteht das Reuben Sandwich meist aus dunklem Roggenbrot, belegt mit Corned Beef oder Pastrami, Schweizer Käse und Sauerkraut.

Hot Dogs: Würstchen im Brötchen soll ein gewisser Anton Ludwig Feuchtwanger aus Bayern schon um 1880 in St. Louis auf der Straße verkauft haben – damit sich die feinen Herrschaften beim Essen nicht die weißen Handschuhe schmutzig machten. In New York machte sie Nathan Handwerker auf Coney Island populär. Bei den Straßenverkäufern in Manhattan bekommt man die Hot Dogs traditionell, aber auch mit Sauerkraut und anderen Belägen. Der Name »Heißer Hund«. taucht erstmals im Oktober 1895 im Magazin Yale Record auf, das von Studenten berichtet, die »zufrieden Hotdogs kauten.« Angeblich wurde in dieser Zeit nicht nur Schweinfleisch zu Würsten verarbeitet ...

Bagels: Zu Beginn des 20. Jh.s nur im jüdischen Viertel von New York bekannt, hielten die flachen Hefebrötchen mit dem Loch in der Mitte schon bald Einzug in den amerikanischen Alltag. Das Loch diente ursprünglich dazu, die Bagels auf langen Stangen oder Schnüren zu transportieren und beschleunigen auch den Backprozess. Bagels bestehen aus Weizenmehl, Wasser, Hefe, Malz und Salz und werden meist mit Frischkäse bestrichen.

New York Style Pizza: Die New Yorker sind sehr stolz auf ihre Pizza, die hier anders gebacken wird als überall sonst in den USA. Sie geht auf Giovanni Lombardi zurück, der Anfang des 20. Jh.s in Little Italy eine Pizzeria besaß. Die New Yorker Pizza ist dünn, wird mit Mozzarella und Tomaten belegt und traditionell im Holzofen gebacken, wobei die meisten New Yorker Pizzerien heute jedoch Gasöfen besitzen. Die Pizza kauft man als Schnitte (slice), gegessen wird sie meist aus der Hand. Der echte New Yorker hat eine »einhändige Esstechnik«, die sich fürs Essen im Gehen eignet. Die berühmteste Pizzeria ist Grimaldi's in DUMBO, vor der sich eigentlich immer eine lange Schlange bildet (1 Front Street, www.grimaldis-pizza.com).

ERLEBEN & GENIESSEN
ESSEN UND TRINKEN

Bei den **kalten Getränken** sind ein großer Trend der vergangenen Jahre die sogenannten Microbrews oder Craft-Beers – ein Trend, der sogar mittlerweile nach Deutschland geschwappt ist. Darunter versteht man den Hang zu kleinen Qualitätsbrauereien, die den langweiligen Massenprodukten der amerikanischen Großbrauereien die Stirn bieten. In New York gibt es zahlreiche Kneipen, in denen man sich durch das amerikanische Microbrew-Sortiment probieren kann, so etwa das d. b. a. im East Village oder Gingerman in Midtown.

Knigge   In den gehobenen Restaurants wird dem Gast der Platz von einem Angestellten zugewiesen, dem Host oder der Hostess am Eingang, der oder die auch die (fast immer notwendige) Tischreservierung prüft. Eine kleine Wartezeit kann dabei entstehen – die New Yorker nutzen diese gern für einen Drink an der Bar. In feinen Lokalen ist zudem schicke Kleidung (Anzug/Abendkleid) erwünscht. Sollte kein Dresscode vorgegeben sein, halten Männer es mit New Yorks Ausgehprofis. Die haben stets eine Krawatte in einer ihrer Sakkotaschen für den Fall der Fälle – und nicht schick angezogene Frauen gibt es abends einfach nicht!
Raucher müssen übrigens darben.

AUSGESUCHTE RESTAURANTS

❶ etc. ▸ **Innenstadtpläne**
S. 294–297
Ohne Nr.: außerhalb der Pläne
Trinkgeld ▸ S. 362
Preiskategorien für ein Hauptgericht
€€€€ über 30 $
€€€ bis 30 $
€€ bis 20 $
€ bis 10 $

SPITZENGASTRONOMIE

❶ BABBO €€€
Babbo ist das Stammhaus des italienischen Starkochs Mario Batali, der New Yorkern die rustikale toskanische Küche nahegebracht hat. Auch bei Babbo ist es extrem schwer, einen Tisch zu bekommen. Wie Humm hat Batali jedoch auch einen günstigeren Ableger, das **Lupa**, wo man leichter einen Tisch ergattert
(Lupa: 170 Thompson St., Tel. 1 212 982 50 89, www.lupa restaurant.com; Subway: 1 bis Houston St., N, R bis Prince St., B, D, F, M, 6 bis Bleecker; tgl. 11–23 Uhr)
Babbo: 110 Waverly Place
Greenwich Village
Tel. 1 212 7 77 03 03
www.babbonyc.com
Subway: A, B, C, D, E, F bis West 4th St.; Mo. – Sa. 17.30–11.30, S0. 17–23 Uhr

❷ ELEVEN MADISON PARK €€€€
Der junge Schweizer Daniel Humm ist in den letzten Jahren zum Superstar der New Yorker Gastroszene aufgestiegen. Im Eleven Madison war es lange Zeit praktisch unmöglich, einen Tisch zu bekommen. Jetzt schafft man es mit ca. drei Wochen Vorlauf. Es lohnt sich – die Kreationen von Humms Elf-Gang-Probiermenüs sind hochoriginell, die Weine internationale

ERLEBEN & GENIESSEN
ESSEN UND TRINKEN

Spitzenklasse. Tipp: Wer etwas weniger ausgeben und trotzdem die Kunst von Humm erleben möchte, der geht in seinen etwas günstigeren Ableger, ins **NoMad**. Hier bekommt man oft auch ohne Reservierung noch einen Platz an der Bar.
(NoMad: 1170 Broadway, Höhe 27th St., Tel. 1 347 4 72 56 60)
Eleven Madison Park: 11 Madison Ave., Midtown/Flatiron
Tel. 1 212 8 89 09 05
elevenmadisonpark.com
Subway: F, N, M, R bis 23rd St.
Lunch Do. – So. 12–13, Dinner Mo. – So. 17.30–22 Uhr
Preis für ein Sechs-Gang-Menü: 295 $

❸ THE MODERN €€€/€€€€
Versteckt hinter Milchglas ist das Restaurant ein dezenter Teil des MoMA. Der Blick auf den Skulpturengarten gehört zu einem schicken Erlebnis. Luxuriöses Understatement aus dänischen Designermöbeln, Bernardaud-Porzellan und Robbe & Berking-Silberbesteck schafft das perfekte Setting für Geschmacksexplosionen wie Maine-Hummersalat mit tahitischer Vanille oder Lamm mit Favabohnen und Schafsricotta.
Im Museum of Modern Art
9 West 53rd St./Fifth Ave.
Midtown, Tel. 1 212 3 33 12 20
www.themodernnyc.com
Subway: E, V bis Fifth Ave./53rd St.
Mo. – Fr. 12–14, Mo. – Sa. 17 bis 22.30 Uhr; Vier-Gang-Menü: 98 $

KLASSIKER

❹ SECOND AVENUE DELI €€/€€€
Jüdisches Traditionsrestaurant im Herzen von Manhattan.
162 East 33rd St., Midtown
Tel. 1 212 6 89 90 00
www.2ndavedeli.com
Subway: 33rd St.; tgl. 6–23 Uhr

DELMONICOS €€€/€€€€
Der Klassiker im Finanzdistrikt ist sage und schreibe 180 Jahre alt. Er serviert verlässlich Steaks von bester Qualität und Spitzenweine. Das etwas finstere Ambiente mit der Eichenholztäfelung stärkt den Eindruck, dass hier Finanzhaie beim Abendessen seit Generationen Geschäfte machen (▶Baedeker Wissen S. 300).
56 Beaver St., Financial District
Tel. 1 212 5 09 11 44
www.delmonicosny.com
Subway: Wall St.
Mo. – Fr. 11.30–22, Sa. 17–22 Uhr

❺ GRAND CENTRAL OYSTER BAR €€€
Die Oyster Bar ist eine New Yorker Institution. Im Gewölbe unter dem Grand Central Bahnhof werden seit mehr als 100 Jahren frische Austern aus ganz Nordamerika zu Chamapgner geschlürft.
Im Grand Central Terminal
89 East 42nd St., Midtown
Tel. 1 212 4 90 66 50
www.oysterbarny.com
Subway: 4, 5, 6, 7, S bis Grand Central; Mo. – Fr. 11.30–21.30, Sa. 12 bis 21.30 Uhr

SOULFOOD

SYLVIA'S €€
Seit 1962 ist sie die Queen of Soulfood im Herzen von Harlem. Sylvia Woods bekocht ein immer volles Haus – mit Portionen, die locker für den ganzen Tag reichen. Zu Hähnchen mit Kartoffelpüree gibt es abends Live-Jazz. Am beliebtesten ist der Gospel-Brunch am Sonntag. Unbedingt reservieren.
328 Lenox Ave./127th St., Harlem
Tel. 1 212 9 96 06 60
www.sylviasrestaurant.com
Subway: 2, 3 bis 125th St.
Mo. – Sa. 8–22.30, So. 11–20 Uhr

ERLEBEN & GENIESSEN
ESSEN UND TRINKEN

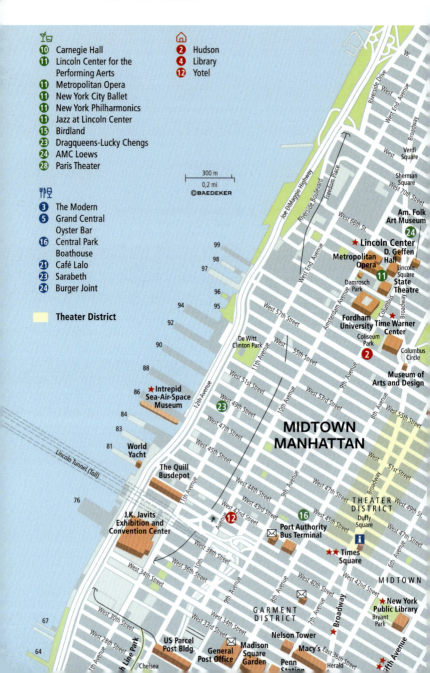

ERLEBEN & GENIESSEN
ESSEN UND TRINKEN

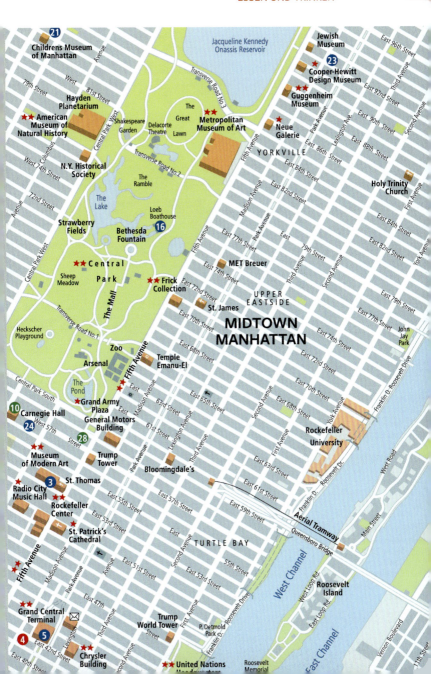

ERLEBEN & GENIESSEN
ESSEN UND TRINKEN

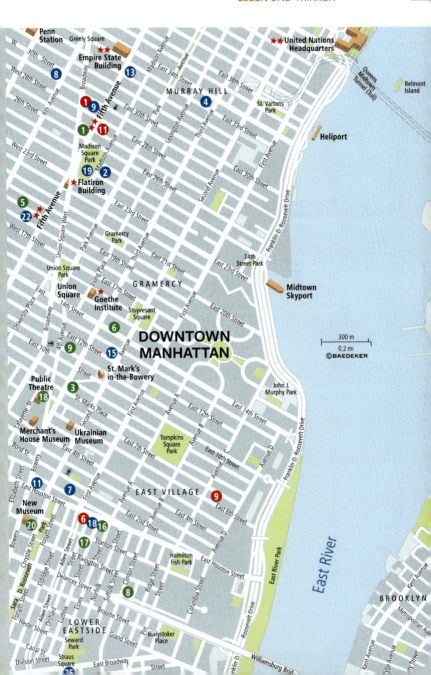

ERLEBEN & GENIESSEN
ESSEN UND TRINKEN

SZENERESTAURANTS

❻ GATO €€/€€€€
Gato ist die jüngste Adresse des Koch-Jungstars Bobby Flay, der sich mit modernen Variationen auf Tex-Mex-Küche einen Namen gemacht hat. Junge hippe Barszene, Reservierungen dringend empfohlen.
324 Lafayette St., Nähe Bleecker St.
Tel. 1 212 3 34 64 00
www.gatonyc.com
So. – Do., 5.30–22.30, Fr., Sa. 17 bis 23 Uhr

❼ PRUNE €€€€
Das intime Restaurant mit Wohnzimmer-Atmosphäre ist mittlerweile ein New Yorker Klassiker der gehobenen Kategorie. Französische Küche mit modernem amerikanischem Dreh. Reservierung notwendig.
54 East 1st St., Nähe First Ave.
Tel. 1 212 6 77 62 21
www.prunerestaurant.com
Subway: Second Avenue
Mo. – Fr. 17.30–23, Sa., So. 10.30 bis 15.30, 17–23 Uhr

❽ LUPOLO €€€
Portugiesische Tapas und erstklassige Biere in rustikaler Atmosphäre.
35 Sixth Ave. Höhe 29th St.
Tel. 1 212 2 90 76 00
www.lupolonyc.com
Mo. – Mi. 17–24, Do. – Sa. 17–2 Uhr

❾ BRESLIN €€€
Von wegen in New York wird nur gehungert, um ins Designerkleid zu passen. Seitdem Ken Friedman und April Bloomfield ihr drittes Restaurant eröffnet haben, kaufen die Damen lieber eine Nummer größer. Auf Kalorien zu achten, wäre Unsinn in New Yorks fettigster und opulentester Küche. Ob Schwein, Lamm oder Rib-Eye, hier gibt es nur Deftiges. Die Kritiker stehen Kopf, die Gäste auch – Reservierungen gibt es nicht. Wartezeit: mindestens eine Stunde.
16 West 29th St./Broadway
Midtown
Tel. 1 212 6 79 19 39
www.thebreslin.com
Subway: B, D, F, N, Q, R, V, W bis 34th St.
tgl. 7–24 Uhr

❿ CAFÉ GITANE €€
Das kleine Café ist immer voller lässiger Hipster, die sich über die afrikanisch-marokkanische Kost hermachen. Den gebackenen Fetakäse bestellt fast jeder Tisch und auch Hachi Parmentier mit Hackfleisch ist beliebt. Aber ganz ehrlich, ins Gitane kommt man vor allem zum Leuteschauen. Beim Glas Bordeaux lässt sich von den Außentischen aus prima eine Bestandsaufnahme der neuen Modetrends machen.
42 Mott St./Prince St., NoLita
Tel. 1 212 3 34 95 52
www.cafegitanenyc.com
Subway: B, D, F, V bis Broadway/Lafayette, N, R, W bis Prince St.
So. – Do. 8.30–24, Fr. – Sa. 8.30 bis 0.30 Uhr

⓫ DBGB €€€
Sternekoch Daniel Boulud beweist, dass auch Burger und Hotdogs Gourmet-Essen sein können. Dafür betreibt er einen enormen Aufwand. Jeder Burger hat ein spezielles, frisch gebackenes Brötchen und die Würstchenauswahl übersteigt mit 14 Sorten die kühnsten Träume. Nie wieder normales Fastfood will man nach »The Piggie mit pulled pork«, Jalapeno-Mayonnaise und Senf-Essig-Kraut essen. Dazu berät der Biersommelier und zum Dessert folgt ein unvergesslicher warmer Sticky Toffee Pudding.
299 Bowery/Houston St.,
East Village
Tel. 1 212 9 33 53 00
www.danielnyc.com
Subway: B, D, F, V bis Broadway/Lafayette
Mo. – Fr. 12–15, Sa., So. 11–15, So., Mo. 17–23, Di. – Do. 17.30–24, Fr. – Sa. 17–1 Uhr

ERLEBEN & GENIESSEN
ESSEN UND TRINKEN

⓬ MERCER KITCHEN €€€/€€€€

Der unterirdische Diningroom lässt schnell vergessen, dass man sich mitten in SoHo befindet. Perfekt für ein Rendezvous oder um sich vor Fans zu verstecken. Promis lieben Jean Georges Vongerichtens Küche und ohne Reservierung wird es schwierig, einen Tisch zu bekommen. Wer's endlich geschafft hat: Die Lammkeule mit warmer Cranberry-Lauch-Vinaigrette ist ein Traum. Intensive Vorspeise: Trüffelpizza.
99 Spring St./Mercer St., SoHo
Tel. 1 212 9 66 54 54
www.jean-georges.com
Subway: N, R, W bis Prince St.
Mo. – Do. 7–24, Fr., Sa. 7–1,
So. 7–23 Uhr

RED ROOSTER €€/€€€€

Als der schwedisch-äthiopische Starkoch Marcus Samuelson 2010 ein eigenes Restaurant in Harlem eröffnete, war das eine Sensation für den Stadtteil. Es war das erste Mal, dass sich die erste Liga der Gastronomie nördlich der 110th Street bewegte. Das Lokal ist ein Hit, jeden Abend drängelt sich die Harlemer Szene rund um die Bar, einen Tisch zu ergattern ist ein Kunststück, auch wenn man manchmal Glück haben kann. Samuels Konzept sind eigene Variationen der klassischen Harlemer Küche – des Soulfoods, das die Afroamerikaner bei ihrer Migration aus dem Süden mitgebracht haben.
310 Lenox Ave./126th, Harlem
Tel. 1 212 7 92 90 01
www.redroosterharlem.com
Subway: 125 St.
tgl. 17.30-22-30, Lunch: Mo. – Fr. 11.30–15, Brunch: Sa., So. 11.30 bis 15 Uhr

Das Red Rooster ist ein Glücksfall für Harlem. Die ausgezeichnete Küche lockt viele Besucher in die Gegend nördlich der 110. Straße.

BESSER ALS IM WILDEN WESTEN

Wer bei Peter Luger über die rustikale Türschwelle tritt, begibt sich auf eine Zeitreise. Das 130 Jahre alte Lokal in Brooklyn ist sich treu geblieben – man fühlt sich immer noch wie in einer Bierhalle der damals starken deutschen Minderheit in New York.

Doch wie ein Anachronismus wirkt das legendäre Steakhaus auch aus anderen Gründen. Im Zeitalter der Leichtkost und des Trends zum veganen Kochen ist die Zelebration des guten Stücks Fleisch, die Luger pflegt, ein wenig ein Fremdkörper. Doch New Yorker lieben bei allem Bewusstsein für die Gesundheit und die schlanke Linie auch ihre Traditionen. Und vor allem den guten Geschmack. Deshalb ist eine Platzreservierung bei **Peter Luger** bis heute eine heiß begehrte Trophäe. Prominente und Politiker kommen hierher, um sich zu zeigen und Geschäfte zu machen oder einfach nur, um das beste Steak der Stadt zu genießen.

Deutsche Wurzeln

Peter Luger wurde mehrfach zum besten Steakhaus New Yorks gewählt und seine 150 Plätze sind jeden Abend ausgebucht – immerhin gilt es schon seit 1887 als Mekka der »Steak Lovers«. Damals gründete ein deutscher Auswanderer ein Lokal, das er »Carl Luger's Cafe, Billards and Bowling Alley« nannte. Im überwiegend von Deutschen bewohnten Stadtteil Williamsburg waren seine Steaks schon damals beliebt. Erst 1950 verkaufte die Familie das florierende Lokal an einen gewissen Sol Forman, dessen Enkelin heute für den Fleischeinkauf verantwortlich ist.

Nach einer Speisekarte zu fragen, erübrigt sich. Serviert werden ausschließlich Porterhouse Steaks für zwei, drei oder vier Personen, dazu gibt es cremigen Spinat und Bratkartoffeln, »German Potatoes«. Die Steaks kommen in Streifen aufgeschnitten auf einem Teller, der so heiß ist, dass Stücke auf dem Rand nachgaren, und sie sind so zart, dass sie auf der Zunge zergehen. Das Geheimnis heißt »dry aged beef«, trocken gelagertes Rindfleisch. Die Rücken, v. a. von Angusrindern, liegen fast einen Monat in der Kühlkammer; während der Lagerung wird das Fleisch zart und entwickelt Aroma, Fleischsaft verdunstet, die Rücken verlieren bis zu einem Drittel Gewicht. Wer in den Genuss eines solchen Festmahls kommen will, sollte mindestens drei Wochen im Voraus bestellen und Bargeld mitbringen – Kreditkarten werden nicht akzeptiert.

Bestellen wie die Profis

Das Steak bestellt man »rare« (blutig), »medium rare« (innerer Kern roh), »medium« (halb durchgebraten) oder »medium well« (fast durchgebraten). »Well done« (durchgebraten), so urteilen eingefleischte Steak-Kenner, bestellen nur Banausen.
In den USA wird das Fleisch anders geschnitten als in Deutschland. Hier haben die Steaks Knochen und Fettrand sowie im hinteren Teil auch noch etwas Dünnung (das Steak verjüngt sich in einen »Schwanz« genannten Fleischstreifen). Die Partie hinter dem Nacken heißt im oberen Teil »Chuck« und im unteren »Brisket«, dahinter folgen »Rib« und »Plate« und im Mittelteil das wertvollste Fleisch:

»Short Loin« und »Tenderloin«. Direkt anschließend folgen »Sirloin«, »Top Sirloin« und »Bottom Sirloin« sowie ganz hinten »Round«.

Am bekanntesten sind das Sirloin Steak aus dem gleichnamigen Bereich (mager, aromatisch), das Strip Steak, ebenfalls aus dem Sirloin (etwas marmorierter), das Filetsteak aus dem Tenderloin (am zartesten), das Ribeye aus dem Rib-Bereich (sehr geschmackvoll), das T-Bone aus dem Short Loin (Strip und Tenderloin, das klassische Cowboysteak) und das Porterhouse, ebenfalls aus dem Short Loin: Letzteres besteht aus dem Roastbeef mit Knochen, T-Bone, und dem Filet. Porterhouses waren englische Kneipen, in denen das dunkle Porter-Bier ausgeschenkt wurde. Dort servierte man diese riesigen Porterhouse Steaks bereits im 19. Jahrhundert.

Wer kein Glück dabei hat, bei Peter Luger einen Platz zu ergattern, der kann auch auf zwei andere New Yorker Steakhäuser ausweichen. Im **Delmonicos** in der Nähe der Wall Street treffen sich seit mehr als 100 Jahren die Financiers nach einem mehr oder weniger erfolgreichen Arbeitstag an der Börse, um sich mit einem dicken, blutigen New York Sirloin zu belohnen. Und im **Old Homestead Steak House**, mitten im alten Fleschereibezirk Meatpacking, kommen seit 1868 die Rinderstücke direkt von einem der großen Fleischverarbeitungs-Häuser des Viertels auf den Tisch.

PETER LUGER STEAKHOUSE
178 Broadway/Driggs Ave., Williamsburg, Brooklyn, Tel. 1 718 3 87 74 00
www.peterluger.com

DELMONICOS
▶ S. 293

OLD HOMESTEAD STEAK HOUSE
56 9th Ave., zw. 14th und 15th St., Tel. 1 212 2 42 90 40
www.theoldhomesteadsteakhouse.com

Bei Peter Luger wird gutes Fleisch zelebriert, nicht leichte Kost oder gar vegane Küche.

ERLEBEN & GENIESSEN
ESSEN UND TRINKEN

AUS ALLER WELT

⓭ KANG HO DONG BAEKJEONG €€€€

Das Lokal des Berufsringers und Komikers Kang Ho Dong gilt bei weitem als das beste koreanische Barbeque-Restaurant entlang der 32. Straße. Es bietet authentische Spezialitäten in authentischer Atmosphäre. Das Fleisch wird auf dem in den Tisch eingelassenen Steingrill zubereitet, dazu gibt es ein buntes Sammelsurium marinierter Gemüse. Ein echtes Erlebnis.
1 East 32nd St.
Tel. 1 212 9 66 98 39
http://baekjeongnyc.com/
Subway: Herald Square
So. – Do. 11.30 – 2, Fr., Sa. bis 7 Uhr

⓮ NOBU DOWNTOWN €€€€

Ein Besuch in Robert de Niros Restaurant ist ein optisches wie kulinarisches Erlebnis. Zu Sushi und Tintenfisch-Pasta nippt man Sake aus handgeschnitzten Gläsern und wartet mit Schrecken auf die Rechnung: Ein Hauptgericht beginnt bei 30 $, für die Empfehlung des Chefs, »Omakase«, muss man etwa 100 $ zahlen. Ohne Reservierung schafft man es nach langem Warten höchstens an die Bar.
195 Broadway, Eingang Fulton St. (zw. Broadway und Kirche)
Tel. 1 212 2 19 05 00
www.noburestaurants.com
Subway: Fulton St., Cortland St.
Mo. – Fr. 11.35–14.15, Mo. – So. 17.45–22.15 Uhr

⓯ MOMOFUKU SSÄM BAR €€/€€€

Momofuku bedeutet »glücklicher Pfirsich« – für New Yorker ist es das Synonym für grandiose Küche. Chefkoch David Chang hat mit seinen deftig asiatischen Gerichten voll eingeschlagen und besitzt mittlerweile vier Restaurants und eine Bäckerei. Wer sich auf gemüselastige Asiakost einstellt: Vorsicht! »Wir verkaufen keine vegetarierfreundlichen Dinge«, heißt es auf der Speisekarte. Dafür sind die Fleischgerichte umso geschmacksintensiver.
207 Second Ave./13th St., East Village
Tel. 1 212 2 54 35 00
www.momofuku.com
Subway: L bis Third Ave.
tgl. 11.30–15.30, So. – Do. 17–24, Fr., Sa. 17–1 Uhr

POKPOK €€/€€€

Pok Pok ist der New Yorker Ableger des überaus erfolgreichen gleichnamigen Restaurants an der Westküste mit wirklich authentischer Thai-Küche. Das Restaurant im Brooklyner Szeneviertel ist winzig, da stehen gerade einmal sechs dicht gedrängte Tische. Reservierungen werden nicht entgegengenommen, man trägt sich in die Liste ein und wartet dann in einer der vielen Kneipen des Viertels. Das kann zwei bis drei Stunden dauern, doch es lohnt sich. In letzter Zeit kann man per Webcam auf der Website des Restaurants sogar nachschauen, wie lange die Schlange ist.
127 Columbia St., Brooklyn
Tel. 1 718 9 23 93 22
www.pokpokny.com
Subway: F, G bis Bergen St., dann ca. 15 Min. zu Fuß oder mit dem Wassertaxi ab Wall St. nach Red Hook
tgl. 17.30–22.30

LA SAVANE €/€€

Die Küche von La Savane wird am besten als panafrikanisch bezeichnet. Die Besitzer stammen von der Elfenbeinküste und aus Guinea, das Publikum besteht zum Großteil aus Gästen vom gesamten afrikanischen Kontinent – was für die Güte und Authentizität der Gerichte spricht.
239 West 116th St., Harlem
Tel. 1 646 4 90 46 44
www.lasavanerestaurant.com
Subway: 116th St.

ERLEBEN & GENIESSEN
ESSEN UND TRINKEN

TYPISCH NEW YORK

❶ CENTRAL PARK BOATHOUSE €€€

Was wäre der Central Park ohne das Boathouse? Langweilig! Die kleine Oase am See lässt kurz vergessen, dass man sich in verrückten Manhattan befindet – bis man die Schlange am Eingang sieht. Für Fußmüde: Es gibt eine kostenlose Trolley-Verbindung von der Ecke 72nd St./Fifth Ave. (Mo. – Fr. ab 17.30, Sa., So. ab 11 Uhr).
Central Park, East 72nd St., über den Park Drive nach rechts
Tel. 1 212 5 17 22 33
www.thecentralparkboathouse.com
Subway: 6 bis 68th St./Hunter College
Mai – Okt. Mo. – Fr. 12–16, Sa., So. ab 9.30, April – Nov. Mo. – Fr. 17.30–21.30, Sa., So. ab 18 Uhr
Café tgl. Mai – Okt. 8–20, April – Nov. bis 16.30 Uhr

❷ CORNER BISTRO €

Richtig hungrig? Hier gibt es Hamburger, die man mit beiden Händen anpacken muss. Der »Bistro Burger« ist Legende. Dass man dafür oft anstehen muss, versteht sich von selbst.
331 West 4th St./Jane St., Greenwich Village
Tel. 1 212 2 42 95 02
www.cornerbistrony.com
Subway: A, C, E bis 14th St.
Mo. – Sa. 11.30–4, So. 12–4 Uhr

❸ KATZ'S DELICATESSEN €€

Eine Institution. Und das seit 1888. Spätestens, seit Sally Harry hier lautstark gezeigt hat, dass Frauen sehr wohl …, führt an dem Deli kein Weg vorbei. Auch wenn das Ambiente an eine Großkantine erinnert und die überproportionierten Sandwiches wie ein Stein im Magen liegen – das Katz's muss sein.
205 East Houston St./Ludlow St., Lower East Side
Tel. 1 212 2 54 22 46
www.katzdeli.com
Subway: F, V bis Second Ave.
Mo. – Do., So. 8–22.45, Fr. 8–24, Sa. 24 Std. geöffnet

❹ SHAKE SHACK €

Burger = Burger? Aber nein! Wer Shake Shack's Happen probiert hat, wird das bestätigen. Dementsprechend lang ist die Schlange vor dem Kiosk. Man gibt seine Bestellung auf (Salat, Tomaten oder Pickles angeben, der Burger kommt sonst plain), bekommt einen Buzzer in die Hand gedrückt und wartet auf den Stühlen im Park, bis er vibriert. Nach dem Verzehr unbedingt wieder anstellen: für ein Frozen Custard.
Madison Square Park, Madison Ave./3rd St., Midtown/Flatiron
Tel. 1 212 8 89 66 00
www.shakeshacknyc.com
Subway: 6, N, R, W bis 23rd St.
tgl. 11–23 Uhr

❺ CAFÉ GRUMPY €

Keine Angst, der Name ist nicht Programm. Grumpy – mürrisch – sind nur die extrem Kaffeeabhängigen, bis sie eine dampfende Tasse vor sich haben. Dann ist alles gut. Die Kunst des Kaffeekochens wird hier großgeschrieben, dafür erwartet man ein gewisses Maß an Anstand: Das Café soll nicht zum Arbeitszimmer werden, wie das in New York oft der Fall ist. Deshalb sind Laptops verboten.
224 West 20th St., zw. Seventh & Eighth Ave., Chelsea
Tel. 1 212 2 55 55 11
www.cafegrumpy.com
Subway: 1 bis 18th St.
Mo. – Fr. 7–20, Sa. 7.30– 20, So. 7.30–19.30 Uhr

❻ CAFÉ LALO €

Am Nachmittag eine Sünde, am Morgen gut für die Figur: Die gedünsteten Rühreier sind besonders lecker und schwimmen nicht in Fett. Noch

ERLEBEN & GENIESSEN
ESSEN UND TRINKEN

gesünder ist das Müsli. Die gesparten Kalorien sind nach einem Blick auf die Tortentheke jedoch garantiert schnell wieder drauf. Von der Sachertorte bis zum Oreo-Crumble ist alles dabei.
201 West 83rd St., zw. Broadway und Amsterdam Ave., Upper West Side
Tel. 1 212 4 96 60 31
www.cafelalo.com
Subway: 1 bis 79th St.
Mo. – Do. 8-2, Fr. 8-4, Sa. 9-4, So. 9-2 Uhr

㉒ CITY BAKERY €/€€
Populärer Treffpunkt für den gestressten New Yorker Berufstätigen mitten im Downtown-Geschäftsbezirk nur wenige Schritte vom Union Square entfernt. Erstklassige Sandwiches auf die Schnelle.
3 West 18th St., Downtown West
Tel. 1 212 3 66 14 14
Subway: 14th St., Union Square
Mo. – So. 7.30-9 Uhr

㉓ SARABETH €€
Sarabeth Levine fing 1981 mit einer Bäckerei an, in der die Marmelade vor den Augen der Kunden hergestellt wurde. Heute gibt es mehrere Restaurants und den Gourmet-Aufstrich im Supermarkt. New Yorker stehen am Wochenende Schlange auf dem Gehweg. Der Trick, um die perfekten Eggs Benedict in Ruhe zu genießen: unter der Woche kommen. Sarabeth hat auch Ableger am Central Park South und auf der Upper West Side (siehe Website).
1295 Madison Ave./92nd St., Upper East Side
Tel. 1 212 4 10 73 35
www.sarabeth.com
Subway: 6 bis 96th St.
Mo. – Sa. 8-23, So. 8-21.30 Uhr

Der alte Hafen New Yorks, der South Street Seaport, verströmt noch etwas nautischen Flair; ein Anziehungspunkt ist dort auch das Pier A Harbor House.

ERLEBEN & GENIESSEN
FEIERN · NEW YORK AKTIV

SCHLICHT UND EINFACH

㉔ BURGER JOINT €
Verstecktes Juwel in der Lobby des Parker Meridien Hotel. Hinter einem Vorhang versteckt sich ein überaus bezahlbarer Diner mit erstklassigen Burgern ab 8 $.
119 West 56th St., Nähe Sixth Ave.
Tel. 1 212 7 08 74 14
www.parkermeridien.com
Subway: 57th St./7th Ave.
tgl. 11–24 Uhr

PIER A HARBOR HOUSE €€€
Restaurants und Bars auf drei Ebenen mitten im historischen Seehafen von New York.
22 Battery Place, Little W St.,
West Side; Tel. 1 212 7 85 01 53
www.piera.com, tgl. 11–4 Uhr
Subway: Bowling Green

㉕ MISSION CHINESE FOOD €€/€€€
New Yorker Niederlassung des chinesischen Erfolgsrestaurants aus San Francisco am Rand von Chinatown. Traditionelle chinesische Gerichte in entschieden zeitgemäßer Interpretation wie etwa Papaya und Bananenblüten-Salat oder philppinisches Huhn. Die Szene ist jung und hip. Reservierungen nicht möglich, früh am Abend gehen.
171 East Broadway,
nähe Rutgers St.
www.mcfny.com
Tel. 1 212 4 32 03 00
Subway: East Broadway
Di. – Sa. 17.30–24 Uhr

FEIERN · NEW YORK AKTIV

New York liebt seine Feste – es wird kaum eine Gelegenheit ausgelassen, um auf die Straße zu gehen, als Stadt zusammenzukommen und eine Party zu feiern. Allein 50 Paraden sind offiziell registriert und die Straßenfeste kann man kaum noch zählen. Jede ethnische Gruppe und jede religiöse Gemeinschaft haben ihre eigenen Feste, bei denen sie stolz ihre Herkunft zelebrieren.

Die Höhepunkte im Jahr sind zweifelsohne die Großparaden, angeführt von der Macy's Thanksgiving Day Parade (▶ Baedeker Wissen, S. 310). Schon am Vorabend kann man dabei zusehen, wie die großen Luftballons mit Comic-Figuren am Museum of Natural History aufgeblasen werden. Am nächsten Tag säumen dann Millionen New Yorker die Fifth Avenue bis zum Herald Square, um sich den Hunger für das Truthahnessen am Nachmittag zu verdienen.
Noch mehr Menschen bringt allerdings der New York Marathon auf die Beine – die gesamten 42,2 Kilometer sind eine einzige Party. Auch zum Nationalfeiertag am 4. Juli ist die ganze Stadt auf den Beinen, schon am Morgen wird um die besten Plätze entlang des Hudson gekämpft, um

Höhepunkte im Jahr

ERLEBEN & GENIESSEN
FEIERN · NEW YORK AKTIV

das Feuerwerk zu sehen. Besitzer einer Wohnung mit Westblick sind an diesem Tag ausgesprochen beliebt. New York liebt es aber auch, seine vielen Bevölkerungsgruppen zu feiern, ob bei der Puerto Rican Day Parade, der Israel Day Parade oder der West Indian Day Parade. Ein Sonntag im Juli gehört sogar den deutschen Immigranten, dann marschiert die German-American Steuben Parade zu zünftiger Blasmusik den Central Park entlang. Gruselig geht es bei der Halloween Parade zu, bei der im Greenwich Village die New Yorker in ihren blutrünstigsten Kostümen durch die Straßen ziehen. Sie zeigen dabei ebenso viel Lust am Verkleiden und Kreativität wie bei der Easter Day Parade am Ostersonntag und der frivolen Mermaid Parade in Coney Island zur Eröffnung der Strandsaison.

Wenn die Wohnungen im Sommer zu heiß und zu stickig werden, zieht es die New Yorker in ihre Parks. Hier ist im Juli und im August immer etwas los, egal ob bei den Filmfestivals im Bryant Park und im Brooklyn Bridge Park, bei den Shakespeare-Aufführungen im Central Park oder den Konzerten des Celebrate Brooklyn Festivals im Prospect Park. Und zum Jahresende drängt es New York noch ein letztes Mal auf die Straße – um am Times Square das alte Jahr zu verabschieden.

Überblick Einen Überblick über die Feiern gibt die offizielle Website der Stadt www.nycgo.com/events. Über aktuelle Events informieren das Stadtmagazin »Time Out« (www.timeout.com/newyork), das »New York Magazine« (www.nymag.com) und die »New York Times« (www.nytimes.com).

FESTKALENDER

FEIERTAGE
New Year's Day (1. Januar, Neujahr)
Martin Luther King Day (der dem 15. Januar nächste Montag)
Memorial Day (man gedenkt der Toten und Kriegsopfer; letzter Mai-Mo.)
Independence Day (4. Juli)
Labor Day (1. Montag im Sept.)
Columbus Day (12. Oktober bzw. 2. Mo. im Oktober)
Veterans Day (11. November)
Thanksgiving Day (Erntedankfest; letzter Donnerstag im November)
Christmas Day (25. Dezember)

JÜDISCHE FEIERTAGE
Rosch ha-Schanah (Neujahrsfest, September oder erste Oktober-Hälfte)
Jom Kippur (Versöhnungstag, im September oder Oktober)

JANUAR

CHINESE NEW YEAR
Das zehntägige chinesische Neujahrsfest beginnt immer am ersten Neumondtag nach dem 21. Januar. Gefeiert wird mit Feuerwerk und Riesendrachen in der Mott Street.

FEBRUAR

ANNUAL EMPIRE STATE BUILDING RUN UP
Wer schafft die 1576 Stufen in den 86. Stock am schnellsten?

ERLEBEN & GENIESSEN
FEIERN · NEW YORK AKTIV

Immer wieder im Juni: kostenlose Shakespeare-Aufführungen im Central Park

MÄRZ

ST. PATRICK'S DAY PARADE
Feiern und Paraden der Iren
(17. März)

NEW DIRECTORS FILMS FESTIVAL
Filmfestival der Nachwuchsregisseure im Museum of Modern Art.

APRIL

AUFTAKT DER BASEBALLSAISON

EASTER PARADE
Osterparade auf der 5th Ave. bei der St. Patrick's Cathedral.

UKRAINIAN FESTIVAL
In der East 7th St., mit verschiedenen Musik- und Tanzgruppen und traditionellen ukrainischen Speisen (zweites Wochenende nach Ostern).

MAI

BIKE NY
»Bike New York – The great five Boro bike tour« führt 42 Meilen durch die City.

MARTIN LUTHER KING PARADE
Auf der Fifth Avenue (um den 20. Mai).

BROOKLYN BRIDGE DAY PARADE
Großer Rummel mit Umzug über die legendäre Brücke (Mitte des Monats).

TRIBECA FILM FESTIVAL
www.tribecafilms.com

KIRSCHBLÜTENFEST
im Brooklyn Botanical Garden
www.bbg.org

MEMORIAL DAY
Der Memorial Day markiert den Beginn der Sommersaison: offizielle Er-

ERLEBEN & GENIESSEN
FEIERN · NEW YORK AKTIV

öffnung der Strände von Coney Island und von Governors Island.

JUNI

MUSEUM MILE FESTIVAL
Fifth Avenue und 82nd St., 2. Dienstag im Juni
www.museummilefestival.org

PUERTO RICAN DAY PARADE
Ausgelassene Musik und Tänze der Puertoricaner entlang der Fifth Avenue, 2. Sonntag im Juni (www.natio nalpuertoricandayparade.org).

MET OPERA IN THE PARKS
Kostenlose Konzerte der Metropolitan Oper in New Yorker Parks, wöchentlich von Juni bis August: www.metoperafamily.org/summer.

BRYANT PARK FILM FESTIVAL
Open-Air-Kino, jeden Montagabend im Bryant Park:
www.bryantpark.org/plan-your-visit/filmfestival.html

MERMAID PARADE
Meerjungfrauen und Meeresgötter auf dem Coney Island Boardwalk, Brooklyn (Samstag nach dem 21. Juni), www.coneyislandusa.com.

LESBIAN AND GAY PRIDE WEEK
Schwulen- und Lesbenparade zur Erinnerung an den »Stonewall-Aufstand« von 1969, in dem sich Homosexuelle zum ersten Mal gegen die Übergriffe der Polizei zur Wehr setzten; www.nycpride.org.

MIDSUMMER NIGHT SWING
Unter freiem Himmel Swing zu Live-Big-Band-Musik tanzen:
www.midsummernightswing.org.

CENTRAL PARK SUMMERSTAGE
Sommer-Konzertserie im Central Park: www.centralpark.com.

CELEBRATE BROOKLYN
Sommerkonzertserie im Prospect Park und im Brooklyn Bridge Park: www.bricartsmedia.org.

SHAKESPEARE IN THE PARK
Kostenlose Theateraufführungen im Delacorte Theater im Central Park (bis August); der Andrang ist meistens sehr groß; www.shakespeare inthepark.org.

JULI

GRATIS
Shakespeare-Theateraufführungen im Prospekt Park in Brooklyn und anderen Parks in der Stadt.
Konzerte am South Street Seaport und im Skulpturengarten des Museum of Modern Art. Parkkonzerte des New York Philharmonic Orchestra in allen Stadtteilen (bis in den August).

MUSIKFESTIVAL
Auf dem Washington Square.

INDEPENDENCE DAY
Feiern zum amerikanischen Unabhängigkeitstag im Battery Park, meist mit einer Schiffsparade auf dem Hudson River und einem großen Feuerwerk am Hudson, das am besten vom Riverside Park, West 80. bis 105. Straße, zu betrachten ist (4. Juli).

NEW YORK FILM FESTIVAL
Internationales Filmfestival in vielen New Yorker Kinos: www.nyciff.com.

52ND STREET FESTIVAL
Das italienische Straßenfest entlang der 52nd St. erinnert an die große Vergangenheit der Straße als Geburtsort des Swing mit vielen Jazzperformances (Ende Juli).

AUGUST

HARLEM WEEK
Eine Woche lang Veranstaltungen, die

ERLEBEN & GENIESSEN
FEIERN · NEW YORK AKTIV

J'OUVERT

Die Caribbean Day Parade am ersten Septemberwochenende ist eines der buntesten und lebendigsten Spektakel im Kalender der Stadt. Die Feierlichkeiten beginnen jedoch schon in der Nacht zuvor, wenn die Nachfahren afrikanischer Sklaven aus der Karibik mit exotischen, erotischen und manchmal beängstigenden Kostümen durch die Brooklyner Stadtviertel Flatbush und Crown Heights ziehen, um die Befreiung von der Sklaverei zu feiern.

die Kultur und Geschichte von Harlem zelebrieren: www.harlemweek.com.

HOWL! FESTIVAL OF EAST VILLAGE ARTS
Alternative Kunst, Musik und Performance rund um das East Village: www.howlfestival.com.

US OPEN TENNIS CHAMPIONSHIPS
Offene amerikanische Tennismeisterschaften in Flushing Meadows in Queens.

SEPTEMBER

WEST INDIAN DAY
Eines der populärsten Straßenfestivals der Stadt am Labor Day (erster Mo. im Sept.) mit wilden Kostümen und Straßentanz.

NEW YORK FILM FESTIVAL
New Yorker Filmfestival im Lincoln Center.

FESTIVAL SAN GENNARO
Zehntägiges Straßenfest in der Mulberry Street in Little Italy. Prozession und italienische Folklore (um den 19. September) und viel Street Food.

GERMAN-AMERICAN STEUBEN PARADE
Deutsch-amerikanischer Umzug zu Ehren des deutschen Generals von Steuben, eines Helden des Unabhängigkeitskriegs. Drittes Wochenende im Monat.

NEW YORKS BERÜHMTESTE PARADE

BAEDEKER WISSEN

Es gibt nur wenige Tage im Jahr, in denen die New Yorker Geschäftigkeit zum Erliegen kommt. Der Thanksgiving-Tag ist einer davon. Thanksgiving ist der höchste Familienfeiertag in Amerika und alle sind bei ihren Liebsten. Die Geschäfte und die Büros bleiben geschlossen, das Treiben in den Straßen erlahmt. Es wird den ganzen Tag gekocht, gegessen und heimelig zusammengesessen. Doch bevor das Fest beginnt, geht man in New York auf die Fifth Avenue.

Die große **Macy's Thanksgiving Day Parade**, bei der Comic-Figuren wie Snoopy, Popeye und Spiderman in Zeppelin-Größe über der Stadt schweben, gehört zum Thanksgiving-Ritual wie der Truthahn und die Süßkartoffeln. Erwachsene und Kinder stellen sich zu Hunderttausenden an die Route vom Central Park zum Herald Square, bevor sie sich dem großen Schlemmen hingeben. Doch die Parade gehört nicht nur zum New Yorker Thanksgiving. Sie wird live in den gesamten USA übertragen und flimmert in Wohnzimmern von Boston bis Los Angeles über den Bildschirm, während der Truthahn im Ofen brutzelt. 44 Millionen Amerikaner schalten jedes Jahr ein.

Ihre weltweite Popularität verdankt die »Macy's Thanksgiving Day Parade« dem Hollywood-Film »**Miracle on 34th Street**« mit Maureen O'Hara und John Payne in den Hauptrollen. 1947 lief er mit großem Erfolg während der Vorweihnachtszeit in den amerikanischen Kinos. Seine rührselige Story und die Originalbilder von der Macy's Thanksgiving Day Parade des Vorjahres verzauberten nicht nur Kinder. Seither überträgt das Fernsehen den Event live.

Von der Familienfeier zum kommerziellen Event

Dabei war die erste Thanksgiving Day Parade 1924 noch ein eher familiärer Event. Die Angestellten von Macy's, oft Einwanderer, zogen in bunten Kostümen und unter patriotischen Klängen von Harlem zum Herald Square, um sich bei den Vereinigten Staaten und ihrem Arbeitgeber für die freundliche Aufnahme zu bedanken.

Spielen eine Hauptrolle bei der Macy's Parade: Fantasiefiguren als Riesenballons

Schon damals hatte die Parade freilich auch einen kommerziellen Hintergrund. Der Tag nach Thanksgiving, der **Black Friday**, markiert den Beginn der Weihnachtsshopping-Saison. Und Macy's als größtes Kaufhaus der USA gehört zu den großen Profiteuren.

Seit 1924 fiel die Parade nur drei Mal aus: wegen des Eintritts der USA in den Zweiten Weltkrieg zwischen 1942 und 1944 ausfallen. Stattdessen spendete man das für die Ballons gedachte Gummi und Helium der Regierung. Nach dem Krieg wurde dafür umso ausgelassener gefeiert. Über zwei Millionen Zuschauer waren 1947 live dabei, ein Jahr später übertrug NBC die Veranstaltung zum ersten Mal im Fernsehen.

Alle Ballons der Parade werden in einer ehemaligen Süßwarenfabrik in Hoboken, New Jersey, auf der anderen Seite des Hudson hergestellt, vor dem Holland Tunnel auseinandergenommen oder zusammengefaltet und in Manhattan wieder zusammengesetzt. Das Aufblasen am Vorabend der Parade in den Nebenstraßen der Fifth Avenue ist bereits ein Großereignis, zu dem viele Familien mit ihren Kindern an die Upper West Side kommen. Die Parade endet direkt vor dem Kaufhaus, wo der Bürgermeister und andere Honoratioren und Prominente fröhlich in die Kameras winken. Einige Stunden später, um Mitternacht, öffnet Macy's dann seine Tore zum großen Weihnachtseinkauf.

Dem zauberhaften Film »Miracle on 34th Street« von 1947 (»Das Märchen vom Weihnachtsmann«) verdankt die »Macy's Thanksgiving Day Parade« ihre Popularität.

ERLEBEN & GENIESSEN
FEIERN · NEW YORK AKTIV

Die Harlem Week ist eine gute Gelegenheit, die Kultur und die Geschichte des Stadtteils kennenzulernen.

AFRICAN AMERICAN DAY PARADE
Am zweiten Sonntag im September: Parade durch Harlem; www.africanamericandayparade.org.

FALL FASHION WEEK
New Yorker Modewoche: www.mbfashionweek.com.

OKTOBER

MADISON SQUARE GARDEN
Die Basketballsaison der New York Knicks und die Hockeysaison der New York Rangers beginnen im Madison Square Garden.

COLUMBUS DAY PARADE
Farbenprächtige Parade auf der 5th Avenue (um den 12. Oktober).

HALLOWEEN PARADE
In Greenwich Village wird der amerikanische Grusel-Karneval besonders heftig gefeiert; die »unheimliche Parade« findet auf der 6th Ave., die Schlussparty auf dem Washington Square statt (31. Oktober).

NOVEMBER

NEW YORK MARATHON
Weltgrößter Marathonlauf am 1. So. im Nov. (seit 1970). Von der Verrazano Narrows Bridge (Staten Island) durch Brooklyn, Williamsburg, über die Pulaski Bridge nach Queens, über die Queensboro Bridge nach Manhattan, hinauf nach Harlem. Der Lauf endet nach 42,2 km im Central Park (New York Road Runners Club, Tel. 1 212 42 32 24 99, www.nyrr.org).

ERLEBEN & GENIESSEN
FEIERN · NEW YORK AKTIV

MACY'S THANKSGIVING DAY PARADE
Eine gigantische Werbeveranstaltung für Kinder (▶ Baedeker Wissen S. 310). Die Parade beginnt um 9 Uhr am Museum of Natural History (West 77th St./Central Park) und verläuft über den Broadway bis zu Macy's am Herald Square/Ecke 34. Straße. Bester Platz zum Zuschauen: Duffy Square (Schnittstelle von 7th Ave., Broadway und 46th St.).

DEZEMBER

LIGHTING OF THE ROCKEFELLER CENTER CHRISTMAS TREE
Anfang Dezember: Aufstellung des größten Weihnachtsbaums von New York im Rockefeller Center.

NEW YEARS EVE
Silvesterfeier auf dem Times Square ab 19 Uhr und im Grand Central Terminal mit Mitternachts-Marathon im Central Park.

New York aktiv

Entgegen dem Klischee des kulturbeflissenen Großstädters sind die New Yorker ein überaus sportliches Volk. Vom Joggen im Central Park über den täglichen Besuch im Fitnessstudio bis zum Segelausflug im Long Island Sound lieben die New Yorker die Bewegung, egal ob im Freien oder indoor. Die Strecken am Hudson und die Straße im Central Park sind bestens für Inlineskates und Fahrräder geeignet. Und auch als Zuschauer sind New Yorker sportbegeistert – die Spiele der New Yorker Home Teams sind regelmäßig ausverkauft.

AKTIV SEIN, SPORT, WELLNESS

JOGGEN UND SKATEN
New York ist zum Joggen ein ideales Pflaster. Der Central Park und die Flussufer bieten die besten Laufstrecken abseits des Verkehrs an. Beliebteste Route im Central Park ist der Pfad rund um das Wasserreservoir, berühmt geworden als Trainingsstrecke von Dustin Hoffmann im Film »Marathon Man«. Aber auch auf der Straße rund um den Park wird gerne gejoggt. Die 10-km-Strecke ist dort außerhalb der Rush Hour (7–9 und 17–19 Uhr) für den Verkehr gesperrt. Am Hudson kann man von der Südspitze Manhattans bis hinauf zur 181st Street joggen, am East River vom South Street Seaport bis zum UNO-Gebäude an der 34th Street.

Die Strecken am Hudson und die Straße im Central Park sind auch bestens für Inlineskates geeignet. Wer Jogging und Sightseeing effizient verbinden möchte, kann sich von mehreren Anbietern rennend dabei zeigen lassen, zumeist in den frühen Morgenstunden (Tel. 1 877 4 15 00 58, www.cityrunningtours.com).

KAYAK
New York entdeckt in den vergangenen Jahren seine Gewässer wieder. Dazu gehören auch allerlei Aktivitäten auf dem Wasser. Besonders beliebt ist das Paddeln auf dem Hudson River, nicht zuletzt, weil man vom Boot aus atemberaubende Ausblicke auf Manhattan genießen kann. Am Pier

ERLEBEN & GENIESSEN
FEIERN · NEW YORK AKTIV

40 (Houston St.), am Pier 96 (56th St.) und an der 72nd Street kann man in den warmen Monaten Kayaks ausleihen (Informationen unter www.downtownboathouse.org).

SCHLITTSCHUH LAUFEN
Unter dem Weihnachtsbaum am Rockefeller Center auf Kufen eine Runde zu drehen, gehört zu den klassischen New Yorker Wintererlebnissen (Rockefeller Center Ice Rink, Tel. 1 212 3 32 76 54, www.rockefellercenter.com, in der Regel Okt. – April geöffnet, Schlittschuhverleih 8 $). Die New Yorker selbst gehen allerdings lieber in den Bryant Park (42nd St., hinter der New York Public Library zwischen Fifth und Sixth Ave., www.thepondatbryantpark.com/skate/info, Nov. – April, Schlittschuhverleih 12 $).

RADFAHREN
New York per Fahrrad zu entdecken – das wäre vor wenigen Jahren noch ein Himmelfahrtskommando gewesen. Doch die fahrradfreundliche Verkehrspolitik des letzten Bürgermeisters, Michael Bloomberg, hat es möglich gemacht, überirdisch von einem Stadtviertel ins andere zu gleiten und den Organismus dieser vielfältigen Stadt vom Sattel aus zu erleben. So hat New York seit einigen Jahren ein überaus beliebtes Leihradprogramm nach dem Vorbild von Paris mit mehreren Hundert Stationen in Manhattan und Brooklyn. Das Ausleihen ist kinderleicht, man steckt die Kreditkarte an der Station in den Automaten, bekommt einen Code, tippt diesen am Rad der Wahl ein und fährt los. Eine Übersicht über die Stationen gibt es bei www.citibikenyc.com oder auf der gleichnamigen Smartphone App.
Die Grundgebühr beträgt für einen 24-Stunden-Pass 9,95 Dollar. Dafür darf man eine halbe Stunde kostenlos fahren, jede weitere halbe Stunde kostet zusätzlich. Wenn man sich den ganzen Tag mit diesen Rädern durch Manhattan bewegen will, kann man die Räder immer wieder an den Stationen einchecken und sich anschließend ein neues Rad holen. Für ganztägige Ausflüge empfiehlt es sich, ein Rad zu mieten. Die Firma Bike and Roll hat Mietstationen in der ganzen Stadt: www.bikenewyorkcity.com.

STRÄNDE
Im Stadtgebiet liegen etliche Strände, die mit öffentlichen Verkehrsmitteln zu erreichen sind, so etwa Coney Island (Subway D, F, N, Q; ▶ S. 70). und Rockaway Beach (im Nordosten von der Bronx, Endstation Linie A; ▶ S. 63). New Yorker fahren aber auch gerne nach Long Island an den Robert Moses Beach (Long Island Railroad ab Pennsylvania Station bis Babylon Station, dann weiter mit Bus S 47).

ZUSCHAUERSPORT

BASEBALL
Die Rekordmeister **New York Yankees** sind das Bayern München des US-Nationalsports. Entsprechend teuer sind Karten im schicken, 2010 eröffneten Stadion. In der regulären Spielzeit zahlt man 60 $ bis etwa 350 $, in den Play-offs können die Tickets unerschwinglich werden, wenn man sie nicht Monate vorbestellt. Yankee Stadium, River Ave., Bronx, Tel. 1 718 2 93 43 00
http://newyork.yankees.mlb.com
Subway: 4, B, D bis 161st St./Yankee Stadium

Die Lokalrivalen, die **Mets**, haben im Stadtteil Queens ebenfalls ein neues Stadion. Weil sie weit weniger erfolgreich sind, sind die Tickets auch etwas günstiger. Wer rechtzeitig im Voraus bucht, bekommt Karten schon ab 15 $.
Shea Stadium, auch Citi Field

ERLEBEN & GENIESSEN
FEIERN · NEW YORK AKTIV

genannt, 12301 Roosevelt Ave., Queens, Tel. 1 718 5 07 84 99
http://newyork.mets.mlb.com
Subway: 7 bis Willets Point

BASKETBALL
Die **New York Knicks** sind das Sorgenkind des New Yorker Sports. Seit den 1970er-Jahren haben sie keine Meisterschaft mehr gewonnen und stolpern von einer Krise in die nächste. Trotzdem ist der legendäre Madison Square Garden meist ausverkauft und die Sitze am Spielfeldrand sind mit Prominenten gespickt. Die Ticketpreise schwanken stark je nach Saison.
Madison Square Garden
Seventh Ave./32nd St.
Tel. 1 866 8 58 00 08
www.nba.com/knicks
Subway: 1, 2, 3, A, C, E bis 34th St./Penn Station

Seit der Saison 2013 haben die Knicks nun auch noch Konkurrenz in der eigenen Stadt: Die **Brooklyn Nets** spielen seither auf der anderen Flussseite in der Barclay's Arena in der höchsten Basketball-Liga und versuchen, der Traditionsmannschaft aus Manhattan den Rang abzulaufen.
Barclay's Arena
620 Atlantic Ave.
Tel. 1 917 6 18 67 00
www.nba.com/nets
Subway: 2, 3, 4, 5, B, D, N, Q, R bis Atlantic Ave./Barclay's

Wie, wann und wo Baseball entstanden ist – darüber scheiden sich die Geister. New York hatte jedenfalls das erste Baseballteam; hier das Yankee Stadion in der Bronx.

ERLEBEN & GENIESSEN
KINDER IN NEW YORK

EISHOCKEY
Der Ballungsraum New York hat gleich **drei Profiteams** in der höchsten Liga: die New York Rangers, die New York Islanders und die New Jersey Devils. Direkt in der Stadt, im Madison Square Garden, spielen nur die Rangers (Tel. 1 866 858 00 08, http://rangers.nhl.com). Die Arenen der Islanders in Long Island und der Devils in Newark, New Jersey, sind jedoch ebenfalls gut mit öffentlichen Verkehrsmitteln zu erreichen.

FOOTBALL
Die Football-Saison ist kurz, deshalb ist es sehr schwer, bezahlbare Tickets zu ergattern. Zudem ist das Meadowlands Stadium in New Jersey, wo die Heimspiele der **Giants** wie der **Jets** stattfinden, von Manhattan aus nur umständlich zu erreichen. Regelmäßige Busverbindungen gibt es ab dem Port Authority Bus Terminal an der 42nd Street.
Meadowlands Stadium
102 Route 120 East Rutherford
New Jersey
Tel. 1 201 46 04 37
www.nfl.com

SOCCER
Die US-Fußball-Liga unternimmt seit einigen Jahren große Anstrengungen, den anderen Profi-Sportarten Konkurrenz zu machen. Das Team **New York Red Bulls** hat deshalb nicht nur 2010 ein neues Stadion bekommen, sondern auch internationale Stars verpflichtet. Um diese zu sehen, lohnt sich der kurze Ausflug mit dem Zug nach New Jersey allemal. Die Tickets fangen bei 20 $ an.
Cape May St., Harrison, New Jersey
Tel. 1 201 5 83 70 70
www.newyorkredbulls.com
Anfahrt: mit roter Linie von PATH Train ab World Trade Center bis Harrison

Seit 2014 haben die Red Bulls städtische Konkurrenz bekommen: Der **New York FC** spielt ebenfalls in der Major League Soccer und teilt sich das Stadion mit den Baseballern der Yankees in der Bronx (▶ S. 314).
www.nycfc.com

KINDER IN NEW YORK

New York mit Kindern? Kein Problem. DerNachwuchs wird den Big Apple mindestens genauso spannend finden wie Sie.

Tipps für Unternehmungen

Viele Famlien fragen sich, ob New York das richtige Reiseziel mit Kindern ist. Die eindeutige Antwort lautet: Ja. Die Stadt ist für Kinder mindestens genauso interessant und aufregend wie für Erwachsene. Bei einem Bummel durch Midtown oder auch durch Nachbarschaften wie Chinatown gibt es so viel zu sehen, zu riechen, zu hören und zu erleben, dass es Kids garantiert nicht langweilig wird. Aber auch an speziellen Angeboten für Kinder mangelt es nicht. Es gibt großzügige Parks mit Spielplätzen, abwechslungsreiche »Hands-on«-Museen, »Museen zum Anfassen« wie South Street Seaport oder das Children's Museum, oder den Bronx Zoo.

ERLEBEN & GENIESSEN
KINDER IN NEW YORK

Die Freitagsausgabe der »New York Times« bietet im »Weekend«-Teil eine »For Children«-Seite mit aktuellen Tipps für die ganze Woche, wo Kinder sich in New York vergnügen können. Tipps sind auch unter »Children's Events« oder »Activities for Children« im »New York Magazine« aufgelistet. Schließlich hat die Website des New Yorker Fremdenverkehrsamtes, www.nycgo.com, eine eigene Rubrik für Aktivitäten mit Kindern. Im Folgenden einige Vorschläge; die mit Pfeil (▶) versehenen Einrichtungen sind im Kapitel »Sehenswürdigkeiten von A bis Z« beschrieben. Im ▶**Central Park** mit seinen vielen Spielplätzen können die Kinder sich austoben, Schlittschuh laufen, Rollschuh laufen, Rad fahren. Im alten Hafen, dem ▶**South Street Seaport** am East River, gibt es historische Segelschiffe. Auch die Bootsrundfahrten rund um Manhattan, Fahrten nach Staten Island oder Stadtrundfahrten im Doppeldeckerbus machen Spaß.

Das ▶**American Museum of Natural History** ist das beliebteste Mu-

Der über 28 m lange Blauwal in der Milstein Hall of Ocean Life im American Museum of Natural History beeindruckt nicht nur die jungen Besucher New Yorks.

seum in New York. Jeder New Yorker hat hier in seiner Kindheit unzählige Stunden damit zugebracht, Saurierskelette und Dioramen zu bewundern, im Planetarium die Sterne anzuschauen oder sich in einer Sonderausstellung über die Vielfalt der Spinnenarten zu informieren. In den Kindermuseen in Manhattan, Brooklyn und in Staten Island dürfen Kinder alles anfassen, ausprobieren und einfach spielen (▶S. 319). Das interessante Raum- und Schifffahrtsmuseum, das **Intrepid Sea, Air & Space Museum**, befindet sich in einem ausgedienten Flugzeugträger im Hudson (▶S. 326). Aber auch die Schatztruhe New Yorks, das ▶**Metropolitan Museum**, hat viel für Kinder zu bieten. Die Nachbauten antiker Tempel oder die Sammlungen mittelalterlicher Ritterrüstungen sind ein wahrhaftiges Abenteuerland für Kids.

Der **Bronx Zoo** gehört zu den schönsten Tiergärten der Welt mit künstlichen Urwäldern, riesigen Freiluftgehegen, einem Kinderzoo und einer Einschienenbahn (▶S. 62). Die Little Orchestra Society (»Happy Concerts for Young People«) in der David Geffen Hall im ▶**Lincoln Center** bietet klassische Musik für Kinder. Bei Händels »Wassermusik« etwa tritt der Dirigent im Taucheranzug auf, immer am Samstagnachmittag, zu wechselnden Uhrzeiten. Der **Big Apple Circus** gastiert von Oktober bis Januar im Damrosch Park neben der Metropolitan Opera (62nd St., zwischen Columbus und Amsterdam Ave., Tel. 1 888 5 41 37 50, www.bigapplecircus.org). Und kleine Schleckermäuler werden ganz bestimmt in Dylan's Candy Bar, dem größten Süßigkeitenladen der Stadt, glücklich (www.dylanscandybar.com; Third Avenue/60th St.).

HITS FÜR KIDS

JEDE MENGE VORSCHLÄGE
www.mommypoppins.com
www.gocitykids.com
www.timeoutnewyorkkids.com

KREATIV TOBEN
Beliebteste Spielplätze:
Heckscher Playground im Central Park (62nd St./Central Park South), Brooklyn Bridge Park am Pier 6 (Furman St./Atlantic Ave.) mit Strandzugang und Wasserspielen, South Street Seaport Imagination Playground (Burling Slip, John St. zw. Front und South St.) und Union Square Park Playground (zw. East 14th and 17th St.).

CENTRAL PARK CAROUSEL
Seit 1871 dreht sich das nostalgische Karussell in einem wettergeschützten Rundbau im Central Park, wo Kinder auf holzgeschnitzten Pferden reiten können. (Ganzjährig dreht sich auch Jane's Carousel im Brooklyner Bridge Park, ▶ S. 66).
Central Park, Höhe der 64th St. Tel. 1 212 4 39 69 00, Sommer tägl. 10–18, im Winter bis 16.30 Uhr

TIERSEGNUNG IN ▶ST. JOHN THE DIVINE
Am ersten Sonntag im Oktober versammeln sich um 11 Uhr Kamele, Elefanten, Esel, Hunde, Katzen, Vögel

ERLEBEN & GENIESSEN
KINDER IN NEW YORK

und andere Vertreter der Stadtfauna, um sich fürs kommende Kirchenjahr segnen zu lassen. Kostenlose Karten gibt es ab 9 Uhr; es ist ratsam, sich frühzeitig in die lange Schlange einzureihen.

CHILDREN'S MUSEUM OF MANHATTAN
Mitmachen ist Trumpf: In einer interaktiven Abteilung lernen beispielsweise Fahrräder das Fliegen und Roboter das Sprechen; und auf Bildschirmen dürfen Kinder zeichnen, malen und kritzeln.
212 West 83rd St., zw. Amsterdam Ave. und Broadway
Tel. 1 212 7 21 12 34
www.cmom.org
Di. – So. 10–17 Uhr

★ BROOKLYN CHILDREN'S MUSEUM
Schmetterlingsraupen beim Schlüpfen zuschauen, in Modelle von Ameisenhöhlen kriechen oder eine Videoshow gestalten – das Brooklyner Children's Museum gehört zu den besten Museen dieser Art in Amerika. Kinder sollen einen lebendigen Eindruck von Aspekten der Technik, Ethnologie und Naturgeschichte bekommen, außerdem besitzt es Sammlungen von Puppen, Gesteinen, Muscheln, Fossilien, Kostümen und afrikanischen Artefakten.
145 Brooklyn Ave., Di. – So. 10–17, Do. bis 18 Uhr, Eintritt 11 $, freier Eintritt Do. 14–18 Uhr, www.brooklynkids.org; Subway: Kingston Ave., weiter mit Bus 43 bis St. Marks Ave.

STATEN ISLAND CHILDREN'S MUSEUM
▶Staten Island, Snug Harbor Cultural Center

SCOTT'S PIZZA TOURS
Die NYC Pizza Bus Tour von Scott's Pizza Tours führt zu vier der besten Pizzerien von New York. Unterwegs erfahren die Teilnehmer alles Wissenswerte über die Geschichte der Pizza, in den Lokalen dürfen sie dabei sein, wenn die Pizzas hergestellt werden. Natürlich gibt es auch Kostproben und einen Proviantbeutel.
Spring Street
Tel. 1 212 2 09 33 70
www.scottspizzatours.com
Fr., Sa., Mo. 11–14 Uhr
Erwachsene 55, Kinder ab 35 $

NEW YORK AQUARIUM
Im New York Aquarium (▶Brooklyn) können Kinder Hunderte von exotischen Fischarten bewundern und auf die Jagd nach Nemo gehen, dem aus dem Film bekannten kleinen Clownfisch. Beliebt sind insbesondere der Auftritt der Beluga-Walfamilie und die Kunststücke der Seelöwen.

FLUSHING MEADOWS CORONA PARK IN QUEENS
Es dauert beinahe eine Stunde, um mit der U-Bahn hierher ans äußerste Ende von Queens zu gelangen, doch die Fahrt lohnt sich. Das riesige Gelände der Weltausstellung von 1964 hat für Familien einiges zu bieten. Da sind einmal die futuristischen Gebilde der Weltausstellung, die Filmfreunde aus »Men in Black« kennen. Da ist das Queens Museum and Science Hall – wo es für Kinder Wissenschaft zum Anfassen und Mitmachen gibt. Da sind der Queens Botanical Garden, das Baseballstadion der Mets, sechs Spielplätze, ein Skatepark und ein Schwimmbad. Und zum Abschluss kann man sich in Flushing, der größten Chinatown New Yorks, umschauen.
Flushing Meadows Corona Park, www.nycgovparks.org/parks/flushing-meadows-corona-park; Subway: Linie 7 bis Mets-Willets Point.

ERLEBEN & GENIESSEN
MUSEEN

MUSEEN

New York ist ein Paradies für Kunstfreunde. Die Stadt hat mit dem Metropolitan Museum, dem MoMA oder dem Guggenheim einige der größten und besten Museen der Welt. Daneben beheimatet die Stadt Dutzende kleinerer, interessanter Nischenmuseen sowie Hunderte hockkarätiger Galerien.

Überblick Die Museen in New York sind privatwirtschaftlich geführt, viele erhalten aber Unterstützung durch öffentliche Geldmittel. In einigen wenigen Museen wird keine festgelegte Eintrittsgebühr verlangt, sondern jeder zahlt das, was er zu zahlen bereit ist (»Pay-what-you-wish«). In der »Museumsmeile« Fifth Avenue zwischen 79. und 103. Straße ist zu bestimmten Zeiten (meist Di. ab 17 Uhr) der Eintritt frei. Die mit einem Hinweispfeil (▶) gekennzeichneten Museen sind im Kapitel »Sehenswertes von A bis Z« ausführlich beschrieben
In New York sind über 400 Kunstgalerien zu Hause. Zeitgenössische Kunst findet sich vor allem in ▶Chelsea, etablierte moderne und ältere in der ▶Upper East Side. Überblicke verschaffen »Time Out New

Das Guggenheim Museum am Central Park ist schon wegen seiner spektakulären Architektur sehenswert.

ERLEBEN & GENIESSEN
MUSEEN

York« (www.timeout.com/newyork/art, der Chelsea Galerie-Führer (www.chelseagallerymap.com), die Website downtowngallerymap.com und New York Art City (www.newyartcity.com).

NEW YORKS MUSEEN UND GALERIEN

KUNST · KULTUR · ARCHITEKTUR

AMERICAN FOLK ART MUSEUM
In Wechselausstellungen werden volkstümliche und andere Kunstschätze aus mehreren Jahrhunderten aus Amerika, aber auch aus anderen Ländern gezeigt und Kulturveranstaltungen organisiert.
Lincoln Square
Tel. 1 212 5 95 95 33
www.folkartmuseum.org
Subway: 66th St. (Lincoln Center)
Di. - Do., Sa. 11.30-19, Fr. 12 bis 19.30, So. bis 18 Uhr,
Eintritt frei

AMERICAN NUMISMATIC SOCIETY
▶Harlem, Audubon Terrace

ASIA SOCIETY AND MUSEUM
John D. Rockefeller III. (1906-1978), der älteste Sohn des großen Mäzens, gründete 1956 die Asia Society, um die Beziehungen Amerikas zu den Ländern des Fernen Ostens zu fördern. Eine der Galerien zeigt seine Privatsammlung mit Skulpturen, Bronzen, Keramiken und Gemälde aus China, Japan, Indien und Südostasien. Darüber hinaus finden regelmäßig Wechselausstellungen, Tanzdarbietungen, Vorträge, Konzerte und Filmvorführungen statt. Auch ein gut sortierter Buchladen ist vorhanden. Der siebenstöckige Bau in rötlichem Granit und Sandstein entstand 1981 nach Plänen von Edward Larrabee Barnes.
725 Park Ave./70th St.
Tel. 1 212 3 27 93 22
www.asiasociety.org
Subway: 68th St.-Hunter College
Di. - So. 11-18, Sept. - Juni Fr. bis 21 Uhr, Eintritt 12 $; Fr. ab 18 Uhr freier Eintritt

BROOKLYN MUSEUM OF ART
▶Brooklyn

BRONX MUSEUM OF THE ARTS
Wechselnde Kunstausstellungen, vorrangig New Yorker Künstler.
1040 Grand Concourse/165th St., Bronx
Tel. 1 718 6 81 60 00
www.bronxmuseum.org
Subway: 161st St.
Mi., Do., Sa., So. 11-18, Fr. bis 20 Uhr, Eintritt frei

THE CLOISTERS
▶Cloisters

COOPER-HEWITT NATIONAL DESIGN MUSEUM
New Yorks Designmuseum gehört zur halbamtlichen Smithsonian Institution, die u. a. die weltgrößte Design- und Kunstgewerbesammlung besitzt und diese hier in wechselnden Ausstellungen zeigt. Der Grundstock der Sammlung wurde von den Schwestern Sarah, Eleanor und Amy Hewitt zusammengetragen, den Enkelinnen des Stahlkönigs Andrew Cooper. Das Museum befindet sich in dem markanten, 1901 im Neorenaissancestil erbauten und bis 1946 bewohnten Stadtschloss von Andrew Carnegie.

ERLEBEN & GENIESSEN
MUSEEN

Diesem Mäzen verdankt die Stadt auch die Carnegie Hall.
5th Ave./2 East 91st St.
Tel. 1 212 8 49 84 00
www.cooperhewitt.org
Subway: 96th St.
tägl. 10–18, Sa. bis 21 Uhr, Eintritt 18 $

DIA ART FOUNDATION
Die Dia Art Foundation zeigt in New York an verschiedenen Orten Werke von Joseph Beuys (7000 Eichen), Walter De Maria (The New York Earth Room und The Broken Kilometer), Dan Flavin (Untitled, 1998) und Max Neuhaus (Times Square). In Chelsea (West 22nd St.) finden wechselnde Installationen und Lesungen statt. In Beacon im Hudson-Tal unterhält die Stiftung ein sehenswertes Museum mit Kunst seit den 1960er-Jahren
(▶S. 46).
www.diacenter.org
Tel. 1 212 9 89 55 66

FASHION INSTITUTE OF TECHNOLOGY · MUSEUM (MUSEUM AT FIT)
Wechselnde Ausstellungen zum Thema Mode und Textilien.
7th Ave./27th St.
Tel. 1 212 2 17 58 00
www.fitnyc.edu
Subway: 28th St.
Di. – Fr. 12–20, Sa. 10–17 Uhr, Eintritt frei

FORBES MAGAZINE GALLERIES
Privatsammlung des verstorbenen Multimillionärs Malcolm Forbes.
62 Fifth Ave./12th St.
Tel. 1 212 2 06 55 48
www.forbesgalleries.com
Subway: 14th St.; Di. – Sa. 10–16 Uhr, Do. nur für angemeldete Gruppen, Eintritt frei

FRICK COLLECTION
▶Frick Collection

GUGGENHEIM MUSEUM
▶Guggenheim Museum

HISPANIC SOCIETY OF AMERICA
▶Harlem, Audubon Terrace

ISAMU NOGUCHI MUSEUM
▶Queens

METROPOLITAN MUSEUM OF ART
▶Metropolitan Museum of Art
▶The Cloisters (Zweigstelle)
The Met Breuer (Zweigstelle)
Der mit grauen Granitplatten verkleidete Hauptbau (Pläne: Marcel Breuer und Hamilton Smith, 1966) erinnert an eine umgekehrte Pyramide. Ausgestellt wird Kunst aus dem 20. und 21. Jh.
945 Madison Ave./75th St.
www.metmuseum.org
Subway: 77th St.
So., Di. – Do. 10–17, Fr., Sa. bis 21 Uhr, Eintritt 25 $ (Sammelticket mit Met und The Cloisters)

MORGEN LIBRARY AND MUSEUM
▶Morgan Library and Museum

MUSEO DEL BARRIO
In dem Stadtviertel östlich der 5th Ave. (zw. 103. und 125. Straße) leben hauptsächlich Puerto Ricaner und andere spanischsprechende Volksgruppen aus der Karibik, aus Mittel- und Südamerika. Das Museum zeigt puerto-ricanische und lateinamerikanische Kunst, Folklore und Kunsthandwerk. Zu den Hauptattraktionen gehören die sog. Santos de Palo, geschnitzte Heiligenfiguren.
1230 5th Ave./104th St.
Tel. 1 212 8 31 72 72
www.elmuseo.org
Subway: 103rd St.
Di. – Sa. 11–18 Uhr, Eintritt 9 $

MUSEUM OF ARTS AND DESIGN
Sitz des Museums ist das Chazen Building, ursprünglich ein Bau von 1964 (Edward Durell Stone), der von Brad

ERLEBEN & GENIESSEN
MUSEEN

Der Rapper A Boogie Wit Da Hoodie bei einer Party im August 2016 im P S 1

Cloepfil von Allied Works vollkommen umgebaut wurde. Neben Wechselausstellungen werden Alltags- und Kunsthandwerk aus Keramik, Textilien, Glas, Holz, Papier, Silber und Metall, Juwelen, Decken und Möbel von 1900 bis heute gezeigt. Mit Restaurant und Shop.
2 Columbus Circle
Tel. 1 212 2 99 77 77
www.madmuseum.org
Subway: Columbus Circle
Di. - So. 10-18, Do., Fr. bis 21 Uhr, Eintritt 16 $

MUSEUM OF MODERN ART
▶Museum of Modern Art

MUSEUM OF THE PERFORMING ARTS
▶Lincoln Center

NEUE GALERIE
▶Neue Galerie

NEW MUSEUM OF CONTEMPORARY ART
Das New Museum of Contemporary Art ist eine Mischung aus Kunsthalle und Galerie. Wechselausstellungen präsentieren die neuesten Kunstströmungen. Neben bereits international bekannten Stars soll hier – wie auch im P S 1 (▶Queens) – vor allem der ganz jungen Szene zum Durchbruch verholfen werden. Der Bau des japanischen Architektenduos Kazuyo Sejima und Ryue Nishizawa und dessen Büro SANAA ist allein schon einen Besuch wert.
235 Bowery/Prince St.
Tel. 1 212 2 19 12 22
www.newmuseum.org
Subway: Prince St.
Mi., Sa., So. 12-18, Di., Fr. bis 21 Uhr, Eintritt 16 $

P S 1 CONTEMPORARY ART
▶Queens

ERLEBEN & GENIESSEN
MUSEEN

RUBIN MUSEUM OF ART
Kunst aus Tibet und dem Himalaja.
150 West 17th St./7th Ave.
Tel. 1 212 6 20 50 00
www.rmanyc.org
Subway: 18th St.
Mo., Do. 11–17, Mi. bis 21, Fr. bis 22, Sa., So. bis 18 Uhr, Eintritt 15 $; Freitag ab 18 Uhr freier Eintritt

SCHOMBURG CENTER FOR RESEARCH IN BLACK CULTURE
▶Harlem

SKYSCRAPER MUSEUM
Allerhand Wissenswertes rund um New Yorks Hochhaus-Architektur.
39 Battery Place
Tel. 1 212 9 68 19 61
www.skyscraper.org
Subway: South Ferry, Bowling Green
Mi. – So. 12–18 Uhr, Eintritt 5 $

TIBETAN MUSEUM
▶Staten Island, Jacques Marchais Center of Tibetan Art

WHITNEY MUSEUM OF AMERICAN ART
▶Whitney Museum of American Art

FOTOGRAFIE

INTERNATIONAL CENTER OF PHOTOGRAPHY (ICP)
Das einzige Museum New Yorks, das ausschließlich der Fotografie gewidmet ist, wurde 1974 von Cornell Capa gegründet, dem Bruder des bekannten Fotojournalisten Robert Capa. Die Sammlung umfasst u. a. Fotos von Werner Bischof, Robert Capa, David Seymour und Dan Weiner, die während ihrer Tätigkeit ums Leben kamen, aber auch Werke von Ansel Adams und Henri Cartier-Bresson, die in wechselnden Ausstellungen gezeigt werden. Das ICP beheimatet auch eine der renommiertesten Fotoschulen der Welt.
250 Bowery
Tel. 1 212 8 57 00 00
www.icp.org
Subway: 2nd Avenue oder B, D, F, M nach Broadway Lafayette
Di. – Do., Sa., So. 10–18, Fr. bis 20 Uhr,
Eintritt 14 $

ALICE AUSTEN HOUSE MUSEUM
▶Staten Island

APERTURE FOUNDATION GALLERY
Die Ausstellungen geben einen Überblick über die künstlerische Fotografie im 20. und 21. Jahrhundert.
547 West 27th St., 4th Floor (zw. 10th und 11th Ave.)
Tel. 1 212 5 05 55 55
www.aperture.org
Mo. – Sa. 10–18 Uhr, Eintritt frei

FILM · FERNSEHEN

MUSEUM OF THE MOVING IMAGE
▶Queens

PALEY CENTER FOR MEDIA (FRÜHER MTR)
Dieses von Philip Johnson und John Burgee erbaute Museum widmet sich der Geschichte der Massenmedien Rundfunk und Fernsehen. Von der imposanten Eingangshalle gelangt man zur Steven Spielberg Gallery, die Wechselausstellungen vorbehalten ist. In den beiden Kinos und kleineren Vorführräumen werden wechselnde Aufzeichnungen aus dem Museumsarchiv gezeigt, das über mehr als 100 000 Fernseh- und Rundfunkprogramme und Werbespots verfügt. Im dritten Stock können sich die Besucher an einem der zahlreichen Computer mithilfe des Museumskatalogs eine eigene Programmshow zusammenstellen.
25 West 52nd St.

ERLEBEN & GENIESSEN
MUSEEN

(zw. 5th und 6th Ave.)
Tel. 1 212 6 21 68 00
www.paleycenter.org
Subway: 47-50th St.-Rockefeller Center
Mi. – So. 12-18, Do. bis 20 Uhr, Eintritt 10 $

MUSEEN FÜR KINDER
▶ Mit Kindern in New York S. 316

GESCHICHTE · KULTURGESCHICHTE

BOWNE HOUSE
▶Queens

CITY RELIQUARY
Das kleine Nachbarschaftsmuseum zeigt eine kunterbunte Mischung aus Alltagsgegenständen und Souvenirs – für New-York-Nostalgiker.
370 Metropolitan Ave., nahe Havemeyer St., Williamsburg, Brooklyn
Tel. 1 718 7 82 48 42
www.cityreliquary.org
Subway: Lorimer Ave., Metropolitan Ave.
Di. – So. 11 – 16 Uhr, Eintritt 5 $

DYCKMAN FARMHOUSE MUSEUM
Das einzige Farmhaus auf Manhattan im Kolonialstil, mit Mobiliar aus dem 18. Jahrhundert.
4881 Broadway/204th St.
Tel. 1 212 3 04 94 22
www.dyckmanfarmhouse.org
Subway: 207th St.-Dyckman St.
Do. – Sa. 11-16, So. bis 15 Uhr, im Winter geschl.,
Eintritt 1 $

ELLIS ISLAND EINWANDERER-MUSEUM
▶Ellis Island

FRAUNCES' TAVERN MUSEUM
▶Financial District

HISTORIC RICHMOND TOWN
▶Staten Island

LOWER EAST SIDE TENEMENT MUSEUM
▶Lower East Side

MORRIS-JUMEL MANSION
▶Harlem

MOUNT VERNON HOTEL MUSEUM AND GARDEN
Haus mit Garten im Kolonialstil aus dem Jahr 1799.
421 East 61st St. (zw. 1st und York Ave.)
Tel. 1 212 8 38 68 78
www.mvhm.org
Subway: Lexington Ave.-59th St.
Di. – So. 11-16 Uhr, Eintritt 8 $

MUSEUM OF BRONX HISTORY – VALENTINE-VARIAN HOUSE
Die Geschichte der Bronx in einem Farmhaus von 1758.
3266 Bainbridge Ave./East 208th St.
Tel. 1 718 8 89 89 00
www.bronxhistoricalsociety.org
Subway: 205th St.
Sa. 10-16, So. 13-17 Uhr,
Eintritt 5 $

MUSEUM FOR AMERICAN FINANCIAL HISTORY
▶Financial District

MUSEUM OF CHINESE IN AMERICA
▶Chinatown

MUSEUM OF THE CITY OF NEW YORK
Vorgestellt wird die über 300-jährige Geschichte New Yorks, von der Entdeckung der Insel durch Verrazano über die Siedlung Neu-Amsterdam, die Kolonialzeit, den amerikanischen Bürgerkrieg bis zur Gegenwart. Berühmt ist die Theatersammlung, besonders beliebt die Sammlung von alten Puppenhäusern und Spielsachen.

ERLEBEN & GENIESSEN
MUSEEN

1220 5th Ave./103rd St.
Tel. 1 212 5 34 16 72
www.mcny.org
Subway: 103rd St.
Tägl. 10–18, Uhr, Eintritt 14 $

NEW YORK HISTORICAL SOCIETY
Die 1809 gegründete New York Historical Society ist eine der ältesten wissenschaftlichen Institutionen der Stadt. Das Museum, das älteste im Staat New York, ist seit 1908 in demselben Gebäude in unmittelbarer Nachbarschaft des ▶American Museum of Natural History zu Hause. Die Gesellschaft veranstaltet Wechselausstellungen zur Stadtgeschichte und verfügt über eine umfangreiche Bibliothek zur Geschichte der Stadt und des Landes. Zu den Schätzen der Sammlung gehören Lampen aus den Werkstätten von Louis Comfort Tiffany (1848–1933), Aquarelle des Vogelmalers John James Audubon (1785–1851) und das 1919 von Picasso gemalte Wandbild »The Tricorne«, das ursprünglich das Restaurant Four Seasons schmückte.
170 Central Park West/77th St.
Tel. 1 212 8 73 34 00
www.nyhistory.org
Subway: 81st St.-American Museum of Natural History
Di.–Sa. 10–18, Fr. bis 20, So. bis 17 Uhr; die Bibliothek ist Sa. geschl., Eintritt 20 $

NYC FIRE MUSEUM
Die Geschichte der New Yorker Feuerwehr.
278 Spring St. (zw. Hudson und Varick St.)
Tel. 1 212 6 91 13 03
www.nycfiremuseum.org
Subway: Spring St., Houston St.
Di.–So. 10–16 Uhr, Eintritt 5 $

SNUG HARBOR CULTURAL CENTER
▶Staten Island

NATUR · TECHNIK

AMERICAN MUSEUM OF NATURAL HISTORY
▶American Museum of Natural History

HALL OF SCIENCE
▶Queens

INTREPID SEA, AIR & SPACE MUSEUM
Der 1943 vom Stapel gelaufene Flugzeugträger »USS Intrepid« wurde im Zweiten Weltkrieg fünf Mal von japanischen Kamikazefliegern angegriffen und von einem Torpedo durchbohrt. Heute bietet er Einblick in die Welt von US Navy und Air Force. Außer historischen und aktuellen Flugzeugen, darunter eine Lockheed A-12 und eine Concorde, sind das U-Boot »USS Growler« und die in einem eigenen Pavillon untergebrachte NASA-Raumfähre »Enterprise« zu sehen. In einem Flugsimulator wird man in das Cockpit eines Kampfjets versetzt, und seinen Magen kann man in einem G-Force-Simulator testen. Beide Attraktionen sind jedoch im Eintritt nicht inbegriffen.
Pier 86 Hudson River
Tel. 1 212 2 45 00 72
Subway: 42nd St.-Port Authority, dann weiter mit dem Bus 42 bis 12th Ave.
www.intrepidmuseum.org
Apr.–Okt. Mo.–Fr. 10–17, Sa., So. bis 18, Nov.–März tägl. 10 bis 17, Eintritt 33 $

NEW YORK AQUARIUM
▶Brooklyn, Coney Island

NEW YORK TRANSIT MUSEUM
▶Brooklyn

SOUTH STREET SEAPORT MUSEUM
▶South Street Seaport

ERLEBEN & GENIESSEN
MUSEEN

VÖLKERKUNDE

AMERICAS SOCIETY
Ausstellungen über Mittel- und Südamerika, Kanada, die Karibik.
680 Park Ave.
Tel. 1 212 2 49 89 50
www.as-coa.org
Subway: 68th St.
Bei Ausstellungen: Mi. – Sa. 12–18 Uhr

JAPAN SOCIETY
Die nordwestlich der ▶United Nations Headquarters beheimatete Japan Society wurde 1907 gegründet. Das schwarze Gebäude entstand 1971 nach Entwürfen von Junzo Yoshimura und George Shimamoto im japanischen Stil. Wechselnde Ausstellungen präsentieren japanisches Kunsthandwerk. Darüber hinaus gibt es hier einen japanischen Garten, einen Vortragssaal, in dem japanische Filme und Theatervorführungen gezeigt sowie Vorträge gehalten werden, ein Sprachenzentrum und eine Bibliothek.
333 East 47th St.
Tel. 1 212 8 32 11 55
www.japansociety.org
Subway: Lexington Ave. Ecke 53rd St.
Bei Ausstellungen: Mo.– Fr. 11–18, Sa., So. bis 17 Uhr, Eintritt 10 $

JEWISH MUSEUM
▶Jewish Museum

MUSEUM OF THE AMERICAN INDIAN
Das ehemalige U. S. Custom House (▶S. 123) ist seit 1994 Zweigstelle des inzwischen auf mehrere Standorte verteilten National Museum of the American Indian in Washington. In der New Yorker Zweigstelle finden Ausstellungen zur Kultur und Geschichte der Native Americans statt.
1 Bowling Green
Tel. 1 212 5 14 37 00
www.nmai.si.edu
Subway: Bowling Green
tägl. 10–17, Do. bis 20 Uhr, Eintritt frei

MUSEUM OF JEWISH HERITAGE
▶Battery Park City

WEITERE MUSEEN

MADAME TUSSAUDS
Neben den bekannten Namen der Weltgeschichte sind auch lokale Größen wie Woody Allen, Whoopi Goldberg, Barbra Streisand, der ehemalige Bürgermeister Rudolph Giuliani und der Immobilienkönig und derzeitige Präsident Donald Trump in Wachs verewigt.
234 West 42nd St. (zw. 7th und 8th Ave.)
Tel. 1 800 2 46 88 72
www.madame-tussauds.com
Subway: 42nd St.-Times Square
So. – Do. 10–18, Fr. – Sa. bis 20 Uhr, Eintritt 37 $

LOUIS ARMSTRONG HOUSE MUSEUM
▶Queens

MUSEUM OF SEX
▶Flatiron District & Union Square

AUSGEWÄHLTE KUNSTGALERIEN

Online-Überblick:
downtowngallerymap.com
www.lesgalleriesnyc.com
www.chelseagallery map.com

MARY BOONE
Verhalf u. a. Julian Schnabel, Eric Fischl und David Salle zum Durchbruch.
745 5th Ave. und
541 West 24th St.
Tel. 1 212 7 52 29 29
www.maryboonegallery.com

ERLEBEN & GENIESSEN
MUSEEN

Die meisten Galerien in Chelsea findet man zwischen der 20. und 26. Straße auch die Charles Cowles Gallery in 537 W. 24th Street.

CHEIM & READ
Die Großgalerie in Chelsea vertritt Namen wie John Cheim und Diane Arbus, William Eggleston, Louise Bourgeois und Joan Mitchell.
547 West 25th St., zw. 10th and 11th Ave., Chelsea
Tel. 1 212 2 42 77 27
www.cheimread.com

FISHER LANDAU CENTER FOR ART
Die Sammlung der 95 Jahre alten Emily Fisher Landau befindet sich in einer ehemaligen Fallschirmfabrik in Long Island City. Sie zeigt unter anderem Werke von Robert Rauschenberg, Ellsworth Kelly und Andy Warhol.
38-27 30th St., Long Island City in Queens
Tel. 1 718 9 37 07 27
www.flcart.org

SEAN KELLY GALLERY
Sean Kelly ist für ungewöhnliche Ausstellungen bekannt; u. a. zeigt er Robert Mapplethorpe, Marina Abramović and Mariko Mori.
475 Tenth Ave., zw. 36th and 37th St., Midtown West
Tel. 1 212 2 39 11 81
www.skny.com

LUHRING AUGUSTINE
Eine der renommiertesten Galerien der Stadt zeigt Werke von Gerhard Richter, Larry Clark, Pablo Picasso and David Musgrave. Luhring hat auch eine Außenstelle im hippen Kunstviertel Bushwick.
http://luhringaugustine.com
531 West 24th St.
Tel. 1 212 2 06 91 00 und
25 Knickerbocker Ave., zw. Johnson Ave. und Ingraham St. in Bushwick, Brooklyn
Tel. 1 718 3 86 27 46

LEO CASTELLI GALLERY
US-amerikanische Künstler wie u. a. Jasper Johns, Claes Oldenburg und James Rosenquist.
18 East 77th St.
Tel. 1 212 2 49 44 70
www.castelligallery.com

ERLEBEN & GENIESSEN
MUSEEN

ON STELLAR RAYS
Eine der ersten Galerien im neuen Galerien-Viertel Lower East Side.
1 Rivington St.
Chrystie and Bowery
Tel. 1 212 5 98 30 12
www.onstellarrays.com

PAULA COOPER GALLERY
Werke u. a. von Carl Andre und Robert Wilson.
534 West 21st St.
Tel. 1 212 2 55 11 05
http://paulacoopergallery.com

LARRY GAGOSIAN
Zurzeit vermutlich der prominenteste Händler für moderne und zeitgenössische Kunst.
980 Madison/5th Ave., 555 West 24th Street und 522 West 21st Street, Tel. 1 212 7 44 23 13
www.gagosian.com

BARBARA GLADSTONE
Engagiert sich für den Künstler-Nachwuchs, u. a. auch den aus Deutschland.
515 W 24th St. und 530 West 21st Street
Tel. 1 212 2 06 93 00
www.gladstonegallery.com

MARIAN GOODMAN GALLERY
Gilt als eine der besten Adressen auf dem Gebiet der Installationen; auch amerikanische und deutsche Maler, u. a. John Baldessari, Maurizio Cattelan, Lawrence Weiner.
24 West 57th St.
Tel. 1 212 9 77 71 60
www.mariangoodman.com

MARLBOROUGH
Werke von Künstlern wie Bacon und Botero.
40 West 57th St.
Tel. 1 212 5 41 49 00
www.marlboroughgallery.com

MATTHEW MARKS
Jasper Johns, Ellsworth Kelly, Brice Marden sowie amerikanische und internationale Newcomer.
523 West 24th St.
Tel. 1 212 2 43 02 00
www.matthewmarks.com

PIEROGI
Traditionsgalerie in Brooklyn.
177 North 9th St.
zw. Bedford und Driggs Ave.
in Williamsburg, Brooklyn
Tel. 1 718 5 99 21 44
www.pierogi2000.com

ANDREA ROSEN
Eine der besten Spürnasen für neue Talente.
525 West 24th St.
Tel. 1 212 6 27 60 00
www.andrearosengallery.com

TONY SHAFRAZI GALLERY
Machte u. a. Keith Haring und dessen Strichmännchen berühmt.
544 West 26th St.
Tel. 1 212 2 74 93 00
www.tonyshafrazigallery.com

SONNABEND GALLERY
Zeitgenössische Werke amerikanischer und europäischer Künstler, u. a. Gilbert & George, Bernd und Hilla Becher.
536 West 22nd St.
Tel. 1 212 6 27 10 18
www.sonnabendgallery.com

SPERONE WESTWATER
Die 1975 von dem Deutschen Konrad Fischer gegründete Galerie logiert in einem Gebäude von Sir Norman Foster. Kunst u. a. von Alighiero Boeti, Lucio Fontana, Richard Long und Bruce Naumann.
257 Bowery zw. Houston und Stanton St.
Tel. 1 212 9 99 73 37
www.speronewestwater.com

ERLEBEN & GENIESSEN
SHOPPEN

STOREFRONT FOR ART & ARCHITECTURE
Ein 32 Jahre altes Künstlerkollektiv in SoHo, das junge Künstler aus New York fördert und für kontroverse Ausstellungen und Veranstaltungen bekannt ist.
97 Kenmare St.
Tel. 1 212 4 31 57 94
www.storefrontnews.org

MICHAEL WERNER
Moderne und zeitgenössische Künstler aus Europa und den USA, u. a. James Lee Byars, Marcel Broodthaers, Sigmar Polke, Francis Picabia, Ernst Ludwig Kirchner und Peter Doig.
4 East 77th St.
Tel. 1 212 9 88 16 23
www.michaelwerner.com

THE PACE GALLERY
Alte Meister und französische Impressionisten.
534 West 25th St. und 545 West 22nd St.
Tel. 1 212 9 29 70 00
thepacegallery.com

DAVID ZWIRNER
Zeitgenössische Kunst, u. a. von Donald Judd, Dan Flavin, Neo Rauch und Luc Tuymans.
519 und 525 West 19th St.
Tel. 1 212 7 27 20 70
www.davidzwirner.com

FOTOGALERIEN

JANET BORDEN
Unter anderem Bilder vom englischen Geldadel von Martin Parr.
560 Broadway
(zw. Prince und Spring St.)
Tel. 1 212 4 31 01 66
www.janetbordeninc.com

PACE/MCGILL
Altmeisterliche, oft klassischen Gemälden nachgestellte Aufnahmen.
32 East 57th St.
Tel. 1 212 7 59 79 99
www.pacemacgill.com

STALEY-WISE
Hier werden vor allem Modeaufnahmen gezeigt.
560 Broadway
Tel. 1 212 9 66 62 23
www.staleywise.com

GREY ART GALLERY
Unter einem bestimmten Thema zusammengefasste Ausstellungen aus den Restbeständen bekannter Museen. Retrospektiven beschäftigen sich mit zu Unrecht vernachlässigten Künstlern.
100 Washington Square East
Tel. 1 212 9 98 67 80
www.nyu.edu/greyart/

SHOPPEN

In einer Boutique in Brooklyn direkt vom Designer ein Kleid kaufen, das garantiert sonst niemand hat? Sich im unabhängigen Buchladen McNally Jackson in SoHo vom kundigen Verkäufer den besten neuen New York-Roman empfehlen lassen? Auf dem Brooklyn Flea Market am Food Cart die Köstlichkeiten der angesagtesten Restaurants der Brooklyner Szene ausprobieren? Oder sich im größten Kaufhaus der Welt, Macy's, an dem überwältigenden Angebot berauschen?

ERLEBEN & GENIESSEN
SHOPPEN

Have a nice day auf dem Flohmarkt am Union Square

All das ist in New York möglich. Die Stadt ist die Welthauptstadt des Konsums. Gibt's nicht gibt's nicht. Und in der ausufernden Fülle der Shopping-Angebote finden Sie garantiert genau das, was Ihnen Freude macht. Die Kunst liegt alleine darin, das Individuelle, das Besondere zu finden. Doch darin liegt auch das Abenteuer. Außerdem ist Shopping in New York oft weniger eine zielgerichtete Aktivität als vielmehr ein Erlebnis. Und egal ob man am Ende tatsächlich mit Taschen voller Fundstücke und Schnäppchen nach Hause kommt, das Entscheidende ist, in das Wunderland der hyperdesignten Läden und Schaufenster, der bunten, überbordenden Flohmärkte und der scheinbar endlosen Mega-Kaufhäuser einzutauchen.

Die Welthauptstadt des Konsums

Das Überangebot erfordert ein gezieltes Vorgehen: Bestimmte Branchen sind in bestimmten Stadtvierteln besonders stark vertreten. Den besten Eindruck von der Opulenz des New Yorker Shopping-Angebots

Shoppingguide

ERLEBEN & GENIESSEN
SHOPPEN

bekommt man vielleicht bei einem Bummel durch den Shopping-Distrikt **SoHo** und das angrenzende **NoLita**, wo **Markenboutiquen sowie Geschäfte kleiner unabhängiger Designer** die Künstlerlofts ersetzt haben, die zu Beginn der 1990er-Jahre nach Chelsea abgewandert waren. Da kann man den weltberühmten Prada-Laden bewundern, in dem nicht nur Anna Wintour und ihr Film-Double Meryl Streep einkaufen, sondern den auch der holländische Star-Architekt Rem Koolhaas ausgestattet hat. Entlang des Broadway reihen sich auf dieser Breite die **Outlets der Topmarken** wie Bebe, Victoria's Secret und Club Monaco aneinander. Tiefer im Osten, entlang der Elizabeth Street, beginnt jedoch das Abenteuer: Hier verkaufen **aufstrebende Designer** ihre Kreationen in eigenen Shops.

Shopping-Bezirke wie NoLita/SoHo verteilen sich über die ganze Stadt. Der Klassiker ist sicher die **Fifth Avenue**, an der zwischen 59. Straße und Rockefeller Center **Weltmarken** wie Tiffany's und Saks ihre Flag-

Farmer's Markets: Landlust für Großstädter

ERLEBEN & GENIESSEN
SHOPPEN

shipstores haben. Weiter südlich auf der Fifth schließt sich die legendäre »Ladies Mile« mit den **Traditionskaufhäusern** Macy's und Lord and Taylor an. Alleine Bloomingdale's mit seinem Stammsitz an der Lexington Avenue hat sich da ein wenig verirrt.

Wer es etwas exklusiver mag, den zieht es etwas weiter nördlich an die **Madison Avenue**, wo zwischen 60. und 82. Straße die oberen Zehntausend von New York shoppen gehen. Das Edelkaufhaus Barneys bildet das Herz dieses Distrikts, rundherum reihen sich Boutiquen wie Shanghai Tang und Lalique, beliebte Adressen der Gesellschaftsdamen der Upper East Side. Der neue Edeldistrikt, der hofft, der Madison Avenue Konkurrenz zu machen, ist allerdings der **Meatpacking District**, der sich an die Highline und an Chelsea anschmiegt. Hier haben Designer wie Marc Jacobs und Diane von Fürstenberg ihre Kaufpaläste zwischen Brunch-Klubs, in denen der Champagner in Strömen fließt.

Jünger und angesagter sind die Brooklyner Hip-Bezirke in Williamsburg und Bushwick. In den Second-Hand-Palästen wie dem Loom in Bushwick kann man der jungen Generation über die Schulter schauen und die Straßenmode von morgen kennenlernen.

Und dann sind da natürlich die Schnäppchen. Der große **Marken-Discounter Century 21**, besonders bei deutschen Besuchern beliebt, hat mittlerweile zwei große Warenhäuser – beim One World Trade Center und an der Upper West Side. Unmittelbar daneben lädt dann noch der Schuh-Himmel DSW ein.

Ein ganz besonderes Shopping-Erlebnis sind auch die Flohmärkte von Brooklyn, von denen es gefühlt jede Woche einen neuen gibt. Einen Überblick über die Märkte einschließlich der Kulturveranstaltungen und der dortigen Food Trucks gibt die Website brooklynflea.com. *Flohmärkte in Brooklyn*

Aufgepasst: Die ausgewiesenen Preise sind immer Nettopreise, also ohne Mehrwertsteuer. Auf alle Preise – außer bei Lebensmitteln, Büchern und Zeitungen sowie bei Kleidung und Schuhen unter 110 $ – kommt noch die Sales Tax (Verkaufssteuer) von 8,875 % hinzu. *Verkaufspreise sind Nettopreise*

Es gibt keine gesetzlich geregelten Geschäftszeiten. Die meisten Läden sind werktags 10–19, sonntags 12–18 Uhr geöffnet. Ausnahmen sind die Regel. Macy's hat z. B. in den beiden Wochen vor Weihnachten bis Mitternacht geöffnet. *Öffnungszeiten*

Um 1900 bedeutete »White Sale«, dass die damals ausschließlich weißen Bettlaken für eine befristete Zeit zu einem Sonderpreis zu haben waren. Inzwischen stehen »White Sale« oder nur »Sale« für verbilligte Preise in einem beliebigen Zeitraum. Solche Schnäppchenverkäufe werden in der Tagespresse und den Shopping-Seiten von »Time Out New York« angekündigt. Im Internet informiert man sich unter www.nymag.com. *Sale*

ERLEBEN & GENIESSEN
SHOPPEN

SHOPPING-ADRESSEN

FLOHMÄRKTE

HELL'S KITCHEN FLEA MARKET
Größter Flohmarkt der Stadt.
West 39th / Ninth Ave.
Sa., So. von 10 Uhr bis Sonnenuntergang

FLEA MARKET COLUMBUS AVE.
Angebote aus aller Welt.
Columbus Ave. (zw. 76th und 77th St.), So. 10–17.30 Uhr

THE GARAGE
Hallenflohmarkt mit Antiquitäten.
112 West 25th St.
Sa., So. 7–17 Uhr

BROOKLYN FLEA
Von April bis Thanksgiving findet der, von Reisemagazinen zum besten des Landes gewählte Flohmarkt an zwei Orten in Brooklyn statt. Verkauft werden Antiquitäten, Klamotten und Kuriositäten. Dazu gehört das sog. Smorgasburg: Hier bieten Brooklyner Restaurants Kostproben ihrer Kunst an.
Sa., So. 10–17 Uhr
Samstags: 176 Lafayette Ave. (Subway: Clinton/Washington Ave.)
Sonntags: Williamsburg am East River (Kent Ave. und North 7th St.; Subway: Bedford Ave.)
www.brooklynflea.com

Bester Feinkostladen der Stadt: Zabar's

ERLEBEN & GENIESSEN
SHOPPEN

MALCOLM SHABAZZ HARLEM MARKET
Sammelsurium aus afrikanischen Trachten, Holzfiguren, Textilien, Musik.
52 West 116th St./Malcolm X Blvd.
tgl. 10–20 Uhr
Subway: 2, 3 bis 116th St.

MÄRKTE

CHELSEA MARKET
Häuserblock mit zahlreichen Geschäften und kleinen Restaurants, u. a. die erstklassige Fat Witch Bakery und Hale and Hearty Soups.
75 Ninth Ave.(zw. 15th/16th St.)

CHINESE MARKET
Samstags; Gemüse, Obst und allerlei Krimskrams.
Canal St.

GREEN FLEA MARKET
Landwirtschaftliche Produkte.
25th St. zw. Broadway und Ave. of the Americas

FARMERS' MARKETS
Es gibt über 20 Bauernmärkte mit Lebensmitteln und Blumen von kleinen Erzeugern. Der bekannteste findet am Union Square statt.
(zw. 16th und 17th St.); Mo., Mi., Fr., Sa. 8–18 Uhr

GREEN FLEA MARKET
Landwirtschaftliche Produkte.
25th St. zw. Broadway und Ave. of the Americas

LEBENSMITTEL

ZABAR'S
Eine richtige New Yorker Institution: gigantische Auswahl an Delikatessen und Küchenutensilien.
2245 Broadway/80th St.
www.zabars.com

DEAN & DELUCA
Feinkost aus aller Herren Länder mit einer beliebten Espressobar.
560 Broadway/Prince St. u. a.
www.deandeluca.com

WHOLE FOODS
Supermarkt für Bio-Lebensmittel und frische Produkte.
Time Warner Center
10 Columbus Circle u. a.
www.wholefoodsmarket.com

FAIRWAYS
Für viele Upper Westsider ist ein Leben ohne Fairways unvorstellbar. Hier gibt es alles, wirklich alles, auf engstem Raum. Dementsprechend voll sind die schmalen Gänge, vor allem nach Feierabend. Schlangestehen wird aber belohnt: Frisches Gemüse, Obst und eine große Fleisch- und Käsetheke lassen jeden hungrigen Magen vor Freude Salto schlagen. Im Obergeschoss befindet sich die Bio-Abteilung.
2127 Broadway/74th St.
www. fairwaymarket.com
Subway: 1, 2, 3 bis 72nd St.
tgl. 6–1 Uhr

VERSCHIEDENES

JACQUES TORRES CHOCOLATE
Vor Ihren Augen verwandeln sich feine Kakaobohnen in leckere Köstlichkeiten. Die Champagner-Trüffel sind ein besonderer Genuss, auch die mit Schokolade überzogenen Cornflakes sind zu empfehlen.
350 Hudson St./Ecke King St. u. a.
www.mrchocolate.com

ASTOR WINES
Der größte und am besten sortierte Weinladen New Yorks. Hier finden Sie Weine aller Preisklassen aus der ganzen Welt. Im Keller veranstaltet Astor Wines zudem täglich Weinseminare und Verköstigungen.

ERLEBEN & GENIESSEN
SHOPPEN

399 Lafayette St.
www.astorwines.com
Subway: 6 bis Astor Place

DYLAN'S CANDY BAR
Die Tochter von Ralph Lauren eröffnete diesen bunten Zahnarzt-Albtraum aus Zucker, Karamell, Schokolade und Eiscreme. Das süße Schlaraffenland auf drei Etagen hat sogar ein Candy-Spa.
1011 Third Ave./60th St.
www.dylanscandybar.com
Subway: 4, 5, 6 bis 59th St., N, R, W bis Fifth Ave./59th St.
Mo. – Do. 10-21, Fr., Sa. 10-22, So. 10-21 Uhr

EATALY
Eataly ist das jüngste Projekt von Starkoch Mario Batali (nach seinen beiden Restaurants Babbo und Lupa, ▶ S. 292). Es ist eine riesige Halle mit original italienischen Feinkostständen, zum Einkaufen und gleich Verzehren. Vom schnellen Espresso mit Biscotti über die Gourmet-Focaccia bis hin zum Drei-Gänge-Menü, gibt es hier auf die Schnelle italienische Leckereien zu günstigen Preisen.
200 Fifth Ave., direct am Madison Square Park, 23th St.
Mo. – So. 10-23 Uhr
www.eataly.com

KAUFHÄUSER (DEPARTMENT STORES)

BARNEY'S
Herrenausstatter; eines der edelsten Kaufhäuser der Stadt.
660 Madison Ave./61st St. und 7th Ave./17th St. (Filiale)
www.barneys.com

BEACON'S CLOSET
»A 100% brooklyn based, female founded company«; Vintage-Klamotten und Co.
10 West 13th St. u. a.
www.beaconscloset.com

BERGDORF GOODMAN
Luxuskaufhaus, sehr vornehm.
754 5th Ave. / 58th St.
www.bergdorfgoodman.com

BLOOMINGDALE'S
Eines der führenden Kaufhäuser, modisch, elegant und bezahlbar.
Lexington Ave./59th St. u. in SoHo
www.bloomingdales.com

CENTURY 21
Designerkleidung und vieles mehr, zum Teil zu günstigen Preisen.
22 Cortlandt St. (zw. Broadway und Church St., beim One World Trade Center) u. a.
www.c21stores.com

LORD & TAYLOR
Klassisch mit sportlicher Note zu erschwinglichen Preisen.
424 5th Ave./38th St.
www.lordandtaylor.com

MACY'S
New Yorker Institution, auch wegen der Thanksgiving-Parade; hier gibt es fast alles; sehenswert ist die Feinkostabteilung im UG.
Broadway/34th St.
www.macys.com

SAKS FIFTH AVENUE
Amerikanische Mode, exklusive Parfümabteilung, Accessoires.
611 5th Ave./50th St.
www.saksfifthavenue.com

EINKAUFSZENTREN (MALLS)

SOUTH STREET SEAPORT UND PIER 17
Boutiquen, Buchläden und Galerien
▶ South Street Seaport.

ROCKEFELLER CENTER
▶ Rockefeller Center

TRUMP TOWER
▶ Fifth Avenue

ERLEBEN & GENIESSEN
SHOPPEN

Verführung aller Orten: Shoppen ist keine Tätigkeit, sondern ein New Yorker Lifestyle.

MANHATTAN MALL
Schöne, überdachte Einkaufsmeile mit guten Restaurants.
6th Ave./33rd St.
www.manhattanmallny.com

DISCOUNT · SECONDHAND · OUTLETS

TOKIO 7
Angebote von Luxus-Designern wie Chanel und Prada, aber auch von Designern aus dem East Village.
83 East 7th St
www.tokio7.net

A SECOND CHANCE
Designer-Secondhandladen.
155 Prince St.
www.asecondchanceresale.com

WOODBURY COMMONS
Designer-Outlet mit über 220 Läden, u. a. Bekleidung von Armani über Tommy Hilfiger bis Puma; Schuhe, Sportartikel, Geschenke, Schmuck und Haushaltsartikel.
498 Red Apple Court, Central Valley
www.premiumoutlets.com
Tägl. 10–21 Uhr
Bus-Shuttle: Shortline New York

ERLEBEN & GENIESSEN
SHOPPEN

von Port Authority, Busbahnhof, 8th Ave./42nd St.; Fahrpläne: www.njtransit.com

JERSEY GARDENS
200 Läden unter einem Dach, und das nur 30 Min. außerhalb Manhattans (daher die Einkäufe von der Mehrwertsteuer befreit, d. h. die Preise sind fast 9 % niedriger).
New Jersey
Exit 13A des NJ Turnpike
www.jerseygardens.com
Mo. – Sa. 10–21, So. 11–19 Uhr
Bus-Shuttle von Newark International Airport sowie von Port Authority Busbahnhof
(▶ oben bei Woodbury Commons)

SPORTBEKLEIDUNG

NIKETOWN
Prestigegeschäfte des bekannten Sportartikelherstellers.
6 East 57th St.
(zw. 5th und 6th Ave.) u. a.
www.nike.com

PARAGON SPORTS
Die ganze Welt des Sports von A wie Angeln bis T wie Tauchen.
867 Broadway (Höhe East 18th St.)
www.paragonsports.com

KLEIDUNG · ACCESSOIRES

BROOKS BROTHERS
»Die« Adresse für klassische Männer- und Frauenkleidung.
346 Madison Ave. u. a.
www.brooksbrothers.com

ANNA SUI
Angesagte Boutique in SoHo mit Rock'n'Roll-Klamotten aus den 1970ern und coolem Schick aus der Gangster-Ära.
484 Broome St.
www.annasui.com

FOREVER 21
Preiswerte Klamotten für junge Leute.
1540 Broadway/Times Square u. a.
www.forever21.com

THE GAP
Preiswerte Mode, sehr gute Jeans.
1212 Avenue of the Americas u. a.
www.gap.com

THE ORIGINAL LEVI'S STORE
Die ganze Palette von Levi's.
1501 Broadway
(zw. 43rd und 44th St.)
www.levis.com

MANOLO BLAHNIK
Seit »Sex and the City« der berühmteste Schuhladen der Stadt.
31 West 54th St.
www.manoloblahnik.com

MARC JACOBS
Neues vom Star der New Yorker Modeszene (die günstigere Linie gibt es in
403/404 Bleecker St.)
403 Bleecker St. u. a.
www.marcjacobs.com

NBA STORE
Hemden, Jacken, Kappen und Schmuck der National Basketball Association.
545 Fifth Ave./45th St.
http://nbanyc.fanatics.com

PRADA
Rem Koolhaas hat das ehem. Guggenheim SoHo zu dem »Flagship Store« umgebaut; Modelle der aktuellen wie auch der vergangenen Kollektion.
841 Madison Ave. und 724 5th Ave., 575 Broadway u. a.
www.prada.com

STELLA MCCARTNEY
Edle Kleider und Accessoires.
112 Greene St., SoHo
www.stellamccartney.com

ERLEBEN & GENIESSEN
SHOPPEN

ARTBAG
Fantasievolle Handtaschen, Geldbörsen und andere Lederartikel.
1130 Madison Ave.
www.artbag.com

ATMOS
Laufschuhe in grellen Farben, verrückte T-Shirts und ausgefallene Accessoires.
203 West 125th St.
http://atmosnyc.blogspot.de

URBAN OUTFITTERS
Trendmode zu erschwinglichen Preisen, Designer-Jeans von Diesel und True Religion, Kleider und Blusen vom hauseigenen Free-People-Label und T-Shirts mit ausgefallenen Sprüchen.
628 Broadway (zw. Houston und Bleecker St.)
www.urbanoutfitters.com

JEFFREY
Der einstige Schuhladen führt heute alle großen Modemarken, lässige Atmosphäre mit Laden-DJ.
449 West 14th St.
(zw. 9th u. 10th Ave.)
www.jeffreynewyork.com

HENRI BENDEL
Dicke Teppiche, einladende Sofas und Kunst an den Wänden. Man merkt kaum, dass man sich in einem Modegeschäft befindet. Der Luxus hängt hier nicht nur mit dicken Preisschildern an der Stange.
712 Fifth Ave./56th St.
www.henribendel.com
Subway: N, R, W bis Fifth Ave./59th St.

ABERCROMBIE & FITCH
In diesen Laden geht man nicht nur wegen der lässigen Freizeitmode, sondern vor allem zum Modelgucken. Die Verkäufer sehen aus, als ob sie von den Werbeplakaten entsprungen sind. Dazu gibt es lautes Disco-Gewummer.
720 Fifth Ave./56th St.
www.abercrombie.com
Subway: N, R, W bis Fifth Ave./59th St.

ARMANI 5TH AVENUE
Das beeindruckende Glasgebäude hat bereits einen Spitznamen: Guggenheim 2. Alles ist irgendwie überdimensionaler: ob Auslagen, futuristische Treppen oder Preise.
717 Fifth Ave./56th St.
www.armani5thavenue.com
Subway: E bis Fifth Ave./53rd St., F bis 57th St.

EDON MANOR
Dieser Accessoires-Laden wirkt wie eine Bibliothek: Es gibt Bücherregale mit Kunst- und Architekturbänden, dazwischen stehen Stilettos und Sandalen von Givenchy, Valentino oder Chloé.
391 Greenwich St.
www.edon manor.com
Subway: 1 bis Franklin St.

GOLIATH RF
Streetstyle-Sneakers mit Neonakzenten oder Metallic-Applikationen: Wer auffallende Sportschuhe will, findet sie hier.
175 East 105th St./Lexington Ave.
www.goliathny.com
Subway: 6 bis 103rd St.

SIGERSON MORRISON
New Yorkerinnen reißen sich um die Ballerinas in Metallic-Farben.
28 Prince St./Mott St.
www. sigersonmorrison.com
Subway: N, R, W bis Prince St.

SCREAMING MIMI'S
Retro-Chick vom Feinsten; die Vintage-Fundstücke sind oft besser als die neuen Sachen am Broadway nebenan.
382 Lafayette St.
www.screamingmimis.com
Subway: B, D, F, V bis Broadway/Lafayette St.

ERLEBEN & GENIESSEN
SHOPPEN

THE MARKET
Wer weiß? Der Jungdesigner, der hier seine Kreationen anbietet, könnte der nächste große Star der Fashionszene werden. Beim Basar im Meatpacking District finden sich auf jeden Fall ungewöhnliche Stücke: Geschenke, Design und Kurioses.
328 West 14th St.
(zw. 8th und 9th Ave.)
www.themarketnyc.com
Subway: L, A, C, E bis 14th St.

ELEKTRONIK

APPLE STORE
767 Fifth Ave.
www.apple.com

B&H PHOTO – VIDEO
Alles, was das Herz der Fotografen und Video-Fans begehrt, zu interessanten Preisen.
420 9th Ave./34th St.
www.bhphotovideo.com

NINTENDO WORLD STORE
Interaktives Paradies.
24 West 48th St. (im Rockefeller Center, zw. 5th & 6th Ave.)
www.nintendonyc.com

MUSIK UND BÜCHER

BARNES & NOBLE
Riesiges »Buch-Kaufhaus«, das nicht nur die Titel der Bestsellerlisten an-

Über 2 Millionen Bücher: Strand Book Store, 828 Broadway/12th Street

ERLEBEN & GENIESSEN
SHOPPEN

bietet. Schon wenige Wochen nach Erscheinen gibt es attraktive Rabatte auf ältere Bücher. Mehrere Filialen.
555 Fifth Ave. u. a.
www.barnesandnoble.com

ST. MARK'S COMICS
Schier unerschöpfliche Auswahl an Comics, Plastikfiguren, T-Shirts, Jacken und Taschen mit Comic-Motiven.
11 St. Marks Place
www.stmarkscomics.com

STRAND BOOK STORE
Größter Buchladen der Welt mit neuen, gebrauchten und ausgefallenen Büchern. Die Suche nach bestimmten Titeln gestaltet sich oft umständlich.
828 Broadway/Ecke 12th St.
www.strandbooks.com

RIZZOLI
Eleganteste Buchhandlung; besonders große Auswahl an Kunst- und Bildbänden.
1133 Broadway
(zw. 25th und 26th St.)
www.rizzolibookstore.com

MCNALLY JACKSON
McNally Jackson im Herzen von SoHo ist wohl einer der schönsten der unabhängigen Buchläden, die in New York wieder Konjunktur haben, seit es den großen Ketten wegen Amazon und Co. an den Kragen geht. Im schönen Café von McNally Jackson kann man stundenlang lesen, jeden Abend gibt es eine Veranstaltung.
52 Prince St.
www.mcnallyjackson.com
Subway: Broadway/Lafayette, B, D, F, M

BLUESTOCKINGS
Buchladen für alle Arten alternativer Themen wie Frauen, Black Power, Globalisierung etc., mit Bio-Café und Veranstaltungen.
172 Allen St.
http://bluestockings.com

JUWELIERE

ALEXIS BITTAR
Bunte Armreifen, große Steine und wuchtige Fassungen: Der Schmuckdesigner und Celebrity-Liebling aus Brooklyn fertigt seine auffallenden Einzelstücke eigenhändig an.
465 Broome St./Greene St.
www.alexisbittar.com
Subway: N, R, W bis Prince St.

CARTIER
Schmuck, Uhren und Accessoires des bekannten Designers.
767 Fifth Ave.
www.cartier.us

TIFFANY & CO.
Berühmter Schmucktempel; es gibt aber auch preiswerte »Mitbringsel«.
727 5th Ave.
www.tiffany.com

SPIELWAREN

AMERICAN GIRL PLACE
»Mädchenhauptquartier« der USA: die ganze Palette des Edelpuppenherstellers American Girl auf vier Etagen.
609 Fifth Ave./49th St.
www.americangirl.com

TOYS »R« US
Die größte Spielwarenkette der Welt am Broadway. Besonders große Auswahl an Actionfiguren.
1514 Broadway/44th St.
www.toysrus.com

GESCHENKE

MUSEUMSLÄDEN
Die New Yorker Museumsläden sind tolle Shopping-Adressen und weithin berühmt. Zu den schönsten gehören:
Metropolitan Museum of Art:
5th Ave./82nd St.
Museum of Modern Art:
11 West 53rd St. (mit Zweigstellen gegenüber dem Museum, 44

ERLEBEN & GENIESSEN
STADTBESICHTIGUNG

West 53rd St., und SoHo, 81 Spring St.)
Guggenheim Museum:
1071 5th Ave./88th St.
Neue Galerie:
1048 5th Ave./86th St.
Whitney Museum of American Art:
99 Gansevoort & Washington St.

NEW YORKS HELDEN – FIRESTORE

New Yorks Feuerwehrmänner sind seit dem 11. September nationale Helden und dieser kleine Laden preist sie und ihre Arbeit mit T-Shirts, Puzzles, Tassen und Postern. Der jährliche Renner ist der FDNY-Kalender, für den die Jungs ihre gestählten Oberkörper frei machen.
17 Greenwich Ave./Tenth St.
www.nyfire.com
Subway: 1, 2, 3, F, V bis 14th St.

ANTIQUITÄTEN

OBSCURA ANTIQUES AND ODDITIES

Der Name sagt es: Im Obscura findet man Verrücktheiten und Kuriositäten aller Art. Ein herrlicher Ort zum Stöbern.
207 Ave. A, East Village
Subway: Union Square, L, N, Q, R
www.obscuraantiques.com

MADISON AVENUE

Wer hochpreisige antike Möbel und Geschirr sucht, der ist auf der Madison Avenue richtig aufgehoben. Zwischen 60. und 90. Straße reiht sich ein Antiquitätenladen an den anderen. Hier kaufen sich die oberen Zehntausend ihre exklusive Einrichtung für ihre Millionenapartments an der Park Avenue.

ERIE BASIN

Erie Basin in Red Hook verkauft nur, was ihr selbst gefällt. Die Auslagen in ihrem Laden wirken wie eine Privatsammlung ganz nach ihrem Geschmack, der von Schmuck aus dem 18. Jh. über amerikanische Folk Art bis hin zu Art-déco-Möbeln reicht.
288 Van Brunt St., Brooklyn, Red Hook
www.eriebasin.com
Anfahrt: per Wassertaxi vom South Street Seaport

STADTBESICHTIGUNG

In New York gibt es so viel auf so engem Raum zu entdecken, dass man auf sich gestellt oft die Hälfte verpasst. Geführte Rundgänge oder Rundfahrten sind deshalb eine wunderbare Möglichkeit, mehr zu erleben und mehr zu verstehen.

Entdeckungstouren durch New York

Die Anzahl der Anbieter ist, wie bei vielen Dingen in New York, überwältigend. Es gibt spezialisierte Rundgänge für jede »neighbourhood« (Stadtviertel), zu Fuß, per Bus und mit dem Fahrrad. Es gibt kulinarische und historische, architektonische und kunstorientierte Rundgänge. Die offizielle Website der Stadt, www.mycgo.com, gibt einen guten Überblick über das Angebot. Unten stehend ebenfalls eine Auswahl von Empfehlungen:

ERLEBEN & GENIESSEN
STADTBESICHTIGUNG

SIGHTSEEING-ANGEBOTE

CITY SIGHTS NY
Hop-on Hop-off-Touren mit dem Doppeldeckerbus und viele andere Angebote.
1430 Broadway Ste. 507
Visitor/Ticket Center:
234 West 42nd St.
(Lobby of Madame Toussauds)

GRAY LINE NEW YORK TOURS
Im Bus geht es zu den bekannten Attraktionen. Für einen ersten Überblick sind diese mehrsprachigen, zwischen zwei und acht Stunden dauernden Touren zu empfehlen. Die Fahrt beginnt am Central Park South auf der Westseite der 5th Ave. Man kann auch unterwegs zusteigen.
777 8th Ave.
(zw. 47th und 48th St.)
Tel. 1 212 4 4508 48
www.graylinenewyork.com

BIG APPLE GREETER
Engagierte New Yorker führen kostenlos und mehrsprachig durch die Stadt. Da die Führungen sehr beliebt und überbucht sind, empfiehlt es sich, frühzeitig anzufragen.
1 Center St., Tel. 1 212 6 69 28 96
www.bigapplegreeter.org

NYC DISCOVERY WALKING TOURS
Zahlreiche geführte Touren für Fußgänger, u. a. American History, Culture (von Kunst bis Baseball), Biography (von George Washington bis zu John Lennon), Neighbourhood (Brooklyn Bridge Area bis Central Park) und Tasting & Tavern.
1120 6th Ave.
Tel. 1 212 4 65 33 31
Nur Sa., So. nach Anmeldung.

BIG ONION WALKING TOURS
Vielseitige Touren durch die Stadt, u. a. Historic Harlem, Multi-Ethnic Eating Tour, Greenwich Village etc.
1317 3rd Ave.
Tel. 1 212 4 39 10 90
www.bigonion.com

NEW YORK CITY CULTURAL WALKING TOURS
Führungen durch Manhattans architektonische und kulturelle Geschichte.
Tel. 1 212 9 79 23 88
www.nycwalk.com

MUNICIPAL ART SOCIETY TOURS
Verschiedene Architekturführungen.
457 Madison Ave.
Tel. 1 212 9 35 39 60
www.mas.org

HARLEM HERITAGE TOURS
Im Bus oder zu Fuß: auf den Spuren der Harlem Renaissance, der Seele und dem Nachtleben Harlems.
104 Malcolm X Blvd.
Tel. 1 212 2 80 78 88
www.harlemheritage.com

HARLEM SPIRITUAL INC.
Unterschiedliche Touren durch Harlem mit Gospelkonzerten in Kirchen; verschiedene Sprachen.
690 8th Ave.
(zw. 43rd und 44th Street)
Tel. 1 212 3 91 09 00
ww.harlemspirituals.com

ON LOCATION TOURS
Touren zu den Drehorten bekannter TV- und Kinofilme und Spezialtouren wie »Sopranos« oder »Sex in the City«.
Tel. 1 212 2 09 33 70
www.screentours.com

ARCHITEKTURFÜHRUNGEN
in New York:
www.guiding-architects.net (für Gruppen)

ERLEBEN & GENIESSEN
STADTBESICHTIGUNG

www.getyourguide.de
www.getyourguide.de/new-york-159/architekturfuehrungen-tc29/
www.viatorcom.de

INSIDEOUTTOURS.COM
Spezialtouren, u. a. »Hinter den Kulissen der New Yorker Mode-Industrie«.
Tel. 1 718 6 44 82 05

FASHION WINDOW WALKING TOUR
Eine Führung auf der Flifth Avenue, einer der interessantesten Luxusmeilen der Welt.
www.windowswear.com/tours

WWW.BIKETHEBIGAPPLE.COM
Mit dem Fahrrad von Harlem über Manhattan, Queens bis Coney Island.
Tel. 1 347 8 78 98 09

CENTRAL PARK BIKE TOURS
Mit dem Fahrrad zwei Stunden durch den Central Park. Begonnen wird am New York Visitors Bureau:
2 Columbus Circle, Ecke West 59th St./Broadway
Bite of the Apple Tours
Tel. 1 212 5 41 87 59
www.centralparksightseeing.com

CIRCLE LINE CRUISES
Die halb- bis dreistündigen Bootsfahrten führen um die Südspitze oder um ganz Manhattan herum und

In New York gibt es auf engem Raum viel zu entdecken – entweder auf eigene Faust oder geführt von einem Insider.

eignen sich hervorragend zum Fotografieren der Skyline.
Pier 83/42nd St. oder
Pier 16 im South Street Seaport
Tel. 1 212 5 63 32 00
www.circleline.com

WWW.NYWATERWAY.COM
Beliebte Bootstouren um die Südspitze bzw. um ganz Manhattan herum.
Pier 78
38th St./West Side Highway
Tel. 1 800 5 33 37 79
www.nywaterway.com

MIT DER LIMO UNTERWEGS
Echt New York bietet ausgefallene Touren in deutscher Sprache.
www.echtnewyork.com

WWW.INSIGHTSEEING.COM
Individuell zugeschnittene Rundgänge in deutscher Sprache von Deutschen, die seit vielen Jahren in New York leben.

WWW.BIGAPPLEJAZZ.COM
Rundgänge durch die besten Jazzclubs in Harlem und im Greenwich Village.
Tel. 1 917 8 63 78 54

LIBERTY HELICOPTER TOURS
Atemberaubende Ausblicke von oben bei einer Flugdauer bis zu 20 Minuten. Auch Charterflüge und Flüge zu den Flughäfen möglich.
VIP Heliport
West Side Highway/30th St.
Downtown Manhattan Heliport
Pier 6
(zw. Broad St. und Old Slip)
Tel. 1 212 9 67 64 64,
1 800 5 42 99 33
www.libertyhelicopters.com

ÜBERNACHTEN

Auch wenn New York laut Frank Sinatra die Stadt ist, die niemals schläft, braucht man hier ein Dach über dem Kopf. Allerdings ist die Stadt ein lautes und teures Pflaster. Ein Doppelzimmer in Manhattan kostet meist um die zweihundertfünfzig Dollar, Schnäppchenpreise sind selten.

Auf den Zimmerpreis werden noch die Sales Tax (8,875 %), eine Übernachtungssteuer (14,25 %) und eine Zimmersteuer (2 $ pro Nacht) aufgeschlagen; bei 200 Dollar ergibt das immerhin ein **Aufschlag** von 46 Dollar! Wenig tröstlich: Die Preise verstehen sich pro Zimmer, nicht pro Person, und in manchen Hotels wird ein reichhaltiges Frühstück angeboten, das in den Restaurants nicht nur teurer Luxushotels bereits das Tagesbudget zahlreicher Urlauber überschreiten würde. Besonders für einen Aufenthalt während der Hochsaison, in der Vorweihnachtszeit und rund um amerikanische Feiertage, empfiehlt sich eine frühzeitige Buchung.

Man kann zwischen zwei Einzelbetten (»Twin Beds«) und einem Doppelbett (»King Size« oder »Queen Size«) wählen; ein »Rollaway« für eine dritte Person wird für einen geringen Betrag bereit-

Ein teures Pflaster

ERLEBEN & GENIESSEN
ÜBERNACHTEN

gestellt. Die Ausstattung der Zimmer kann sich auch in preiswerten Hotels sehen lassen: fast überall Fernseher, Telefon und Internet-Anschluss, in den meisten Bädern liegt ein Fön bereit, in den besseren Hotels werden Extras wie Mini-Bar und Zimmerservice geboten.

Spartipps Der Durchschnittspreis eines New Yorker Hotelzimmers beträgt ungefähr 250 Dollar, bei der Buchung sollte man jedoch unbedingt nach einem Sonderpreis (»Special«) fragen, der die Hälfte (oder sogar noch weniger) des Listenpreises ausmachen kann. Zahlreiche Hotels bieten vor allem während der Nebensaison und an Wochenenden attraktive Rabatte an. **Am preiswertesten** sind die Zimmer von Januar bis März und im Juli und August, am teuersten im Herbst und vor Weihnachten. Uptown, Downtown und vor allem in Brooklyn und Queens wohnt man preiswerter, und mit der Subway ist man meist in 30 Min. im Zentrum von Manhattan. Frühzeitig sollte man auf jeden Fall buchen, nicht nur wegen des meist niedrigeren Preises.

Bei längerem Aufenthalt Bei einem längeren USA-Aufenthalt empfiehlt es sich, einer Hotelkette (Best Western, Holiday Inn etc.) treu zu bleiben und Preisvorteile durch Membership Cards oder Gutscheinhefte zu ergattern. Reservation Agencies bieten ebenfalls preiswerte Zimmer an, die bekanntesten sind Quickbooks (www.quickbooks.com) oder Hotel Reservations Network (www.hotel-discount.com). Bevor man dort bucht, sollte man aber direkt beim Hotel anfragen; dort sind die Preise oft noch günstiger.

Bed & Breakfast Bed & Breakfast-Zimmer bucht man am besten über Manhattan Getaways (www.manhattangetaways.com, preiswerte Apartments über Metro Home (Tel. 1 646 2 74 15 05).

Apartments Bei weitem die beliebteste Börse für Untermieten ist Airbnb (www.airbnb.com). Auf der Website findet man alles, von einzelnen Zimmern bis zu Wohnungen für eine ganze Familie im gesamten Stadtgebiet und in jeder Preisklasse. In New York wie in anderen Großstädten wird allerdings um die Legalität von Airbnb und die Auswirkungen auf den Wohnungsmarkt gestritten. Es empfiehlt sich z. B. nachzufragen, ob der Hauseigentümer mit der Untervermietung einverstanden ist.

Unterkünfte und Spartarife im Internet Die folgenden Adressen helfen bei der Suche nach Wohnungen, Hostels oder Bed and Breakfasts:
www.bedandbreakfast.com
www.citylightsbedandbreakfast.com
www.craigslist.com
www.nyhabitat.com
www.hostelworld.com
www.hostels.com

ERLEBEN & GENIESSEN
ÜBERNACHTEN

EMPFEHLENSWERTE HOTELS

❶ etc. ▶ Innenstadtpläne
S. 294–297
Ohne Nr.: außerhalb der Pläne

PREISKATEGORIEN
für ein Doppelzimmer mit Frühstück; immer öfter wird das Frühstücksbüffet aber extra berechnet.
€€€€ über 350 $
€€€ 250 – 350 $
€€ 180 – 250 $
€ bis 180 $

ETWAS TEURER

❶ ACE HOTEL €€/€€€
Es zählt momentan zu den populärsten Hotels der Stadt. Erstens wegen der Lage und zweitens, weil das Restaurant, das »Breslin«, beste Kritiken bekommt. Auch die Zimmer lohnen einen Aufenthalt. Die Designerräume fühlen sich mit den riesigen Kühlschränken und der Gitarre in der Ecke wie Apartments an. Besonders beliebt ist auch unter New Yorkern die Lobby im Erdgeschoss, wo man sich gerne auf einen Espresso aus der Stumptown-Rösterei trifft oder gar den Tag mit dem Laptop zum Arbeiten verbringt.
20 West 29th St./Broadway
Flatiron
Tel. 1 212 6 79 22 22
www.acehotel.com
Subway: N, R, W bis 28th St.

❷ HUDSON €€€
Abends schieben sich Szenegänger die neonbeleuchtete Rolltreppe hoch zu einer der Bars. Man muss nicht im Hudson wohnen, um sein Geld hier auszugeben. Alles wirkt ein wenig dicke: fetter Kronleuchter in der Lobby, Philippe-Starck-Stühle, Bibliothek-Bar und ein marokkanischer Innenhof. Nur die Zimmer sind klein. Bonus: Die Sky Terrace im 15. Stock ist nur für Gäste zugänglich. Schnäppchen bisweilen ab 149 $
56 West 58th St., zw. Eighth und Ninth Ave., Midtown
Tel. 1 212 554 60 00
www.hudsonhotel.com
Subway: 1, A, B, C, D bis Columbus Circle

❸ THE JAMES NEW YORK €€€€
Hotelflure können so langweilig sein – im James möchte man am liebsten den ganzen Tag lang durch die Korridore schlendern: Jedes Stockwerk präsentiert zwischen den Zimmertüren das Schaffen eines lokalen Künstlers. Die Zimmer bestechen durch schicken Minimalismus: viel Holz, Marmor und noch mehr Glas für freie Blicke aufs trendige SoHo.
27 Grand St./Thompson St., SoHo
Tel. 1 212 4 65 20 00
www.jameshotels.com
Subway: 1, A, C, E bis Canal St.

❹ LIBRARY €€€
Nicht nur für Leseratten ein Traum: Über 6000 Bücher stapeln sich in diesem Hotel. Geschichtsfreunde sollten den neunten Stock buchen, Mathematik gibt es auf der vierten und Philosophie auf der elften Ebene. Ein offener Kamin, ein Dachgarten und Rückzugsecken lassen schnell vergessen, dass draußen das Leben der Großstadt wartet.
299 Madison Ave./41st St., Midtown East
Tel. 1 212 9 83 45 00
www.libraryhotel.com
Subway: 4, 5, 6, 7, S bis Grand Central

❺ THE STANDARD €€€€
Wie ein offenes Buch ragt das neueste Projekt des Hoteliers André Balazs über der Highline in den Himmel. Die Mischung aus Glamour und Sexappeal

ERLEBEN & GENIESSEN
ÜBERNACHTEN

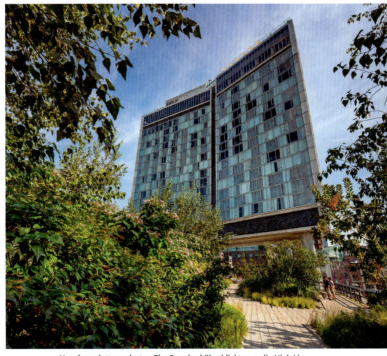

Vom komplett verglasten The Standard überblickt man die High Line.

passt ins Nachtleben des Meatpacking District. Das Designhotel ist komplett verglast – vom Bett aus sieht man das Bad, beim Duschen gibt es den freien Blick aufs Empire State Building. Auf der Westseite beobachtet man Sonnenuntergänge über dem Hudson.
848 Washington St./West 13th St., Meatpacking
Tel. 1 212 6 45 46 46
www.standardhotels.com
Subway: A, C bis 14th St.

❻ SIXTY LES €€€€
Elegantes Boutique-Hotel mit künstlerischer Ambition mitten im Nightlife und Kunst-Distrikt Lower East Side. Schlafen und Loungen zwischen den Werken des berühmten Fotografen Lee Friedlander.
190 Allen St./Houston St., Lower Eastside, Tel. 1 877 4 60 88 88
www.sixtyhotels.com
Subway: F, V bis Second Ave.

❼ SOHO GRAND HOTEL €€€€
Die Innenausstattung des SoHo Grand verwendet in Hommage an die handwerkliche Geschichte des Bezirks vorwiegend industrielle Materialien wie Beton, Stahl und Glas. Die recht strenge Atmosphäre wird durch das warme Ambiente der Zimmer wettgemacht. Die größte Attraktion des Hotels ist jedoch die Lage mitten im populärsten Shopping- und Ausgehviertel der Stadt.

310 West Broadway, SoHo
Tel. 1 212 9 65 30 00
www.sohogrand.com
Subway: A, C, E, 1 bis Canal St.

❽ MARITIME HOTEL €€€/€€€€

Das Thema des Hotels ist die Seefahrt, die Fenster sind Bullaugen, die Zimmer Schiffskabinen nachempfunden. Die große Bar-Terrasse, wo sich Künstler und Models aus dem angrenzenden Meatpacking-Bezirk treffen, ist eine große Attraktion, ebenso das Sushi-Restaurant im Keller mit dem einzigen Sake-Sommelier der Stadt.
363 West 16th St.
Tel. 1 212 2 42 43 00
www.themaritimehotel.com
Subway: A, C, E bis 14th St.

EINFACH UND GÜNSTIG

❾ EAST VILLAGE BED & COFFEE €/€€

Multikulti wie New York: Von außen unspektakulär, herrscht innen ein Mix aus Farben und Formen. Das luftige French, das schicke Afghani oder das knallige Mexican sind Zeichen für den eklektischen Stil der Hausherrin Anne Edris. Sie fungiert als Touristeninformation und organisiert spontane Abendessen. Die negativen Seiten sind verschmerzbar: Bäder werden geteilt, die Subway ist 10 Minuten entfernt. Wer früh genug fragt, kann jedoch eines der drei Fahrräder ausleihen.
110 Ave. C/Seventh St.,
East Village
Tel. 1 917 8 16 00 71
www.bedandcoffee.com
Subway: L bis First Ave.

EFURU GUEST HOUSE €/€€

Der Weg nach Harlem ist nicht der nächste. Dafür finden sich nördlich des Central Park kleine Glücksgriffe wie das Gästehaus von Lydia Smith. Efuru, »Tochter des Himmels«, nannte die Nigerianerin ihr Brownstone mit der roten Eingangstür. Fünf Jahre Renovierung haben es gemütlich und persönlich gemacht. Erholung gibt es im Garten. Für eine Extraportion Entspannung: Einige Suiten haben eine Jacuzzi-Badewanne.
106 West 120th St./Lenox Ave.,
Harlem
Tel. 1 212 9 61 98 55
www.efuru-nyc.com
Subway: 2, 3 bis 116th St.

❿ GEM HOTEL CHELSEA €/€€

Chelsea ist die Hochburg für Kunst und schickes Understatement – genau das wird auch hier geboten. Die kleinen Zimmer sind hübsch, die netten Angestellten helfen auch bei der Restaurantauswahl für den Abend. Parterre wartet ein kleiner Laden, der auch als Galerie dient. Ein guter Auftakt für die obligatorische Vernissage-Tour.
300 West 22nd St./Eighth Ave.,
Chelsea
Tel. 1 212 6 75 19 11
www.thegemhotel.com
Subway: 1, C, E bis 23rd St.

⓫ THE EVELYN €€/€€€

Wilde Kunstgebilde an der Außenwand, Bilder von Roy Lichtenstein in den Fluren, Suppendosen von Warhol in der Lobby – fast wähnt man sich in einer Galerie. Das coole Design tröstet über die Sardinendosen-Situation hinweg. Nicht wundern, wenn im Aufzug plötzlich eine Handvoll schöner Frauen auftaucht: Viele Nachwuchsmodels quetschen sich ebenfalls in die Designräume.
7 East 27th St. zwischen Fifth und Madison Ave., Gramercy
Tel. 1 212 5 45 80 00
www.theevelyn.com
Subway: N, R, 6 bis 28th St.

⓬ YOTEL €/€€

Das Yotel ist ein Konzepthotel nach dem Vorbild japanischer Pod Hotels. Es verbindet beste Lage (zwei Blocks

ERLEBEN & GENIESSEN
ÜBERNACHTEN

Viel Eiche im Jane, dem einstigen Seemannsheim

vom Times Square entfernt) mit günstigen Preisen. Das Ganze ist verpackt in futuristisches Design. Der einzige Kompromiss: Die Zimmer sind winzig – die kleinsten beginnen bei 12 Quadratmetern. Ansonsten mangelt es jedoch an nichts, es gibt sogar eine Dachterrassen-Bar.
570 Tenth Avenue, zw. 41. und 42. Straße
Tel. 1 646 4 49 77 00
www.yotel.com
Subway: A, C, E bis 42nd Street-Port Authority Bus Terminal Station

❽ THE LARCHMONT €
Simples, aber sauberes Hotel nach europäischem Vorbild mit Bad auf dem Gang. Die Lage mitten im Greenwich Village ist bei dem Preis nicht zu schlagen.
27 West 11th St.
Greenwich Village
Tel. 1 212 9 89 93 33
www.larchmonthotel.com
Subway: Linie 1 Christopher Street

❾ JANE €
Das Jane ist eine Institution. Es wurde 1907 als Seemannsheim gegründet und das Dekor hat sich seither nicht verändert: die Eichenpaneele in der Lobby, die Klappbetten und der Stauraum darunter und die eklektischen Möbel, die aussehen wie vom Flohmarkt. Nicht die komfortabelste Unterkunft, aber definitiv ein Erlebnis.
113 Jane St.
Ecke West St., Chelsea
Tel. 1 212 9 24 67 00
www.thejanenyc.com
Subway: A, C, E bis 14th St.

ERLEBEN & GENIESSEN
ÜBERNACHTEN

JUGENDHOTEL UND JUGENDHERBERGEN

NEW YORK LOFT HOSTEL €
Freigelegte Backsteinwände, Parkettboden, ein Garten mit Whirlpool und das alles in der loftigen Atmosphäre eines ehemaligen Lagerhauses – klingt unbezahlbar? Weit gefehlt. Wem Schlafsaal-Schlummern nichts ausmacht, kann bereits für 35 $ ein Bett ergattern. Und da die Nächte in New York meist kurz und in Williamsburg noch viel kürzer sind, ist die Wahrscheinlichkeit eines langen Aufenthalts in den Zimmern ohnehin unwahrscheinlich. Schade eigentlich: Die Gemeinschaftssäle sind nämlich herrlich groß, frisch renoviert und hell.
249 Varet St./Bogart St., Brooklyn, Williamsburg
Tel. 1 718 3 66 13 51
nylofthostel.com
Subway: L bis Morgan Ave.

❺ RIFF CHELSEA €
Junges Hotel mit bezahlbaren Preisen mitten im Kunsdistrikt Chelsea.
300 West 30th St./Eighth Ave., Chelsea
Tel. 1 212 2 44 78 27
www.riffchelsea.com
Subway: A, C, E, 1, 2, 3 bis 34th St.

P
PRAKTISCHE INFOS

Wichtig, hilfreich präzise

Unsere Praktischen Infos
helfen in allen Situationen
in New York weiter.

Die Straßen gehören den Yellow Cabs. ▶

PRAKTISCHE INFORMATIONEN
ANREISE · REISEPLANUNG

KURZ & BÜNDIG

ELEKTRIZITÄT
110 Volt Wechselspannung; Adapter (Appliance) sind empfehlenswert.

AMBULANZ · POLIZEI · FEUERWEHR
Tel. 911

APOTHEKEN IN NEW YORK
24 Stunden geöffnet:
Rite Aid 50th St./8th Ave.
Tel. 1 212 2 47 83 84
www.riteaid.com

Duane Reade
52 East 14th St./Broadway
Tel. 1 212 3 58 92 06
www.duanereade.com

Krankenhäuser ▶S. 363

WAS KOSTET WIE VIEL?
Fahrschein: 2,75 $
Doppelzimmer: ca. 250 $
Einfache Mahlzeit: ab 15 $
Preise für Restaurants: ▶S.292
Preise für Hotels: ▶S. 347

ZEIT
Vom letzten Sonntag im Oktober bis zum ersten Samstag im April gilt die **Eastern Standard Time** (Östliche Standardzeit), sonst die **Eastern Daylight Saving Time** (Sommerzeit). Beide Zeiten liegen sechs Stunden hinter der Mitteleuropäischen Zeit bzw. Sommerzeit zurück. Amerikaner rechnen nur von ein bis zwölf Uhr. Sie unterscheiden zwischen »am« (ante meridiem, vormittags) und »pm« (post meridiem, nachmittags). 7 am ist also 7 Uhr früh, 7 pm entspricht 19 Uhr.

ANREISE · REISEPLANUNG

Anreisemöglichkeiten

Mit dem Flugzeug
Die meisten Besucher landen auf dem John F. Kennedy International Airport in Queens. Linien- und Charterflüge gibt es von allen wichtigen Flughäfen Deutschlands, Österreichs und der Schweiz. Die Flugzeit beträgt ca. acht Stunden. Alle drei New Yorker **Flughäfen** liegen außerhalb des Stadtzentrums. Die »Ground Transportation Centers« informieren über die Weiterfahrt in die Innestadt oder zu einem der anderen Flughäfen (▶S. 356).

Es ist nicht ratsam, **mit dem Mietauto** (▶ S. 380) ins Zentrum von New York zu fahren. Parkplätze sind extrem rar, Hotels nehmen für

Garagenplätze manchmal bis zu 25 $ für zwei Stunden, abgeschleppt zu werden kostet ca. 185 $ Strafe. Es besteht außerdem eine große Diebstahlgefahr.

Abgesehen von Kreuzfahrten ist New York nur noch mit einer Schifffahrtsgesellschaft erreichbar: Der Luxusliner »Queen Mary 2« (selten auch die »Queen Victoria«) der britischen Cunard Line fährt zwischen April und November in fünf Tagen von Southampton bzw. Hamburg nach New York. *Mit dem Schiff*
Beratung und Buchung: Tel. 040 41 53 35 55, www.cunard.de

Ein- und Ausreisebestimmungen

Deutsche, österreichische und Schweizer Staatsangehörige nehmen am **Visa Waiver Program (VWP)** teil und können als Touristen oder Geschäftsreisende **bis zu einer Dauer von 90 Tagen ohne Visum** einreisen, sofern sie mit einer regulären Fluglinie oder Schifffahrtsgesellschaft ankommen und ein Rückflugticket, gültig für maximal 90 Tage in die USA, vorweisen können. *Reisedokumente*

Bei der Einreise werden digitale Abdrücke der Finger sowie ein digitales Porträtfoto angefertigt. Auch bei der Ausreise werden Fingerabdrücke genommen. Die erlaubte **Aufenthaltsdauer** wird individuell festgelegt und soll dem Reisezweck entsprechen. Eine spätere Verlängerung ist nur für Personen möglich, die mit gültigem Visum eingereist sind. Der Tag, an dem man spätestens die USA wieder verlassen muss, wird bei der Einreise in den Pass eingestempelt.

Die US-Behörden akzeptieren nur noch **maschinenlesbare Pässe** für die visumfreie Einreise. Auch Kinder benötigen einen eigenen Pass. Staatsangehörige von Ländern, die am Visa Waiver Program teilnehmen, müssen eine **elektronische Einreiseerlaubnis (ESTA)** vorweisen. Diese ist vor der Einreise gebührenpflichtig (derzeit 21 $ pro Antrag) im Internet unter **https://esta.cbp.dhs.gov** einzuholen und gilt für beliebig viele Einreisen innerhalb von zwei Jahren. Die Beantragung über Dritte (z. B. Reisebüro) ist möglich. Weitere Infos: ▶Auskunft oder beim Department of Homeland Security, www.dhs.gov. Unter der neuen US-Regierung sind die Einreisekontrollen deutlich verschärft worden. Man muss mit Befragungen und Verzögerungen rechnen. Zudem erhalten Reisende, die sich nach dem 1. März 2011 im Iran, Irak, Syrien, Sudan, Libyen, Jemen oder Somalia aufgehalten haben, kein Visum mehr. Bei entsprechend zurückliegenden Reisen wird empfohlen, sich vor Reiseantritt an eine US-Vertretung in Deutschland zu wenden.

Der nationale Führerschein wird für eine Aufenthaltsdauer von einem Jahr anerkannt. Ein internationaler Führerschein ist nicht erforderlich, in abgelegenen Gegenden aber manchmal hilfreich. *Führerschein*

PRAKTISCHE INFORMATIONEN
ANREISE · REISEPLANUNG

NÜTZLICHE ADRESSEN

FLUGHÄFEN
www.panynj.gov

J. F. KENNEDY INTERNATIONAL AIRPORT (JFK)
Lage: an der Jamaica Bay (Queens), ca. 25 km südöstlich
Auskunft: Tel. 1 71 82 44 44 44
www.jfkairport.com
Airtrain und Subway: Verbindung zwischen den Terminals (kostenlos) und zu den U-Bahn-Stationen (Fahrzeit 12 Min., 7,75 $) Howard Beach – weiter mit Linie A nach Brooklyn und Manhattan (ca. 65 Min.) oder Jamaica Station – weiter mit den Linien E, J, Z (ca. 50 Min., 10,50 $)
Rückweg: Nur die Züge A Richtung Far Rockaway/Mott Ave. oder Rockaway Park Beach bis Howard Beach/JFK Airport bzw. mit der LIRR
http://web.mta.info
LIRR (Long Island Rail Road): ab Jamaica nach Manhattan (ca. 35 Min., 7,75/10,75 $) bis Penn Station
Bus: MTA-Busse fahren rund um die Uhr nach Queens und Brooklyn; u.a. Q 3 bis Jamaica Hillside Ave/179th St. Subway (50 Min., 2,75 $) oder B15 bis New Lots Ave (40 Min., 2,75 $), von dort weiter mit der Subway
http://web.mta.info
Expressbus: NYC Airporter nach Manhattan (11–19 Uhr; 19 $)
www.nycairporter.com
Shuttle: Kleinbusse nach Manhattan (20–30 $)
www.goairlinkshuttle.com
Taxi: Von JFK nach Manhattan: Fahrzeit 60 bis 75 Min., Pauschale 52 $ plus Tunnelgebühren und Trinkgeld (gesamt ca. 58 $; max. 4 Passagiere)

LAGUARDIA AIRPORT (LGA)
Lage: 13 km außerhalb, im Norden von Queens
Auskunft: Tel. 1 718 33 34 00
www.laguardiaairport.com
Bus: MTA/LaGuardia Link nach Queens bis 74th St./Roosevelt Ave (15 Min., 2,75 $), von dort weiter mit Subway
http://web.mta.info
Expressbus: NYC Airporter nach Manhattan (11–19 Uhr; 16 $)
www.nycairporter.com
Taxi: Fahrzeit ca. 45 Min., Fahrpreis etwa 42 $ plus Brücken-/Tunnelgebühren und Trinkgeld

NEWARK LIBERTY INTERNATIONAL AIRPORT (EWR)
Lage: New Jersey, ca. 25 km südwestl.
Auskunft: Tel. 1 973 9 61 60 00
www.newarkairport.com
Airtrain: Verbindung (kostenlos mit NJ-Transit- oder Amtrak-Ticket) zwischen den Terminals und Newark Liberty International Airport Station. Von dort mit NJ Transit (15,25 $) oder Amtrak (42 $) zur Penn Station in Manhattan, ca. 25 Min.
www.njtransit.com
www.amtrak.com
Bus: Airport Express (5–1 Uhr) zu Stationen in Manhattan (Port Authority Bus Terminal, 5th Ave./Bryant Park, Grand Central Terminal), 40–50 Min., 18 $)
www.newarkairportexpress.com
Taxi: ca. 30–40 Min., ca. 80 $ plus Brücken- oder Tunnelgebühren und Trinkgeld

FLUGGESELLSCHAFTEN

DIREKTVERBINDUNGEN
Delta Airlines
de.delta.com
Lufthansa
www.lufthansa.com
Singapore Airlines
www.singaporeair.com
United Airlines
www.united.com

PRAKTISCHE INFORMATIONEN
ANREISE · REISEPLANUNG

Zollbestimmungen, Einreise

Bei der Einreise ist eine Customs Declaration (Zollerklärung) auszufüllen. Zollfrei dürfen über 21-Jährige einführen: 1 l Wein oder Spirituosen, 200 Zigaretten oder 50 Zigarren oder 1300 g Tabak. Kinder und Erwachsene dürfen Geschenke im Wert von bis zu 100 $ zollfrei mitbringen. Ein Einfuhrverbot besteht für Pflanzen und frische Lebensmittel. Bis zu 10 000 $ darf man bei der Einreise mit sich führen. Besucher, die drogenhaltige Medikamente benötigen, sollten einen ausreichenden Vorrat mitbringen, sich aber die Notwendigkeit ärztlich (auf Englisch) bescheinigen lassen, um gegebenenfalls den Verdacht des Drogenschmuggels abweisen zu können. Dasselbe gilt für Diabetes-Injektionsgeräte. Auskünfte erteilen die Konsulate sowie U.S. Customs, 1301 Constitution Ave. NW, Washington D.C. 20229.

Wiedereinreise in EU-Staaten

Zollfrei sind alle bereits in die Vereinigten Staaten von Amerika mitgenommenen persönlichen Gebrauchsgegenstände. Ferner dürfen auch Reiseandenken mitgebracht werden bis zu einem Gesamtwert von 430 € (Erwachsene) bzw. 175 € (Kinder und Jugendliche unter 15 Jahren). Darüber hinaus sind zollfrei: für Personen über 15 Jahre 500 g Kaffee oder 200 g Pulverkaffee und 100 g Tee oder 40 g Teeauszüge, 50 g Parfüm sowie für Personen über 17 Jahre 1 l Spirituosen mit mehr als 22 Vol.-% Alkohol oder 2 l Spirituosen mit weniger als 22 Vol.-% Alkohol oder 2 l Schaumwein und 2 l Wein sowie 200 Zigaretten oder 100 Zigarillos oder 50 Zigarren oder 250 Gramm Rauchtabak.

Wiedereinreise in die Schweiz

Für die Wiedereinreise in die Schweiz gelten folgende Freimengengrenzen: 250 g Kaffee, 100 g Tee, 200 Zigaretten oder 50 Zigarren oder 250 g Rauchtabak, 2 l alkoholische Getränke bis 15 Vol.-% und 1 l alkoholische Getränke über 15 Vol.-%. Souvenirs dürfen nur bis zu einem Höchstwert von 300 CHF zollfrei eingeführt werden.

Reiseversicherung

Für New York ist der Abschluss einer Reisekrankenversicherung unbedingt zu empfehlen, da alle Kosten in den Krankenhäusern in bar oder per Kreditkarte bezahlt werden müssen. Gegen Vorlage der Quittungen oder Rezepte erstatten die Versicherungsgesellschaften die Kosten. Es ist ratsam, auf sorgfältige Abfassung der Befunde, Rezepte und Kostenbelege zu achten.

Reisen mit Handicap

In New York sind viele öffentliche Gebäude, Museen, Theater und Hotels behindertengerecht eingerichtet. Die Bürgersteige wurden an den Straßenecken abgesenkt, um Rollstuhlfahrern das Überqueren der Straßen zu erleichtern. Busse haben besondere Zusteigevorrichtungen für Rollstuhlfahrer. Aber Achtung: Viele U-Bahnhöfe haben keinen Aufzug. Am besten Sie informieren sich vorher, welche Statio-

PRAKTISCHE INFORMATIONEN
AUSKUNFT

nen behindertengerecht ausgestattet sind. Hörbehinderte können in den Theatern Hörhilfen mieten.
Informativ ist die Webseite des Mayor's Office for People with Disabilities (Büro für Menschen mit Behinderungen beim Bürgermeisteramt): www.nyc.gov/html/mopd.

AUSKUNFT

NÜTZLICHE ADRESSEN

IN DEUTSCHLAND ·
ÖSTERREICH · SCHWEIZ
NYC & Company
c/o Aviareps Mangum Tourism
Josephspitalstr. 15
80331 München
Tel. 089 5 52 53 38 35
www.newyork.de

IN NEW YORK
New York's Visitor Information Center
Infos (auch in Deutsch) zu Hotels, Sightseeing, City Pass etc.
Broadway Plaza
(zw. 43rd und 44th St.)
Tel. 1 212 4 84 12 00
täglich 9–18 Uhr
www.nycgo.com
Times Square Information Center
Infos, Metro-Karten, Broadwaytickets und Briefmarken
1560 Broadway
(zw. 46th und 47th St.)
Tel. 1 212 4 84 12 22
tägl. 8–20 Uhr

WEITERE TOURISMUSBÜROS
Brooklyn Tourism Council
647 Fulton St.
Tel. 1 718 8 55 78 82
Mo.–Fr. 10–18 Uhr
http://explorebk.com/

Bronx Tourism Council
851 Grand Concourse/123rd St.
Tel. 1 718 5 90 35 18
www.ilovethebronx.com
Harlem Welcome to Harlem
2360 Frederick Douglass Blvd.
(8th Avenue), Suite D
Tel. 1 212 6 62 77 79
Mo.–Fr. 11–15 Uhr
www.welcometoharlem.com
Queens Tourism Council
Queens Borough Hall Kew Gardens
Queens Blvd. Suite 309
Tel. 1 718 2 63 05 46
www.itsinqueens.com
Staten Island Tourism Council
www.visitstatenisland.com
NY State Division of Tourism
www.nylovesu.com
www.iloveny.com

WEITERE INFORMATIONEN
Wetterbericht: Tel. 1 212 2 74 12 12
Fundbüros: (Lost and found):
Taxi: Tel. 1 212 8 69 45 13
U-Bahn und Bus:
Tel. 1 718 6 25 62 00

BOTSCHAFTEN DER USA
IN DEUTSCHLAND
Visa-/Konsularabteilung
Clayallee 170, 14191 Berlin
Tel. 030 83 05-0
www.de.usembassy.gov.de

Generalkonsulate in Düsseldorf, Frankfurt a. M., Hamburg, Leipzig und München

IN ÖSTERREICH
Boltzmanngasse 16
1090 Wien
Tel. 01 3 13 39-0
www.at.usembassy.gov.at

IN DER SCHWEIZ
Sulgeneckstrasse 19
3007 Bern
Tel. 031 3 57 70 11
ch.usembassy.gov.ch

VERTRETUNGEN IN NEW YORK
Deutsches Generalkonsulat
871 United Nations Plaza
Tel. 1 212 6 10 97 00
www.germany.info
Österreichisches Generalkonsulat
31 East 69th St.
Tel. 1 212 7 37 64 00
www.bmeia.gv.at
Schweizer Generalkonsulat
633 Third Ave., 30th Floor
Tel. 1 212 5 99 57 00

www.eda.admin.ch/newyork

INTERNET
www.nyc.gov
Offizielle Website der Stadt

www.nycgo.com
Unter anderem Hotelreservierungsservice des Visitor Center

www.visitnewyorkguide.com
Monatlich aktualisierter, digitaler Reiseführer über New York

www.newyork.citysearch.com
Infos über Restaurants, Veranstaltungen, Museen, Einkaufen etc.

www.newyork.de
Sehr inhaltsreiche deutschsprachige Website
www.timeout.com/newyork
ny.com
www.villagevoice.com
nymag.com
www.allny.com
Vielerlei Infos über Veranstaltungen, Restaurants, Nightlife etc.

ETIKETTE

New York ist weltoffen und tolerant wie kaum eine andere Stadt der Erde. Jeder wird hier akzeptiert, unabhängig von Herkunft, Geschlecht, sexueller Orientierung oder Religion. Das wirkt sich auch auf den Alltag aus. Jedem Fremden wird mit Offenheit begegnet. Man kommt sehr schnell ins Gespräch und entgegen dem Klischee des rauen Großstädters sind die New Yorker generell überaus freundlich, hilfsbereit und zuvorkommend.

In New York

Sei es beim Open-Air-Lunch in einer der Central-Park-Gaststätten, während der Pause im Musicaltheater oder im allerfeinsten Restaurant: Dem Europäer wird der enorme Lärm auffallen – nicht die Musik, nein, ein Redefluss, als hätten sich die Menschen viele Jahre nicht

Lärmkulisse

PRAKTISCHE INFORMATIONEN
ETIKETTE

gesehen und müssten nun das Versäumte wenigstens mit vielen Worten aufarbeiten. That's life here!

Rush Hour

Die **Eile** der Manhattanites ist sprichwörtlich. Nicht umsonst wurde der Terminus »Rush Hour« in New York geboren, als zu Beginn des 20. Jh.s die ersten U-Bahnen fuhren. New Yorker haben es immer eilig, haben immer ein Ziel. Flanierende Touristen werden dabei bisweilen mit Unmut bedacht, besonders, wenn sie nicht aufpassen, wohin sie laufen. Nehmen Sie es gelassen. Genießen Sie die Hektik, statt sie zu verfluchen, sie ist ein Teil dieser dynamischen Stadt.

Begrüßung, Smalltalk u. a. m.

In New York gibt es, wie im Rest der USA, Floskeln und Verhaltensweisen, die man nicht allzu ernst nehmen sollte, z. B. die Frage »**How are you**«. Das ist eine Begrüßungsformel, auf die niemand eine ernste Antwort erwartet.

Eine vage Einladung, »some day«, irgendwann einmal, vorbeizuschauen, ist ebenfalls nett, aber oft nicht ernst gemeint. Ganz anders dagegen ein Abendtermin. Wer ein schickes Dinner arrangiert, einen Abend in der Oper und einer Bar oder gar zur Party lädt, der erwartet Verbindlichkeit. Noch ernster ist das Dating – das Treffen mit dem anderen Geschlecht, das nach fixen Regeln abläuft. So wird erwartet, dass der Mann den Ort aussucht und bezahlt. Beim Flirten in der Bar oder im Club hingegen gilt – anything goes.

Hypen

Die New Yorker nennen es schmunzelnd »hypen«: Magazine, Tourenbroschüren, Radio- und TV-Werbung, selbst ernannte Kolumnisten oder Plakate versprechen Ihnen oft das Blaue vom Himmel herunter – »the best food«, »the cheapest tickets«, »biggest sale ever« und so weiter. Kann alles stimmen, muss es aber nicht. In den USA, vor allem in New York, nimmt man es mit dem Superlativ nicht so genau wie bei uns. Das gilt im Übrigen auch für Privatgespräche. Selbstvermarktung ist in New York Gesellschaftsspiel. Also skeptisch bleiben!

Alkohol, Rauchen

In New York ist es verboten, auf der Straße Alkohol zu trinken! Ausnahme sind Sommerkonzerte oder Open-Air-Kino. Streng genommen darf zwar auch hier nicht getrunken werden, doch es wird toleriert.

Raucher haben es ebenfalls nicht leicht. Gesetzlich verboten ist das Rauchen in allen öffentlichen Gebäuden, öffentlichen Verkehrsmitteln (auch in Taxis und in den Innenräumen der Hafenfähren), in Bahnhöfen, in Restaurants, Kneipen, Klubs. Seit 2011 sind auch New Yorker Parks und Strände vom Rauchverbot betroffen; dazu gehören u. a. Central Park, Herald- und Times Square! Auch in Mietwagen und vielen Hotelzimmern ist das Rauchen nicht gestattet. Auf Flughäfen und in Restaurants gibt es vereinzelt kleine Raucherzonen.

Dieser Kiosk auf Coney Island kommt ohne Hype und Superlative aus

Toiletten

Öffentliche Toiletten sind **Mangelware** in New York. Es gibt welche in den Bahnhöfen (Grand Central & Penn Station, Port Authority Bus Terminal), in größeren und in einigen kleineren Parks (u. a. Madison Square Park, Battery Park, Tompkins Square Park und Columbus Park in Chinatown), in Hotels, großen Buchläden und Kaufhäusern sowie in Starbucks-Läden. Man fragt nicht nach »toilet«, sondern nach »restroom«, »bathroom« oder »ladies'/men's room«.

Trinkgeld (Tip)

Da in den Restaurantpreisen (in der Regel) keine **Bedienungsgelder enthalten** und die Stundenlöhne der Kellner oft recht niedrig sind, bekommen Kellner 15–20 % Trinkgeld (tip). Um sich das Kopfrechnen zu ersparen, sollte man es wie die New Yorker machen: Einfach den auf der Rechnung ausgewiesenen Betrag der Sales Tax (8,375 %) verdoppeln. Das Trinkgeld lässt man dann in die Kreditkartenrechnung eintragen oder bar auf dem Tisch zurück. Mittlerweile schreiben manche Kellner von sich aus das Trinkgeld auf die Rechnung. Also die Rechnung prüfen und im Zweifelsfall fragen (»Is the tip included?«). Der Garderobenfrau gibt man 1 $, wenn sie Ihnen den Mantel zurückgibt, dem Gepäckträger 1–2 $ pro Stück. Für das Zimmermädchen lässt man nach mehrtägigem Aufenthalt pro Tag 1–2 $ im Zimmer zurück. Für das Besorgen eines Taxis durch den Portier gibt man 1–2 $. Taxifahrer bekommen 15 % des Betrags, den der Taxameter anzeigt, bei kurzen Strecken gelegentlich auch bis zu 20 %.

PRAKTISCHE INFORMATIONEN
GELD

WECHSELKURSE, KARTENVERLUST

1 US-$ = 0,87 €
1 € = 1,13 $
1 US-$ = 0,95 CHF
1 CHF = 1,04 $
Aktuelle Wechselkurse:
www.oanda.com

KARTENVERLUST
Einheitlicher zentraler Sperr-Notruf
aus dem Ausland:
Tel. 011 49 116 116

GELD

Währung
: Währungseinheit der USA ist der US-Dollar ($), ein Dollar hat 100 Cents. Es gibt (gleichfarbig grüne) Geldscheine von 1, 5, 10, 20, 50, 100 US-Dollar. Fünf verschiedene Münzen (»coins«) sind im Umlauf: der »penny« (1 Cent), der »nickel« (5 Cents), der »dime« (10 Cents), der »quarter« (25 Cents), der »half dollar« (50 Cents) und der »buch« (1 $).

Reisekasse
: Man sollte vor dem Abflug Geld tauschen und sich mit Kleingeld eindecken, denn der Wechselkurs ist in Europa günstiger als in den USA. Die Reisekasse besteht am besten aus **Kreditkarte und einigen Dollars in bar** für den Anfang. Man darf bis zu 10 000 US-$ ein- oder ausführen, Beträge darüber müssen angemeldet werden.

Kreditkarten
: Kreditkarten (American Express, Visa, MasterCard, Diners Club) werden (fast) überall akzeptiert, beim Anmieten von Autos sind sie zur Kautionsleistung unerlässlich. Um Missbrauch vorzubeugen, wird immer häufiger ein Ausweis verlangt.
Wer eine Kreditkarte mit PIN besitzt, bekommt an den **Geldautomaten (ATM = Automated Teller Machine)** problemlos Geld. Bank-Card-Inhaber lassen sich am besten vor Reisebeginn die Freischaltung ihrer Karte für die USA bestätigen.
Bankkarten mit dem blau-roten Maestro-Logo können in den USA eingesetzt werden, solche mit dem blau-gelben »V PAY«-Zeichen (z. B. von der Postbank) funktionieren leider nicht bzw. nur sehr eingeschränk.

Banken
: Banken mit Publikumsverkehr und Geldwechselschaltern sind im Allgemeinen Mo.–Fr. 10–15, Do. oder Fr. bis 18 Uhr geöffnet. An Wochenenden und Feiertagen sind nur die Bankschalter in den internationalen Flughäfen geöffnet. Fast in jedem großen Einkaufszentrum und an Flughäfen findet man zumindest eine Bankfiliale bzw. Geldautomaten.

PRAKTISCHE INFORMATIONEN
GESUNDHEIT

KRANKENHÄUSER

In akuten Notfällen sollte man sofort ein Krankenhaus aufsuchen und sich dort in der Notaufnahme (Emergency Room) melden. Da Arzttermine in Praxen schwer zu bekommen sind, empfiehlt sich ein solches Vorgehen auch bei anderen Krankheiten; dann muss man allerdings mit langen Wartezeiten rechnen. Die Kosten sind sehr hoch, selbst eine einfache Blutentnahme kostet um die 200 $. Unter Tel. 411 erfährt man, wo sich das nächstgelegene private oder öffentliche Krankenhaus mit einer Notfallstation (Hospital Emergency Room) befindet.

BELLEVUE HOSPITAL CENTER
462 First Ave./27th St.
Tel. 1 212 5 62 41 41

MOUNT SINAI HOSPITAL
1111 Amsterdam Ave.
Tel. 1 212 2 41 65 00
www.mount-sinai.org

NEW YORK DOWNTOWN HOSPITAL
170 William St.
Tel. 1 212 3 12 50 00

NEW YORK PRESBYTERIAN HOSPITAL
525 East 68th St.
Tel. 1 212 7 46 54 54

ST LUKE'S ROOSEVELT
1001 Amsterdam Ave.
Tel. 1 212 5 23 40 00
www.stlukeshospitalnyc.org

JAMAICA HOSPITAL MEDICAL CENTER
8900 Van Wyck Expy
Queens, NY 11418
Tel. 1 718 206 60 00

GESUNDHEIT

Amerikanische **Drug Stores** oder **Pharmacies** sind mit europäischen Apotheken nicht zu vergleichen. Die Abgabe rezeptpflichtiger Medikamente macht für die meisten nur einen kleinen Teil ihres Angebots aus und manche ähneln eher kleinen Kaufhäusern. Ein Verzeichnis der Drug Stores findet man in den »Yellow Pages«, des von der Telefongesellschaft herausgegebenen Branchenbuchs. Sie sind täglich von 9–18, einige bis 21 oder 24 Uhr geöffnet; einige Adressen ▶ S. 354.   *Apotheken*

Für die schnelle ärztliche Versorgung sind die offenen Notarztbüros in der ganzen Stadt am besten, die man ohne Voranmeldung nutzen kann. Eine Liste aller New Yorker Büros findet man unter www.citymd.com. Hier wird man schnell und unbürokratisch behandelt. Im Notfall überstellen die Ärzte einen auch ins Krankenhaus. Adressen von deutschsprachigen Ärzten erhält man beim Generalkonsulat der Bundesrepublik Deutschland (▶ Auskunft).   *Im Notfall*

PRAKTISCHE INFORMATIONEN
LESETIPPS

LESETIPPS

Sachbücher **Kenneth T. Jackson** (Hrsg.): The Encyclopedia of New York City, Yale University Press, The New York Historical Society, New Haven & London / New York 1995. In den Einträgen A & Z findet man alles, was man schon immer über New York wissen wollte.

Sebastian Moll: Lesereise New York, Wien 2013. Der in New York lebende Zeitungskorrespondent beschreibt die Gentrifizierung des Big Apple und erlaubt dabei Blicke hinter die glänzende Fassade.

Sabine Scholl: Sehnsucht Manhattan – Literarische Streifzüge durch New York, Düsseldorf und Zürich 2004. Die New Yorker Stadtteile und ihre Autoren werden vorgestellt.

Yvonne Vavra: 111 Gründe New York zu lieben, Berlin 2013. Eine Liebeserklärung an New York.

Stephan Wackwitz: Fifth Avenue, Frankfurt a. M. 2013. Ein Bummel die Fifth Avenue hinunter und durch die Kulturgeschichte der Stadt.

Luc Sante: Lowlife, Farrar Straus & Giroux 2003. Geschichte New Yorks von unten – aus der Perspektive der Slumbewohner und Habenichtse.

Ada Calhoun: St. Marks is Dead. WW Norton & Co Inc., Reprint 2016. Eine Geschichte des St. Marks Place, der coolsten Straße von New York.

James Sanders, Ric Burns: New York: Die illustrierte Geschichte von 1609 bis heute. New York 2003

Rem Koolhaas: Delirious New York: Ein retroaktives Manifest. Arch + 2006. Ein Essay in Buchlänge über das, was New York im Kern ausmacht.

Dumont Bildatlas New York, Ostfildern. Atmosphärisches und facettenreiches Porträt der Stadt in Wort und Bild.

Jörg Brockmann, Bill Harris: 1000 New York Buildings, Köln 2002. Die Architektur New Yorks in Bild und Wort.

Georges Perec, Robert Bober: Geschichten von Ellis Island oder Wie man Amerikaner macht, Berlin 1997. Ein poetisch historischer Band über die Geschichte der Einwanderung.

PRAKTISCHE INFORMATIONEN
LESETIPPS

Gil C. Alicea, Carmine DeSena: The Air Down Here, Würzburg 1998. Ein Jugendlicher erzählt von seinem Leben in der South Bronx. Würzburg 1998.

Time Out New York, Penguin Books. Überblick über Programme, Spielpläne u. a.; jährlich aktualisiert.

Hendrik Sachs: New York im Film, Westerstede 2007. Ein origineller Reisebegleiter zu den Filmschauplätzen.

Lonely Planet Kids: Komm mit nach New York, Ostfildern. Erstaunliche Fakten, heiter und witzig geschrieben für neugierige Kinder. — Für Kinder

Darüber hinaus gibt es viele Romane, die in New York spielen. **Paul Auster** hat den Charakter der Stadt besonders gut eingefangen, u. a. in **Die New York Trilogie**, Hamburg 2008. — Romane

Kevin Baker: Die Straße zum Paradies, München 2004. Der Roman erweckt das historische New York zum Leben. Er spielt an drei Tagen im Juli 1863, während der Draft riots (Einberufungskrawalle), die bis zum 11.9.2001 als die schrecklichsten Tage in der Stadtgeschichte New Yorks gelten. Der Roman ist Teil einer Trilogie.

Rita Mae Brown: Rubinroter Dschungel, 1973
Truman Capote: Frühstück bei Tiffany, 1958
Teju Cole: Open City, Ein nigerianischer Einwanderer streift durch New York, 2016
EL Doctorow: Rag Time, Panoptikum der Ära vor dem Zweiten Weltkrieg in New York, 2011
Ralph Ellison: Der Unsichtbare Mann, Schlüsselroman zu Harlem und zum schwarzen New York, 1995
Max Frisch: Montauk, 1975
F. Scott Fitzgerald: Der große Gatsby, 1925
Jonathan Safran Foer: Extrem laut und unglaublich nah, Schlüsselroman zu New York nach dem 11. September, 2007
Siri Hustvedt: Was ich liebte, 2004
Tama Janowitz: Der Kannibale in Manhattan, 1988
Toni Morrison: Jazz, 1992
John Dos Passos: Manhattan Transfer, 1925
Richard Price: Clockers: Geschichte einer Jugendgang in den Ghettos von Brooklyn, 2012; verfilmt von Spike Lee
Hubert Selby: Letzte Ausfahrt Brooklyn, 1965
Tom Wolfe: Fegefeuer der Eitelkeiten, 1987
Paul Auster: Stadt aus Glas, 2004
Candace Bushnell: Sex and the City, 2001
New York im Film ▶Baedeker Wissen, S. 258

— Weitere Empfehlungen

PRAKTISCHE INFORMATIONEN
MASSEINHEITEN

MASSEINHEITEN

Längenmaße
1 inch (in; Zoll)	= 2,54 cm	1 mm	= 0,03937 in
1 foot (ft; Fuß)	= 12 in = 30,48 cm	1 cm	= 0,033 ft
1 yard (yd; Elle)	= 3 ft = 91,44 cm	1 m	= 1,09 yd
1 mile (mi; Meile)	= 1,61 km	1 km	= 0,62 mi

Raummaße
1 square inch (in^2)	= 6,45 cm^2	1 cm^2	= 0,155 in^2
1 acre	= 0,405 ha	1 ha	= 2,471 acres

Flüssigkeitsmaße
1 pint (pt)	= 0,473 l	1 l	= 2,114 pt
1 quart (qt)	= 2 pt = 0,946 l	1 l	= 1,057 qt
1 gallon (gal)	= 4 qt = 3,787 l	1 l	= 0,264 gal

Gewichte
1 ounce (oz; Unze)	= 28,365 g	100 g	= 2,527 oz
1 pound (lb; Pfund)	= 453,59 g	1 kg	= 2,206 lb

Temperaturen

°F	0	10	20	32	50	68	89	95
°C	-18	-12	-6,5	0	10	20	30	35

Umrechnung:
Fahrenheit = 1,8 × Celsius + 32   Celsius = $\dfrac{5\,(\text{Fahrenheit} - 32)}{9}$

Kleidergrößen:
Umrechnung Herrenkleidung:
Deutsche Größe (z. B. 50) − 10 = amerikanische Größe (z. B. 40)

Herrenhemden:
D 37 38 39 40 42
US 14,5 15 15,5 16 16,5

Herrenschuhe:
D 41 42 43 44 45 46
US 8 9 9,5 10,5 11 11,5

Damenkleidung:
D 36 38 40 42 44 46
US 6 8 10 12 14 16

Damenschuhe:
D 36 37 39 40 41 42
US 6 7 8 9 10 10,5

Kindergrößen:
D 98 104 110 116 122
US 3 4 5 6 6X

PRAKTISCHE INFORMATIONEN
MEDIEN

MEDIEN

Trotz seiner Größe hat New York nur drei Tageszeitungen: Die »New York Times« ist die angesehenste Zeitung Amerikas. Ihr Umfang beträgt an Wochentagen 72 bis 124 Seiten, am Sonntag 300 bis 500 Seiten. Die Boulevardblätter »Daily News« und »New York Post« sind recht reißerisch aufgemacht. Am schnellsten informiert man sich in der überregionalen Zeitung »USA Today«.
Das »New York Magazine« bietet sowohl online als auch im Print ausführliche Berichte über Kultur und Politik der Stadt sowie Veranstaltungstipps und Rezensionen (www.nymag.com). Die beste örtliche Radiostation mit Nachrichten und Informationen ist wnyc (www.wnyc.com), 93.9 FM.

Tageszeitungen und anderes

Deutsche Zeitungen und Zeitschriften gibt es nur in Flughäfen und wenigen ausgesuchten Läden.
Das **Goethe House New York** (30 Irving Place, Mo. – Fr. 10–18 Uhr, Tel. 1 212 4 39 87 00, www.goethe.de/newyork) bietet eine Vielzahl an Veranstaltungen zur deutschen Kultur.

Deutsche Zeitungen

POST · TELEKOMMUNIKATION

Post und Telefon sind in den USA getrennt. Die Post hat werktags 8–18 und Sa. 9–15 Uhr geöffnet; das **Hauptpostamt** (General Post Office, 421 8th Ave./33rd St.) ist 24 Stunden geöffnet.

Post

Die Postleitzahl steht hinter dem abgekürzt genannten Bundesstaat (z. B. New York, NY 10017; variable Endziffern für Stadtteile).

Postleitzahl (»zip code«)

Details zum Wählen sind an den Apparaten angebracht. Die Telefonwähltasten sind auch mit Buchstaben belegt, sodass viele Nummern als leicht zu merkendes Kennwort angegeben sind (z. B. landesweite Pannenhilfe: Tel. 1-800-AAA-HELP).
Die meisten öffentlichen Telefone funktionieren nur noch bargeldlos mit **Telefonkarte** oder Kreditkarte. Mit der »phone card«, die man an Kiosken erhält, wählt man sich ins Ortsnetz ein (die Nummer der verschiedenen Anbieter steht auf der Karte), gibt anschließend die Karten-PIN-Nummer ein und kann dann weltweit telefonieren.

Telefon

PRAKTISCHE INFORMATIONEN
POST · TELEKOMMUNIKATION

LÄNDERVORWAHLEN
Von New York
nach Deutschland: 0 11 49
nach Österreich: 0 11 43
in die Schweiz: 0 11 41
Nach New York
von Deutschland, Österreich und der Schweiz: 001

AUSKUNFT
Tel. 411 und www.411.com

Mobiltelefone
: Mobiltelefone heißen in den USA **Cell** oder **Mobile Phone**. Telefonate mit eigenem Handy sind mit einem Tri- und Quadbandhandy möglich. Allerdings fallen sehr hohe Daten-Roaming-Gebühren an (bis 10 €/MB-Datenmenge). Achtung: Ihr Telefon muss für das Ausland freigeschaltet sein!
Am besten kauft man sich eine Prepaid-Sim-Karte eines örtlichen Netzbetreibers, bekommt dann jedoch eine neue Rufnummer. Die bekanntesten örtlichen Netzbetreiber sind Sprint, T-Mobile USA und Verizon. Es gibt in der ganzen Stadt Läden, in denen man rasch und unkompliziert Sim-Karten bekommt, oft auch in Verbindung mit einem billigen Telefon.

Gebührenfreie Telefonnummern
: Die gebührenfreien Telefonnummern von Hotels, Fluglinien usw. beginnen meistens mit 800, 888, 866 oder 877 und können nur innerhalb der USA angewählt werden. Man sollte sie nicht mit 900er-Nummern verwechseln, hinter denen sich oft recht teure kommerzielle Dienste verbergen.

WLAN
: WLAN gibt es in New York u. a. auf dem Times Square, im Bryant Park, in der Bowling Green Hall, in der City Hall, auf dem Union Square und in allen Bibliotheken. Auch viele Cafés, Hotels und Bars bieten kostenloses WLAN (Auskunft: http://www.newyorkcity.de/kostenloses-wlan-in-new-york/).
Der Internetkonzern **LinkNYC** hat Ende 2015 damit begonnen, die alten Telefonzellen in WLAN-Router umzubauen, die jedem mit einer E-Mail-Adresse **gratis WLAN-Zugang** anbietet. Um sich in das WLAN einzuwählen muss man nur das Netzwerk »LinkNYC Free WiFi« an seinem Mobilgerät auswählen und (s)eine Emailadresse angeben. Die ca. 3 m hohen Säulen stehen an fast jeder Ecke in Manhattan und bieten auch die Möglichkeit, Geräte via USB zu laden und Notrufe abzusetzen.

So geht's
: New York City hat sechs Orts-Vorwahlnummern; dieser sog. **Area Code** ist fester Bestandteil der Telefon- und Faxnummern. Bei Telefonaten müssen immer die Landeskennung **1 + Area Code + 7-stellige Teilnehmernummer** gewählt werden.
Die Orts-Vorwahlnummern sind: Manhattan 212, 917, 646 und neuerdings 332, Bronx, Brooklyn, Queens und Staten Island 718 und 347.

PREISE · VERGÜNSTIGUNGEN

Der **New York City Pass** verschafft freien und bevorzugten Eintritt zu über 40 Sehenswürdigkeiten. Bus- und Bootstouren sowei Stadtführungen sind inklusive (für 1, 2, 3, oder 7 Tage, 99 – 299 $). Der **New York Pass** wird aufs Handy geladen und gewährt freien Eintritt f zu über 100 Attraktionen, dazu Bus- und Bootstouren (für 1, 2, 3, 5, 7 oder 10 Tage, 132 – 329 $).
www.citypass.de, www.newyorkpass.com

City Pass, New York Pass

Gut zu wissen: Die Preisschilder weisen meist nur die Nettopreise aus (▶Shopping).

Preise

REISEZEIT

New York City liegt etwa auf demselben Breitengrad wie **Neapel**. Im Allgemeinen herrscht sehr oft heiteres Wetter (250 bis 300 Sonnentage im Jahr), da Tiefdruckgebiete meistens rasch durchziehen und Hochdruckgebiete beständig sind.
Die beste Zeit für einen Besuch New Yorks sind der Mai sowie die Zeit vom 15. September bis Anfang Dezember. Die Hochsommermonate sollte man nach Möglichkeit meiden; zwar sind die meisten Gebäude mit Klimaanlagen versehen, doch in den Straßen ist es wegen der hohen Luftfeuchtigkeit oft erdrückend schwül.

Beste Reisezeit

Die **Durchschnittstemperaturen** schwanken zwischen 28 °C im Juni (durchschnittlich 10 Sonnenstunden, 7 Tage mit Niederschlag) und 4 °C im Januar (durchschnittlich 4 Sonnenstunden, 3 Tage mit Niederschlag). Schnee fällt selten vor Januar. Die höchste in New York verzeichnete Temperatur im Sommer war 41 °C, die niedrigste Wintertemperatur – 24 °C. Generell gilt: Wenn's mal kalt wird, dann richtig. Die aus Kanada herunterfegenden Blizzards legen oft den Verkehr lahm, Schneefall von über 50 cm in einer Nacht ist dann keine Seltenheit.

Temperaturen

Der Wetterbericht wird in fast allen Nachrichtensendungen im Radio und Fernsehen regelmäßig durchgegeben. Auskunft erhält man auch telefonisch und im Internet.
Tel. 1 212 9 76 12 12 | www.weather.com

Wetterbericht

PRAKTISCHE INFORMATIONEN
SPRACHE

SPRACHE

Das amerikanische Englisch unterscheidet sich vom britischen Englisch ein wenig in Aussprache, Betonung und Wortschatz.

AMERICAN ENGLISH

ESSEN UND SPEISEKARTE

Wo gibt es hier ein Restaurant (Kneipe)?	Is there a restaurant (bar) here?
Reservieren Sie uns bitte für heute Abend einen Tisch.	Would you please reserve us a table for this evening, please?
Auf Ihr Wohl!	Cheers!
Bezahlen, bitte.	May I have the check, please?
Breakfast	Frühstück
coffee (with cream/milk)	Kaffee (mit Sahne/Milch)
decaffeinated coffee, »decaf«	koffeinfreier Kaffee
scrambled eggs	Rührei
eggs sunny side up/overeasy	Spiegeleier (einseitig/beidseitig gebraten)
bread/roll/toast	Brot/Brötchen/Toast
butter	Butter
honey/jam/marmalade	Honig/Konfitüre/Orangenmarmelade
Fish and Seafood	Fisch und Meeresfrüchte
cod	Kabeljau
herring	Hering
lobster	Hummer
oysters	Austern
trout	Forelle
Meat and poultry	Fleisch und Geflügel
beef/pork	Rindfleisch/Schweinefleisch
chop/cutlet	Kotelett
sausages	Würstchen
Vegetables and salads	Gemüse und Salat
baked potatoes	gebackene Kartoffeln in Schale
carrots	Karotten
onions	Zwiebeln
fruit	Obst
grapes	Weintrauben
lemon	Zitrone
plums	Pflaumen
raspberries	Himbeeren
strawberries	Erdbeeren
Beverages	Getränke
beer on tap	Bier vom Fass
red/white wine	Rot-/Weißwein
soft drink/fruit juice	alkoholfreies Getränk/Fruchtsaft
mineral water	Mineralwasser

VERKEHR

Dank des 1811 eingeführten Straßenrasters »The Grid« ist es kein Problem, sich in New York zurechtzufinden. Die **Avenues** verlaufen in Nord-Süd-, die **Streets** in Ost-West-Richtung. Gezählt wird ab der Houston Street, südlich davon hat der Stadtplan seinen europäischen Charakter bewahrt. Die Fifth Ave. trennt Manhattan in Ostseite (East Side) und Westseite (West Side), d. h. die Straßennummern östlich der 5th Ave. sind mit E, westlich mit W gekennzeichnet. Die einzige bedeutende Ausnahme bildet der Broadway. Die meisten Avenues tragen Zahlen (von 1 im Osten bis 12 im Westen), aber dazwischen und östlich der 1st Ave. gibt es auch einige mit Namen und sogar mit Buchstaben (im unteren Teil der Stadt).

Orientierung

Schiffs- und Fährverkehr

New York ist immer noch Hafenstadt, doch hat die Bedeutung nachgelassen. Bis hinauf etwa zur 100. Straße umgab Manhattan ein Saum von Piers. Der **South Street Seaport** erinnert an längst vergangene Tage. Heute werden nur noch wenige Piers für den Passagierverkehr genutzt, so die Anlegestellen am Passenger Ship Terminal zwischen der 48. und der 52. Straße. Dabei handelt es sich großenteils um Kreuzfahrtschiffe. Zwischen Europa und New York verkehrt nur noch eine Linie (▶S. 355). Die großen Containerschiffe legen meist auf der zu New Jersey gehörenden Seite der New York Bay an.

Hafen

Das billigste (kostenlose) Vergnügen in New York mit dem schönsten Blick auf die Skyline von Manhattan. Die Fahrt geht nach Staten Island und zurück, vorbei an der Freiheitsstatue und Ellis Island. Montags bis freitags nutzen über 60 000 Fahrgäste die Ferry; am Wochenende sind es weniger (▶ Baedeker Wissen, S. 248).
Abfahrt: Whitehall Ferry Terminal (South Ferry); Subway: South Ferry; tagsüber etwa alle 30 Min., während der Rush Hour alle 15 bis 20 Min., spätnachts und Sa., So. jede Stunde | www.siferry.com

Staten Island Ferry

Zur Freiheitsstatue und nach Ellis Island
Abfahrt: Battery Park, Subway: South Ferry, Bowling Green
Tel. 1 866 9 77 69 98 | www.circlelinedowntown.com

Circle Line

Von Manhattan nach Hoboken (New Jersey)
Abfahrt: vom Pier unterhalb des World Financial Center über den Hudson River
Tel. 1 800 53 FERRY | www.nywaterway.com

Hoboken Ferry

PRAKTISCHE INFORMATIONEN
VERKEHR

NYC Ferry Service	U. a. von Manhattan, Wall St./Pier 11 nach Brooklyn Bridge Park/DUMBO (Pier 1), South und North Williamsburg, Greenpoint, Hunters Point South und über den East River zur East 34th St. in Manhattan und zurück; im Sommer auch Verbindung zu Governors Island. www.ferry.nyc
New York Water Taxi	Die Boote verkehren Mai bis Oktober zwischen verschiedenen Anlegern und sind eine Alternative für die Fortbewegung in der Stadt. Tel. 1 212 7 42 19 69 | www.nywatertaxi.com

❙ Schiffsausflüge

Circle Line Cruises	Eine etwa dreistündige Fahrt führt den Hudson hinunter in die New York Bay zur Freiheitsstatue (▶Statue of Liberty), den East River hinauf und um Manhattan herum zurück zum Ausgangspunkt. Ein Reiseführer erläutert die Sehenswürdigkeiten – ein Klassiker unter den Stadtrundfahrten und vor allem Kurzbesuchern zu empfehlen. Im Angebot ist auch eine zweistündige Fahrt den Hudson hinunter, den East River hinauf bis zum UN-Gebäude und zurück. Ablegeplatz: Pier 83, West 42nd Street/West Side Highway, am Hudson, und Pier 16, South Street Seaport, zwischen Burling Slip und Fulton St. am East River | Tel. 1 212 5 63 32 00 | www.circle line42.com
NY Waterway Sightseeing Cruises	Verschiedene Angebote, u. a. einen Tagesausflug den Hudson hinauf bis zum »Rockefeller-Schloss«. Ablegeplatz: Pier 78, West 38th Street/West Side Highway, am Hudson, und Pier A, West 38th St., Battery Place | Tel. 1 800 5 33 37 79 www.nywaterway.com.
Shearwater Sailing	Segeltörns mit dem Schoner »Clipper City« oder mit der 1929 gebauten Yacht »Shearwater. Ablegeplatz: Hudson River, zwischen Liberty und Vesey St. Tel. 1 212 6 19 69 00 | www.manhattanbysail.com;

❙ U-Bahn (Subway) und Bus

MTA	U-Bahnen und Busse werden von der Metropolitan Transportation Authority (MTA) betrieben. **Auskunft:** Tel. 1 718 3 30 48 47 für nicht-englischsprachige Kunden, ansonsten 1 212 3 30 12 34 | www.mta.info **Fundbüro:** Tel. 1 212 7 12 45 00
Tickets	Der Einheitspreis für eine einfache Fahrt – ob mit Bus oder U-Bahn – beträgt 2,75 $. Kinder bis zu drei Jahren fahren kostenlos. Es emp-

fiehlt sich der Kauf einer **MetroCard**, die mit einem Betrag zwischen 5,50 und 80 $ aufgeladen werden kann. Sie ermöglicht kostenloses Umsteigen zwischen U-Bahn und Bus und Mengenrabatt bei höheren Beträgen. Mit Unlimited Ride MetroCards kann man 7 oder 30 Tage unterwegs sein (33 bzw. 127 $). Man erhält sie an U-Bahnhöfen, in Kiosken, im New York Convention & Visitors Bureau (810 7th Ave./53rd St.) und in vielen Hotels.

Die Untergrundbahn (**Subway**) verbindet alle Stadtbezirke mit Ausnahme von Staten Island miteinander. Sie verkehrt rund um die Uhr, während der Stoßzeiten alle 2–5 Minuten, sonst tagsüber alle 10–12 Minuten, zwischen Mitternacht und 5 Uhr morgens ca. alle 20 Minuten. Wer mehr über sie wissen möchte, wird im New York Transit Museum (▶Brooklyn) fündig. Die meisten Linien verkehren zwischen Uptown (Norden) und Downtown (Süden). **Express-Züge** halten nur an den wichtigsten, **Locals** an allen Stationen. Die Express-Züge fahren meistens auf den äußeren, die Locals auf den inneren Schienen.

U-Bahn

Streckenplan
S. 376/377
und auf dem
Extraplan

Fern- und Vorortbusse fahren vom **Busbahnhof** Port Authority Bus Terminal an der Kreuzung von 8th Ave./42nd Street. Den **innerstädtischen Verkehr** versorgen zahlreiche Buslinien, darunter fast 40 allein in Manhattan. Sie verkehren auf allen Avenues und den wichtigsten Straßen. Alle Haltestellen sind Bedarfshaltestellen; wenn man aussteigen will, signalisiert man dies durch ein Klingelzeichen. Das Fahrgeld muss abgezählt bereitgehalten werden. Regular-Busse halten an jeder Straßenecke, Limited-Stop-Busse nur an jeder dritten oder vierten Haltestelle, Express-Busse (mit Aufschlag) fahren direkt in die Vororte. Haltestellen erkennt man am gelben Bordstein und am blauweißen Schild.

Busverkehr

Auf der Straße

New York bietet – ein Bike-Share-Programm mit über 500 Stationen, bislang nur in Manhattan, Brooklyn, Queens und Jersey City.
Das Leihen der blauen Mieträder ist kinderleicht: Man steckt die Kreditkarte an der Station in den Automaten und bekommt einen Code. Diesen tippt man am Rad der Wahl ein und fährt los. Auch die Rückgabe an jeder beliebigen Station ist einfach. Eine Übersicht über die Stationen gibt es bei **www.citibikenyc.com** oder auf der gleichnamigen Smartphone-App. Auf der gut gemachten Website finden sich auch einige Routenvorschläge mit Detailkarten. Allerdings lohnt die Nutzung des Mietrades nur bei kurzen Fahrten bis zu 45 Minuten. Wer ein Rad für einen ganzen Tag möchte, geht lieber zu einem der einschlägigen Radverleihe. **Bike and Roll** etwa hat mehrere Mietstationen in Manhattan: www.bikenewyorkcity.com.

Mit dem
Fahrrad
unterwegs

DIE SUBWAY: DIE LEBENSADER NEW YORKS

Mit großem Pomp wurde vor über hundert Jahren die U-Bahn in New York eingeweiht: Kirchenglocken läuteten, Fähren ließen ihre Hörner erschallen und die Menschen feierten auf den Straßen. Gleich am ersten Tag nutzten 150 000 Menschen das neue Transportmittel.

Der New Yorker Bürgermeister McClellan sollte eigentlich nur den Zug feierlich in Bewegung setzen, als die erste New Yorker U-Bahn am 28. Oktober 1904 aus dem Bahnhof am Rathaus nahe der Brooklyn Bridge abfuhr. Doch als die Bahn erst einmal im Rollen war, wollte der Stadtvater, berauscht von der Geschwindigkeit, das Steuer gar nicht mehr hergeben.
Bis zur 145. Straße lenkte McClellan, von besorgten Ingenieuren angeleitet, das sensationelle neue Verkehrsmittel. Gerade einmal 35 Minuten brauchte er für die Fahrt nach Harlem – eine Strecke, die bislang eine Tagesreise beansprucht hatte.

Pupuläres Transportmittel

Die U-Bahn veränderte New York, sie schnürte die ganze Stadt zusammen und beschleunigte die Erschließung auch der entferntesten Stadtviertel. Rund 1100 Kilometer Schiene umfasst das Netz heute. Rund um die Uhr und an sieben Tagen der Woche werden **täglich 5,7 Millionen Passagiere** von der Bronx bis nach Coney Island und von Flushing bis nach Chelsea befördert.
Die Subway ist die Lebensader der Stadt, ohne sie würde das Geschäftsleben zusammenbrechen. In der am dichtesten besiedelten Stadt Nordamerikas ist sie mit Abstand das bedeutendste und beliebteste Transportmittel. Deshalb unternahmen auch die Stadt und die Bürger eine konzentrierte Anstrengung, das U-Bahn-Netz zu sanieren, als es während der Finanzkrise der Stadt in den 1980er-Jahren zu verkommen drohte. Zwar ist die U-Bahn nach

Kunst die bewegt, hier von Roy Lichtenstein in der U-Bahn-Station 42nd Street am Times Square

europäischen Maßstäben bis heute noch immer reparaturbedürftig und bisweilen schmuddelig. Die 6400 Züge schnurren jedoch verlässlich täglich die Stadt auf und ab und vermitteln den Pendlern ein gehöriges Gefühl des Stolzes.

Kunst in der U-Bahn und eine neue Linie

Dazu trägt nicht zuletzt das Kunstprogramm der U-Bahn-Gesellschaft MTA bei, das mit der Sanierung vor 30 Jahren gestartet wurde. Bei jeder sanierten Station musste 1 % des Etats für ein Kunstwerk ausgegeben werden. So ist die New Yorker U-Bahn heute nicht zuletzt auch eines der größten **Freiluft-Kunstmuseen** der Welt mit Werken von so bedeutenden Künstlern wie Roy Lichtenstein, Sol LeWitt und Elizabeth Murray. Einen Überblick über die Kunstwerke finden Sie auf der Website der U-Bahn-Gesellschaft MTA: www.web.mta.info/mta/aft/. Im New York Transit Museum (▶ S. 68) und an den größeren Stationen wie Grand Central oder Times Square gibt es auch einen Prospekt.

In den vergangenen Jahren ist nun auch nach Jahrzehnten des Stillstands erstmals das New Yorker U-Bahn-Netz wieder gewachsen. Im Jahr 2016 eröffnete eine neue Station der Linie 7 ganz im Westen Manhattans, um das geplante neue Viertel Hudson Yards zu bedienen. Und zum Jahresbeginn 2017 wurde eine **neue Linie, die »2nd Avenue Subway«** eingeweiht, um die bislang unterversorgte Upper East Side anzubinden. Die Planung und vor allem die Finanzierung der neuen Strecke dauerte mehr als 60 Jahre! Die Wände der vier neuen Bahnhöfe schmücken Kunst von Sarah Sze (96th St.), Chuck Close (86th St.), Vik Muniz (72nd St.) und Jean Shin (63rd St.).

PRAKTISCHE INFORMATIONEN
VERKEHR

PRAKTISCHE INFORMATIONEN
VERKEHR

PRAKTISCHE INFORMATIONEN
VERKEHR

Taxis
: Rund 11 800 **Yellow Cabs** befördern ca. 241 Millionen Passagiere im Jahr. Taxilizenzen kosten bis zu einer Million Dollar. Die **Green Cabs**, kann man nur in den Stadtteilen nördlich der 110. Straße sowie außerhalb Manhattans auf der Straße heranwinken. Sie funktionieren wie die Yellow Cabs, dürfen allerdings keine Passagiere von Manhattan aus in die »outer boroughs« mitnehmen.

Innerhalb Manhattans ist es, abgesehen von den Hauptverkehrszeiten und bei Regen, kein Problem, ein Taxi zu bekommen: Man stellt sich an den Rand des Bürgersteigs und gibt den herannahenden Taxis ein Handzeichen. Verkündet die Leuchte auf dem Dach »off duty« oder »on radio call«, wird das Taxi nicht halten. Außer an Flughäfen, Bahnhöfen, dem Port Authority Bus Terminal und großen Hotels gibt es keine Taxistände. **Hat man etwas verloren oder Beschwerden**, wendet man sich an die New York City Taxi and Limousine Commission (Tel. 1 212 3 02 82 94); man sollte sich auf jeden Fall die Lizenznummer des Taxis merken.

Die **Taxi-Fahrpreise** sind außen an der Tür vermerkt. Die Grundgebühr beträgt 2,50 $, für jede weitere Fünftelmeile 50 Cent. Während der Rush Hour (16–20 Uhr an Werktagen) zahlt man 1 $, für Nachtfahrten (20–6 Uhr) 50 Cent extra. Brücken- und Tunnelmaut (toll) kommen hinzu sowie das Trinkgeld (15–20 %; mindestens 1 $). Abends kommt ein Aufschlag (1 $) hinzu.

Limousinen
: Wer sich durch Manhattan kutschieren lassen möchte, andere Stadtteile New Yorks oder das benachbarte New Jersey kennenlernen will, kann sich z. B. beim Hotelportier eine »limo« bestellen, eine **Limousine mit Chauffeur**. Limos haben keinen Taxameter, der Preis ist vorher zu vereinbaren (ab 75 $/Std.). Es gibt auch Stretchlimousinen. Fahrzeuge mit Fahrer bieten u. a.:

Arrow Transportation, www.arrow-trans.com
BLS Limousine Service, www.blslimo.com
Carmel Car & Limousine Service, www.car mellimo.com
Golden Touch Transportation, www.goldentouchtrans portation.com
LimoRes, www.limores.net.

Aerial Tramway
: Ein ungewöhnliches Verkehrsmittel ist die **Seilbahn**, die von der Second Ave., Ecke 58. Straße im Viertelstundenabstand nach Roosevelt Island hinüberschwebt. Sie wurde 1976 gebaut und sollte nach dem 1989 erfolgten Anschluss von Roosevelt Island ans U-Bahnnetz verschwinden, wurde aber wegen ihrer Popularität beibehalten (▶S. 168).

Mietwagen, Rent a car

In New York ist es wegen der Verkehrsdichte und der knappen Parkmöglichkeiten nicht sinnvoll, im eigenen Auto oder Mietauto zu fah-

PRAKTISCHE INFORMATIONEN
VERKEHR

NÜTZLICHE INFOS

BAHN UND BUS

GRAND CENTRAL TERMINAL
Hauptbahnhof für den Nahverkehr in die Region. Gute Verbindungen für Tagesausflüge etwa ins Hudson-Tal oder nach Connecticut. Anbindung an viele Bus- und U-Bahn-Linien.
42nd St./Park Ave.
Tel. 1 212 5 32 49 00
www.grandcentralterminal.com
tägl. 5.30–1.30 Uhr

PENNSYLVANIA (PENN) STATION
Bahnhof unterhalb des Madison Square Garden für die Züge von Amtrak, Long Island Railroad (LIRR), New Jersey Transit und PATH, Anbindung an Bus- und U-Bahn-Linien
33rd St. (zw. 7th und 8th Ave.)
Tel. 1 63 12 31 -LIRR (LIRR) und 1 800 8 72 72 45 (Amtrak)
Tickets: 5.10–21.50 Uhr

PORT AUTHORITY BUS TERMINAL
Für Überlandbusse
8th Ave./42nd St.
Tel. 1 212 5 64 84 84
www.panynj.gov

MIETWAGEN

AVIS
www.avis.com

ALAMO
www.alamo.com

BUDGET
www.budget.com

DOLLAR
www.dollar.com

HERTZ
www.hertz.com

NATIONAL CAR
www.nationalcar.com

THRIFTY
www.thrifty.com

PAYLESS CAR RENTAL
www.paylesscar.com

---

ren, zumal die öffentlichen Verkehrsmittel gut und die Taxis zahlreich sind. Will man jedoch von New York aus seine Amerikareise fortsetzen oder die Umgebung der Stadt (▶Touren, S. 45) erkunden, ist ein Auto unerlässlich. Die Mietwagenpreise in New York City sind sehr hoch. Günstiger ist es, das Fahrzeug bei einer Mietstation in New York State abzuholen, außerhalb des Stadtbereichs. In der Regel ist es weit günstiger, den Mietwagen bereits in Europa zu buchen
Wer ein Auto mieten will, muss mindestens 21 Jahre (in manchen Fällen 25 Jahre) alt sein. Er braucht seinen Führerschein und – nicht vergessen! – eine Kreditkarte.

ANHANG
REGISTER

REGISTER

2nd Avenue Subway **375**
9/11 Memorial & One World Trade Center **226, 228, 245**
9/11 Tribute Center **228**
11 Madison (Restaurant) **126**
30 Rockefeller Center **200**
41 Cooper Square **102**
51 Astor Place **102**
52nd Street Festival **308**
56 Leonard Street **220**
100 Eleventh Avenue **154**
230 Fifth **281**
432 Park Avenue **113, 188, 189, 255**
520 West 28th St. **154**
590 Madison Building **117**

A

ABC Carpet & Home (Kaufhaus) **127**
Abyssinian Baptist Church **149**
Aerial Tramway **77, 378**
African American Day Parade **312**
Airbnb **346**
Air & Space Museum **326**
Alen, William Van **133**
Algonquin-Indianer **238**
Alice Austen House **209**

Alice Tully Hall **160**
Alkohol **360**
Allen, Woody **265**
Alphabet City **102**
Amateur Nights im Apollo Theater **148**
Ambulanz **354**
AMC Loews **286**
American Academy of Arts and Letters **150**
American Folk Art Museum **160, 321**
American Legion Post **146, 151, 398**
American Museum of Natural History **50**
American Numismatic Society **150**
Americas Society **327**
Amtrak **355**
Angelika Film Center **287**
Angel's Share **281**
Annex Flea Market **334**
Annual Empire State **306**
Anreise **354**
Ansonia Hotel **166**
Antiquitäten **342**
Aperture Foundation Gallery **324**
Aperture's Burden Gallery **324**
Apollo Theater **142, 148**
Apothéke **281**
Apotheken **363**
Apthorp Apartments **166**
Aquarium **319**
Arad, Michael **228**
Architekturführungen **343**

Architekturgeschichte **17, 110, 246**
Area Code **368**
Arlene's Grocery **41, 160, 285**
Armory **190**
Armory Show **262**
Armstrong, Louis **196**
Art déco **251**
Asia Society and Museum **321**
Astor, John Jacob **267**
Astor Place **102**
Astor Wines **335**
Audubon, John James **150, 326**
Aufenthaltsdauer **355**
Ausflüge **45**
Ausgehen **276**
Auskunft **358**
Aussichtspunkte **33**
Auster, Paul **265**
Autovermieter **379**
Avenues **32, 372**

B

Babbo **292**
Baekjeong **302**
Bagels **290**
Ballett **277**
Banken, Bankkarten **362**
BargeMusic **285**
Barnes and Noble **127**
Barney's **336**
Barretto Point **249**
Bars und Kneipen **281**
Bartholdi, Frédéric Auguste **211**
Baseball **314**

ANHANG
REGISTER

Basketball **315**
Batali, Mario **288**
Battery Park **53**
Battery Park City **54**
BB Kings Blues Club **217**
Beacon **45, 322**
Beacon Theater **167**
Bear Mountain **45**
Beauty Bar **282**
Bed & Breakfast **346**
Bedford Street **139**
Beecher, Henry Ward **67**
Beecher Stowe, Harriet **67**
Belvedere Castle **83**
Beresford Building **166**
Bergdorf Goodmann **115, 336**
Bethesda Terrace **83**
Big Apple **238**
Big Apple Circus **318**
Big Apple Greeter **343**
Big Onion Walking Tours **343**
Bike and Roll **373**
Bike NY **307**
Bike Share Programm **373**
Bike the Big Apple **344**
Birdland (Jazzclub) **217, 284**
Black Friday **244**
Blasio, Bill de **238, 255**
Bloomingdale's **336**
Blue Note (Jazzclub) **138, 283**
Blue Ribbon Wine Bar **140**
Boardwalk **72**
Boathouse im Central Park **303**
BoCoCa **67**
Boerum Hill, Carroll Gardens und Cobble Hill **67**

Boots and Saddle **286**
Bootstouren **345**
Borough Hall **67**
Börse **118**
Börsenkrach **244**
Börsenviertel **121**
Botschaften **358**
Bouloud, Daniel **288**
Bowery **57, 59**
Bowery Ballroom **41, 58, 160**
Bowery Electric **58**
Bowery Poetry **58**
Bowling Green **123**
Bowl (Brooklyn) **29**
Breslin **298**
Breuer, Marcel **322**
Brighton Beach **70**
Broadway **12, 58**
Bronck, Johannes **240**
Bronx 59
Bronx Botanical Garden **62**
Bronx Museum of the Arts **61, 321**
Bronx Tourism Council **358**
Bronx Zoo **62**
Brooklyn 28, 64
Brooklyn Academy of Music **67, 282**
Brooklyn Botanical Garden **69**
Brooklyn Bowl **29**
Brooklyn Bridge **59, 72, 74**
Brooklyn Bridge Day Parade **307**
Brooklyn Bridge Park **66, 74, 318**
Brooklyn Children's Museum **70, 319**
Brooklyn Heights **66**
Brooklyn Historical Society **67**
Brookyln Ice Cream Factory **66**

Brooklyn Museum of Art **68**
Brooklyn Nets **315**
Brooklyn Promenade **67**
Brooklyn Tourism Council **358**
Brownstones **138**
Brücken in New York **76**
Bryant Park **115, 184**
Bryant Park Film Festival **186, 308**
Buchläden **340**
Buddhist Tempel **91**
Building Run Up **306**
Bundesnotenbank **123**
Burger Joint **305**
Bürgerkrieg **242**
Busverkehr **373**
Bushwick **64**
Busrundfahrten **343**

C

Café Carlyle **266**
Café Fledermaus (Neue Galerie) **183**
Café Gitane **298**
Café Grumpy **303**
Café Lalo **303**
Café Sabarsky (Neue Galerie) **183**
Cage (Greenwich Village) **185**
Calatrava, Santiago **229**
Camaradas El Barrio **152**
Canaan Baptist Church of Christ **152**
Capote, Truman **67, 115**
Caribbean Day Parade **309**
Carl Schurz Park **167**
Carnegie Hall **218, 282**

ANHANG
REGISTER

Carnegie Hall Tower **218**
Carroll Gardens, Cobble Hill und Boerum Hill **67**
Cartier **115**
Casa Mono (Restaurant) **127**
Cast-Iron-Häuser **203**
Castle Clinton **53**
Cathedral of St. John the Divine **78**
Celebrate Brooklyn Festivals **306, 308**
Central Park **80**
Central Park Boathouse **303**
Central Park Carousel **318**
Central Park Summer Stage **308**
Central Park Zoo **83**
Central Synagogue **189**
Chang, David **288**
Channel Gardens **198**
Charging Bull **123**
Charles A. Dana Discovery Center **82**
Catham Square **91**
Chazen Building (Museum of Arts and Design) **322**
Chelsea 20, 41, 84
Chelsea Hotel **86**
Chelsea Market **155**
Chelsea Piers **43**
Children's Museum in Brooklyn **319**
Children's Museum of Manhattan **319**
Children Museum of Staten Island **319**
Chinatown **24, 39, 88**
Chinese New Year **306**
Christopher Street **139**
Christopher Street Day **139, 308**

Christo, Jeanne und Claude **245**
Chrysler Building **111, 133, 134**
Cielo **282**
Circle Line **371**
Citibike New York **373**
Citigroup Center **188**
City Bakery **304**
City Ballett **158**
City Hall & Civic Center **91, 92, 95, 103**
City Island **63**
City Reliquary **325**
City Sights NY **343**
Cityspire **219**
City Winery **283**
Civicn Center District **224**
Cleopatra's Needle **84**
Clinton/Hell's Kitchen **153**
Cobble Hill, Boerum Hill und Carroll Gardens **67**
Cocktails **281**
Cold Spring **45**
Colgate-Palmolive-Uhr (New Jersey) **56**
Colonnade Row **102**
Columbia University **145**
Columbus Circle **97**
Columbus Day Parade **312**
Columbus Park **91**
Comcast Building **200**
Coney Island 70
Coney Island Museum **71**
Conference Building **221**
Conservatory Gardens **84**
Conservatory Pond **84**
Cooper-Hewitt National Design Museum **321**

Cooper Union Building **102**
Corner Bistro **303**
Corona **196**
Costume Institute im Met **171, 175**
Cotenna (Restaurant) **140**
Courthouse **92**
Credit card **363**
Criminal Courts Building **94**
Croton-Aquädukt **76**
Crown Building **117**
Cunard Building **124**
Curtain Wall **251**

D

Dag Hammarskjöld Library **224**
Daily News Building **133**
Dakota **165**
Damrosch Park **158**
David H Koch Theater **158**
David Rubenstein Atrium **157**
d. b. a. **292**
DBGB **298**
Delacorte Theater **82, 83**
Delmonicos **293, 301**
Department Stores **336**
Design Museum **321**
Devisenbestimmungen **361**
Dia Art Foundation **322**
Dia Beacon **45**
Diamond Row **116**
Diller, Scofidio + Renfro **153, 157, 180**

ANHANG
REGISTER

Diner **125**
Dinkins, David **245**
Discovery Center, Charles A. Dana **82**
Discovery Walking Tours **343**
Diskotheken **282**
Dow-Jones-Index **121**
Downtown **165**
Draft riots **242**
Dragqueens – Lucky Cheng's **286**
Dresscode **292**
Drug Stores **362**
DSW (Kaufhaus) **127**
DUMBO **66**
DUMBO Art Under the Bridge Festival **66**
Dyckman Farmhouse Museum **325**
Dylan's Candy Bar **336**

E

Easter Day Parade **306**
Eastern Daylight Saving Time **354**
Eastern Standard Time **354**
East Hampton **46**
East River Ferry **64**
East Village **99**
Eataly **336**
Edward Mooney House **89**
Eiffel, Gustave **211**
Einkaufen **330**
Einkaufszentren **336**
Einreiseerlaubnis **355**
Ein- und Ausreisebestimmungen **355**
Einwanderermuseum **103**
Einwanderung **104**
Einwohnerzahl **232**
Eisenberg's Sandwich Shop **125**
Eishockey **316**
El Barrio **322**
Eldrige Stret Synagogue **162**
Elektrizität **354**
Elektronik **340**
Elektronische Einreiseerlaubnis (ESTA) **355**
Eleven Madison Park **292**
Ellis Island **103**
Empire-Fulton Ferry State Park **37**
Empire State Building **108**, **111**
Empire State Run up **109**
Esplanade (Battery Park City) **55**
Esplanade (Brooklyn) **67**
Essen und Trinken **287**
Etikette **359**

F

Fahrradtouren **344**
Fährverkehr **371**
Fall Fashion Week **312**
Farmer's Markets **332**, **335**
Fashion Institute of Technology (FIT) **88**, **322**
Father Duffy Square **34**
Federal Hall National Memorial **121**
Federal Reserve Bank (Fed) **122**
Federal Style **67**, **92**
Feiern **305**
Feiertage **306**
Feste **305**
Festival San Gennaro **309**
Feuerwehr-Museum **326**
Fifth Avenue **114**
Filmfestivals **306**
Film Forum **287**
Film & Media Gallery (MoMA) **183**
Filmmuseum (Queens) **196**
Filmstadt New York **258**
Financial District **118**
Finanz- und Immobiliensektor **235**
Fire Island **47**
Fire Museum **204**, **326**
First Corinthia Baptist Church **152**
Flatbush **64**
Flatiron Building **125**
Flatiron District **124**
Flatiron Lounge **281**
Flay, Bobby **298**
Flohmärkte **333**, **334**
Fluggesellschaften **356**
Flushing **24**, **190**
Flushing Meadows Corona Park **196**, **319**
Food Court Eataly (Restaurant) **126**
Football **316**
Forbes Magazine Galleries **322**
Ford Foundation Building **136**
Fort Tryon Park **95**
Fotogalerien **330**
Four Freedoms Park **168**
Fraunces' Tavern **122**
Freiheitsstatue **127**, **209**
Frick Collection **128**
Frick, Henry Clay **128**
Führerschein **355**

ANHANG
REGISTER

Fulton Ferry **373**
Fundbüros **372**

G

Galerien **327**
Garment District **87**
Gato **298**
Gay Pride Parade **139**
Gehry, Frank **94**, **154**, **253**, **255**
Geld **362**
Geldautomaten **362**
General Assembly Building **220**
General Electric Building **188**
Generalkonsulate **360**
General Motors Building **118**
General Post Office **87**
George Washington Bridge **76**
German-American Steuben Parade **306**, **309**
Geschäftszeiten **333**
Geschichte **238**
Gesundheit **363**
Getränke **292**
Gingerman in Midtown **292**
Ginny's Supper Club **147**, **151**, **284**
Giuliani, Rudolph **245**
Glenn, Jimmy **218**
Goethe House **368**
Gospelgottesdienste **152**, **343**
Governors Island **124**, **249**
Grace Church **100**
Gracie Mansion **167**
Graf Panza **142**
Graham, Martha **267**
Gramercy District **127**

Gramercy Park **127**
Gramercy Tavern **127**
Grand Army Plaza (Brooklyn) **69**
Grand Army Plaza (Central Park) **83**, **117**
Grand Central Market **131**
Grand Central Oyster Bar **293**
Grand Central Terminal **130**, **379**
Grand Concourse (Bronx) **61**
Grant's Tomb **145**
Gratis-Theater und -Konzerte **308**
Gray Line New York Tours **343**
Greater New York City **243**
Great Lawn **84**
Green Cabs **378**
Greenmarket **127**
Greenway **249**
Greenwich Village **136**
Greenwood Cemetery **69**
Greyhound **355**
Grimaldi's Pizzeria **290**
Ground Zero **226**, **229**, **245**
Guggenheim Museum **140**
Guggenheim, Solomon R. **140**

H

Hafenrundfahrten **207**
Hall of Records **92**
Hall of Science **196**
Halloween Parade **306**, **312**

Hamilton, Alexander **13**, **267**
Hamilton Grange **150**
Hamptons **46**
Handy **368**
Haring, Keith **79**
Harlem 142
Harlem Heritage Tours **143**, **343**
Harlem-Jazz **151**, **283**
Harlem Meer **84**
Harlem Meer Festival **82**, **84**
Harlem Nightlife **146**
Harlem Renaissance **143**
Harlem Spiritual Inc. **343**
Harlem Spirituals **143**
Harlem Week **308**
Harlem: Welcome to Harlem **359**
Harriman State Park **45**
Harrison Street **219**
Haughwout Building **204**
Hayden Planetarium **53**
Hearst Tower **99**
Heckscher Playground (Central Park) **318**
Helicopter Tours **345**
Hell Gate Bridge **76**
Hell's Kitchen **153**
Helmsley Building **187**
Herald Square **109**
High Bridge **76**
Highline Ballroom **155**
High Line Park **152**
Hispanic Society of America **269**
Historical Society **326**
Historic Richmond Town **208**
Hits für Kids **318**
HL 23 **154**
Hoboken Ferry **371**
Home of Franklin D. Roosevelt **46**

ANHANG
REGISTER

Hopper, Edward **268**
Hot Dogs **291**
Hotels **345**, **347**
HOWL! Festival of East Village Arts **309**
Hubschrauber-Flüge **345**, **356**
Hudson, Henry **238**
Hudson River **45**
Hudson-Tal **45**
Hudson Yards **153**, **255**
Hungarian Pastry Shop **80**
Huntington, Archer **269**
Hyde Park **46**

I

IAC Building **154**
Ice Cream Factory (DUMBO) **66**
ICP **324**
IFC Center **287**
Independence Day **308**
Independent Movies **259**
Industrie und Handwerk **235**
Innerstädtischer Verkehr **373**
International Center of Photography (ICP) **324**
International Style **251**
Intrepid Sea-Air-Space Museum **326**
Inwood **165**
Iridium (Jazzclub) **217**
Irving Farm (Restaurant) **127**
Irving Plaza **127**
Isabella's **167**
Isamu Noguchi Garden Museum **195**
Israel Day Parade **306**

J

Jackson Heights **44**
Jack's Stir Brew **289**
Jacques Marchais Center of Tibetan Art **209**
Jamaica Bay **197**
Jane's Carousel **66**
Japan Society Gallery **327**
Jaqueline Kennedy Onassis Reservoir **84**
Jay-Z **269**
Jazz **146**, **284**
Jazz at Lincoln Center **98**, **284**
Jazzkirche (St. Peter) **189**
Jefferson Market Library **139**
Jersey Gardens **337**
Jewish Museum **155**
Jimmy's Bar **218**
Joe's Pub **102**
Joggen und Skaten **313**
John F. Kennedy International Airport (JFK) **190**, **354**
Johnson, Philip **156**
Jones Beach **46**
J'ouvert **309**
Joyce Theater **87**, **286**
J.P. Morgan **119**
Juliard School **160**
Jumel Terrace **150**

K

Kammermusik am Fluß **285**
Kang Ho Dong **302**
Karussells **318**
Katz's Delicatessen **40**, **161**, **303**
Kaufhäuser **336**
Kayak **313**
Kennedy Onassis, Jacqueline **130**
KGB-Bar **101**
Kim Lau Memorial Arch **91**
Kinder in New York **316**
King's Bridge **76**
Kino **277**, **278**, **286**
Kirschblütenfest **307**
Kisch, Egon Erwin **107**
Kleidergrößen **366**
Kleidermuseum (im Metropolitan Museum) **175**
Kleopatras Needle **84**
Klima und Reisezeit **369**
Klubs, Discos & Bars **276**
Knicks **315**
Knigge **292**, **360**
Knitting Factory **283**
Konzerte **278**
Koolhaas, Rem **110**, **162**, **338**
Koreatown **109**
Kostenlose Konzerte und Opern **278**
Krankenhäuser **363**
Krasner, Lee **46**
Kreditkarten **363**
Kulturstadt New York **256**
Kunstgalerien **320**, **327**
Kunst in der U-Bahn **375**
Kunst in New York **262**

L

Lady Gaga **270**
LaGuardia, Fiorello H. **244**

ANHANG
REGISTER

LaGuardia International Airport (LGA) **356**
Ländervorwahlen **368**
Längenmaße **366**
La Savane **302**
Lauder, Ronald **183**
Lazarus, Emma **54**, **214**
Lebensmittelläden **335**
Leihfahrräder **373**
Leisler, Jacob **241**
Lesbian and Gay Pride Week **308**
Lesetipps **363**
Lever House **188**
Liberty Helicopter Tours **345**
Liberty Island **209**
Liebeskind, Daniel **226**
Limousinen-Service **345**, **378**
Lincoln Center for the Performing Arts **156**, **282**
Lipstick Building **189**
Literarisches Leben **264**
Little Italy (Bronx) **62**
Little Odessa **72**
Little Ukraine **102**
Livemusik **283**
Living Room **285**
Loeb Boathouse **82**
Long Island **46**, **190**
Long Island City **194**
Long Island Rail Road (LIRR) **356**
Lord &Taylor **336**
Louis Armstrong House Museum **327**
Lower East Side **39**, **160**
Lower East Side Tenement Museum **162**
Lower Manhattan **165**
Lower West Side **219**
Lucien (Bistro) **142**
Luger, Peter **300**

Lupolo **298**

M

Macy's **336**
Macy's Thanksgiving Day Parade **305**, **310**, **313**
Madame Tussauds **327**
Madison Park **116**
Madison Square Garden **42**, **87**, **312**
Madison Square Park Tower **125**
Mahayana Buddhist Tempel **91**
Malls **336**
Manahatin **238**
Mangum Group **359**
Manhattan 162
Manhattan Bridge **77**, **91**
Manhattanhenge **234**
Marathon **312**
Marchais, Jacques **209**
Maria, Walter de **57**
Marie's Crisis Cafe **277**
Märkte **335**
Martin Luther King Parade **307**
Maße und Gewichte **367**
Matsuhisa, Nobu **288**
McDougal Alley **139**
Meatpacking District **20**, **84**, **153**
Medien **367**
Memorial Day **307**
Mercer Kitchen **299**
Merchant's House Museum **102**
Mercury Lounge **41**, **160**, **284**
Mermaid Parade **71**, **306**, **308**

Met Breuer **172**
MetLife Building **133**, **187**
Met Opera in the Parks **308**
MetroCard **373**
Metronom **127**
Metropolitan Club **118**
Metropolitan Life Tower **125**
Metropolitan Museum of Art (Met) **168**
Metropolitan Opera (Met) **158**, **283**
Metropolitan Tower **218**
Mets **314**
Microbrews **292**
Midsummer Night Swing **157**, **308**
Midtown **165**
Mieträder **373**
Mietwagen **379**
Miller, Arthur **67**
Minnewit, Peter **240**
Minton's Playhouse **151**, **284**
Mission Chinese Food **305**
Mobil Building **133**
Mobiltelefon **368**
Mode-Museum im FIT **322**
MoMA **177**
MoMa-Garten **181**
Momofuku Ssäm Bar **302**
Montauk **46**
Morgan, John Pierpont **176**
Morgan Library and Museum **176**
Morris Jumel Mansion **150**
Mount Vernon Hotel Museum and Garden **325**

ANHANG
REGISTER

Municipal Art Society Tours **343**
Municipal Building **94**
Museen **320**
Museo del Barrio **322**
Museum at Eldridge Street **162**
Museum at FIT **322**
Museum für zeitgenössische Kunst **323**
Museum Mile Festival **308**
Museum mittelalterlicher Kunst (The Cloisters) **97**
Museum of American Finance **121**
Museum of Arts and Design **99**, **322**
Museum of Bronx History **325**
Museum of Chinese in America **91**
Museum of Jewish Heritage **56**
Museum of Modern Art (MoMA) **177**
Museum of Reclaimed Urban Space **100**
Museum of Sex **126**, **327**
Museum of the American Gangster **101**
Museum of the American Indian **327**
Museum of the American Skyscraper **57**
Museum of the City of New York **325**
Museum of the Moving Image **195**
Museumsläden **341**
Museum über Rundfunk und Fernsehen **324**
Music Hall of Williamsburg **285**
Musik **256**, **278**

Musik, Ballett und Kino **277**
Musikinstrumenten-Sammlung im Met **175**
Musikläden **340**

N

Nachtleben **276**, **277**
Narrows **78**
Nasdaq Market Site **217**
Nathan's (Coney Island) **71**, **291**
National **72**
National Broadcasting Company (NBC) **200**
National City Bank **119**
Nationalfeiertag **305**
National Museum of the American Indian **123**, **327**
National September 11 Memorial & Museum **228**
Naturschutzgebiet Jamaica Bay **197**
NBC Fernsehstudios **198**
Neighbourhoods **234**
Neue Galerie **183**
Nevelson, Louise **156**, **189**, **271**
Newark Liberty International Airport (EWR) **356**
New Directors Films Festival **307**
New Museum of Contemporary Art **57**, **323**
New Years Eve **313**
New Yorc Fire Museum **326**

New York Aquarium **71**, **319**
New York Botanical Garden **62**
New York City Ballet **158**, **283**
New York City Cultural Walking Tours **343**
New York City Pass **369**
New Yorker Philharmoniker **158**
New Yorker U-Bahn **24**
New York Film Festival **160**, **308**, **309**
New York Fire Museum **204**
New York Historical Society **326**
New York Independent Film Festival **259**
New York Life Insurance Buildung **125**
New York Marathon **312**
New York Pass **369**
New York Philharmonics **283**
New York Public Library **184**, **190**, **209**
New York School **20**, **262**
New York Stock Exchange (NYSE) **121**
New York's Visitor Information Center **358**
New York Telephone Company Building **219**
New York Transit Museum **68**
New York Water Taxi **372**
New York Knicks **315**

Nieuw Amsterdam **104**, **240**
Night Courts **94**
Nighthawk Cinema Williamsburg **287**
Nobu Downtown **302**
Noguchi, Isamu **195**
NoMad **293**
Nom Wah Tea Parlor **40**
Northern Dispensary **139**
North Wind Undersea Institute Museum **63**
Notrufe **354, 367**
Nuyorican Poets Café **100**
Nyack **45**
NYC Ferry Service **372**
NYC Fire Museum **204, 326**
NYSE (New Yorker Börse) **121**
NY State Division of Tourism **358**
NY Waterway Sightseeing Cruises **372**

O

Ochs, Adolph S. **271**
Oculus-Bahnhof **229**
Odessa **72**
Off-Broadway **12, 286**
Old Homestead Steak House **301**
Old Merchant's House **102**
Old New York County Courthouse **92**
Olympic Tower **117, 202**
One 57th Street **113, 255**

One & Two United Nations Plaza **224**
One World Trade Center (1 WTC) **226, 245**
On Location Tours **343**
Open Rehearsals **278**
Oper **278**
Orchard Beach **63**
Outlets **332, 337**
Oyster Bar **131**

P

Palace Hotel **202**
Paley Center for Media **324**
Palisades Center **45**
Pan Am Building **133, 187**
Papp's Public Theater **12**
Paraden **305**
Paris Theatre **287**
Park Avenue **186**
Park Avenue Armory **190**
Pastis (Bistro) **155**
Pay what you wish **185, 320**
Pelham Bay **62**
Pennsylvania (Penn) Station **87, 379**
Perry Street Towers **137**
Peter Luger Steakhouse **300, 301**
Peter Pan Bus **355**
Piano, Renzo **154, 176, 226**
Pier A Harbor House **305**
Piermont **45**
Pier Pavilion 17 **205**

Pierpont Morgan Library and Museum **176**
Plaza Hotel **117**
Plymouth Church **67**
Poet's Walk **83**
PokPok **302**
Police Headquarters **94**
Polizei **354**
Pollock, Jackson **46**
Port Authority Bus Terminal **373, 373**
Portzamparc, Christian de **255**
Post **367**
Poughkeepsie **46**
Prada **338**
Preise **354, 369**
Primorski **72**
Programmkinos **280**
Prospect Park **69**
Prune **298**
PS 1 **194**
Public Library **184, 190, 209**
Public Theater **102, 286**
Puerto Rican Day Parade **306, 308**

Q

Queen Mary 2 **355**
Queens 24, 44, 190
Queensboro Bridge **77, 167, 190**
Queens Museum **194**
Queens Tourism Council **358**

R

Radfahren **314, 307, 344, 373**

ANHANG
REGISTER

Radio City Music Hall **201**
Rainbow Room (Rockefeller Center) **201**
Randall's Island **78**
Rassenunruhen **244**
Rauchen **360**
RCA Building **199**
Rebay, Hilla **140**
Red Rooster **142, 151, 299**
Reisedokumente **355**
Reisekrankenversicherung **357**
Reisezeit **354, 369**
Restaurants **289, 292**
Reuben Sandwich **291**
Richmond **208**
Riverdale **61**
Riverside Church **145**
Riverside Park **145, 163, 248**
Robert F. Kennedy Bridge **78, 168**
Robert F. Wagner Jr. Park **55**
Röbling, Johann August und Washington **73**
Rockaway Beach **197**
Rockaways **314**
Rockefeller Center **16, 198**
Rockefeller, John D. **95**
Rockwood Music Hall **41**
Roosevelt, Franklin (Home of) **46**
Roosevelt Island **37, 77, 168, 379**
Roosevelt Island Aerial Tramway **378**
Rose Center for Earth and Space **50**
Rubin Museum of Art **324**
Rucker Park **185**
Russ & Daughters Cafe **41**

S

Saarinen, Eero **158**
Sabarsky, Serge **183**
Sag Harbor **46**
St. Bartholomew's Church **188**
St. John the Divine **78**
St. Marks in the Bowery **100**
St. Marks Place **99**
St. Patrick's Cathedral **202**
St. Patrick's Day Parade **307**
St. Paul's Chapel **120**
St. Thomas Church **117**
Saks **115, 336**
Sales Tax **333**
Samuelson, Marcus **288**
San Juan Hill **156**
San Remo **166**
Sarabeth **304**
Sardi's (Restaurant) **217**
Schiffsausflüge **372**
Schiffsverkehr **371**
Schimmel, Jonah **41**
Schlittschuh laufen **314**
Schnäppchenverkäufe **333**
Schomburg Center for Research in Black Culture **149**
Schurz, Carl **271**
Schwarzer Montag **245**
Schwulenbewegung **244**
Schwul und Lesbisch **286**
Scott's Pizza Tours **319**
Seagram Building **188**
Second Avenue Deli **293**
Secondhand **337**
Secretariat Building **220**
Seilbahn **378**
Seton, Elizabeth Ann **202**
Shake Shack **126, 303**
Shakespeare Festival **102, 306**
Shakespeare in the Park **82, 308**
Shearwater Sailing **372**
Sheep Meadow **83**
Shelter Island **46**
Sheridan Square **139**
Shopping **330**
Sightseeing **342**
Silvesterfeier auf dem Times Square **313**
Singer Building **204**
Singer Tower **250**
Skulpturengarten des MoMA **181**
Skyline **110**
Skyscraper Museum **57, 324**
Smalls (Live-Jazz) **13**
Smithsonian Institution **321**
Snug Harbour **209**
Sob's **284**
Soccer **316**
Socrates Sculpture Park **195**
SoHo **203**
Solomon R. Guggenheim Museum **140**
Sony Building **117**
Soulfood **293**
South Hampton **46**
South Street Seaport **204, 207**
South Street Seaport Imagination Playground **318**

ANHANG
REGISTER

Speakeasies **101**, **140**
Spielpläne **276**
Spielplätze **318**
Sport **313**
Sportbekleidung **338**
Sprache **370**
Stadtbesichtigung **342**
Stadtentwicklung **246**
Stadtführungen **342**
Stadtgeschichte **239**
Stadtspaziergänge **32**
Stahlskelettbauweise **251**
Standard Oil Building **123**
St. Ann's Warehouse **12**, **286**
Staten Island 207
Staten Island Ferry **54**, **207**, **248**, **371**
Staten Island Tourism Council **358**
Statue of Liberty **209**
Steven Spielberg Gallery **324**
Stone Wall Inn **139**, **286**
Storm King Art Center **45**
Strand Book Store **102**, **341**
Strände **314**
Strand Fire Island **46**
Straßen-Basketball-Turniere **185**
Strawberry Fields **38**, **83**
Streets **32**, **372**
Stretch limousine **379**
Strivers' Row **149**
Strom **354**
Studio Museum **149**
Stumptown Roasters **289**
Stuyvesant, Peter **240**
Subway **24**, **373**, **376/377**

Sundance Festival **259**
Sylvia's **288**, **293**
Szenerestaurants **298**

T

Tageszeitungen **368**
Tanztheater **286**
Tavern on the Green **82**
Taxi **378**
Tea Party **241**
Telefon **367**
Tempel von Dendur **172**
Temperaturen **366**, **369**
Tenements **161**
Thannhauser-Kollektion **141**
Theater am Broadway **12**, **217**, **256**
Theater Café & Grill (Brooklyn) **72**
Theater **277**
The Bell House **285**
The Box **286**
The Cloisters **95**
The Delancey **282**
The Ear Inn **281**
The Grid **372**
The Lake (Central Park) **83**
The Mall (Central Park) **83**
The Met Breuer **172**, **322**
The Modern **293**
The News Buildings **133**
Theodore Roosevelts Birthplace **127**
The Palisades (New Jersey) **61**

The Roof Garden Café & Martini Bar (Metropolitan Museum) **171**
The Row **139**
The Standard (Hotel) **154**, **348**
The Upholstery Store (Weinbar) **155**
Tickets **280**
Tiffany **115**
Tiffany-Sammlung **326**
Time Life Building **202**
Times Square **12**, **43**, **214**
Time Warner Center **98**
TKTS am Times Square **216**, **280**
Toiletten **361**
Tompkins Square Park **102**
Top of the Rock **16**, **200**
Tourenvorschläge **30**
Tourismus **235**
Tourismusbüros **359**
Transit Museum (Grand Central Terminal) **131**
Tribeca **219**
Tribeca Film Festival **220**, **259**, **307**
TriBeCa Grill **220**
Triborough Bridge **78**, **168**
Trinity Cemetery **150**
Trinity Church **119**
Trinity Church Museum **119**
Trinken **287**
Trinkgeld **361**
Trump International Hotel & Tower **99**
Trump Tower **117**
Trump World Tower **224**

ANHANG
REGISTER

Tudor City **136**
Tweed Courthouse **92**

U

U-Bahn (Subway) **24, 373, 376/377**
Übernachten **345**
Übernachtungssteuer **345**
Ukrainian Festival **307**
Ukrainian Museum **101**
Underground Railroad **67**
Union Square **127**
Union Square Park Playground **318**
United Nations Headquarters **220**
Universitäten **256**
University Club **117**
Unterkunft **345**
Upper East Side **167**
Upper Manhattan **165**
Upper West Side **165**
Uptown **165**
U. S. Courthouse **94**
U. S. Custom House **123**
U. S. Federal Building **94**
US Open Tennis Championships (Flushing Meadows) **196, 309**

V

Valentine-Varian House **325**
Van Cortlandt Park **61**
Vanderbilt, Cornelius **130, 272**
Vanderbilt Mansion **46**
Variété **286**
Veranstaltungshinweise **305**
Vereinte Nationen **220**
Vergünstigungen **369**
Verkaufssteuer **333**
Verkehr **371**
Verrazano, Giovanni da **78, 238**
Verrazano Narrows Bridge **78**
Veselka **101**
Village Arts **309**
Village Vanguard (Jazzclub) **138**
Villard Houses **202**
Viñoly, Rafael **113, 188**
Vintry Wine and Whiskey **281**
Visa Waiver Program (VWP) **355**
Visitor Information Center **358**
Visum **355**
Vivian Beaumont Theater **158**
Vongerichten, Jean Georges **288**
Vorverkaufsstellen **280**

W

Waldorf Astoria **187**
Wall of Honor (Ellis Island) **108**
Wall Street **118**
Wall Street Plaza **121**
Walter-Reade-Filmtheater **160**
Warburg, Felix M. **155**
Ward's Island **76, 78**
Warhol, Andy **272**
Washington Centennial Memorial Arch **139**
Washington, George **122**
Washington Heights **165**
Washington Mews **139**
Washington Square Park **114, 137, 139**
Wasserstadt New York **248**
Water Taxi **373**
Wave Hill Park **61**
Webster Hall **282**
Weltwirtschaftskrise **245**
West Chelsea **153**
Western Union Building **220**
West Indian Day **309**
West Indian Day Parade **306**
West Point **45**
Wetterbericht **359, 369**
White Sale **333**
Whitman, Walt **264**
Whitney Biennale of American Art **225**
Whitney, Gertrude Vanderbilt **139, 225**
Whitney Museum of American Art **20, 224**
Whitney Studio Gallery **225**
Wilderstein-Anwesen **46**
Williamsburg **70**
Williamsburg Bridge **78**
Willow Street **66**
Winter Garden **55**
Wirtschaft **235**
WLAN **368**
Woodbury Commons **337**
Woodlawn Cemetery **61**

ANHANG
REGISTER

Woolworth Building **92**
World Financial Center (WFC) **55**
World Trade Center **226**
Wright, Frank Lloyd **140**

X

XYZ Buildings **202**

Y

Yankees **314**
Yellow Cabs **378**
Yonah Schimmel **41**
Yorkville **167**

Z

Zabar's **166**
Zagat New York City **289**
Zeit **354**
Zeitungen und Zeitschriften **368**
Zenger, Johann Peter **241**
»Zero-Tolerance«-Politik **245**
Zollbestimmungen **357**
Zollhaus **123**
Zoning Law 1916 **250**

ATMOSFAIR

Reisen verbindet Menschen und Kulturen. Doch wer reist, erzeugt auch CO_2. Der Flugverkehr trägt mit bis zu 10 % zur globalen Erwärmung bei. Wer das Klima schützen will, sollte sich nach Möglichkeit für die schonendere Reiseform entscheiden (wie z.B. die Bahn). Gibt es keine Alternative zum Fliegen, kann man mit atmosfair klimafördernde Projekte unterstützen.

atmosfair ist eine gemeinnützige Klimaschutzorganisation unter der Schirmherrschaft von Klaus Töpfer. Flugpassagiere spenden einen kilometerabhängigen Betrag und finanzieren damit Projekte in Entwicklungsländern, die den Ausstoß von Klimagasen verringern helfen. Dazu berechnet man mit dem Emissionsrechner auf **www.atmosfair.de** wieviel CO_2 der Flug produziert und was es kostet, eine vergleichbare Menge Klimagase einzusparen (z.B. Berlin – London – Berlin 13 €). atmosfair garantiert die sorgfältige Verwendung Ihres Beitrags. Alle Informationen dazu auf www.atmosfair.de. Auch der Karl Baedeker Verlag fliegt mit atmosfair.

nachdenken • klimabewusst reisen

atmosfair

ANHANG
BILDNACHWEIS

BILDNACHWEIS

AKG Images   105, 240, 258; 111 (Imagno); 243 (Fototeca Gilardi); 161 (Universal Images Group/Universal History Archive)

Awl Images   68; 134 unten (J. Arnold); 3 unten, 16 (A. Copson); 4 (Rockefeller Center), 16 (M. Falzone); 122 (C. Heeb); 49 (G. Hellier); 95 (P. Renault)

Dumont Bildarchiv   2 oben, 5 oben, 9, 10/11, 21 unten, 29, 31, 47, 52, 71, 82, 85, 89, 98, 109, 120, 137, 154, 157, 181, 203, 210, 233, 249, 254, 280, 331, 353, 361, 375 (F. Heuer); 73, 81, 132 (Raupach/Schröder); 9, 32, 56, 103, 119, 131, 138, 141 (Guggenheim Museum, © VG Bild-Kunst, Bonn 2017); 172, 197, 201, 215, 225 (Roy Lichtenstein, »World's Fair Girl«, 1963; © VG Bild-Kunst, Bonn 2017), 257, 328, 334, 337, 340 (M. Sasse)

fotolia/swift3   291 unten

Getty Images   169 (R. von Briel); 279 (H. S. Dziekan III); 79 (M. Falzone); 101 (B. Gardel); 3 oben, 227 (Handout/Ca/pr); 206 (B. Lawrence); 186 (S. Layda); 210/211 (M. Lee); 59 (P. McConville); 285 (M. Schipper); 25 unten (Specer Platt/Staff); 5 unten (Oculus-Bahnhof; Visions of America/Kontributor); 163 (M. S. Yamashita)

Heeb, C.   275, 344

Huber Images   216 (C. Dutton); 252, 317 (S. Kremer)

iStock   189 (O. Albinsky); 148 (Torresigner)

laif   194 (Artz); 13 unten (J. Blickenstaff/NYT/Redux); 113 (N. Dvir/Polaris); 315 (Heeb C.); 218, 248 (F. Heuer); 290 oben (M. McDermott/Polaris); 231 (M. Sasse); 323 (K. Schlueter/NYT/Redux); 304 (A. Strom/Redux)

Lookphotos/age fotostock   116

mauritius images   112, 134 oben; 159 (T. Abad/Alamy); 93 unten, 234 (age fotostock/Kord.com); 320 (Guggenheim Museum, © VG Bild-Kunst, Bonn 2017; Batchelder/Alamy); 166 (Cameron/Westend 61); 310 (Cash); 126 (CuboImages); 93 oben (Daniel/image Broker); 144, 151, 301 (R. Duchaine/Alamy); 77 (Holmes Coastal Images/Alamy); 2 unten, 26/27 (P. Horree/Alamy); 176 (G. Jeff/Alamy); 299 (R. Levine/age fotostock); 288, 312 (R. Levine/Alamy); 18/19 (N. Lehoux/VIEW Pictures); 332 (R. Macia/Alamy); 60, 90, 307, U7 (P. McConville/Alamy); 309 (Pacific Press/Alamy); 22/23 (S. Reboredo/age fotostock); 348 (F. Roux/Alamy); 350/351 (A. Segre/Alamy); 185 (travelstock 44/Alamy)

picture-alliance   106, 182, 263 (Pollock-Krasner Foundation, © VG Bild-Kunst, Bonn 2017), 266, 268; 130, 270 (AP Photo); 146/147 (W. P. Gottlieb/PictureLux); 291 oben (L. Graff); 260 (United Archives/FTN); 311 (United Archives/Impress)

Sasse, M.   86, 199, 221, 247, 374

shuttersock   14/15 (IM_photo)

stockfood/B. Prost   290 unten

Titelbild: Getty Images/Britta Wendland

393

ANHANG
VERZEICHNIS DER KARTEN UND GRAFIKEN

VERZEICHNIS DER KARTEN UND GRAFIKEN

Baedeker-SternezieleU2/3 und U6/7	
Tour 1	34
Tour 2	36
Tour 3	38
Tour 4	41
Tour 5	42
Tour 6	44
American Museum of Natural History	51
Battery Park City	55
Bronx	63
Brooklyn	65
Williamsburg	28
Brooklyn Bridge (3 D)	74/75
The Cloisters	96
Frick Collection	129
Chrysler Building (3 D)	134/135
Manhattans Untergrund (3 D)	164
Metropolitan Museum	170
Museum of Modern Art	179
Queens	191
Schmelztiegel der Nationen (Infografik)	192/193
Southstreet Seaport Museum	205
Staten Island	208
Größer, aber nicht die Größte (Infografik)	212/213
Die Vereinten Nationen (Infografik)	222/223
New York auf enen Blick (Infografik)	236/237

IMPRESSUM

Ausstattung:
145 Abbildungen, 27 Karten und Grafiken, eine große Reisekarte

Text:
Sebastian Moll mit Beiträgen von Anja Schliebitz, Jörn Trümper und Achim Bourmer

Bearbeitung:
Baedeker-Redaktion
(Anja Schliebitz)

Kartografie:
Christoph Gallus, Hohberg,
MAIRDUMONT Ostfildern
(Reisekarte)

3D-Illustrationen:
jangled nerves, Stuttgart

Infografiken:
Golden Section Graphics GmbH, Berlin

Gestalterisches Konzept:
RUPA GbR, München

Chefredaktion:
Rainer Eisenschmid,
Baedeker Ostfildern

19. Auflage 2020

© MAIRDUMONT GmbH & Co KG;
Ostfildern

Der Name Baedeker ist als Warenzeichen geschützt. Alle Rechte im In- und Ausland sind vorbehalten. Jegliche – auch auszugsweise – Verwertung, Wiedergabe, Vervielfältigung, Übersetzung, Adaption, Mikroverfilmung, Einspeicherung oder Verarbeitung in EDV-Systemen ausnahmslos aller Teile des Werkes bedarf der ausdrücklichen Genehmigung durch den Verlag.

Anzeigenvermarktung:
MAIRDUMONT MEDIA
Tel. 0049 711 4502 0
Fax 0049 711 4502 355
media@mairdumont.com
http://media.mairdumont.com

Trotz aller Sorgfalt von Redaktion und Autoren zeigt die Erfahrung, dass Fehler und Änderungen nach Drucklegung nicht ausgeschlossen werden können. Dafür kann der Verlag leider keine Haftung übernehmen. Jede Karte wird stets nach neuesten Unterlagen und unter Berücksichtigung der aktuellen politischen De-facto-Administrationen (oder Zugehörigkeiten) überarbeitet. Dies kann dazu führen, dass die Angaben von der völkerrechtlichen Lage abweichen. Irrtümer können trotzdem nie ganz ausgeschlossen werden. Kritik, Berichtigungen und Verbesserungsvorschläge sind jederzeit willkommen. Schreiben Sie uns, mailen Sie oder rufen Sie an:

Printed in China

Baedeker-Redaktion
Postfach 3151, D-73751 Ostfildern
Tel. 0711 4502-262
www.baedeker.com
baedeker@mairdumont.com

MIX
Papier aus verantwortungsvollen Quellen
FSC® C124385

ANHANG
VERLAGSPROGRAMM

BAEDEKER VERLAGSPROGRAMM

Viele Baedeker-Titel sind als E-Book erhältlich.

A
Algarve
Allgäu
Amsterdam
Andalusien
Australien

B
Bali
Barcelona
Belgien

Berlin · Potsdam
Bodensee
Böhmen
Bretagne
Brüssel
Budapest
Burgund

C
China

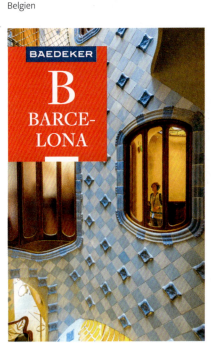

D
Dänemark
Deutsche
  Nordseeküste
Deutschland
Dresden
Dubai · VAE

E
Elba
Elsass · Vogesen
England

F
Finnland
Florenz
Florida
Frankreich
Fuerteventura

G
Gardasee
Golf von Neapel
Gomera
Gran Canaria
Griechenland

H
Hamburg
Harz
Hongkong · Macao

I
Indien
Irland
Island
Israel · Palästina

ANHANG
VERLAGSPROGRAMM

ANHANG
VERLAGSPROGRAMM

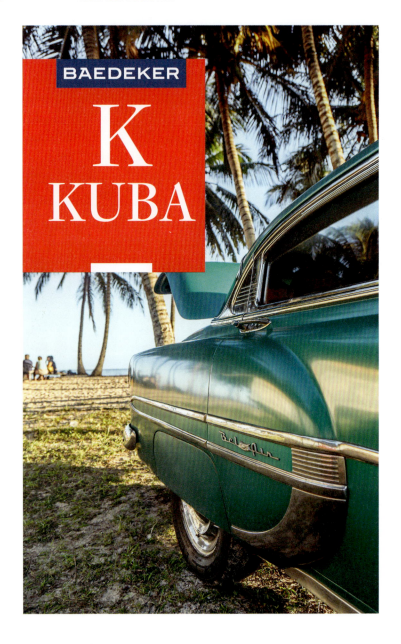

ANHANG
VERLAGSPROGRAMM

Istanbul
Istrien · Kvarner Bucht
Italien

J
Japan

K
Kalifornien
Kanada · Osten
Kanada · Westen
Kanalinseln
Kapstadt ·
 Garden Route
Kopenhagen
Korfu · Ionische Inseln
Korsika
Kos
Kreta
Kroatische Adriaküste ·
 Dalmatien
Kuba

L
La Palma
Lanzarote
Lissabon
London

M
Madeira
Madrid
Mallorca
Malta · Gozo · Comino
Marrokko
Mecklenburg-
 Vorpommern
Menorca
Mexiko
München

N
Namibia
Neuseeland
New York
Niederlande
Norwegen

O
Oberbayern
Österreich

P
Paris
Polen
Polnische Ostseeküste ·
 Danzig · Masuren
Portugal
Prag
Provence · Côte d'Azur

R
Rhodos
Rom
Rügen · Hiddensee
Rumänien

S
Sachsen
Salzburger Land
Sankt Petersburg
Sardinien
Schottland
Schwarzwald
Schweden
Schweiz
Sizilien
Skandinavien
Slowenien
Spanien
Sri Lanka
Südafrika
Südengland
Südschweden ·
 Stockholm
Südtirol
Sylt

T
Teneriffa
Thailand
Thüringen
Toskana

U
USA
USA · Nordosten
USA · Südwesten

V
Venedig
Vietnam

W
Wien

Z
Zypern

ANHANG
NOTIZEN

Meine persönlichen Notizen

ANHANG
NOTIZEN

Meine persönlichen Notizen

ANHANG
NOTIZEN

Meine persönlichen Notizen

ANHANG

Meine persönlichen Notizen

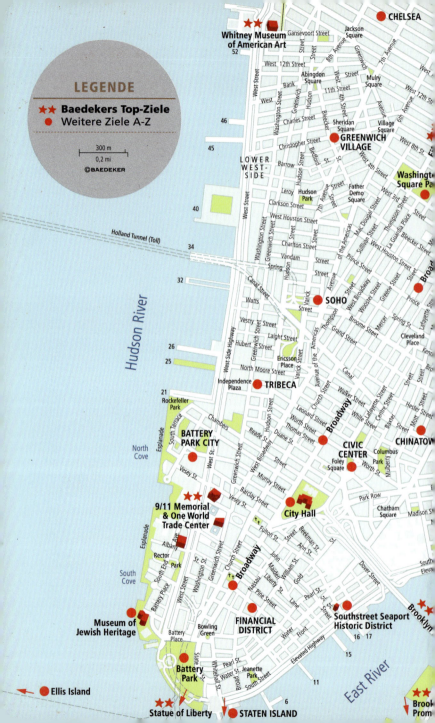